CARAMBAIA
10 ANOS

ilimitada

Lillian Ross

Sempre repórter
Textos da revista *The New Yorker*

Tradução
JAYME DA COSTA PINTO

Posfácio
PAULO ROBERTO PIRES

9 Introdução,
por Lillian Ross

. . .

21 I – Atores
23 Jovem e feliz (Julie Andrews)
27 Pode entrar, Lassie!
39 *Sgt. Pepper*
43 Escapadas (Robin Williams)
49 Sr. e sra. Williams
71 *Auteur! Auteur!* (Al Pacino)
77 Par de damas (Maggie Smith e Judi Dench)

81 II – Escritores
83 E agora, senhores, o que me dizem? (Ernest Hemingway)
115 O movimento
121 Tábua de salvação
127 Teatro (Edward Albee)
133 A substituta de Oprah (Gayle King)

137 III – Jovens
139 Aquilo que nos resume
167 O ônibus amarelo
187 Dançarinos em maio (excerto)
195 Mays na St. Bernard (Willie Mays)
199 As botinas da Madison Avenue

205 IV – **Nova-iorquinos**
207 El Único Matador (excerto)
221 Fantástico
251 A grande pedra (Harry Winston)
305 A cena esportiva (John McEnroe)
309 Camaradagem (Ralph Kiner)
313 Ellen Barkin em casa

317 V – **Figurões**
319 Meio perdido (Charlie Chaplin)
323 Filme, parte I: Empurre a velhinha da escada!
371 Coco Chanel
373 Com Fellini
383 Corte e costura (Mario Testino)
385 Wes Anderson em Hamilton Heights
389 Almoço com Agnes (Agnes Martin)
393 Sem extravagâncias (Clint Eastwood)
409 A força da grana

413 Agradecimentos

. . .

417 Posfácio,
     por Paulo Roberto Pires

*Ao bando de talentosos e abnegados
editores da* New Yorker *de 1945 a 2015*

Introdução
LILLIAN ROSS

O que faz a escrita brotar de um autor é, em grande medida, um mistério. Em enigma semelhante, as inspirações de um escritor não se revelam de modo explícito naquilo que ele nos apresenta. Ali por trás, à espreita, ronda um espírito esquivo. De minha parte, tenho plena consciência da influência incontornável de William Shawn, editor da revista *The New Yorker* por 35 anos, em meus textos. E essa influência aparece escancarada nas reportagens deste volume, muitas delas reimpressas pela primeira vez. Foram escritas ao longo de sete décadas, mas carregam todas a mesma essência. Acredito ter conseguido absorver – e tentei trazer à luz nestes textos – o imenso interesse de Shawn pelo lado inocente e bom das pessoas. Chegar lá provoca uma alegria genuína.

Inocência é uma palavra muito ridicularizada e maltratada. Para mim, é um termo honesto – e se traduz de modo natural em humor. É o que sempre pautou minha busca por temas e personagens.

Jerry Salinger, colega da *New Yorker*, tinha uma inocência própria, quase obstinada. Nosso problema, dizia, é que ninguém nos contou, quando éramos jovens, que existem penalidades para quem alcança sucesso no mundo fazendo mais do mesmo. Em uma carta datada dos anos 1960, me escreveu: "Não me refiro só às penalidades mais óbvias, mas àquelas que são quase imperceptíveis e causam estragos duradouros, do tipo que o mundo nem sequer considera estrago". Ele falava da facilidade com que escritores podem resvalar na futilidade, reclamando de serem incensados pelas mesmas "autoridades" que aprovam a adição de glutamato monossódico à comida de bebês. Eu queria ter essa coragem inigualável para viver como ele viveu.

Salinger adorava crianças, mas não com aquele falso sentimentalismo ancorado na "pureza" dos pequenos. Quando adotei meu filho, Erik, Jerry ficou quase tão radiante quanto eu. "Incrível, estupendo", comentou sobre uma foto que lhe enviei: "Está gargalhando! Ah, se ele pudesse congelar essa sensação para sempre...".

Tentei gravitar em torno de pessoas que conseguiam congelar essas sensações — pessoas abertas às possibilidades da vida, que não passam o tempo mascarando uma segunda intenção. Salinger não gostava do mundano, mas queria habitar o mundo, do seu jeito. Gostava do que Ralph Waldo Emerson dizia. E citou Emerson em uma carta para mim: "O homem precisa ter tias e primos, precisa comprar cenouras e nabos, precisa ter um celeiro e um depósito de ferramentas, precisa ir ao mercado e à ferraria, precisa perambular por aí e dormir, e ser inferior e fazer bobagens". Os escritores, completava Salinger, às vezes têm dificuldade em seguir esses preceitos, e dizia de Flaubert e Kafka que eram dois *"não compradores* natos de cenouras e nabos".

Eu me interesso por redação jornalística desde que me entendo por gente. No colégio, em Syracuse, um professor me pediu que escrevesse um artigo para o jornal da escola sobre nossa nova biblioteca. Para minha surpresa, o que escrevi foi publicado. Em letra preta. Cinco centímetros de texto. Eis aqui meu lide:

> Livros gordos, livros finos, livros novos, livros velhos...

Minhas palavras. Foi um êxtase inesquecível. Eu havia descoberto que podia fazer algo com as palavras que não faria com nenhum outro meio. Naquele ano, li *Don Juan*, de Byron, na escola e fiquei assombrada com esta passagem:

> Mas palavras são coisas, e uma gota de tinta que cai,
> Tingindo o pensamento feito orvalho,
> Produz algo que leva milhares, talvez milhões, a pensar.

O episódio com o jornal da escola me mostrou o que eu iria fazer pelo resto do século. Mas o mais importante foi que a experiência – tanto a reportagem quanto a redação – me proporcionou prazer imediato.

No início da década de 1940, consegui meu primeiro emprego como repórter em um jornal pequeno e provocador chamado *PM*, em que experimentei, pela primeira vez, a ajuda de um editor. Peggy Wright era responsável pela seção "Local Items", uma imitação da "The Talk of the Town" da *New Yorker*. Eu adorava o trabalho, que me levava a cobrir assuntos vários, das espalhafatosas andanças do playboy e herdeiro do amianto Tommy Manville até as vítimas do famoso incêndio do Hartford Circus. Um dia, Peggy me pediu que escrevesse sobre a visita do general Charles de Gaulle a Nova York. Era julho de 1944, um mês depois do Dia D. Nosso guia foi o prefeito Fiorello La Guardia, que acompanhou o general e sua comitiva até o deque de observação do Rockefeller Center. Postei-me atrás do general, que era muito alto, enquanto La Guardia apontava para cá e para lá. Ouvi De Gaulle perguntar: "*Où est le Coney Island?*" [Onde fica a Coney Island?]. Usei essa citação no meu texto. Na semana seguinte, dei de cara com uma foto, em outra publicação, em que eu aparecia em pé, fazendo anotações atrás do general, e a pauta era justamente meu relato de que ele havia perguntado "*Où est le Coney Island?*". Essa imagem agora está gravada para sempre no Google. Gosto de revê-la – um lembrete de quando e como descobri a minha maneira de fazer reportagens.

Por volta dessa época, William Shawn, editor-chefe da *New Yorker*, então sob o comando de Harold Ross, chamou Peggy Wright para trabalhar lá. Peggy não aceitou o emprego, mas escreveu a ele insistindo que me contratasse. Shawn acatou a sugestão.

Quando estreei como repórter da revista naquele ano, era obrigada a escrever usando o famoso "nós" da "Talk of the Town", um jeito de omitir o fato de eu ser mulher. Ross relutara em convidar mulheres para a equipe de reportagem até o início da Segunda Guerra Mundial, quando muitos de seus funcionários homens foram convocados para o Exército. A contragosto, contratou três jovens mulheres (na verdade, delegou essa tarefa para Shawn). A ideia era que nós, moças, apenas relatássemos à redação os "fatos" que apareceriam nas colunas da "Talk". As histórias eram repassadas aos homens que haviam sobrado na equipe, e eles "reescreviam" tudo. Em um texto que redigi sobre a estilista Coco Chanel, minha masculinidade disfarçada chegou a incluir gestos, como acender o cigarro da *Mlle*. Chanel. ("Acendemos um cigarro para *Mlle*. Chanel e perguntamos por que decidira se aposentar.")

Embora Ross estivesse incomodado com a ideia de ter mulheres na equipe (e nos pagasse menos do que aos homens), acabou se revelando um bom mentor. De cara, me disse: "Siga seu instinto". Ele não gostava muito de conversar com os redatores, mas nos mandava o que chamava de "notas", questionando detalhes e nos levando a identificar os fatos principais de nossas pautas. Foi um treinamento maravilhoso. Quando Shawn assumiu o cargo de editor-chefe, em 1952, não apenas aposentou a prática de fazer com que os homens "reescrevessem" os textos da "Talk" redigidos por mulheres como também passou a nos pagar os mesmos valores que os homens recebiam.

Quando eu estava no colegial, fui muito influenciada por um livro chamado *City Editor*, de Stanley Walker, do então *New York Herald Tribune*. Walker dizia que as mulheres repórteres não eram bem-vindas na redação, de modo geral, porque, se suas matérias fossem rejeitadas, "caíam no choro". Daquele momento em diante, decidi que nunca choraria.

Sempre gostei do formato "nós" da seção "Talk". Me sentia confortável com ele. O "nós", de fato, inventou a revista. Só comecei a abandonar o "nós" quando tive vontade de escrever usando cenas breves. Como outros de minha geração, cresci indo ao cinema, várias vezes por semana, até. Para mim, foi algo natural passar a compor reportagens na forma de cenas curtas. Eu gostava de descrever por meio de diálogos e ação, sem intrusões autorais e sem suposições sobre o que acontecia na cabeça do sujeito. Só uma pessoa, o sujeito, sabe o que pensa e sente. Esse modelo – redigir um artigo como se fosse um filme em miniatura – acabou informando todos os textos mais longos que eu viria a escrever.

Em 1947, fui ao México para fazer o perfil de Sidney Franklin, um toureiro do Brooklyn. Viajamos da Cidade do México a Acapulco em seu Cadillac novo. Uma verdadeira aventura estrada abaixo em meio a um cenário montanhoso. Boa parte da reportagem eu fiz dentro do Cadillac mesmo. Para essa pauta com Franklin, queria conversar também com Ernest Hemingway, que era amigo dele e conhecia tudo de touradas. Além de completa ignorante no assunto, eu o abominava. Mas a ideia de um jovem do Brooklyn, filho de policial (um "touro", como se diz), fazer aquilo despertou minha curiosidade.

Na volta do México, parei em Hollywood. Deparei com aquela cidade de economia monotemática em estado de medo e quase paralisia. A Segunda Guerra Mundial havia terminado, projetando o espectro do comunismo sobre a crescente indústria cinematográfica local. O Comitê de Atividades Antiamericanas da Câmara investigava propagandas "perigosas", possivelmente implícitas no conteúdo dos filmes. Juntei o que vi e ouvi num artigo satírico, incomum, intitulado "Pode entrar, Lassie!". Harold Ross e Bill Shawn adoraram a forma com que contei a história, como se fosse um filme – mostrando tudo de fora, e com muita falação.

Depois de dedicar tanto tempo a touradas, decidi descontrair um pouco e dar uma conferida no concurso de Miss América 1949. Acompanhei a competição de beleza ao lado da Miss Nova York, Wanda Nalepa, enfermeira de 22 anos natural do Bronx. Wanda perdeu. A Miss Arizona, uma estudante de 18 anos, levou a taça. Minha reportagem, "Aquilo que nos resume", começava assim:

> Há 13 milhões de mulheres nos Estados Unidos com idade entre 18 e 28 anos. Todas estariam aptas a concorrer ao título de Miss América disputado em Atlantic City, no mês passado, desde que tivessem concluído o colegial, não fossem nem nunca tivessem sido casadas, e não fossem negras.

Ross, que ainda era o diretor de redação, reprovou a forma contundente com que inseri meu ponto de vista sobre o racismo do concurso. Shawn, então editor-chefe, me repassou uma cópia das críticas de Ross. Insisti em manter o texto como estava. Shawn, meu superior direto, publicou o lide conforme eu o havia escrito.

Depois da minha ida a Ketchum, no estado de Idaho, para entrevistar Hemingway sobre Sidney Franklin, comentei com Bill Shawn como era maravilhoso ouvir Hemingway falar. Alguns anos mais tarde, quando Hemingway me escreveu dizendo que pretendia parar em Nova York a caminho da Europa, Shawn teve a ideia de que eu escrevesse um perfil do autor e o restringisse aos poucos dias que passaria em Nova York – o que fiz. Quando o artigo foi publicado, fiquei chocada ao perceber que vários leitores o consideraram demasiado crítico. Acharam que, ao descrever Hemingway com precisão, eu o estava ridicularizando ou mesmo atacando. Mas eu gostava de Hemingway exatamente como ele era, e fiquei feliz que meu retrato o tivesse capturado assim, como era.

Desde que o perfil foi publicado, penso muito na generosidade de Hemingway como escritor. Foi, por exemplo, grande incentivador de Salinger no início da carreira. Jerry chegou a me mostrar uma carta que Hemingway lhe escreveu durante a Segunda Guerra Mundial, avaliando três textos que havia lhe enviado. Hemingway afirmava que as três histórias eram "excelentes".

"Você é um escritor muito bom", disse. "Estou ansioso para ler tudo, você tem um ouvido maravilhoso e redige com ternura e amor, sem ser meloso. Seu texto é direto, bom, refinado." Depois, Salinger me escreveu sobre o perfil de Hemingway:

> Eu estava no carro com alguém que achou cruel o seu perfil do Hemingway. Tive o prazer de contestá-lo. É um retrato verdadeiro e triste como tinha de ser, e a única coisa cruel do texto é a própria realidade.

Trabalhando em Hollywood, fiz muitas amizades, a maioria superficiais. Mas a experiência com o diretor John Huston foi diferente. Durou. Em 1950, Huston me convidou para acompanhá-lo no trabalho de adaptação cinematográfica de *O emblema vermelho da coragem*, de Stephen Crane. Comecei a fazer a reportagem e logo percebi que Huston e três outros sujeitos muito envolvidos na produção do filme pareciam personagens de ficção. Escrevi para Shawn (a carta está nos arquivos da *New Yorker* na Biblioteca Pública de Nova York) e perguntei: Posso falar das filmagens como se estivesse escrevendo um romance? Shawn consultou Ross, e ambos me deram sinal verde. Os artigos resultantes desse processo foram publicados sequencialmente durante seis semanas. Quando os textos saíram em forma de livro, com o título *Filme* (1952, e ainda em catálogo), Hemingway escreveu um comentário classificando-o de "muito melhor do que a maioria dos romances por aí".

Ao longo das décadas, sempre mantive contato com meus entrevistados, e alguns chegaram a se tornar amigos de verdade. Por isso foi fácil voltar a procurá-los anos depois e escrever sobre o que faziam naquele segundo momento. Robin Williams, Tommy Lee Jones, Al Pacino, Norman Mailer, Edward Albee, Harold Pinter e François Truffaut são pessoas que revisitei em textos novos. Às vezes, falo de vários membros de uma mesma família: além de escrever sobre John Huston algumas vezes, fiz o mesmo com sua filha Anjelica e seu filho Tony. Michael Redgrave foi o primeiro de três gerações de Redgraves que entrevistei. Escrevi também sobre Tony Richardson, Vanessa Redgrave, Rachel Kempson e Natasha Richardson. E ainda Henry e Jane Fonda.

É sempre animador receber respostas de pessoas que entrevistei. Talvez a reação mais inesperada tenha vindo de um membro da equipe dos Beatles, que me telefonou de Londres, em 1967. Eu havia escrito uma coluna sobre o álbum *Sgt. Pepper's Lonely Hearts Club Band* na seção "Talk". O disco apresentava um novo conceito de rock'n'roll, e meu artigo era uma espécie de ensaio explicativo. Um dos nomes que mais cito no texto é de um certo "Sr. LeFevre" – pseudônimo de William Shawn, grande fã da banda. A pessoa que me ligou disse que a equipe tinha se impressionado ao ler, pela primeira vez, palavras que revelavam um entendimento correto da relevância musical do disco.

Como editor, Bill Shawn trabalhava em sintonia tanto com redatores como com artistas gráficos. Costumava nos dizer:

"Faça o que você, e só você, sabe fazer". E sempre dava detalhes específicos. Tinha um jeito de fazer com que cada redator e cada artista se sentissem o mais importante de todos. Era também um escritor excepcional, determinado a dar tudo de si para os outros. Escrevia seções inteiras, longas e curtas, enquanto editava.

Descobri que a *New Yorker* estava repleta de editores generosos e desprendidos que, assim como Shawn, raras vezes buscavam reconhecimento público. Quando Tina Brown assumiu a editoria da revista, em 1992, trouxe um ar mais leve e divertido para a redação, sem deixar de lado os objetivos originais da publicação. Ela não tinha medo de se arriscar em áreas ainda não exploradas na arte ou no texto. A seção "Talk of the Town" agora trazia a assinatura do redator, deixava de ser anônima. De uma hora para outra, o vocabulário da revista ficou livre das restrições impostas por Harold Ross, fielmente preservadas por Shawn.

David Remnick, atual editor-chefe, colocou a revista num rumo confiável e conseguiu manter seus altos níveis de charme, sutileza, coragem e sucesso em meio a um cenário tecnológico, comercial e político em constante mudança. Remnick abriu a revista para uma sucessão assombrosa de novos redatores que já enfrentam (ao mesmo tempo que também representam) os novos desafios eletrônicos ao ofício de escrever. Creio que as palavras, a boa escrita, jamais poderão ser suplantadas por qualquer tipo de ação mecânica, por mais brilhante ou inovadora que seja. Simplesmente não há substituto para a palavra escrita produzida por um ser humano.

Sempre fui grata pela total liberdade de que desfrutei para dar meus palpites, por mais desimportantes que fossem, sobre o que acreditei estar acontecendo em nosso tempo. É um privilégio poder escrever sobre o que eu quiser e conhecer qualquer pessoa que me interesse. Escolho meus assuntos com cuidado. Não me atraem as revelações sensacionalistas. Quero mesmo é revelar a natureza única de cada ser humano.

Outro dia, um jovem funcionário da *New Yorker* me perguntou o que eu faria se alguém sobre quem eu estivesse escrevendo me negasse acesso ou informações. A resposta foi simples. Nunca quis escrever sobre alguém que não quisesse ser objeto de um perfil. E nunca busquei estar onde não sou bem-vinda. Não importa se já se escreveu muito ou pouco sobre uma pessoa, sempre acho o que dizer. Além de me concentrar apenas em quem deseja se expor, sigo algumas outras regras básicas: escrever só o que pode ser observado, aquilo que vejo e ouço, e nunca o que o sujeito pode estar "pensando". Meu ponto de vista está sempre implícito na forma como redijo. O que me interessa nas pessoas que escolho descrever é seu talento. E sempre investigo as maneiras únicas que elas têm de revelá-lo; são esses os elementos que moldam uma história. Meu desafio é desenterrá-la.

Outra de minhas regras: não usar gravador. Percebi que tagarelice literal muitas vezes induz a erros e ofusca a verdade. Prefiro fazer anotações e confiar em meu próprio ouvido para diálogos que revelam personalidade e humor, e faço isso sempre que possível quando crio minhas pequenas cenas. Bill Shawn logo entendeu meu jeito de descrever personagens vivos: usar o que vemos para apresentar a verdade e fazê-lo de forma escrupulosa. Hoje, passados muitos anos — e com toda essa conversa de "realidade" isso e "realidade" aquilo que existe por aí —, posso afirmar que essa abordagem nunca me deixou na mão. O elogio que mais gosto de ouvir dos leitores é: "Me senti como se estivesse ali, ao vivo". Palavras transcritas de um gravador ou o que se vê nos tais reality shows podem representar uma versão da realidade, mas também podem ser uma distorção da verdade.

Adoro fazer reportagens. Gosto sobretudo dos textos da "Talk of the Town", que Bill Shawn chamava de suas "pequenas joias". Fico encantada com as colunas escritas por meus colegas, em especial os redatores mais jovens. E sou muito agradecida pelos elogios dos colegas. Na minha experiência, quanto melhor e mais talentoso o redator ou o editor, mais generoso e prestativo será com os outros. Como nova contratada da *New Yorker* durante a Segunda Guerra Mundial, tive o privilégio de receber ajuda e feedback positivo de Joe Mitchell, Wolcott Gibbs, James Thurber, Joe Liebling, Geofrey Hellman, Brendan Gill, Philip Hamburger e John McCarten. E, quando surgem os batalhões de jovens redatores, também sou grata por ouvi-los. São tantos jovens talentosos na revista hoje que é impossível citar todos. Comecei a notar essa profusão com a chegada, na década de 1960, de Ian Frazier, Mark Singer, Hendrik Hertzberg e Calvin Trillin; e depois, quando Tina Brown se tornou editora, em 1992, com a chegada dos especialíssimos Anthony Lane e John Lahr e da notável Rebecca Mead (ainda sei de cabeça um texto da "Talk" que ela escreveu sobre o ator Kenneth Branagh visitando uma livraria do Village). Não canso de me surpreender com o fluxo constante de textos excepcionais escritos por caras novas — Evan Osnos, Jon Lee Anderson, Ryan Lizza, Richard Brody, Dexter Filkins — e me tranquilizo quando o nome de Roger Angell aparece. E a fenomenal Jill Lepore nos atordoa com tanta regularidade que parece até normal. Ultimamente, tenho me impressionado com o trabalho de Emma Allen, Elizabeth Widdicombe, Nick Paumgarten, Lauren Collins, Ben McGrath e Dana Goodyear, todos eles escrevendo na feliz tradição da New Yorker sob o comando de Susan Morrison. Para mim, ler o que eles oferecem é pura diversão.

Hemingway e Salinger serão sempre heróis para mim porque tiveram a força para se manterem firmes. Como ficcionista, Salinger criou pessoas que ele podia amar. "Aquele garotinho", dizia, sobre Holden Caulfield. "Devo tanto a ele... Permitiu-me ter a liberdade para fazer o que amo." Devo muito a esses dois escritores, que me ensinaram, pelo exemplo, como me manter firme também. Mais do que nunca, eu os respeito pela coragem de terem sido como ninguém mais no mundo. E o que eles tinham em comum era a mais profunda inocência.

(outubro de 2015)

Lillian em ação no set de filmagem de *A glória de um covarde*, de John Huston, nos arredores de Los Angeles, 1950.

I
Atores

Lillian e Robin Williams,
logo após o lançamento de
Bom dia, Vietnã, 1987.

Jovem e feliz
(Julie Andrews)

Dizem que um dos grandes momentos do teatro é aquele em que uma jovem atriz vê, com brilho nos olhos, seu nome num letreiro pela primeira vez. Esse grande momento, de fato, acontece com certa frequência, e temos o prazer de informar que estávamos presentes quando aconteceu de novo, semana passada. A jovem em questão era Julie Andrews, a inglesa de afetado ar ingênuo e 19 anos de idade que interpreta o papel principal em *The Boy Friend*, e é a única integrante da companhia – aqui ou em Londres, onde a versão original da comédia musical ainda está em cartaz – a ser homenageada com o nome na fachada do teatro. Encontramos a bela criatura no hotel em que estava hospedada, no centro da cidade, onde divide um apartamento de dois quartos com a srta. Dilys Lay, também do elenco de *The Boy Friend*, e três poodles de pelúcia. A srta. Andrews é uma garota alta, com voz suave, grandes olhos cinza-azulados e cabelos castanhos divididos ao meio. Na ocasião de nossa visita, vestia um cardigã vermelho, saia azul e sandálias azuis de salto alto. "Sente-se, por favor!", exclamou, afastando do sofá uma caixa com peças de um jogo de xadrez chinês. "Eu estava separando umas fotos minhas, do espetáculo, para mandar para mamãe. Ela ainda não me viu na peça, está curiosa. Talvez venha me visitar depois do ano-novo, ficarei feliz demais se ela vier mesmo. Espero ter colocado selos suficientes no envelope. Estou morrendo de saudades. Não que eu não ame Nova York, mas nada como a casa da gente. Aceita uma xícara de chá?"

Sabíamos que JULIE ANDREWS tinha sido afixado naquele dia no letreiro acima da entrada do Royale Theatre, e, como se aproximava a hora da sessão noturna, perguntamos à dona do nome se poderíamos deixar de lado o chá e acompanhá-la até o teatro, ao que ela respondeu que sim. "Mas não é um conforto ter este pequeno apartamento para tomar chá?", perguntou. "Para relaxar aos domingos e assistir à televisão? Dilys e eu também dividimos um camarim no teatro. Compartilhamos quase tudo. Cada uma tem um cachorrinho em casa, e sentimos uma falta danada. O meu é um corgi, igual ao da rainha. Essa raça não tem rabo, você sabe, né?, mas tem uma carinha meiga e um corpinho minúsculo. São adoráveis! Pensei em comprar um aqui, mas logo percebi que seria tolice manter um cachorro num apartamento em Nova York. E aí a Dilys me deu aquele poodle branco de pelúcia – presente de aniversário, que foi no dia seguinte à estreia da peça. Foi um aniversário maravilhoso; tirando o fato de eu não estar em casa, acho que foi o melhor aniversário que já tive – ou terei."

"Casa" para a srta. Andrews é Walton-on-Thames, cidadezinha 25 quilômetros ao sul de Londres. "Meu pai trabalhou no show business com mamãe", disse. "O nome dele é Ted Andrews e tem uma voz muito bonita. Sempre gostou de cantar baladas como *Love, Could I Only Tell Thee How Dear Thou Art to Me*. É uma composição linda, a minha preferida. Mamãe quis voltar a ser apenas mamãe, então papai abandonou o show business. Hoje tem um emprego normal, do tipo nove às cinco, e é um trabalho ótimo. Tenho três irmãos, John, Donald e Christopher, todos mais novos. Se você já assistiu ao espetáculo, me ouviu assobiar. Digo que, se você não aprende a assobiar numa casa com três meninos, você não presta pra nada, ponto. Vamos indo?" A srta. Andrews ainda cantarolou alguns compassos de *Love, Could I Only Tell Thee*... em um soprano melodioso enquanto vestia o casaco, e anunciou com orgulho que estava praticando escalas havia uma hora. "Minha voz precisava", explicou. "Estava um tanto cansada. Foi um ensaio excelente, me sinto ótima."

No caminho para o teatro, nos contou que seu pai começou a lhe dar aulas de canto quando ela tinha 7 anos. Na mesma época, passou a frequentar uma escola de balé. Aos 12, iniciou sua carreira no teatro musical. "Esta é minha primeira comédia", disse. "Sou mais cantora do que atriz. Tive de aprender um jeito novo de atuar para este espetáculo. Meu estilo próprio é mais reservado. Sou a única da peça que usa peruca, ninguém me reconhece sem ela quando saio do teatro. Estamos nos divertindo muito, a companhia de *The Boy Friend*. É um bando tão jovem e feliz. Nem quis ficar toda exibida quando me contaram, outro dia, que iriam me dar um destaque no letreiro. Seria um pouco arrogante, não acha?, ficar admirando meu nome lá em cima? Não que fossem me reconhecer sem a peruca, mas..." Nosso táxi parou bem perto do teatro e descemos. Por um instante, a srta. Andrews voltou o rosto para o alto, e logo a ouvimos sussurrar: "Ah, lá está!". Acima de sua cabeça, o letreiro proclamava:

THE
BOY FRIEND
GRANDE COMÉDIA MUSICAL
COM JULIE ANDREWS

E, claro, seus olhos brilhavam.

(11 de novembro de 1954)

Pode entrar, Lassie!

Uma Hollywood perplexa se pergunta o que o Comitê de Atividades Antiamericanas quer dela. Os locais, entre desanimados e ansiosos, buscam entender o que seria essa propalada influência estrangeira que o Comitê quer eliminar e, mais importante, será que isso existe? E esperam por uma explicação do presidente do Comitê, J. Parnell Thomas, ou do Congresso, ou de Deus. Esperam em vão já desde novembro do ano passado, quando oito roteiristas, um produtor e um diretor – conhecidos coletivamente como "os dez roteiristas" – passaram a integrar a Lista Negra dos estúdios, acusados de desacato ao Congresso por se recusarem a declarar ao Comitê Thomas o nome do partido político a que pertenciam, se é que pertenciam. Enquanto isso, os negócios, por piores que estejam, continuam. A indústria está mais agitada do que o normal, mas segue fazendo as mesmas coisas simples de sempre, das mesmas maneiras simples de sempre.

A vida simples em Hollywood não é, claro, como a de qualquer outro lugar. Esta ainda é uma região especial, onde todos os lagos exibem placas "À venda" ou "Não está à venda", e onde os convidados das festas são definidos com base nas faixas de renda semanal – baixa (US$ 200 a US$ 500), média (US$ 500 a US$ 1.250) e alta (US$ 1.250 a US$ 20.000). Nos últimos tempos, esses convidados exibem certo acanhamento na hora de se posicionar politicamente, seja qual for a faixa de rendimentos – mas isso não constrange ninguém em Hollywood, lugar em que é possível defender com convicção os dois lados de qualquer polêmica.

E é um acanhamento, digamos, mais relaxado que se vê nas festas. "Eu não era de cortar ninguém", comentou, feliz da vida, uma atriz. "Agora, não vou a lugar nenhum sem cortar pelo menos meia dúzia de ex-amigos." Em algumas dessas reuniões, os convidados, já classificados por salário, ainda se dividem em subgrupos que se entreolham com amistosa desconfiança enquanto discutem quem era (ou não) convidado para a Casa Branca no governo Roosevelt – um dos poucos critérios que o pessoal da indústria cinematográfica usa para decidir se alguém é comunista – e conversam sobre como não virar um comunista. Alguns desses astros foram investigados há vários anos, quando o Comitê de Atividades Antiamericanas era chefiado por Martin Dies, e os conselhos e pontos de vista desses veteranos são superdisputados. Um ator em alta demanda nesses encontros é Fredric March, que descobriu, da noite para o dia, ao ser chamado pelo sr. Dies para prestar contas, que era comunista porque havia doado uma ambulância para a Espanha legalista. Dies o repreendeu, e depois constatou-se que o sr. March também havia doado uma ambulância para a Finlândia durante a guerra com a Rússia. "Eu era só um grande doador de ambulâncias", defendeu-se o sr. March perante o seu subgrupo em festa recente e em voz alta o suficiente para que outros subgrupos ouvissem. "Foi isso que eu disse a Dies: 'Eu gosto de doar ambulâncias'", ao que ele retrucou: "Bom, então, sr. March, antes de doar a próxima, consulte a Câmara de Comércio local ou a Legião Americana, e eles lhe dirão se está tudo bem".

Por via das dúvidas, alguns grupos simplesmente se recusam a conversar. Sentam-se no chão e prestam atenção em quem passa, tentando captar o boato mais recente. Há todo tipo de boato em Hollywood no momento. Um dos últimos diz que a mais nova mercadoria negociada no mercado paralelo da cidade é o trabalho dos tais dez roteiristas, que estariam produzindo textos em segredo para todos os grandes estúdios. Outro dá conta de que um produtor estaria abrindo uma empresa de cinema e contrataria todos os dez nomes da Lista Negra para sua equipe. Os rumores de que o FBI assumiria as operações de seleção de elenco nos estúdios são descartados por quem já vive em Hollywood há tempos. O diretor de casting da

Metro-Goldwyn-Mayer, um homem inquieto, desconfiado, sempre bem-vestido e de bochechas rosadas, chamado Billy Grady, trabalha em Hollywood há quase vinte anos e diz que seria bem feito para J. Edgar Hoover se a seleção de atores fosse entregue ao FBI. "O Hoover acha que tem preocupações!", exclamou Grady num restaurante em que nos encontramos em Hollywood. "O que faz um agente do FBI? Manda gente pra Alcatraz! Ha! Quero ver um agente do FBI encontrar um roteiro sobre o médico de Abraham Lincoln em que houvesse um papel para a Lassie. O que se vê lá em Alcatraz? Estrelas do cinema? Diretores? Operadores de câmera? Não! Aquela porcaria está lotada de médicos, advogados e políticos. A nossa é a quarta maior indústria do país e só três profissionais da área já foram parar na cadeia. Há 50 mil pessoas neste mercado, e tudo o que elas querem é o direito de ter hobbies. Spencer Tracy se dedica à pintura. Clark Gable se dedica a Idaho. Dalton Trumbo, que foi preso, se dedica a pensar muito. Se tirarmos seus hobbies, ficam infelizes. E quando estão infelizes, eu também estou. Pelo amor de Deus, Tracy não pinta quando está atuando. Gable não caça patos. Trumbo não pensa quando está escrevendo roteiros. Defendo que fiquem com seus malditos hobbies. São todos um bando de capitalistas mesmo."

O único astro de cinema que está levando tudo na esportiva é Lassie, um collie macho de pelo avermelhado e que deve estar muito abalado emocionalmente por ter recebido um nome de menina para se preocupar com a bilheteria. Lassie está trabalhando em ritmo mais constante, não apenas em filmes, mas também no rádio, do que qualquer outra pessoa em Hollywood. Ele é uma estrela da MGM, o principal estúdio da cidade e que aqui é carinhosamente conhecido por Rochedo de Gibraltar. Os visitantes são instruídos de modo educado – e algo desesperado – a não discutir política ou qualquer outro assunto polêmico ali. Louis B. Mayer, chefe de produção da MGM, assumiu há pouco o comando pessoal da produção de todos os filmes e da compra e da redação de todos os roteiros, além dos cardápios de almoço. O menu abre com o anúncio de que não será servida carne às terças-feiras. "O presidente Truman fez um apelo aos americanos para que conservem alimentos, um pedido que todos atenderemos de bom grado, é claro", diz o texto. Os fregueses são instados de modo educado – e algo desesperado – a almoçar panquecas com maçã ou grelhados de pâncreas de bezerro. Lassie vai de panqueca. Os visitantes são apresentados de modo educado – e algo desesperado – a Lassie, que os ignora. "Estaríamos no fundo do poço se não fosse a Lassie", ouvi de um funcionário da MGM. "Gostamos da Lassie. Confiamos nela. Lassie não vai sair por aí envergonhando o estúdio. Katharine Hepburn abre a boca e faz um discurso a favor de Henry Wallace. Pronto, estamos fritos! A Lassie não faz discursos. Não senhor, graças a Deus." No momento, Lassie trabalha num filme com Edmund Gwenn sobre um médico no interior da Escócia. O roteiro original previa um médico escocês que odiava cachorros, mas arranjaram um papel para Lassie, mudaram a história e o filme agora se chamará *O mundo de Lassie*. "Vai ajudar a bilheteria", afirmou o diretor. Apenas três outros filmes estão em produção na MGM, sendo o maior deles uma comédia musical chamada *Desfile de Páscoa*, estrelada por Fred Astaire e que tem a ver com as celebrações de Páscoa na Quinta Avenida no início do século. Um dos muitos fãs de Lassie na MGM me disse que havia pensado em incluir um papel para o cão em *Desfile de Páscoa*, mas que abandonou a ideia. "Não consegui encaixar uma participação de destaque pra ela", explicou.

Segundo uma agente muito ativa em Hollywood, desde o início da investigação do Congresso, os estúdios têm encomendado comédias domésticas leves e recusado roteiros com temas sérios. "Pode-se dizer que as palavras de ordem por aqui agora são 'Nada que seja negativo'", disse. "Até uns meses atrás, era 'Nada sórdido'." A diferença entre "Nada sórdido" e "Nada negativo", esclarece a moça, equivale à diferença entre uma comédia doméstica leve e uma comédia doméstica ainda mais leve. Com o avanço dos trabalhos do Congresso, os estúdios contrataram o dr. George Gallup para fazer uma pesquisa com o público. Os números apresentados pelo dr. Gallup mostram que 71% dos frequentadores de cinema do país já ouviram falar da investigação e que, destes, 51% acham que foi uma boa ideia, 27% acham que não, e 22% não têm opinião formada. Três por cento dos 51% que aprovam a investigação acham que

Hollywood está infestada por comunistas. Os executivos dos estúdios agora preparam uma campanha para convencer esses míseros 3%, e os quase tão incômodos 97% restantes, de que não há comunismo na indústria. Não há consenso quanto a abordar ou ignorar os 22% indecisos.

Em meio à preocupação atual com a opinião pública, muitos astros temem que as plateias fiquem com a impressão errada ao vê-los retratar, por exemplo, um herói que rouba dos ricos para dar aos pobres, ou um promotor público honesto e batalhador, ou ainda um gângster solitário, poético e antissocial. "Precisamos resolver esse descompasso entre o que somos de fato e o que o público foi levado a crer que somos", disse-me um ator. "Não podemos permitir que as pessoas nos vejam como um bando de cruzados truculentos." Há algum tempo, fui convidada pelo departamento de publicidade dos estúdios da Warner Brothers para assistir às filmagens de uma cena de *Don Juan*, em uma nova versão em Technicolor da película de 1926 com John Barrymore. Nesse meio-tempo, as filmagens foram suspensas por problemas de saúde do astro Errol Flynn, mas ele ainda me pareceu bem no dia em que estive lá. "Quero lhe apresentar o Errol", disse o funcionário da publicidade. "Só não discuta assuntos sérios com ele; política, digo." Aqui, trabalhar com publicidade parece incluir deveres e responsabilidades de advogados e agentes secretos. Os visitantes suspeitos de terem meios de se comunicar com o público são sempre acompanhados por alguém do departamento de publicidade, ou até mesmo por dois funcionários. A importância atual desses profissionais é tamanha que um representante do departamento ocupa hoje a sala do falecido Irving Thalberg, que está para Hollywood como Pedro, o Grande, ainda está para a Rússia. Perguntei a Flynn, que reluzia em uma jaqueta e calças azul-royal muito justas, vestia botas douradas e empunhava uma espada cintilante, como sua versão de *Don Juan* se comparava à de Barrymore. "É como comparar dois tipos de queijo", respondeu mal-humorado. "O mais velho é provavelmente melhor. Mas estou tentando fazer com que meu Don Juan seja o mais humano possível. O de Jack era um Don Juan mais durão. O meu é humano. O roteiro prevê que um dos nobres espanhóis me informe que a Espanha está entrando em guerra. 'O senhor não tem medo?', o nobre me pergunta. 'Sim, tenho medo!', respondo. Acrescentei eu mesmo essa frase ao roteiro. Não quero soar heroico. Este não é um filme subversivo."

Alguns produtores expressam o curioso ponto de vista de que não existem filmes comunistas, existem filmes bons e filmes ruins, e que a maioria dos filmes ruins é ruim porque o roteiro fica devendo. "Os roteiristas não se esforçam", explica Jerry Wald, um produtor da Warner Brothers de 36 anos, tido como um dínamo e que se gaba de fazer doze vezes mais filmes do que a média dos produtores de Hollywood. "Anatole France nunca perguntou: 'O que alguém escreveu no ano passado que eu posso copiar este ano?'", garante. "O problema desses filmes é que são frios, precisam ter mais emoção. E emoção você consegue com histórias que refletem o espírito do tempo." A investigação do Congresso, acredita, não afetará as produções previstas para este ano e que dialogam com o espírito da época. Os planos incluem um filme sobre boas iniciativas do governo (com Ronald Reagan), um sobre professores mal pagos (com Joan Crawford) e uma adaptação moderna de *Key Largo*, de Maxwell Anderson (com Humphrey Bogart, Lauren Bacall, Edward G. Robinson e Lionel Barrymore). "Bogart interpreta um liberal arrependido", conta Wald, "um soldado desiludido que diz que não vale a pena lutar por nada, até que descobre que chega um momento em que todo homem deve lutar contra o mal". Bogart, que dois ou três meses antes havia anunciado ter sido um erro sua viagem a Washington para protestar contra os métodos do Comitê Thomas, estava muito ansioso, disse Wald, para interpretar o papel de um liberal arrependido.

Por sugestão de Wald, almocei um dia com vários membros do elenco de *Paixões em fúria*, o diretor do filme, John Huston, e um representante da publicidade no Lakeside Golf Club, um restaurante em estilo bufê muito apreciado pelos astros e localizado na mesma quadra do estúdio da Warner, ali perto. O clima entre os atores era leve e feliz. Tinham acabado de ensaiar uma cena (uma das novas regras de economia da Warner é reservar uma semana para ensaiar antes de começar a filmar) em que Bogart é provocado por Robinson, um gângster que representa o mal, por sua covardia, mas é consolado pela garota do gângster, que diz a Bogart: "Não ligue, antes um covarde vivo que um herói morto". Bogart ainda não havia chegado ao ponto em que percebe que é seu dever lutar contra o mal. Huston estava se sentindo especialmente bem porque acabara de vencer uma batalha com o estúdio para manter no filme algumas falas tiradas do discurso de Franklin Roosevelt ao 77º Congresso americano, em 6 de janeiro de 1942: "Mas nós, das Nações Unidas, não estamos fazendo todo esse sacrifício de vidas humanas para retornar ao tipo de mundo em que vivíamos depois da última guerra mundial".

"Os figurões do estúdio queriam que Bogie dissesse a frase com suas próprias palavras", explicou Huston, "mas eu insisti que as palavras de Roosevelt eram melhores". Bogart assentiu com a cabeça. "Roosevelt era um bom político. Conseguia lidar bem com aqueles bebês mimados em Washington, mas eles são espertos demais pra sujeitos como eu que, de político, não tenho nada! Foi isso que eu quis dizer quando falei que nossa viagem a Washington foi um erro."

"Bogie conseguiu não ser político", retrucou Huston, que o acompanhara a Washington. "Bogie é dono de um iate de 54 pés. Quando se tem um iate de 54 pés, é preciso cuidar de sua manutenção."

"O Grande Chefe morreu e a coragem de todos morreu com ele", disse Robinson, com ar severo.

"Você gostaria de ver sua foto estampada na primeira página do jornal comunista da Itália?", perguntou Bogart.

"Nada", respondeu Robinson, rindo.

"O *Daily Worker* publica a foto do Bogie e na mesma hora ele se torna um comunista perigoso", completou a srta. Bacall. "O que acontecerá se a Legião Americana e a Legião da Decência boicotarem todos os filmes dele?"

"É que a minha foto no *Daily Worker* me ofende, querida", disse Bogart.

"Nada", zombou Robinson.

"Vamos comer", sugeriu Huston.

Há algumas semanas, muita gente em Hollywood recebeu pelo correio um livreto chamado *Guia de cinema para americanos*, publicado pela Aliança Cinematográfica pela Preservação dos Ideais Americanos e que traz uma lista de obrigações e proibições. "Este é o ferro bruto que moldará uma nova cortina protetora em torno de Hollywood", assegurou-me, solene, um profissional do setor. "Trata-se do primeiro passo — não para demitir pessoas, não para gerar publicidade, não para eliminar o comunismo dos filmes, mas para controlar com firmeza o conteúdo de todas as produções para fins políticos de direita." A Motion Picture Association of America (MPAA) ainda não adotou publicamente o *Guia de cinema para americanos* no lugar de seu próprio *Código para regulamentar a realização de filmes,* que defende princípios como "os direitos, a história e os sentimentos de qualquer nação merecem consideração e tratamento respeitoso" e "o tratamento de cenas em quartos de dormir deve ser regido pelo bom gosto e pela delicadeza". Embora ainda não esteja claro que o setor tenha passado a seguir essas regras, seja ao pé da letra, seja em espírito, há uma suspeita no ar de que já tenha começado a parafrasear alguns dos mandamentos do *Guia de cinema,* que aparecem sob títulos como "Não difame o sistema de livre mercado", "Não endeuse o homem comum", "Não glorifique o coletivo", "Não glorifique o fracasso", "Não difame o sucesso" e "Não difame os industriais". "Com muita frequência, industriais, banqueiros e homens de negócios são apresentados na tela como vilões, vigaristas, escroques ou exploradores", observa o *Guia.* "É dever moral (não apenas político, mas moral) de todo homem decente na indústria cinematográfica jogar na lata de lixo, que é o local onde deve estar, todo roteiro que macule os industriais dessa forma." Outra admoestação diz: "Não confira a seus personagens — como sinal de vilania, como algo condenável — o desejo de ganhar dinheiro". E outra: "Não desqualifique ou desabone o sucesso pessoal. A intenção dos comunistas é fazer com que as pessoas acreditem que o sucesso pessoal é, de alguma forma, alcançado à custa dos outros, e que todo homem bem-sucedido prejudicou alguém para obter êxito". O livreto ainda adverte: "Não diga às pessoas que o homem é um ser fraco, neurótico, indefeso, perverso e que só reclama. Mostre ao mundo um tipo de homem americano, para variar". O *Guia* segue instruindo: "Não se deixe enganar quando os vermelhos disserem que pretendem destruir homens como Hitler e Mussolini. O que eles querem destruir mesmo são indivíduos como Shakespeare, Chopin e Edison". Outra proibição: "Nunca inclua nos diálogos menções ao 'homem comum' ou 'gente simples'. Não faz parte do ideal americano ser 'comum' ou 'simples'". Isso apesar de Eric Johnston [diretor da MPAA e ex-presidente da Câmara de Comércio], ao testemunhar perante o Comitê Thomas, ter dito: "A maioria de nós, nos Estados Unidos, somos pessoas simples, e acusações soltas podem prejudicar gente comum". E um poderoso aqui da indústria me disse: "Não vamos dar atenção à MPAA. Neste negócio, gostamos de falar sobre o 'homem comum'".

A sra. Lela Rogers, uma das fundadoras da MPAA, me deu um exemplar do *Guia de cinema para americanos*. A sra. Rogers, mãe de Ginger, é uma mulher bonita, de cabelos loiros e jeito vibrante, agitada como um passarinho. E também está escrevendo roteiros. Eu quis saber se ela seguia as instruções do *Guia*. "Pode ter certeza", respondeu. "Minha amiga Ayn Rand foi quem escreveu, e é muito fácil segui-lo. Acabei de terminar um roteiro sobre um homem que aprende a viver depois de morto."

Outros no setor admitem que usam o *Guia* apenas em roteiros sobre os vivos. Um profissional que segue essas regras me garantiu que, na verdade, nem precisaria do guia, que não traz nada que ele já não soubesse. "Só é novidade para os jovens: suas intenções mais puras ainda não lhes foram arrancadas, ou então ainda recebem menos de 500 por semana. Assim que você se adapta a esse negócio, não precisa do *Guia de cinema* para lhe dizer o que fazer", disse. Um executivo de estúdio encarregado de ler roteiros acredita que Hollywood adotou um novo tipo de autocensura. "É automático, como trocar as marchas do carro", explica. "Agora, leio os roteiros pelos olhos do Filhas da Revolução Americana (DAR, na sigla em inglês), enquanto antes eu os lia com os olhos do meu chefe. De repente, me pego batendo no peito, proclamando meu patriotismo e dizendo que amo minha esposa e filhos, dos quais tenho quatro, com o quinto a caminho. Estou enlouquecendo. E morrendo de medo. E ninguém vai me dizer que não é por medo de ser investigado."

O diretor William Wyler, ganhador do Oscar com *Os melhores anos de nossas vidas*, está convencido de que não poderia fazer esse filme hoje, e que Hollywood não produzirá mais películas como *As vinhas da ira* e *Rancor*. "Em poucos meses, não poderemos ter personagens truculentos que sejam americanos", prevê. A escassez de papéis para vilões se tornou um problema sério, sobretudo em estúdios especializados em faroestes, onde os roteiristas são pressionados a criar papéis diferentes. "O que posso fazer se estamos ficando sem vilões?", perguntou-me o roteirista de um desses estúdios. "Há anos escrevo sobre caubóis que mais parecem escoteiros apaixonados e suas respectivas namoradas. A sorte e a felicidade do casal são sempre ameaçadas por banqueiros querendo executar a hipoteca da casa, por um grande proprietário de terras ou por um xerife desonesto. Agora me dizem que não posso falar de banqueiros, não posso falar de hipotecas e não posso falar de autoridades públicas corruptas. Sobraram os ladrões de gado. Mas que diabos eu faço com um ladrão de gado?"

A atual hipersensibilidade de Hollywood cria problemas mais sutis do que a escassez de personagens desviantes. *O tesouro de Sierra Madre*, uma produção sobre garimpo de ouro, tentou incluir nos créditos iniciais e finais a frase: "O ouro, meu senhor, tem o valor que tem por causa da mão de obra humana necessária para encontrá-lo e escavá-lo". A frase também é dita por Walter Huston no decorrer do filme. O diretor John Huston diz que não conseguiu convencer o estúdio a deixar o texto aparecer na tela. "Tudo por causa da expressão *mão de obra*", explicou. "O termo ganha ares perigosos quando impresso, acho." Huston fez uma pausa e depois acrescentou: "Mas é possível encaixar na trilha sonora, aqui e ali". Em uma pré-estreia em Hartford, Connecticut, do filme *Arco do Triunfo*, com a presença do diretor, Lewis Milestone, e de Charles Einfield, presidente da produtora Enterprise Productions, o gerente do cinema perguntou a Einfield se era mesmo necessário usar a palavra *refugiados* com tanta frequência no filme. "No caminho de volta para Nova York", relembra Milestone, "Charlie ficou resmungando o tempo todo: 'Acha que mencionamos demais a palavra refugiados?'. 'Mas o filme é sobre refugiados!', respondi. 'O que podemos fazer agora? Outro filme?'".

Jack L. Warner, o mais ocupado dos irmãos, se mostra sempre disposto a reforçar o moral de quem está pronto para jogar a toalha. "Não se preocupem!", brada o executivo, dando tapinhas nas costas da raia-miúda que o cerca. "Esse Congresso não vai durar para sempre!"

A maioria dos produtores se mantém firme na linha de que não há comunismo na indústria e tampouco há filmes comunistas. "Vamos fazer os filmes que quisermos e ninguém vai se intrometer", foi o que me disse Dore Schary, vice-presidente da RKO e ganhador do Prêmio Humanitário do Golden Slipper Square Club. Em dezesseis anos, Schary saiu de um posto em que recebia US$ 100 por semana, como redator júnior, para seu cargo atual, que lhe rende cerca de US$ 500 mil por ano. Ao testemunhar perante o Comitê Thomas, afirmou que a RKO contrataria o profissional que escolhesse, apenas com base no talento, desde que não fosse comprovadamente subversivo. O Conselho de Administração da RKO se reuniu logo depois e deliberou não contratar ninguém que fosse reconhecidamente comunista. Schary então votou, como os outros produtores, a favor de incluir os dez homens na Lista Negra por desacato ao Congresso. Ficou muito falado em Hollywood por isso. Muitos colegas criticam o rumo que tomou, mas entendem seus motivos. "Deparei com as alternativas de apoiar a posição adotada por minha empresa ou me demitir", disse-me Schary. "Não acredito que se deva largar o trabalho sob pressão. De toda forma, gosto de fazer filmes. Quero continuar na indústria. Gosto disso aqui." Schary é um dos poucos executivos de Hollywood que recebem visitantes sem que alguém do departamento de publicidade participe da conversa. "A questão teria sido resolvida se os dez homens tivessem se levantado e respondido se eram comunistas ou não", prosseguiu. "É só isso que precisavam ter feito. Do jeito que a coisa andou, dez homens foram prejudicados e ninguém está feliz. Não trabalhamos há semanas já. Agora é hora de voltarmos a fazer filmes, bons filmes, a favor do que bem entendermos." Perguntei a Schary o que ele planejava para este ano. "Vou lhe dar uma lista", respondeu. E puxou pela memória os seguintes títulos, que anotei: *Honored Glory* (a favor de homenagear nove soldados desconhecidos), *Weep No More* (a favor da lei e da ordem), *Evening in Modesto* (também a favor da lei e da ordem), *The Boy with Green Hair* (a favor da paz), *Education of a Heart* (a favor do futebol profissional), *Mr. Blandings Builds His Dream House* (a favor de Cary Grant), *The Captain Was a Lady* (a favor das caravelas ianques), *Baltimore Escapade* (a favor de um pastor protestante se divertindo com a família).

"Com ou sem Comitê", concluiu Schary, "vamos fazer todos esses filmes do mesmo jeito que fazíamos antes".

(21 de fevereiro de 1948)

Sgt. Pepper

Meet the Beatles, o primeiro álbum (janeiro de 1964) de John, Paul, George e Ringo lançado nos Estados Unidos, vendeu 5,3 milhões de cópias até hoje. Fotos do rosto de John, Paul, George e Ringo ilustravam a capa. O disco trazia, entre outras canções, *I Want to Hold Your Hand, I Saw Her Standing There* e *All My Loving*. *Sgt. Pepper's Lonely Hearts Club Band*, o 13º e mais recente álbum (junho de 1967) de John, Paul, George e Ringo, foi lançado na semana retrasada e vendeu 1,2 milhão de cópias até o momento, além de 95 mil encomendas. Na capa, John, Paul, George e Ringo aparecem trajando fantasias de cetim que lembram uniformes militares antigos, na companhia de – para citar apenas alguns nomes – Shirley Temple, H. G. Wells, Marilyn Monroe, Karl Marx, Lenny Bruce, Edgar Allan Poe, Lawrence da Arábia, Marlene Dietrich, Johnny Weissmuller, Dion, Carl Jung, Mae West, Fred Astaire, Tom Mix, W. C. Fields, Laurel e Hardy, Karlheinz Stockhausen, Bob Dylan, Oscar Wilde, além das estátuas de cera de John, Paul, George e Ringo exibidas no museu Madame Tussaud. Nesse álbum, os Beatles (com Paul cantando a maioria dos solos) criam o efeito de um show ao vivo, abrindo com *Sgt. Pepper* e apresentando a seguir, com algumas interrupções pontuais, faixas como *A Little Help from My Friends, Lucy in the Sky with Diamonds, Fixing a Hole, She's Leaving Home, When I'm Sixty-Four, Lovely Rita* e *A Day in the Life*. (Os outros discos dos Beatles são: nº 2, *The Beatles' Second Album*, de abril de 1964. nº 3, *Something New*, de julho de 1964. nº 4, *A Hard Day's Night*, de setembro de 1964. nº 5, *The Beatles' Story*, de novembro de 1964. nº 6, *Beatles '65*, de dezembro de 1964. nº 7, *The Early Beatles*, de março de 1965. nº 8, *Beatles VI*, de junho de 1965. nº 9, *Help!*, trilha sonora do filme de mesmo nome, de agosto de 1965. nº 10, *Rubber Soul*, de dezembro de 1965. nº 11, *Yesterday and Today*, de junho de 1966. nº 12, *Revolver*, de agosto de 1966.)

Há cerca de um ano, a gritaria dos fãs adolescentes da banda acalmou um pouco, e outras vozes passaram a ser ouvidas, dando conta de que os Beatles estavam "indo longe demais", estavam "esgotados", estavam "ficando muito sérios" ou "não eram mais 'divertidos'". Agora *Sgt. Pepper* foi lançado e é um grande sucesso. Conversamos com pessoas ligadas ao mundo da música sobre isso. "Fomos os primeiros a tocar o disco", disse-nos Joe O'Brien, disc jockey da rádio WMCA. "Tocamos *A Day in the Life* em 18 de abril, seis semanas antes do lançamento oficial. Para mim, é o primeiro álbum lançado por um grupo popular. Todos os outros, incluindo todos os álbuns anteriores dos Beatles, são uma coleção de singles. Esse é um single com quarenta minutos de duração."

"Qual foi a reação dos ouvintes?", perguntamos.

"Fraca", respondeu O'Brien. "Não estão preparados. Assim como as pessoas não estavam preparadas para Picasso. Não é disco para adolescentes. É extremamente intelectual. Meu filho caçula é calouro em Yale e me contou que, no dia em que o álbum foi lançado, todos os alunos da faculdade correram para comprar. A mesma coisa aconteceu em Harvard. Os estudantes universitários são agora os maiores fãs dos Beatles. O disco é, de fato, uma cantata. Adolescente não quer saber disso." "Prova positiva de maturidade musical", definiu o DJ Murray the K. "Os Beatles tiveram a coragem de ir em frente e fazer algo diferente de tudo o que já haviam feito. Há pouquíssimas músicas comerciais nesse álbum, mas é um gigantesco passo adiante. Tenho tocado o álbum inteiro, sem parar, em meu programa. Não preciso me preocupar, a faixa etária dos meus ouvintes é de 18 a 25 anos."

Fomos à loja de discos Sam Goody's, na rua 49 West, e lá conversamos com alguns jovens que compravam o álbum. "É como estar num show!", disse Richard Mellerton, um rapaz descalço e sem gravata que carregava um violão. "É uma paulada."

Obtivemos uma resposta mais elaborada de um jovem de terno escuro e óculos de aro dourado, que nos disse que estudava literatura inglesa na CCNY e que agora, no verão, trabalha como ajudante de garçom no café do hotel Penn Garden. O estudante, John Van Aalst, explica: "Na verdade, estou mais interessado em música clássica, mas os Beatles se superam nesse disco. É tecnicamente interessante e imaginativo. Não se trata mais de rock'n'roll computadorizado. Pode até ter surgido do rock'n'roll dos anos 1950, mas é uma tentativa de criar música com significado. Vai além de fazer a gente se sentir bem, embora faça isso também. Tem apelo estético, se encaixa melhor com minha concepção de arte".

Um dos funcionários da Goody's observava o desfile de fregueses dos Beatles com olhar satisfeito. O disco, conta ele, estourou na loja. "Vendemos milhares de cópias. E está saindo como o primeiro concerto do Horowitz no Carnegie Hall."

Na loja Colony Record Center, na Broadway com a rua 52, topamos com um senhor muito empolgado, de aparência professoral, chamado Lawrence LeFevre (na verdade, William Shawn, mas decidimos deixá-lo anônimo), que naquele instante puxava o novo disco dos Beatles de uma caixa que tinha também os trabalhos de Jefferson Airplane, Blues Project, Mamas and the Papas e Lovin' Spoonful. O sr. LeFevre nos deu uma pequena aula: "Trata-se, de fato, da maioridade dos Beatles", disse. "Em termos de substância musical, *Sgt. Pepper* é um avanço muito maior do que *Revolver*, e *Revolver* já havia sido um tremendo avanço, vocês lembram. Há muitas estruturas musicais aqui que são novas e interessantíssimas, além de novas combinações de ritmos, progressões de acordes, diferentes instrumentações e um fluxo inédito de grandes melodias. Os Beatles, como se sabe, utilizaram tudo o que já foi feito em termos musicais, passando por romântico, barroco, litúrgico e todos os gêneros populares, incluindo blues, jazz, music hall inglês, folk inglês e, é claro, rock'n'roll. Muita gente já destacou o quanto os Beatles são ecléticos, o quanto se inspiraram em tudo. Mas agora estamos falando de um estilo Beatles de música. Muitos tentam imitá-los, mas ninguém chega perto. Esse disco é um evento musical, comparável a uma nova ópera ou obra sinfônica notável. No entanto, há mais coisas acontecendo musicalmente nesse único disco do que em quase qualquer outro lugar nos últimos tempos. *A Day in the Life* não é apenas a faixa mais ambiciosa que já compuseram, mas possivelmente a melhor peça musical que produziram até agora. Não se pode defini-la com exatidão – não se encaixa em nenhuma categoria –, mas é complexa e poderosa. Outra canção, *When I'm Sixty-Four*, exala charme e bom gosto. É uma paródia, mas, como as melhores paródias, foi composta com carinho e é excelente por si só, à parte seu valor como paródia. E *Fixing a Hole* está no mesmo nível das melhores músicas dos Beatles. O grupo compõe para agradar a si mesmo. Ao contrário de muitos artistas atuais, que se divertem ofendendo o público, os Beatles se entretêm com o próprio material. O álbum contém uma alegria enorme, mas a tristeza também surge aqui e ali. É dinâmico. Os músicos criaram um universo próprio. É comédia musical. É filme. Só que é um disco. Não há nenhuma faixa individual tão adorável como, por exemplo, *Michelle* ou *Here, There, and Everywhere*, mas é preciso analisar o trabalho como uma unidade e, nesse sentido, o álbum evoca imensa beleza. É claro que não se pode falar sobre os Beatles sem mencionar o transcendente Duke Ellington. Assim como ele nunca se encaixou no esquema do jazz, os Beatles não se encaixam no esquema do rock'n'roll. Eles estão sozinhos, atuando por conta própria, assim como Ellington. E, como Ellington, são inclassificáveis. E, ainda como Ellington, navegam por aquele território especial onde o entretenimento se transforma em arte. Devo acrescentar que nada nesse disco é fabricado, artificial ou sintético. Tudo é música espontânea e inspirada. Há uma certa doçura irônica em várias das músicas, o que deve estar ligado ao modo de cantar de McCartney – digo, Paul. Nunca sentimos que os Beatles estão se esgotando. Há muita reserva ali. É só o começo para eles. Para mim, o ápice do ápice é a maneira delicada com que Lennon – digo, John – canta as palavras 'oh boy' em *A Day in the Life*. Gostaria de fazer uma última observação: os Beatles fizeram mais para alegrar o mundo nos últimos anos do que quase qualquer outro acontecimento no mundo das artes."

(24 de junho de 1967)

Escapadas
(Robin Williams)

Nos últimos dez anos, Robin Williams, o ator cômico de 34 anos que parece se conectar com seu público em um nível alucinado e profundo, e que faz as pessoas rirem de um jeito diferente, a um só tempo histérico, verdadeiro e feliz, participou de dois programas de televisão (*Mork & Mindy* e o revival de *Laugh-In*, em 1977), seis filmes (*Popeye, O mundo segundo Garp, O negócio é sobreviver, Moscou em Nova York, A última chance* e *Clube Paraíso* – este ainda não lançado), dois shows em videocassete e dois álbuns (*Reality... What a Concept* e *Throbbing Python of Love*). Mas há um tipo de performance que Williams tem feito sem parar – antes, durante e depois de suas atividades na televisão, no cinema, em shows e gravações – que consiste em aparições-surpresa em pequenos clubes noturnos de comédia: no Comedy Store, em Los Angeles; no Yuk-Yuk's, em Toronto; no Second City, em Chicago; no Holy City Zoo, em São Francisco; no Catch a Rising Star, em Nova York; e em outros palcos parecidos, que se instalaram em dezenas de cidades pelos Estados Unidos a partir dos anos 1970. E antes de seguir rumo à Costa Oeste, na semana passada, para assumir o papel de fenomenal apresentador do Oscar, Williams passou por Nova York, onde ajudou na organização do programa *Comic Relief* [Alívio cômico] da televisão a cabo – um evento beneficente que arrecada dinheiro para os sem-teto – e nós o acompanhamos em algumas dessas escapadas à meia-noite.

Ao chegarmos para o encontro, Williams havia passado quatro horas sentado no Public Theatre assistindo a *Hamlet*, de onde saiu com cara de esgotado. O ator é um homem atarracado, de aparência leve, com rosto e corpo altamente maleáveis, quase elásticos, que estamos acostumados a ver se transmutar, em questão de segundos, de Barry Fitzgerald a William F. Buckley Jr., passando por Jerry Falwell, Jesse Jackson, Nadia Comaneci e Deus sabe quem ou o que mais – sempre de modo simultaneamente afiado e gentil. Agora, vestindo calças marrons largas nas pernas, apertadas nos tornozelos, botas pretas de caminhada e um casaco de chuva amarelo, estava calmo e sereno. Expressou admiração por Kevin Kline no papel de Hamlet e Harriet Harris como Ofélia, observando que ambos eram, como ele, ex-alunos do Juilliard Theatre Center. Disse ainda que Jeff Weiss, estreante numa produção daquele porte, e que assumiu os papéis do Fantasma, do Ator-Rei e de Osric, o cortesão seboso, esteve impressionante. E aí, de repente, dentro do táxi que nos levava ao Catch a Rising Star (Primeira Avenida perto da rua 77), Williams se transformou num Hamlet com sotaque iídiche, lamentando a "existência não kosher" de Yorick; depois num Hamlet insano, confinado a uma instituição psiquiátrica e interpretando todos os papéis da peça; num Hamlet com George Jessel como o Fantasma; num Hamlet de Woody Allen, soando exatamente como Woody Allen ao dizer "Não sei se devo vingá-lo ou honrá-lo"; num Hamlet de Jack Nicholson, soando exatamente como Jack Nicholson ao dizer "Ser ou não ser, p*rra…".

Em seguida, Williams se acalmou, e passamos o resto da corrida de táxi pedindo que nos desse uma atualização rápida de sua história pessoal: nascido em Chicago, filho único; pai vice-presidente de uma montadora de automóveis ("Parecia um oficial do Exército britânico"), que se mudou com a família para o condado de Marin, nos arredores de São Francisco, ao se aposentar; e mãe brincalhona e engraçadíssima, originária do Sul e que adora contar piadas. "Eu era bom em idiomas e pensei em trabalhar na área de relações exteriores, ou coisa parecida", contou. "No colegial, me dediquei muito à corrida de cross-country, atividade que eu adorava, e à luta livre, o que me dava oportunidade de causar algum estrago. Frequentei o Claremont College, onde fiz cursos de ciências políticas e economia, sendo reprovado em ambos. Depois do primeiro ano, saí de Claremont e fui para o College of Marin, perto de casa, que tinha um departamento de teatro incrível, com professores que me falaram da Juilliard. Fiz um teste para a Juilliard, ganhei uma bolsa de estudos integral e por lá fiquei três anos, fazendo Shakespeare e Strindberg. Ao voltar para casa, comecei a frequentar um café chamado Intersection, na Union Street, em São Francisco, à noite. Durante o dia, trabalhava numa sorveteria. Uma noite, no café, sem motivo algum, comecei a imitar um jogador de futebol doidão de LSD. A sensação foi ótima, me diverti demais. E ninguém estava me dizendo o que fazer, gostei daquela liberdade."

Quando chegamos ao Catch a Rising Star, o local estava lotado: fila de gente em pé no bar da frente; umas 150 pessoas num salão nos fundos, sentadas ao redor de mesinhas, bebendo, de frente para uma pequena plataforma com um microfone de pedestal. Na parede atrás da plataforma, umas placas diziam "Boa sorte" e "Entrada da Monogram Pictures Corp.". Ao lado, um quadro exibia uma montagem com comediantes famosos – Eddie Cantor, Charlie Chaplin, Milton Berle, Abbott e Costello. Na plataforma, um jovem apresentador – baixinho, rechonchudo, de cabelos cacheados escuros e vestindo camisa de mangas compridas sobre uma camiseta – provocava risadas mecânicas com perguntas e comentários óbvios sobre o público, que consistia sobretudo de jovens solteiros, jovens casais, quartetos de mulheres jovens, trios de homens jovens. O mestre de cerimônias saiu de cena depois de chamar seu substituto, um jovem alto e corpulento, de cabelos ralos, que trajava jeans e um suéter vermelho. O substituto trabalhou por uns quinze minutos, arrancando risadas obedientes com piadas de "família": "Minha mãe teve quatro filhos. Fui o único vertebrado" e "Temos um cachorro, cruzamento de labrador com urubu. Ele agora está rondando a vovó".

O mestre de cerimônias rechonchudo então voltou e anunciou que Robin Williams estava presente. O lugar enlouqueceu. Gritos, berros, assobios, mais gritos, uivos e aplausos ensurdecedores. Williams pegou o microfone e disse, à moda de um ganhador do Oscar: "Obrigado por tornarem isso possível. [Imitando um frequentador de teatro esnobe] Enquanto eu estiver com meus óculos, o mundo é meu. Acabei de assistir a *Hamlet*. Quero ver Hamlet interpretado por Sylvester Stallone. [Imitando Stallone] 'Ser ou... o que mesmo?' Quem sabe ele e Schwarzenegger fazem um filme juntos. [Imitando Schwarzenegger] 'Com legendas em inglês'."

Segundos depois, mais uma vez, Williams se transformava de ser humano em esquilo do Central Park, pombo de Nova York ("Eu até poderia voar pra longe, mas gosto daqui"), em outro ganhador do Oscar ("Gostaria de agradecer a todos que não tentaram me matar"), nele próprio, em modo penitente ("Perdão, meu Deus, por ter tirado sarro de todo mundo"), num fabricante japonês ("A culpa não é minha, isto aqui é feito na América").

A plateia sugeria assuntos conhecidos de outras apresentações de Williams, deixando-o ainda mais alucinado. O comediante imitou gângsteres, bêbados, Gorbachev, Reagan, Charles Kuralt cobrindo resíduos tóxicos em New Jersey. E depois foi de sra. Marcos a Louis Farrakhan, passando por uma criança que via o pai partir e chorava junto a uma janela. Na sequência, se afastava da janela, olhos já secos, e dizia: "Vamos colocar aquela música do Fisher-Price e pirar!". (Williams tem um filho de 3 anos, Zachary.)

O ator falou por cerca de meia hora e saiu do palco revigorado, parecia pronto pra outra. Na noite seguinte, no táxi a caminho do Improvisation (rua 44, perto da 8), nos deu um minicurso sobre clubes de comédia. "O público de ontem era formado pelo pessoal *ponte-e-túnel*. Eles vêm de New Jersey e Connecticut. São um desafio. A recepção pode ser ótima, mas se não estiver funcionando – tentou uma vez, tentou duas – não há o que fazer. Alguns comediantes são muito orgulhosos, se agarram ao material que se propuseram a apresentar não importa o que aconteça. Sou mais camaleônico. Procuro o nível básico do público. Ontem à noite, encaixei um ritmo bom, estava me sentindo à vontade. Gosto de ir aos clubes porque isso elimina a pretensão. Na semana passada, fui ao Comedy Store, em Los Angeles. E falei sobre umas coisas bizarras. Embalei num papo sobre viajar na velocidade da luz e perder a bagagem antes mesmo de embarcar. Fiz o Albert Einstein imitando o sr. Rogers, improvisei mesmo. Foi muito divertido. Como correr num campo aberto."

No Improvisation, a menção à presença de Robin Williams provocou gritos e uivos ainda mais estridentes. E ele repetiu a abertura como ganhador do Oscar, afetando humildade: "Obrigado pela gentileza. As palavras de vocês significam muito". Em seguida, fez o político sul-africano Botha, depois transmutou-se no estado de Michigan, na Estátua da Liberdade, em Frank Sinatra, em caçadores judeus ("Vamos para a floresta ver se alguma coisa morreu"), Lee Iacocca, Henry Kissinger e na El Al Airlines.

Então, alguém na plateia gritou: "Dra. Ruth!".

"Dra. Rufe?", Williams perguntou, tendo obviamente ouvido mal o nome sugerido. Mas logo entendeu e, de pronto, usou o erro para assumir o papel de uma religiosa negra que dava conselhos sexuais em tom rabugento. "Se oriente!", disse. "Você tá parecendo o boneco Ken. Vira esses olhos cheios de rímel pra lá! Põe o pé na estrada e não esquece de conferir se a ponte tá aberta." O comediante esticou o sermão por uns bons quinze minutos. A plateia estava fora de si; Williams, em êxtase. Contou que aquele material era novo, tinha usado pela primeira vez ali. Parecia ter acabado de correr num campo aberto.

(7 de abril de 1986)

Sr. e sra. Williams

Quando se pede a pessoas envolvidas ou interessadas na indústria do cinema que citem, assim de cabeça, nomes de mulheres que atuam como produtoras hoje nos Estados Unidos, ouvem-se sempre os mesmos nomes: Sherry Lansing (*Proposta indecente*), Debra Hill (*O pescador de ilusões*), Linda Obst (*Sintonia de amor*), Dawn Steel (*Mudança de hábito*), Lauren Shuler-Donner (*Free Willy*), Gale Ann Hurd (*O exterminador do futuro*), Midge Sanford e Sarah Pillsbury (*Procura-se Susan desesperadamente*), Lili Fini Zanuck (*Conduzindo Miss Daisy*) e Kathleen Kennedy (*Jurassic Park – O Parque dos Dinossauros*). Ouve-se, ainda, que Goldie Hawn, Bette Midler e Barbra Streisand "também produzem", frase que é completada assim, de modo ligeiro: "mas elas são atrizes, são estrelas". Agora o nome de Marsha Garces Williams começa a aparecer na lista. Marsha é um tipo diferente de produtora e está atualizando o ofício para os dias de hoje. A sra. Williams e seu marido, Robin, fundaram e administram a própria empresa cinematográfica, a Blue Wolf Productions, da qual a sra. Williams é a presidente. Em São Francisco, onde moram, rodaram seu primeiro filme, *Uma babá quase perfeita*, com Sally Field, Pierce Brosnan, Harvey Fierstein, Robert Prosky e, na pele de Mrs. Doubtfire, Robin Williams. A produção, sob a supervisão da Twentieth Century Fox, deve ser lançada em dezembro.

É comum na indústria cinematográfica listar uma série de produtores nos créditos. No caso de *Uma babá quase perfeita*, lê-se: "Produzido por Marsha Garces Williams, Robin Williams e Mark Radcliffe; Produtor-Executivo: Matthew Rushton; Coprodutor/Gerente de Produção da Unidade: Joan Bradshaw". A prática de creditar vários nomes pode soar excessiva para quem está no escurinho de uma sala multiplex, esperando, no limite da paciência, pelo início do filme. Mas há uma clareza absoluta na mente dos outros produtores e da equipe de *Uma babá quase perfeita* de que a líder do projeto é a sra. Williams.

Tudo começou com a aquisição de *Madame Doubtfire*, de Anne Fine – um livro infantil publicado na Grã-Bretanha em 1987 –, por Matthew Rushton e pelo falecido Frank Levy, criadores de *Minha noiva é uma extraterrestre*, entre outras produções. A dupla mandou o livro para Elizabeth Gabler, então vice-presidente de produção da United Artists e atual vice-presidente sênior de produção da Twentieth Century Fox. Kirk Kerkorian, que controlava a United Artists e a MGM no final dos anos 1980, fundiu a primeira empresa com a segunda, para dissabor de quem era ligado à UA. "Meu ex-chefe na United Artists, Roger Birnbaum, adorava esse filme, acreditava nele como eu acreditava", diz a sra. Gabler. "E sempre tivemos o nome de Robin Williams em mente. Mas a UA virou tudo do avesso. Roger Birnbaum foi para a Fox, onde se tornou presidente de produção global e convenceu-os a assinar um cheque pelos direitos do livro."

Elizabeth Gabler juntou-se a Birnbaum na Fox um mês depois. Juntos, selecionaram um redator, Randi Mayem Singer, para fazer um roteiro baseado no livro. Marsha Williams, que tinha lido o livro quatro anos antes – e gostado –, estava por acaso no escritório dos empresários de seu marido, no prédio da Fox, no começo do ano passado, e citou de passagem seu interesse pela obra. Por coincidência, o roteiro de Singer tinha acabado de chegar ao escritório. A sra. Williams leu o texto e tinha reservas. "Era amplo demais e não contava a história que eu achava que deveria contar", me disse em março passado, em São Francisco, durante o período de pré-produção do filme. A Fox então sondou a sra. Williams sobre o possível interesse dela e do marido em produzir o filme. Interesse confirmado, Marsha Williams começou a trabalhar com Singer na reescrita do roteiro. Em seguida, a Fox informou que Chris

Columbus (*Esqueceram de mim, Esqueceram de mim 2: Perdido em Nova York*) estava disponível para dirigir. O casal Williams quis que Columbus também reescrevesse o roteiro, o que aconteceu. A sra. Williams relatou à Fox que Columbus tinha feito um trabalho "brilhante" e que o sr. Williams agora se comprometeria, no jargão da indústria, a atuar no filme. Joe Roth, presidente da Fox, também se comprometeu. Telefonou para a sra. Williams e anunciou: "Sinal verde para o seu filme". Robin e Marsha Williams assumiram a produção. Quanto a Elizabeth Gabler, a própria afirma: "Muito orgulhosa de me associar a *Uma babá quase perfeita*, ainda mais agora que Marsha e Robin estão envolvidos".

Em *Uma babá quase perfeita*, Robin Williams interpreta Daniel Hillard, descrito no roteiro como "um sujeito de boa aparência, ainda que meio amarfanhado, de 30 e poucos anos", que não consegue segurar seus empregos de ator figurante na televisão. Sua esposa, Miranda, interpretada por Sally Field, pede divórcio e recebe a guarda dos três filhos. Para ficar perto das crianças, Daniel arruma um disfarce profissional, com máscara, peruca, seios falsos, nádegas falsas, óculos e vestido. Adota o nome de sra. Doubtfire e vai trabalhar como governanta de Miranda. Robin Williams está impressionante no papel: voz, sotaque inglês com inflexões, andar, gestos, olhares, respostas improvisadas – corporais e verbais – convencem plenamente. O ator vestiu o figurino e recebeu a maquiagem pela primeira vez em março passado, antes do início das filmagens. Eu estava no escritório de produção de *Uma babá quase perfeita*, numa tarde de sábado, quando alguém que eu não conhecia entrou – uma senhora grisalha, encorpada, usando óculos, saia xadrez plissada, blusa branca com gola Peter Pan presa por um broche, cardigã de lã, meias de seda e sapatos confortáveis, modelo Oxford. Graciosa e um tanto tímida, me desejou boa tarde com um sotaque inglês encantador. Eu esperava que ela aparecesse a qualquer momento, mas custei a perceber quem era, de fato. Ficou logo evidente que o sr. Williams, o ator, estava apaixonado pela personagem. Nos quase quatro meses de filmagem que se seguiram, a afeição dele pela governanta nunca diminuiu, e isso criou um ambiente embalado por sentimentos positivos por parte de toda a equipe. O sr. Williams a descrevia como se a personagem tivesse surgido por geração espontânea na frente das câmeras, sem nenhuma participação dele. "Que doce de pessoa, tão gentil e amável", ele chegou a me dizer, fazendo o sotaque dela, semanas depois de concluídas as filmagens.

Também são impressionantes suas transformações repentinas de um personagem para outro. Há uma cena, por exemplo, em que a sra. Sellner, uma assistente social, vai até o apartamento sujo e bagunçado do recém-divorciado e confuso Daniel para conferir seus hábitos domésticos. A cena pede que a sra. Doubtfire receba a assistente social e se apresente como "irmã" de Daniel. Para isso acontecer, Williams precisa correr entre a sala de estar e o quarto, colocar a máscara de látex, a roupa com seios e nádegas falsas, meias de seda e sapatos apertados, e, ao mesmo tempo, conversar de dentro do quarto com a sra. Sellner, alternando a voz de Daniel com a voz da sra. Doubtfire. Assisti a um Robin Williams que suava sob aquelas camadas todas do disfarce fazer dezesseis tomadas apenas da cena principal. Parei de contar quando teve de fazer closes, ângulos invertidos e todo o resto.

Williams é igualmente engraçado fazendo Daniel ou a sra. Doubtfire. Como que por milagre, nos dois casos, vai de muito engraçado a muito comovente num instante. Na pele de Daniel, consegue tornar crível, sem cair no sentimentalismo, a emoção de um pai que é separado à força dos filhos. Em uma cena que se passa no tribunal, por exemplo, Daniel pede ao juiz que altere a decisão que concedeu a guarda dos filhos à mãe, com seu direito de visita limitado a algumas horas por semana. Com as câmeras voltadas para si, além de iluminação, figurantes, técnicos de som, visitas no set e toda aquela parafernália que, em tese, deveria atrapalhá-lo, Williams me pareceu estar atingindo o mais alto nível de interpretação que já testemunhei. Em produções recentes, ele desempenhou os papéis de um inocente com toques surrealistas (*A revolta dos brinquedos*, 1992), um Peter Pan spielbergiano (*Hook: A volta do Capitão Gancho*, 1991), um acadêmico tranquilo que se vê mergulhado em alucinações e pesadelos pela morte repentina da esposa (*O pescador de ilusões*, 1991), um médico idealista e tímido que descobre como dar vida a pacientes em coma (*Tempo de despertar*, 1990) e um dedicado professor de inglês de uma escola preparatória para meninos que tenta incutir nos alunos seu amor pela literatura (*Sociedade dos poetas mortos*, 1989). Agora, nessa cena, ele tentava transmitir os sentimentos de um pai angustiado e assustado que, carente de satisfação no trabalho, é confrontado com a terrível possibilidade de ser privado também da alegria cotidiana e reconfortante de estar com os filhos. Após o "Corta!" do diretor, as pessoas no set de filmagem, inclusive eu, soluçavam.

A firmeza da sra. Williams como produtora foi testada logo no início, quando ela, o sr. Williams e Chris Columbus foram instados a mudar o final do filme. "Todo mundo – empresários, agentes, pessoal do estúdio – acha que o público gostaria que Daniel e Miranda voltassem a ficar juntos ou, pelo menos, que deixassem a situação no ar", ela lembra. Após uma pausa, acrescentou com uma eloquência surpreendente: "Quando duas pessoas fazem mal uma à outra e agem para se prejudicar, não nasceram pra ficar juntas".

"Aquela família perfeita do Norman Rockwell não existe", disse o sr. Williams, com ainda mais veemência. "É um mito." E Chris Columbus completou: "Noventa por cento dos casais que se separam não reatam depois. Não queremos que nosso público assista a um filme desonesto. Não nos propusemos a fazer outro *Operação cupido*. Vamos proteger o filme, manter sua integridade".

Matthew Rushton, um sujeito muito simpático e afável, que aparecia de vez em quando no set de filmagem em São Francisco, vindo de Los Angeles, me disse que também preferia o final "honesto". Depois, dando de ombros, acrescentou: "Me surpreende que a Fox tenha sido tão compreensiva com o final. Vai saber o que os executivos farão se as primeiras exibições de teste provocarem reações negativas".

"Os executivos de marketing querem testar tudo hoje em dia", disse o sr. Williams. "Agora estão nos cinemas testando os trailers. Logo vão testar cartas antes de postar. Testes assustam as pessoas, elas deixam de fazer o que devem."

"Os testes não valem nada", disse Columbus. "Não vamos mudar o filme, ponto. Marsha e eu não vamos ceder."

O tema da família e os sentimentos que evoca estão entranhados na essência do filme. "Queremos mostrar que uma família pode se formar a partir de diferentes combinações e que, enquanto houver amor, existirá a família", disse Columbus. Em uma espécie de contraponto às atribulações vividas pelos fictícios Hillard, os produtores do filme traziam os próprios parentes – mães, pais, filhos pequenos, filhos grandes, avós, bebês e cachorros – para o set, nos intervalos das refeições, e para as salas de projeção, quando todos se reuniam para analisar as filmagens do dia anterior. Durante as pausas para refeições, ou enquanto aguardava o início de uma tomada, Chris Columbus era visto segurando o filho Brendan, de 1 ano, no colo. E, exibindo aquela percepção misteriosamente aguda dos bebês, Cody Williams, de 1 ano e meio, reagia ao sotaque da sra. Doubtfire e saudava o pai com um sonoro "Da-da". Até mesmo a exausta Joan Bradshaw, cujos créditos como coprodutora incluem *Vivendo com estilo*, *Indiana Jones e a última cruzada*, *Justiça sob tutela* e *A morte lhe cai bem*, e que em *Uma babá quase perfeita* é coprodutora e gerente de produção da unidade (um trabalho altamente exigente e estressante), e que desenvolveu e aperfeiçoou a habilidade de evitar o contato visual com qualquer pessoa que possa lhe testar a paciência, foi vista no set acariciando e confortando um bebê recém-nascido, irmão do ator mirim mais jovem do filme. Às vezes, Columbus recrutava familiares e amigos que estavam visitando o set e os encaixava – inclusive Cody, sua irmã Zelda, então com 3 anos e meio, seu meio-irmão Zachary, de 10 anos, e a mãe da sra. Williams – em pequenas aparições de poucos segundos.

Uma das primeiras lições que um neófito em estúdios de filmagem aprende é a importância suprema de lembrar os nomes (quanto mais importante o nome, mais importante é lembrar) e, em seguida, dirigir-se rapidamente a cada pessoa pelo primeiro nome e soar superempolgado e alegre ao fazê-lo. Até mesmo os fornecedores das refeições pareciam conhecer essa regra. Lá por maio, na primeira semana de filmagem, me surpreendi quando ouvi meu nome ser pronunciado por uma das crianças que estavam no set. Outro preceito básico parece ser: fale rápido – muito, muito, muito rápido. Não importa o assunto, nesta que é a mais competitiva das indústrias competitivas, quase todo mundo fala com todo mundo num ritmo que aumenta de velocidade à medida que avança. Os participantes da conversa soam como se estivessem num concurso para ver quem consegue ser mais verborrágico em menos tempo, como radialistas treinados para espremer mais e mais sílabas entre os comerciais. As crianças que frequentavam o estúdio pareciam estar absorvendo com naturalidade o ritmo aqui-tempo-é-dinheiro, e até o tatibitate dos bebês emulava a cadência dos mais velhos. Outros rituais eram seguidos de forma impressionante mesmo pelos mais novos. Certa noite, observei Eleanor Columbus, de 3 anos e meio, assistindo respeitosamente à projeção das tomadas do dia anterior. A criança ficou quieta por quase uma hora, olhos na tela, concentrada. Quando as luzes se acenderam, perguntei quem havia lhe ensinado que não se deve falar nem fazer barulho durante a projeção. Ela apontou para Porscha e Brittany Radcliffe, filhas da produtora associada dos Williams, de 11 e 9 anos de idade, e disse: "Elas".

A sra. Williams está na casa dos 30 anos e tem longos cabelos castanho-escuros, que costuma deixar soltos (por vezes, usa um rabo de cavalo ou uma trança), olhos escuros enormes, traços delicados e um sorriso deslumbrante. Fala com suavidade e paciência.

Se a aparência é algo que puxamos, como se diz, dos pais, então as feições da sra. Williams podem ser atribuídas a Leon Garces, chef de cozinha que nasceu na cidade mais antiga das Filipinas, Cebu, e concluiu dois anos de faculdade de medicina antes de vir para os Estados Unidos; e a Ina, a mais nova de sete filhos de imigrantes finlandeses que acabaram se estabelecendo em uma fazenda em Owen, Wisconsin, a 350 quilômetros de Milwaukee. "Eu andava alguns quilômetros com o termômetro marcando até 40 graus negativos para chegar a uma escola primária onde só havia uma turma", Ina Garces me contou durante um almoço de Páscoa para família e amigos. "Tivemos de brigar para conseguir frequentar o colegial. Mas a fazenda foi um bom lugar para crescer. Trabalhávamos muito e sempre tínhamos comida na mesa", continua. Marsha nasceu em Milwaukee, a mais nova de quatro filhos: Victor, o mais velho, que morreu há poucos anos; Selina, que se casou com um advogado e mora em Tucson; e Carmen, que vive em Phoenix, não muito longe dos pais, e cujo marido trabalha com medicina esportiva. Marsha lembra que, ao contrário dos irmãos, sempre foi solitária. "Cresci numa comunidade alemã, onde todas as crianças eram loiras e nós os únicos morenos, por isso sei como é ser considerado diferente", e acrescentou, com naturalidade: "Eu era diferente até mesmo de meus irmãos, que eram muito sociáveis. Eu estava sempre sozinha". Marsha aprendeu a ler por conta própria aos 4 anos, estudando o rótulo de um frasco de xampu. Aos 9, já lia *O senhor dos anéis*, de Tolkien. Foi uma leitora voraz durante toda a infância, lendo à mesa – e embaixo da mesa, durante as refeições – ou escondida no guarda-roupa quando deveria estar dormindo. E segue lendo hoje em dia. "Sempre tenho uma montanha de coisas pra ler ao lado da cama." (Alguns dos títulos empilhados em sua mesa de cabeceira: *A imortalidade*, de Milan Kundera; *Antologia pessoal*, de Jorge Luis Borges; *The Encyclopedia of Sexual Trivia*, de Robin Smith; *Drawing with Children*, de Mona Brookes; *Contos de imaginação e mistério*, de Edgar Allan Poe; *The Solar Electric House: A Design Manual for Home-Scale Photovoltaic Power Systems*, de Steven J. Strong.) Quis estudar artes e chegou a fazer cursos enquanto trabalhava à noite como garçonete. Também foi supervisora de um banco, mas retomou o posto de garçonete porque gostava do emprego. "Aprendi que tinha jeito pra deixar as pessoas à vontade", explicou. Para explorar mais a fundo seu interesse por arte, frequentou a Universidade de Wisconsin, em Milwaukee. Algum tempo depois, mudou-se para a Costa Oeste, onde continuou a estudar artes na San Francisco State College e a bater ponto como garçonete à noite. "Eu não queria mais ficar em Milwaukee", diz.

Marsha conheceu Robin em uma festa em São Francisco, há doze anos. O casamento com o ator é seu terceiro. "Meus pais foram muito bons nisso, em me deixar cometer meus próprios erros", diz com um sorriso furtivo. Em 1984, começou a trabalhar como babá de Zachary, filho de Williams com a primeira esposa, Valerie Velardi. Zachary tinha 1 ano. "Sinto orgulho da maneira como cuidei dele. Eu adorava o Zak, ainda adoro." Marsha ficou um ano na função, época em que vivia um relacionamento sério com outro homem – relacionamento que continuou depois que ela deixou o emprego de babá. Foi um período conturbado para o casamento de Robin, que também estava envolvido com outra pessoa. O ator já tinha feito enorme sucesso como protagonista da série *Mork & Mindy*, nos quatro anos em que a atração esteve no ar (1978-1982), e depois passara a atuar no cinema, começando com *Popeye*, de Robert Altman, com fraco desempenho de bilheteria. Os atritos no casamento com Valerie persistiam e, no começo de 1986, o casal se separou. Marsha, que ainda estava com o outro homem, começou a trabalhar como assistente de Robin, organizando suas turnês e cuidando da correspondência dos fãs. Nessa época, Robin se dedicava, entre outras coisas, a ajudar os sem-teto, promovendo eventos beneficentes chamados *Comic Relief*. O ator também voltou a cuidar da saúde e retomou uma de suas atividades favoritas, a corrida.

Depois que Robin e Valerie estavam separados havia um ano, Robin e Marsha iniciaram um romance. Marsha seguiu como assistente de Robin e, quando o ator foi à Tailândia filmar *Bom dia, Vietnã*, ela o acompanhou. Com o lançamento do filme, em dezembro de 1987, Williams se transformou numa gigantesca celebridade e ambos passaram a ser alvos da atenção desmedida e invasiva dos tabloides. "Inventavam um monte de coisa, canalhices mesmo", conta um dos amigos do casal. "Marsha é uma mulher original, incrível, o par perfeito para Robin."

Demorou quase três anos para que os termos do divórcio fossem acertados. Em 30 de abril de 1989, em Lake Tahoe, Robin e Marsha se casaram na presença de cerca de trinta amigos, incluindo o sr. e a sra. Billy Crystal, o sr. e a sra. Barry Levinson, o sr. e a sra. Mark Johnson e o sr. e a sra. Bob Goldthwait. Valerie Velardi, ocupada em cuidar da própria vida, teve outro bebê no ano passado, momento em que ela, Robin e Marsha já haviam finalizado um acordo de compartilhamento da guarda que deixou Zachary e todos os familiares próximos satisfeitos.

Robin tem dois meios-irmãos: Todd Williams, que mora em Santa Rosa e é distribuidor regional de uma empresa de vinhos, e McLauren Smith, professor de física do colegial radicado em Memphis, Tennessee. O pai foi vice-presidente de uma montadora de automóveis e morreu há alguns anos. A mãe, Laurie Williams, mulher espirituosa, elegante, que adora jogar tênis, contar piadas e farrear, mora em Tiburon, nos arredores de São Francisco, e costuma passar os domingos com Robin, Marsha e as crianças. Parece estar sempre em busca de uma boa gargalhada. Rindo, recitou um dos primeiros versos que ensinou a Robin:

> Era uma vez a aranha Sammy
> Tão inteligente, evitava o clichê
> Não gostava de fiar
> Preferia fazer crochê.

"Digo pro Robin: 'Sinto que sua missão é trazer alegria ao mundo'", completa.

Analisar alguns dos feitos de Marsha Williams no cargo de produtora exigiu uma espécie de curso ultrarrápido em microgerenciamento. "Na verdade, o que faço hoje é, em grande medida, o que já venho fazendo há anos com Robin", diz. "Leio roteiros, analiso possíveis projetos e dou minha opinião sobre tudo, quando ele me pede. Nem sempre concordamos, e já houve produções em que Robin embarcou sem dar a mínima para o que eu achava, mas sempre o apoiei em todas as decisões que tomou."

"Ela chegou metendo o pé na porta", me diz Williams com uma expressão de espanto conformado. "Ela gosta do desafio de produzir. Meu nome aparece nos créditos de *Uma babá quase perfeita* como produtor, e conversamos sobre absolutamente tudo, mas Marsha faz o grosso do trabalho, aquela falação toda com as pessoas. Ela tem paciência para discutir um problema por horas a fio. Eu tenho de me preparar para os papéis. E costumo ser direto, digo logo: 'Isso tá uma porcaria!'"

Segundo o sr. Williams, a sra. Williams aprendeu a ser produtora observando alguns profissionais que vieram antes dela – "gente que sabe fazer as coisas direito, como Steve Haft, que produziu *Sociedade dos Poetas Mortos*, e Mark Johnson, que produziu *Bom dia, Vietnã*. As pessoas percebem a maneira como Marsha lida com todos – de forma decente, humana, dando o tratamento que gostaria de receber".

A sra. Williams e equipe participaram de reuniões financeiras de pré-produção com o pessoal da Fox. Uma vez definido o orçamento, ela assumiu tudo: escolheu as locações com diretor, fotógrafo e equipe; decidiu que os nomes dos poucos e bons com direito a cadeiras dobráveis de lona seriam escritos em letras brancas sobre o pano preto; aprovou um enorme fundo infinito, o Chromatrans da Pacific Studios, mostrando o skyline de São Francisco, que serviria como vista da janela do apartamento de Daniel; telefonou para Pierce Brosnan, que estava em casa, em Los Angeles, para lhe dar as boas-vindas; e, de forma diplomática, mas enérgica, informou o pessoal do merchandising da Fox que a exposição de produtos ou de marcas perto de Robin Williams durante as filmagens era terminantemente proibida, não importando quanto dinheiro estivesse em jogo para a Fox, e ressaltou que "Robin recebeu muitas ofertas para fazer comerciais e nós recusamos todas".

Marsha estava sempre ao celular, mesmo quando dirigia. Preferia se deslocar sozinha, em geral a bordo de seu carro elétrico, uma perua branca pequena chamada Electron One, uma espécie de Ford Escort modificado. O manual diz que o veículo percorre 60 quilômetros com uma carga, mas, no sobe e desce das colinas da cidade, é arriscado passar dos 40. Sempre que podia, e ao chegar ao seu destino, ela procurava uma janela aberta com acesso a uma tomada para ligar o carro na eletricidade.

Enquanto cuidava da produção de *Uma babá quase perfeita*, Marsha não descuidava da Blue Wolf Productions, das outras responsabilidades comerciais, e nem dos cuidados com marido e filhos, além de uma infinidade de obrigações que havia assumido na vida não só da família como de uma longa lista de amigos — são tantos que uma delas, uma jovem grávida, chegou a afirmar que abria mão de seus próprios amigos; só queria os amigos dos Williams. Dormindo duas ou três horas por noite, a sra. Williams ainda dava um jeito de levar Zelda para a escola, para o balé, para a casa da amiguinha, para comprar um vestido para a Páscoa; ou levar Cody, nas costas, à marina, ao Exploratorium e ao Marine World. Quando a família viajava, era ela quem fazia as malas e providenciava as passagens e o transporte. Sabia quem tomava qual remédio e quando, incluindo crianças, bichos de estimação e ela mesma. Muitas vezes, também conseguia dar banho nas crianças, colocá-las na cama e – junto com Robin – ler para elas, além de conduzir uma série de discussões ou debates intermináveis e pacientes com os pequenos. Ela conversava com os dois agentes que Robin tinha na Creative Artists Agency na época, Michael Marcus e Michael Menchel, conhecidos pelos Williams como Mike e Mike (Marcus acaba de se tornar presidente da MGM); e com o advogado Gerald Margolis; ouvia os representantes de marketing da Fox (hoje em dia, comercializar um filme de forma eficaz chega a custar US$ 20 milhões); e interagia com três homens chamados Larry Brezner, David Steinberg e Steve Tenenbaum, que, em algum momento da carreira de Robin Williams, tornaram-se oficialmente associados a ele como seus empresários. Para o sr. e a sra. Williams, eram conhecidos como "os meninos".

Um dos meninos, David Steinberg, apareceu no set no início das filmagens. A equipe trabalhava numa cena externa ao lado da casa da qual Daniel estava prestes a ser despejado depois de promover uma festança para comemorar o aniversário de 12 anos do filho: muitas crianças descontroladas, uma grande variedade de animais (um pônei, um porco, uma cabra e muitas galinhas, entre outros), além dos habituais balões, bolo e enfeites. De cara, a equipe notou a aparência moderna, hollywoodiana de Steinberg: cabelos grisalhos longos na medida, sem chegar a serem dignos de um roqueiro; camisa de seda preta; jeans preto perfeito; cinto de jacaré preto com fivela de prata e a ponta dobrada de modo relaxado, mas chique; mocassins Cole Haan de couro preto sem meias e um charuto (Monte Cristo).

"Vim só dar um apoio", disse Steinberg. "O resto a gente resolve com a Marsha." O empresário observou um pouco, deu uns pitacos, riu… "Esse filme vai ser um grande sucesso", me disse. "Crianças, bichos e Robin travestido. Robin se amarrou neste último detalhe."

A transformação de Robin Williams, que passa do personagem de Daniel, com 30 e poucos anos, para o da sra. Doubtfire, com seus 60 e tantos, parece mágica. Dos 70 dias programados para as filmagens, 41 exigiram a mudança. Eram necessárias quatro horas e meia para realizá-la, começando às cinco da manhã, para que Williams estivesse pronto às 9h30 para a primeira tomada do dia. Quando "a" vi pela primeira vez, naquele sábado, na reunião de pré-produção, não sabia, e muito menos acreditava, que aquilo tinha realmente acontecido até que o ator me chamou pelo nome, embora usando a voz da governanta. Dez semanas depois, eu ainda me pegava olhando para ele como se fosse "ela", e tentando me lembrar do rosto de Robin Williams. Ele é meu amigo e conheço seu rosto, mas, quando olhava para "ela", eu não conseguia visualizá-lo. Ele não parecia ter dificuldades com a própria identidade, por mais que se importasse com "ela". Um dia, durante a filmagem de uma cena em que a sra. Doubtfire fazia compras num supermercado – na esquina das ruas Columbus e Vallejo, entre North Beach e Chinatown, e perto do hungry i, uma das casas noturnas em que Williams costumava se apresentar –, ele saiu a pé, entre tomadas, e foi caminhando em direção a North Beach. As pessoas na rua não deram atenção a "ela". "Gosto de andar assim, desse jeito", me disse. "Pra ver como é."

Nas primeiras semanas de filmagem, a sra. Williams levantava-se regularmente às quatro da manhã para se juntar ao marido no set às cinco. Terminada a sessão de maquiagem, ela discutia com Robin questões relacionadas à caracterização da personagem, ou agendava massagens nos pés, poupando o ator dos desconfortáveis sapatos da sra. Doubtfire ao menos durante os intervalos das refeições, ou confirmava com ele que Mark Radcliffe deveria ser promovido à posição de "produtor" nos créditos, dada sua crescente contribuição ao filme, ou consultava-o sobre algumas ideias específicas de iluminação que o diretor de fotografia, Donald McAlpine (*Breaker Morant*, *Moscou em Nova York*, *Um vagabundo na alta roda*), tinha proposto, ou informava-o de que o primeiro-assistente de direção, Geoff Hansen, que havia estudado cinema com Chris Columbus, tinha a voz mais ressonante e eficaz de todos os primeiros-assistentes de direção da história da tela grande, ou falava sobre as tomadas do dia anterior (a que Robin nunca assistia), ou ainda compartilhava com ele o entusiasmo dos executivos da Fox em relação ao andamento das filmagens.

E a sra. Williams ainda me mantinha atualizada acerca das revelações mais pertinentes. "Chris Columbus tem muita energia, e não tem medo de ouvir", me disse a certa altura. "Chris é confiante. Os confiantes estão abertos ao novo, ao inédito."

Columbus é um sujeito de 34 anos que masca chicletes, fuma charutos curtos, é simpático, extrovertido e perspicaz. Parece um Macaulay Culkin comprido e disfarçado com óculos grandes num rosto de menino. É muito rápido para entender o que lhe dizem. Nasceu em Warren, Ohio, e recebeu o nome de Chris, não Christopher. Sua expressão favorita, que sempre dirigia a Williams e aos outros atores para os quais a câmera apontava, era "Ótimo!". A palavra vinha acompanhada de uma gargalhada apreciativa e genuinamente festiva. Mas a câmera seguia rodando até que conseguisse o que queria. E não havia como confundir a certeza, temperada por um bom humor de impressionante constância, com a qual ele extraía o que queria. Dizia não esquecer sequer por um instante a sorte de encontrar "excelentes atores" para trabalhar, incluindo as crianças – Lisa Jakub, Matthew Lawrence e Mara Wilson, que interpretam os filhos de 13, 12 e 5 anos de Daniel, respectivamente. "As duas crianças mais velhas são muito boas e, nessa idade, isso é incrível", comentava. O diretor passava as falas para a menina mais nova e depois as ouvia de volta, num eco exato do queria que ela produzisse. "Essas crianças não são maravilhosas?", perguntava. "Nunca tive atores mirins assim." Com Williams era diferente. Eles se consultavam depois de cada cena. Não importava o horário nem quantas tomadas já haviam sido feitas, os dois pareciam incansáveis, refazendo cenas até ficarem satisfeitos. "Robin dá 250%", diz Columbus. "Nunca trabalhei com um ator tão generoso. Ele se preocupa com todos os aspectos da atuação, não é um cara acomodado, que repousa nos próprios louros."

A energia de Williams já se mostrava fenomenal com a câmera ligada, mas, quando Columbus gritava "Corta!", o ator ainda tinha uma reserva aparentemente infinita para mais palhaçadas e brincadeiras, o que elevava o ânimo de todo mundo. Para o elenco, essas camadas de inventividade desencadeavam ainda mais criatividade da parte deles. "Com o Robin, a gente agarra na cauda do cometa e segue em frente", definiu Robert Prosky.

Em uma das cenas mais sérias do filme, Miranda diz a Daniel que quer o divórcio. Como na maioria dos filmes, esse trecho foi filmado fora da sequência cronológica do enredo – nesse caso, semanas após a cena no tribunal em que Daniel pede ao juiz que não o separe dos filhos. O personagem demonstra choque, medo e tristeza em resposta à gama de emoções de Miranda – compaixão, angústia, frustração e tristeza, além de determinação. Columbus me explicou que, ao reescrever o roteiro, tinha em mente um "ritmo" definido para essa cena.

"Eu queria que o ritmo refletisse os altos e baixos do momento em que ela diz a Daniel: 'Acabou'. E depois eu queria uma certa calma no ar. A gente filma os pontos altos, os picos, e depois vamos para a sala de edição em busca do equilíbrio perfeito."

"Você consegue se lembrar de cada tomada?", perguntei.

"Consigo me lembrar de cada tomada", ele respondeu sorrindo. "Tenho uma conexão tão grande com as cenas que consigo me lembrar de todas." Columbus refez a tomada até que Miranda dissesse as palavras "Quero o divórcio" da maneira que ele esperava ouvi-las na sala de edição. Miranda disse suavemente: "Quero o divórcio". E repetiu "Quero o divórcio". Ao ouvir a frase, o rosto de Williams congelou numa expressão de desespero. "Corta!", disse Columbus. Todos no set estavam tocados, esgotados e perturbados. Seguiu-se um momento de silêncio total.

Williams respirou fundo e, de repente, explodiu num esquete de stand-up. "Você pode ficar com o andar de cima!", gritou com forte sotaque judeu. "Eu fico com o andar de baixo! Você não pode ficar com a casa toda! Vou trazer testemunhas!" E todos começaram a rir.

Os Williams estão morando numa casa alugada de quatro quartos enquanto aguardam a conclusão, prevista para outubro, de um novo imóvel – uma grande casa de estuque com forro coberto de telhas, que lembra uma *villa* mediterrânea. (São proprietários também de um rancho de 600 acres, cheio de vacas, no Napa Valley.) Além de *Uma babá quase perfeita*, a sra. Williams está produzindo a reforma da casa. Ela projetou e planejou cada cômodo, cada piso, cada moldura, cada dobradiça, cada janela com isolamento por argônio (mais eficiente em termos de energia, como o carro elétrico), cada prateleira de cedro, cada azulejo, cada peça de madeira, cada peça de metal, cada local para o computador, cada placa de interruptor de luz, cada botão e – assim me parece – cada vista. A do quarto principal se estende da ponte Golden Gate até o Oceano Pacífico.

"É incrível", disse o sr. Williams sobre essa produção doméstica. "É maravilhoso. E vai ter o que ela chama de 'todas as suas coisas e todas as minhas coisas lá dentro'. É uma casa aconchegante e interessante", acrescentou, parecendo meio atônito com a perspectiva, como se uma família vivendo junta fosse uma aventura única.

O quadro de produtores da casa é completado por meia dúzia de auxiliares fiéis, duas iguanas, dois porquinhos-da-índia e um coelho idoso. Um camaleão doente, chamado Norton, esteve por ali até outro dia. Rebecca Spencer, uma das fiéis auxiliares, cuidou de Norton, mas sem sucesso: o bichinho morreu e foi enterrado no jardim atrás da casa, em cerimônia simples. Spencer, moça muito protetora, de rosto sardento e espetacular cabeleira ruiva, é viciada em conjuntos coloridos que incluem tênis de cano alto roxo com cadarços laranja, shorts de beisebol e um colete jeans com vários bolsos que comportam telefone celular, walkie-talkie, caderno, caneta, garrafa de água e batom. Sua amizade com Williams começou em 1980, quando gerenciava o clube de comédia Holy City Zoo e Robin fazia stand-up lá. Ela e o marido, o ator cômico Dan Spencer, são presença constante na vida dos Williams. Cyndi Margolis, uma jovem alta e bonita cujo cargo em *Uma babá quase perfeita* é "assistente de Marsha Williams", é outra. (Além disso, ela é casada com Gerald Margolis, advogado dos Williams.) Margolis, ao saber um dia que o coelho de estimação e os porquinhos-da-índia haviam comido todo o feno-timóteo, item difícil de encontrar, organizou uma busca pela cidade até achar. "Todo mundo que trabalha para nós é nosso amigo", foi o comentário da sra. Williams sobre a expedição.

A cozinha da casa atual dos Williams é uma espécie de centro do universo da família. À noitinha, as crianças ou estão à mesa desenhando, ou lendo, ou amarrando contas num barbante, ou montando quebra-cabeças, ou fazendo lição de casa, ou cantando. Uma das músicas favoritas é *Friend Like Me*, da animação *Aladdin*, produção campeã de bilheteria de 1992 (US$ 215 milhões até o momento) e a maior da história da Disney — um feito que, segundo especialistas da indústria, só foi obtido graças à criação do personagem do Gênio por Robin Williams. Desenhos feitos com giz de cera pelas crianças estão colados na parede, incluindo a representação que Zelda fez de uma aranha, mostrando-a dotada das oito perninhas regulamentares ("Talvez ela se torne a artista que eu quis ser", diz a mãe). Enquanto monitora as atividades, a sra. Williams pode estar preparando o jantar com uma das mãos e, com a outra, segurando o telefone ao ouvido numa conversa com Chris Columbus sobre a decisão de Howard Shore de compor a música para o filme. Em seguida, pode mudar de assunto para tranquilizar Columbus sobre Brendan, filho recém-nascido do diretor, que estava com 39,5 graus de febre na noite anterior ("Está tudo bem se ele estiver alegrinho; o problema é quando estão meio caidinhos"), e depois discutir com ele "o castigo pra quem não come tudo", "a penalidade por atrasos", ou a regra do "a ordem dos fatores não altera o produto", ou, ainda, lembrar a assistente Rebecca Spencer de dar ao ator uma xícara de café preto antes da maquiagem, porque ele "toma baldes de café".

Quando o sr. Williams não está trabalhando, também se senta à mesa da cozinha, onde passa colheradas de macarrão a Cody, que esmaga a massa com os dedos antes de enfiar tudo na boca, enquanto fica de olho em todo mundo no entorno. Zachary tem 10 anos e é um menino com cara de bonzinho e fala mansa, que se diverte com as palhaçadas do pai à mesa de jantar — muitas vezes, ele mesmo as provoca. Outro dia, ao ver chegar em casa uma quantidade imensa de comida chinesa acompanhada de vários pauzinhos, Zak arregalou os olhos e pediu um garfo. Robin então se lançou numa diatribe enlouquecida, afetando um sotaque chinês, sobre a etimologia e os muitos usos da palavra garfo, culminando com um estridente "*Fork you!*" — momento em que a sra. Williams interveio e acalmou as coisas. Sempre parece haver espaço à mesa para um amigo que aparece de repente ou para o animal de estimação de um amigo – em uma ocasião, surgiu por lá um enorme cão galgo, cujas cuias de ração foram acomodadas embaixo da mesa. As crianças cumprimentam os recém-chegados e os veteranos com a mesma naturalidade, com frequência pelo primeiro nome. No ambiente familiar, o sr. Williams é capaz de desencadear um número cômico de modo quase imperceptível. Semana passada, perto do Natal, eu estava com a família na cozinha quando uma porta que leva para o porão, onde há quartos, uma televisão e jogos de computador, se abriu e a sobrinha de 23 anos da sra. Williams, Jennifer, e seu namorado, Rob Sweet, apareceram, seguidos por alguns outros visitantes, incluindo uma nova-iorquina problemática que a sra. Williams havia convidado para passar as festas de fim de ano com a família. Quando o grupo emergiu em fila na cozinha, o sr. Williams, fazendo um forte sotaque sulista, soltou: "A Underground Railroad de Miz Marsha Tubman...".

Quando não está na cozinha, o sr. Williams pode ser visto entrincheirado em seu escritório, onde guarda uma enorme coleção de soldadinhos de chumbo e outros bonecos – astronautas, samurais, cavaleiros e robôs, alguns com menos de 3 centímetros de altura e vestindo microarmaduras. Uma máquina de fliperama com o tema do Capitão Gancho, presente de Steven Spielberg, fica ao lado da escrivaninha. (O recorde da família é da sra. Williams, com 175 milhões de pontos.) O escritório acomoda também o novo computador de última geração do sr. Williams, com pedais e joystick Thrustmaster, para complicados jogos interativos. Em cima do computador, há um boné de marinheiro com fitas e a imagem de um martelo e uma foice dourados dentro de uma estrela vermelha, com as letras CCCP e o nome do navio (lembrança das filmagens de *Moscou em Nova York*). De vez em quando, Cody entra, se enrola no colo do pai e se concentra nos jogos dele, como *Barão Vermelho* (combate entre caças da Primeira Guerra Mundial) ou *Caça estelar X-Wing* (simulador de guerras espaciais). Um canto do escritório é reservado para Zachary, e é onde ficam seu computador e uma pilha de jogos eletrônicos, incluindo seu favorito, *Ilha dos Lemingues*. Zachary aparece com frequência no escritório e se junta a seu pai e Cody. Nesses momentos, com os três homens da casa (na faixa dos 40, 10 e 1 ano) serenamente perdidos em seus computadores, e Marsha e Zelda (30 e poucos anos e 4 e poucos meses) na cozinha, a casa dos Williams se aproxima perigosamente de uma pintura atualizada de Norman Rockwell.

Desde a pré-produção de *Uma babá quase perfeita*, a sra. Williams vinha alertando o marido sobre o desgaste físico que o papel imporia. Para manter o ator em forma, ela contratou um preparador físico e um instrutor de ioga, que se revezavam nos treinamentos. Os exercícios – correr, alongar, andar de bicicleta, de patins e ser pisoteado – proporcionaram algumas vantagens também para família e amigos. Todos entraram na dança. Nos fins de semana, os Williams e sua gangue eram vistos correndo, andando de patins ou de bicicleta nos parques da cidade ou ao longo da marina, muitas vezes com uma criança nas costas de cada um dos mais velhos e, a reboque, se esfalfando lá atrás, vinha a mais recente adição à família, um boxer branco de 3 anos de idade, até então sem dono.

Qualquer pessoa que já tenha visitado um set de filmagem conhece a cena: tem lá o pessoal que carrega o piano, de jeans e tênis, com walkie-talkies, bipes e ferramentas pendurados nos cintos, exibindo jaquetas de filmes em que já trabalharam; o diretor-assistente, que comanda tudo, fala alto e também porta um walkie-talkie na cintura; além de luzes, câmeras, guindastes, trilhos por onde as câmeras deslizam, caminhões do bufê, mesas para refeições, cadeiras dobráveis de lona, monitores de vídeo e microfones com hastes telescópicas. E também conhece os sons: "Corta!", "Checar a lente!", "*Stand by*!", "Rodando!", "Roda o som!", "Ação!", "*Stand by* para finalizar!", "Liberar o set para o pessoal da elétrica!", e "MOS!" – o famoso "*Mit out sound!*" ("Sem som!"), por vezes atribuído a Erich von Stroheim no início de sua carreira como diretor, na década de 1920. Com tudo isso acontecendo, o visitante pode ter uma ideia do tipo de concentração e energia necessários. O sr. Williams parece sempre ter energia de sobra para o que é conhecido como "pitada de humanidade". Durante o intervalo do almoço num dos primeiros dias de filmagem, quando nem todos ainda se conheciam bem, o sr. e a sra. Williams estavam sentados na cabeceira de uma mesa comprida, quando notaram que Sally Field procurava, meio sem jeito, por um assento vago. No mesmo instante, Robin exclamou, usando um de seus sotaques sulistas: "Venha para cá, Norma Rae! Venha logo para cá, presta atenção aqui, Norma Rae!".

O sr. Williams tem um jeito próprio de se recolher para alguns intervalos necessários de tranquilidade. Poderia até parecer alheio ao que o cercava, mas, quando se estava perto dele, percebia-se que absorvia cada movimento, cada gesto, cada expressão, cada incidente que acontecia ao seu redor. Qualquer um que estivesse próximo, dentro ou fora do set, seguia testemunhando explosões repentinas, inesperadas, daquilo que a mãe do ator chama de sua "missão na terra".

Para crianças que o visitavam – arregalando os olhos para sua caracterização da sra. Doubtfire e sussurrando entre si: "É ele", "Não, é ela" –, dizia com forte sotaque judeu: "Sou a Tia Zayde".

Para Chris Columbus, em conversa entre cenas: "Na dúvida, faço isto", cobrindo as bochechas com a palma das mãos *à la* Macaulay Culkin em *Esqueceram de mim*.

Do nada, como um sujeito mão de vaca com forte sotaque escocês: "Comprei roupas. Não muitas. Um pé de sapato pra cada filho".

De repente, como um pai ressentido: "Faltava até ar quando éramos crianças. Tínhamos de nos virar pra arrumar oxigênio e hidrogênio".

E olhando para o terno escuro do atual presidente da Fox Film Corporation, Peter Chernin, que visitou o set um dia, soltou, em tom de enfático reconhecimento: "Liquidação na Armani!".

Chernin riu. E, durante a visita, não fez menção ao "final honesto" de *Uma babá quase perfeita*.

Tarde da noite, durante um intervalo entre as filmagens, sentei-me com o sr. e a sra. Williams em seu trailer, que estava estacionado perto do palco. Ele havia tirado o figurino de *Uma babá quase perfeita*, inclusive sapatos, por alguns minutos. Mas já estava com a peruca e a máscara de látex. Vestia colete e shorts de flanela xadrez para um breve respiro e segurava um computador Power Book no colo, absorto em um jogo. Pouco depois, caminhou até a parte de trás do trailer para se caracterizar novamente como a governanta. Estavam na metade das filmagens. Cento e vinte quilômetros de película agora aguardavam edição. A equipe toda passava por um período exaustivo, com dias de quinze ou até dezoito horas, durante os quais a sra. Williams trabalhou as mesmas horas que o marido.

Perguntei a ela por que optaram por abrir uma produtora própria.

"Para ter o controle de quando e onde iríamos filmar", ela respondeu sem hesitar. "Mas sobretudo para proteger Robin."

(20 de setembro de 1993)

Auteur! Auteur!
(Al Pacino)

Era uma tarde comum de sexta-feira e Al Pacino, aos 55 anos, superestrela de olhar ardente e profundo, iniciava sua primeira reunião importante com o compositor Howard Shore, a quem acabara de contratar para compor a trilha sonora de seu novo filme, que tem o título provisório de *Looking for Richard*[1]. Pacino arcou com todos os custos, assim como fez com sua primeira produção, *The Local Stigmatic*, filme de 52 minutos que rodou há sete anos, ainda não lançado, e para o qual Shore também compôs a trilha. O novo filme é uma combinação única de cenas filmadas de *Ricardo III*, peça de William Shakespeare, intercaladas com material documental que explora como atores e diretores, além de pessoas abordadas na rua, sentem-se em relação a Shakespeare, *Ricardo III*, o Teatro e a Vida. Pacino produziu, dirigiu e interpretou os papéis principais (Ricardo III e Al Pacino), e durante três anos rodou oitenta horas de filme, que foram agora reduzidas para duas horas.

Pacino recrutou um elenco incrível, de grandes nomes, tanto para as cenas da peça filmada quanto para o documentário. Para a primeira, contou, entre outros, com Kevin Spacey como Buckingham, Alec Baldwin como Clarence, Harris Yulin como Rei Edward, Estelle Parsons como Rainha Margaret, Winona Ryder como Lady Anne e Aidan Quinn como Richmond. Para o segundo, além de trabalhadores da construção civil, motoristas

---

1 O filme viria a ter esse título mesmo – e no Brasil foi lançado como *Ricardo III: Um ensaio*. [TODAS AS NOTAS SÃO DESTA EDIÇÃO.]

de caminhão e turistas, teve a participação de Kenneth Branagh, Kevin Kline, James Earl Jones, Rosemary Harris, Peter Brook, F. Murray Abraham, Derek Jacobi, John Gielgud, Vanessa Redgrave, além de Emrys Jones e Barbara Everett, casal de acadêmicos de Oxford.

Pacino vestia um casaco de esqui largo e multicolorido por cima de camisa e calça pretas. Encontrou-se com Shore no escritório da produtora, que fica no andar alto de um prédio de Nova York, com janelas amplas e luminosas, sofás confortáveis, cadeiras de aço tubular com almofadas azul-escuras, uma TV, várias fotos da filha de Pacino – que tem 6 anos e olhos castanho-escuros –, muitos livros, incluindo *A World History of Photographs*, *Les Théâtres de Paris* e *Acting Shakespeare*, de John Gielgud e John Miller. Para Shore, um homem magro, atencioso, de fala suave e vários anos a menos que Pacino, aquela seria a quadragésima trilha sonora. Pacino, praticamente dançando de entusiasmo e energia contida, colocou uma fita cassete no monitor de vídeo. O ator pareceu se fundir imediatamente com o que surgia na tela na abertura do filme: a câmera fazendo uma panorâmica sobre copas de árvores e picos que lembravam catedrais, com uma narração em off que proclamava em elegante sotaque inglês:

> Nossos festejos terminaram. Esses atores
> (como eu prevenira) eram todos espíritos, e
> se esvaíram no ar, no ar impalpável.

Na sequência, a tela revelou Pacino em close-up, com a barba por fazer, bigode, longos cabelos pretos sob um boné de beisebol virado para trás e o resto do corpo vestido de preto, exceto por um cachecol com estampa laranja. "Quem vai dizer 'Ação' por aqui? Serei eu?", ele pergunta. Há murmúrios de "Fala você", "Não, você fala" ao redor dele. "Fala você", diz Pacino para quem estava atrás da câmera.

Pacino é mostrado em um playground em Manhattan, jogando basquete com uma criança do bairro. Depois, entrevista um eletricista na rua, que lhe diz que o pessoal de Shakespeare fala demais e muito rápido, além de ser chato. Pacino aborda o assunto dos sentimentos de Shakespeare em suas peças com um pedinte, que diz, infeliz: "Se acreditamos que palavras são coisas e não pomos sentimentos em nossas palavras, então dizemos uns aos outros coisas que não significam nada. Mas, se sentíssemos o que dizemos, falaríamos menos e diríamos mais".

Em seu escritório, Pacino, segurando uma garrafinha de água, parou em frente a Shore. "Sempre foi meu sonho comunicar meus sentimentos em relação a Shakespeare", disse. "Como nos sentimos."

"Eu sei", reagiu Shore com doçura.

"Apesar de sermos atores, este processo terá o ar de um experimento", explicou Pacino. "Estamos fazendo Shakespeare do jeito tradicional, mas queremos que seja relevante para nós hoje. Essa é a nossa busca."

Shore fez algumas anotações e sorriu. "Vamos conseguir transmitir essa sensação de busca usando música no estilo elisabetano na parte documental", disse. "Como se chama isso mesmo, contraponto?", perguntou Pacino.

"Contraponto", Shore confirmou.

Pacino tomou um gole d'água e, de repente, apontou para o monitor. "Aqui", exclamou. "Agora. É a primeira vez que você vê isso." A imagem era de Pacino, como Ricardo III, num longo manto preto, terrivelmente arqueado, esforçando-se para arrastar o corpo coxo por um longo lance de escadas. Na tela, Pacino/Ricardo diz:

O inverno de nossas aflições já se
Transforma em verão glorioso graças ao sol
de York...

Pacino segue descendo a escadaria com dificuldade, e diz:

Mas eu, que não fui moldado para devaneios amorosos,
Nem feito para cortejar um espelho generoso...
Disforme, mal-acabado, lançado antes do tempo
Neste mundo que respira, estranho, sem feitio,

> E de tal modo débil e deslocado
> Que os cães ladram quando passo, manco, perto deles...
> E como não posso ser amante
> Para gozar esses belos e benfazejos dias,
> Me dedico a ser um vilão
> E a odiar os prazeres ocos desta era.
> Armei uma conspiração...

"Ah!", disse Pacino a Shore. "Ele diz o que tem na cabeça. Está anunciando de pronto o que planeja fazer – contrapor seu irmão Clarence e o rei 'em ódio mútuo e mortal'. Preciso de ajuda aqui, Howard. Algo que dê uma pista do que está por vir."

Shore deu um sorriso conspiratório. "Aqui já estamos no universo da peça", disse confiante. "A música sairá da peça."

A imagem da tela muda de novo para o documentário. O diretor shakespeariano Peter Brook está dizendo que a palavra-chave deve ser "aflições".

"Essa é uma forma de fazer com que o público saiba o que estamos passando", disse Pacino. "Isso os torna cientes do que está acontecendo em um nível mais profundo."

Na tela, Clarence, irmão de Ricardo, expressa seu amor e fidelidade a ele. Mas Ricardo proclama:

> Clarence, tão ingênuo, eu o amo tanto
> Que logo enviarei sua alma para o céu

"Essa família!", continuou Pacino. "Estão se engalfinhando pelo trono. E que tal essa velha rainha?" Na tela, a Rainha Margaret está amaldiçoando Ricardo como "perturbador da paz deste triste mundo" e chamando-o de "porco abortivo, grotesco de nascença" e "resto vomitado da virilha de teu pai".

"Isso é místico, é assustador", reagiu Shore. E deu uma estremecida teatral. "Essa aí realmente me dá medo", disse Pacino. E se aproximou do monitor. "Aqui. A cena é da corte a Lady Anne." Na tela, ele diz: "Posso ficar com ela...? Ah!". Ele faz uma pausa de três segundos, depois diz: "Mas não vou ficar com ela por muito tempo!".

O ator parecia satisfeitíssimo, na tela e fora dela.

"Vai ser uma dança do acasalamento", disse Shore.
"Ha!", rebateu Pacino, e tomou outro gole d'água.

(9 de outubro de 1995)

Par de damas
(Maggie Smith e Judi Dench)

Judi Dench e Maggie Smith, ambas detentoras do título de Dame Commander of the Most Excellent Order of the British Empire [Dama-Comendadora da Excelentíssima Ordem do Império Britânico], vieram de Londres outro dia para ajudar a promover a estreia do filme *O violinista que veio do mar*, no qual interpretam irmãs, no Tribeca Film Festival. O avião aterrissou às 17h10; às 19 horas elas já estavam sentadas no restaurante do hotel Ritz--Carlton, em Battery Park, revelando um conformismo heroico em relação à sua missão.

"Eu queria tanto tomar um banho no meu quarto", disse *Dame* Judi. "Mog, você conseguiu abrir aquela tampa de metal da banheira?"

"Não", respondeu *Dame* Maggie. "Nada de banho para mim também."

Dame Maggie consultou o relógio de pulso e disse: "É quase meia-noite para nós". Deu um bocejo contido. *Dame* Judi também bocejou. E disse: "Tão pouco tempo. Mog, lembre-se, precisamos fazer compras".

"Oh, Jude, sim. Aquela loja grande, a Tiff qualquer coisa. Nós rimos tanto da última vez que fizemos compras."

"Sim, sim. Tiffany", disse *Dame* Judi. "Se nos deixarem sair, temos de voltar lá."

Dame Judi, que tem olhos azuis profundos e amendoados e cabelos grisalhos bem curtos, usava um terno de cor creme; *Dame* Maggie, com olhos azuis mais claros e cabelos loiros, cheios e grossos, vestia um terno preto. Ambas nasceram em 1934, com algumas semanas de diferença, se conheceram e se tornaram amigas em 1958, quando se apresentavam no Old Vic. Ambas são ganhadoras do Oscar. Ambas perderam o marido há alguns anos. Ambas medem cerca de 1,65 metro. Elas pediram e rapidamente devoraram saladas de lagosta e uma garrafa de vinho branco. Em seguida, um jovem relações-públicas veio lhes apresentar a agenda para os próximos dois dias.

"Cabelo/maquiagem às oito da manhã", leu *Dame* Maggie, e acrescentou: "Talvez eu nem vá para a cama…".

O dia seguinte começou cedo, com *Dame* Maggie dando entrevista para a revista *Time*, enquanto *Dame* Judi viajou para os estúdios da rede ABC, onde participaria do programa de Regis e Kelly. Quarenta minutos no carro até a ABC. *Dame* Judi foi a última a falar, depois de Lucy Liu, que teve dez minutos para descrever o trabalho que faz para o Unicef, e após várias duplas de crianças darem uma demonstração de dança de salão. Nos nove minutos a que teve direito, *Dame* Judi sentou-se, sorridente e relaxada, e contou a Regis que foi escalada para o papel de um caracol aos 5 anos, mas depois quis ser cenógrafa, e acabou mudando de ideia quando viu o irmão mais velho tentar a carreira de ator. "Sério?", reagiu Regis, hiperbólico. Kelly perguntou: "Na sua posição de Dama, pode mandar decapitar alguém?". A plateia riu e aplaudiu. Regis então mostrou um clipe de *O violinista que veio do mar* e chamou *Dame* Judi de "grande atriz". E foi isso. Mais quarenta minutos no carro para voltar ao Ritz.

Juntas de novo no hotel, as *Dames* gravaram um segmento para o programa *Today* (30 minutos), uma entrevista e sessão de fotos para o *Daily News* (45 minutos), fotos para o *Los Angeles Times* (15 minutos), uma entrevista por telefone e outra para a rádio AARP (15 minutos). Às 16h30, as *Dames* entraram de novo no carro e foram a Midtown para uma entrevista na *Week Edition* da rádio NPR. Trinta minutos depois, estavam na rua novamente. Ao chegarem ao hotel, passaram um tempo no saguão cumprimentando fãs, obedientes às instruções do relações-públicas. Àquela altura, confessam, já tentavam encontrar maneiras de variar as respostas a tantas perguntas repetidas, a maioria sobre a longa amizade entre as duas e se isso atrapalhava o trabalho. Elas começavam explicando que o relacionamento, na verdade, ajudava na atuação.

"Depois, Jude passou a dizer apenas 'Não'", conta *Dame* Maggie.

"Desistimos", disse *Dame* Judi. "Amanhã, Mog, faremos compras."

A segunda manhã foi dedicada a "Contatos com Distribuidores Japoneses", o que significava conversar, por meio de um intérprete, com os jornalistas asiáticos.

"As perguntas deles eram muito longas e detalhadas", disse *Dame* Judi. "Eles confundiram tudo, mas um deles era encantador."

Às 13h20, foram para o Municipal Building gravar o *The Leonard Lopate Show*, na rádio WNYC (40 minutos). Às 16 horas, de volta ao hotel, foram fotografadas, depois de uma longa espera, para o *Washington Post*, posando de costas uma para a outra, e depois frente a frente. Por volta das 17h30, no Bloomberg Building, na Park Avenue, foram recebidas por Charlie Rose. O apresentador começou a rir assim que as viu. "Posso chamá-las de 'Um par de Damas'?", perguntou, caindo na gargalhada. Ao fim, Rose declarou: "Dá pra notar que são amigas de verdade".

Dezenove horas. No caminho para a CNN, em Columbus Circle, as atrizes esticaram o pescoço pela janela tentando encontrar a Tiffany's. O motorista informou que era mais a leste. "Ah, ali embaixo é onde ficava a Rumpelmayer's. A Rumpelmayer's não existe mais", lamentou *Dame* Maggie. "Aquele balcão adorável! Era divino."

"Onde fica a Barneys?", perguntou *Dame* Judi. "Ah, depois da CNN, acho que será tarde demais pra fazer compras."

Dame Maggie afundou no assento. "Queria muito me transformar em um gato agora!", disse, emitindo um miado e fingindo arranhar o banco do carro.

O sujeito que cuidava das relações públicas avisou que entrariam ao vivo no *Showbiz Tonight*, da CNN, logo depois de uma entrevista com a Lassie. Às 19h40, as atrizes pisaram no estúdio.

"Escalar vocês no papel de irmãs foi um golpe de gênio", disse o jornalista da CNN. "Há quanto tempo vocês se conhecem?"

(9 de maio de 2005)

II
Escritores

(Da dir. para a esq.) Lillian, Ernest Hemingway e seus filhos Gregory e Patrick, em Ketchum, Iowa, 1947.

E agora, senhores, o que me dizem?
(Ernest Hemingway)

Ernest Hemingway, que pode muito bem ser considerado o maior escritor americano vivo, seja pelos romances, seja pelos contos, quase nunca vem a Nova York. Passa a maior parte do tempo em uma fazenda, a Finca Vigia, a 15 quilômetros de Havana, com a esposa, uma equipe de apoio doméstico formada por nove pessoas, e mais 52 gatos, 16 cachorros, algumas centenas de pombos e três vacas. Só vem a Nova York de passagem, rumo a outro destino. Há não muito tempo, a caminho da Europa, parou em Nova York por alguns dias. Escrevi perguntando se poderia vê-lo quando estivesse na cidade, e ele me mandou uma carta datilografada dizendo que não haveria problema, mas sugeriu que o encontrasse no aeroporto, na chegada. "Não quero ver ninguém de quem não goste, não quero publicidade e nem ficar preso a compromissos o tempo todo", continuou. "Quero ir ao zoológico do Bronx, ao Metropolitan, ao MOMA ao Museu de História Natural e assistir a uma luta. Quero ver aquele Bruegel lá no Met e um, não, dois, bons Goyas, e ainda o *Toledo*, do sr. El Greco. Não quero ir ao Toots Shor. Vou tentar chegar e sair sem ter que falar demais. Quero fugir dos bares. Evitar jornalistas não é afetação. É só para ter tempo de rever os amigos." A lápis, acrescentou: "Tempo é a coisa de que menos dispomos".

Hemingway não se mostrava pressionado pelo tempo no dia em que chegou de Havana. O pouso estava previsto para o final da tarde em Idlewild, e lá fui eu. O avião já havia pousado quando cheguei ao aeroporto e encontrei meu entrevistado esperando pela bagagem e pela esposa, que tinha ido atrás das malas. Com um dos braços, Hemingway segurava firme uma pasta velha, já meio esfolada e repleta de adesivos de viagem. Com o outro, segurava firme um homem pequeno e magro, cuja testa exibia enormes gotas de suor. O escritor vestia uma camisa de lã xadrez vermelha; gravata de lã estampada; suéter de lã marrom-claro; paletó de tweed marrom, apertado nas costas e com mangas curtas demais para seus braços; calça de flanela cinza; meias estilo *argyle* e mocassins. Parecia um tanto bonachão, amistoso até, mas contido. Seu cabelo, muito comprido atrás, estava grisalho, exceto nas têmporas, onde era totalmente branco, assim como o bigode e a barba, que era curta e cheia. Um galo do tamanho de uma noz despontava acima do olho esquerdo. Usava óculos de aro de aço com um pedaço de papel sob a ponte. E não tinha pressa para chegar a Manhattan. Agarrou-se à pasta com mais força, abraçando-a e revelando que continha o manuscrito inacabado de seu novo livro, *Do outro lado do rio, entre as árvores*. E agarrou o homenzinho magro com mais força, abraçando-o e revelando que ele havia sido seu vizinho de poltrona no voo. O nome do homem, pelo que pude decifrar da apresentação meio resmungada, era Myers, e ele voltava de uma viagem de negócios a Cuba. Myers fez uma breve tentativa de se desvencilhar do abraço, mas Hemingway o segurou, com afeto.

"Ele lê livro todo dentro avião", disse Hemingway, com um nítido sotaque do Meio-Oeste americano, apesar da fala truncada, que tentava imitar um indígena. "*Ele gosta livro, acho*", acrescentou com um sorriso, sacudindo Myers.

"Ufa!", retrucou Myers.

"*Livro está demais para ele*", seguiu Hemingway. "*Livro começa lento, depois corre e está impossível aguentar. Eu leva emoção até quando não consegue suportar, depois segura, assim não precisa tendas de oxigênio para leitor. Livro como motor, primeiro amaciar.*"

"Ufa!", disse Myers.

Hemingway o soltou. "*Eu não querer ganhar por WO com livro*", prosseguiu. "*Ganho talvez doze a zero, talvez doze a onze.*"

Myers estava confuso.

"*Livro melhor que* Adeus às armas", disse Hemingway. "*Acho *ser melhor, mas eu parcial, né? Querer ser campeão.*" E então apertou a mão de Myers. "*Obrigado por ler livro*", completou.

"Prazer", disse Myers, e saiu andando, cambaleante.

Hemingway o observou partir e virou para mim. "Depois que você termina um livro, está morto, sabe?", disse, mal-humorado. "Mas ninguém sabe que você está morto. Tudo o que enxergam é a irresponsabilidade que se instala na esteira da terrível responsabilidade que é escrever." Contou que se sentia cansado, mas em boa forma física; tinha reduzido o peso para 95 kg e sua pressão arterial também baixara. O livro novo ainda exigiria um grande trabalho de reescrita, e ele estava determinado a insistir na tarefa até ficar totalmente satisfeito. "Não podem arrancar um romancista no meio do jogo como fazem com um arremessador no beisebol", disse. "O romancista tem de ficar até o fim, mesmo que isso liquide com ele."

A companheira de Hemingway, Mary, uma loira de cabelos curtos, pequena, vigorosa e alegre, e que trajava um longo casaco de vison com cinto, juntou-se a nós. Foi seguida por um carregador que empurrava um carrinho cheio de bagagens. "Papa, está tudo aqui", informou a Hemingway. "Precisamos ir embora." Ele logo assumiu ares de quem não queria ser apressado. Lentamente, contou todas as malas. Eram quatorze, metade delas, explicou a sra. Hemingway, valises extragrandes desenhadas pelo marido e estampadas com um brasão também criado pelo escritor – um desenho geométrico. Quando Hemingway terminou de contar, Mary sugeriu que ele instruísse o carregador sobre onde colocar tudo. Hemingway ordenou ao homem que ficasse ali tomando conta da bagagem; depois, voltou-se para a mulher e disse: "Não nos precipitemos, querida. A ordem do dia é: pra começar, um drinque".

Entramos no salão de coquetéis do aeroporto e paramos no bar. Hemingway acomodou a pasta numa banqueta cromada e a puxou para perto de si. Pediu bourbon e água. A sra. Hemingway disse que tomaria o mesmo, e eu preferi uma xícara de café. Hemingway pediu ao barman que trouxesse bourbons duplos. Esperou pelas bebidas com certa impaciência, segurando o balcão com as duas mãos e cantarolando uma música irreconhecível. A sra. Hemingway disse que esperava que não estivesse escuro quando chegassem a Nova York. O escritor retrucou que não faria diferença porque Nova York era uma cidade difícil, uma cidade falsa, uma cidade que era a mesma à noite e de dia, e que ele não estava nem um pouco feliz por estar indo para lá. O que ele queria mesmo, disse, era chegar a Veneza. "Os lugares de que gosto ficam para o oeste, em Wyoming, Montana e Idaho, e também gosto de Cuba, Paris e Veneza", completou. "Westport me dá arrepios." A sra. Hemingway acendeu um cigarro e me entregou o maço. Passei o maço para ele, que respondeu que não fumava. Fumar estraga o olfato, um sentido que Hemingway considera indispensável para a caça. "O cigarro tem um odor horrível para quem tem um nariz bom pra cheiros", disse, e riu, curvando os ombros e levantando a parte de trás do punho em direção ao rosto, como se esperasse que alguém lhe desferisse um soco. Em seguida, enumerou alces, antílopes, gambás e guaxinins entre os animais que conseguiria distinguir pelo cheiro.

O barman trouxe as bebidas. Hemingway tomou vários goles generosos e contou que se dá muito bem com animais, até melhor do que com humanos. Certa vez, em Montana, chegou a morar com um urso: o bicho dormia com ele, enchia a cara com ele e virou um grande amigo. Me perguntou se ainda havia ursos no zoológico do Bronx, respondi que não sabia, mas que tinha certeza de que havia ursos no zoológico do Central Park. "Eu sempre ia ao zoológico do Bronx com minha avó Rice", disse. "Adoro ir ao zoológico. Mas não aos domingos. Não gosto de ver as pessoas zombando dos animais, quando deveria ser o contrário." A sra. Hemingway tirou um pequeno caderno da bolsa; tinha feito uma lista de tarefas que ela e o marido precisavam cumprir antes de o barco zarpar. Os afazeres incluíam comprar uma capa para a bolsa de água quente, uma gramática italiana básica, um livro de história da Itália e, para Hemingway, quatro camisetas, quatro cuecas de algodão, duas ceroulas de lã, pantufa, um cinto e um casaco. "Papa nunca teve um casaco decente", revelou. "Temos de comprar um casaco para Papa." Hemingway soltou um grunhido e se encostou no balcão. "Um belo casaco à prova de chuva", completou a sra. Hemingway. "E precisa consertar os óculos, colocar um bom calço na parte que se apoia no nariz. Do jeito que está, machuca muito, e faz semanas que ele enfiou um pedaço de papel ali pra aliviar. Quando decide limpar os óculos, o máximo que faz é trocar esse papelzinho." Hemingway soltou um segundo grunhido.

O barman se aproximou e Hemingway pediu que trouxesse outra rodada. E anunciou: "A primeira coisa que faremos, Mary, assim que chegarmos ao hotel, é ligar pra 'Alemoa'". A Alemoa, ele me explicou, rindo e cerrando o punho de novo na altura do rosto, é o termo carinhoso com que se refere a Marlene Dietrich, uma velha amiga, e faz parte de um vasto vocabulário de termos e maneirismos de fala próprios da Finca Vigia. "Nós nos divertimos muito falando uma espécie de idioma inventado, de brincadeira", disse.

"Primeiro ligamos para Marlene e depois pedimos caviar e champanhe, Papa", disse a sra. Hemingway. "Espero há meses por esse caviar com champanhe."

"Alemoa, caviar e champanhe", repetiu Hemingway lentamente, como se estivesse memorizando um conjunto desafiador de instruções militares. Terminou o drinque e sinalizou ao barman, com a cabeça, que queria outra dose. Depois, se virou para mim: "Quer ir comigo comprar um casaco?".

"Comprar um casaco e consertar os óculos", reforçou a sra. Hemingway.

Respondi que ficaria feliz em ajudá-lo com as duas coisas, e então o lembrei da tal luta de boxe, que ele havia pedido para assistir. A única luta da semana, eu soube por um amigo que conhece tudo do assunto, ocorreria na St. Nicholas Arena, naquela noite. Contei que meu amigo tinha quatro ingressos e gostaria que todos fôssemos. Hemingway quis saber quem iria lutar. Quando revelei os nomes, retrucou que eram pés de chinelo. Pés de chinelo, repetiu a sra. Hemingway, e acrescentou que havia lutadores melhores em Cuba. Hemingway me lançou um olhar longo e reprovador. "Filha, você precisa aprender que uma luta ruim é pior do que luta nenhuma", sentenciou. Todos iríamos a uma luta quando o casal voltasse da Europa, prometeu, porque era absolutamente imperioso ir a várias lutas boas por ano. "Se você deixa de ir por muito tempo, acaba se afastando dos combates", disse. "Seria muito perigoso." Depois de interromper o discurso por causa de um breve acesso de tosse, concluiu: "Você acaba confinado num quarto sem conseguir se mexer".

Depois de enrolar mais um tempo no bar, os Hemingway me convidaram para acompanhá-los ao hotel. Hemingway mandou colocar a bagagem em um táxi e nós três entramos em outro. Já escurecia. Enquanto seguíamos pela avenida, o escritor observava atentamente o caminho. A sra. Hemingway me explicou que ele sempre observa o caminho, geralmente do banco da frente. É um hábito que adquiriu na Primeira Guerra Mundial. Perguntei o que planejavam fazer na Europa. Disseram que ficariam uma semana em Paris e depois iriam de carro para Veneza.

"Adoro voltar a Paris", disse Hemingway com os olhos ainda fixos na avenida. "Estou chegando pela porta dos fundos, sem entrevistas, sem publicidade e sem cortar o cabelo, como nos velhos tempos. Quero ir a cafés onde não conheço ninguém além de um garçom e seu substituto, ver todos os filmes novos e antigos, ir a corridas de bicicleta e a lutas, e conhecer os novos ciclistas e lutadores. Descobrir restaurantes bons e baratos, onde você pode levar o guardanapo pra casa. Caminhar pela cidade e encontrar onde cometemos erros e onde tivemos as poucas ideias brilhantes. Aprender a interpretar os páreos e escolher os vencedores naquelas tardes azuis e esfumaçadas para, no dia seguinte, apostar nos hipódromos de Auteuil e Enghien."

"Papa é bom para escolher cavalos", disse a sra. Hemingway.

"Quando conheço os páreos", rebateu o escritor.

Atravessávamos a ponte Queensboro, com uma vista privilegiada do skyline de Manhattan. As luzes dos arranha-céus e escritórios brilhavam. Hemingway não parecia impressionado. "Não é a minha cidade", disse. "É um lugar onde se fica por pouco tempo. É um crime." Paris é como um segundo lar para o escritor. "Naquela cidade, onde vivemos, trabalhamos, aprendemos e crescemos, é onde fico o mais solitário e feliz possível, e para onde sempre batalhamos para conseguir voltar." Veneza é outra de suas cidades natais. A última vez que o escritor e a esposa estiveram na Itália, moraram por quatro meses em Veneza e em Cortina d'Ampezzo, onde Hemingway saía para caçar. Agora, tinha incluído a região e alguns dos habitantes no livro que estava escrevendo. "A Itália é maravilhosa demais. Estar lá é como morrer e ir pro céu, é um lugar que a gente não imagina que vai conhecer."

A sra. Hemingway contou que havia quebrado o tornozelo direito esquiando lá, mas que planejava esquiar de novo. Hemingway foi hospitalizado em Pádua com uma infecção ocular, que evoluiu para erisipela, mas queria voltar à Itália e rever alguns bons amigos que fizera. O escritor estava ansioso para ver os gondoleiros num dia de ventania; o hotel Gritti Palace, onde se hospedaram na última visita; e a Locanda Cipriani, uma antiga pousada em Torcello, ilha localizada na lagoa a nordeste de Veneza e lar de alguns dos primeiros venezianos, ainda antes da construção de Veneza. Cerca de setenta pessoas vivem em Torcello, e os homens são caçadores profissionais de patos. No tempo em que passou lá, Hemingway caçava patos com o jardineiro da pousada.

"Percorríamos os canais e atirávamos de dentro da água mesmo, e eu também caminhava pelas pradarias, na maré baixa, para ter um ângulo de tiro melhor", lembra. "O local era rota de voo para as aves que vinham dos pântanos de Pripet. Eu era bom de mira e logo me tornei um personagem respeitado. Também existe por ali um tipo de passarinho que sobrevoa a região rumo às videiras do Sul, depois de se esbanjar com as uvas no Norte. Os locais às vezes os alvejavam enquanto estavam parados na água, mas cheguei a acertá-los em voo. Certa vez, acertei duas duplas de aves em sequência, à direita e à esquerda, e o jardineiro derramou uma lágrima de emoção. Voltando pra casa, atirei num pato que voava alto contra um pano de fundo em que se destacava a lua crescente, e o derrubei no canal. O ato lançou meu colega de caça numa crise emocional que parecia permanente, e só consegui reanimá-lo, por fim, graças a meio litro de chianti. Cada um de nós levou uma garrafa. Bebi a minha para espantar o frio no caminho de volta. Já meu parceiro entornava a dele quando tomado pela emoção."

Ficamos em silêncio por um tempo e, então, Hemingway concluiu: "Muito agradável, Veneza".

O casal ficaria no Sherry-Netherland. Hemingway fez o check-in e pediu ao recepcionista que proibisse anúncios de sua chegada, visitas e telefonemas, exceto da srta. Dietrich. Em seguida, subimos para a suíte – sala de estar, quarto e copa – que haviam reservado. Hemingway parou logo na entrada e inspecionou a sala de estar. Era grande, e a decoração em cores berrantes incluía móveis que imitavam o estilo Chippendale e um espaço que imitava uma lareira, onde se destacava um material que imitava carvão.

"A espelunca parece adequada", sentenciou. "Deve ser o que chamam de Suíte Gótica Chinesa." Entraram e se instalaram.

A sra. Hemingway se aproximou de uma estante de livros e exibiu uma amostra do que estava exposto. "Veja, Papa", exclamou. "São falsos. Só lombadas de papelão, não são livros de verdade."

Hemingway apoiou sua pasta no sofá vermelho vivo e caminhou até a estante. A seguir, cenho franzido, sem pressa, leu os títulos em voz alta – *Elementary Economics*; *Government of the United States*; *Sweden, the Land and the People;* e *Sleep in Peace*, de Phyllis Bentley. "Acho que somos uma espécie em vias de extinção", sentenciou, tirando a gravata. Depois de tirar também o paletó, o escritor o entregou à esposa, que foi para o quarto, avisando que ia desfazer as malas. Hemingway desabotoou o colarinho e procurou pelo telefone. "Tenho de ligar pra Alemoa", disse. Telefonou para o Plaza e perguntou pela srta. Dietrich. Ela havia saído e ele, então, deixou um recado para que viesse jantar com o casal. Em seguida, chamou o serviço de quarto e pediu caviar e duas garrafas de Perrier-Jouët *brut*.

Hemingway se reaproximou da estante e ficou ali parado, rígido, parecia incapaz de decidir o que fazer consigo mesmo. Olhou de novo para as lombadas falsas e disse: "Tudo de mentira, como a cidade". Mencionei que Ernest Hemingway era um dos assuntos mais discutidos atualmente nos círculos literários – os críticos falavam e escreviam de forma definitiva não apenas sobre o que ele já havia produzido, mas também sobre o que viria a escrever. Hemingway respondeu que, na lista das pessoas que mais queria evitar em Nova York, os críticos vinham em primeiro lugar. "Parecem aqueles desavisados que vão a partidas de beisebol e não conseguem distinguir quem é quem sem consultar um papel", disse. "Não estou preocupado com o que alguém de quem não gosto possa fazer. Que se danem! Se eles podem fazer mal, que façam. É a mesma coisa que um jogador de terceira base reclamar porque a bola foi rebatida com força na sua direção. Essas rebatidas são tenebrosas, mas sabemos que vão acontecer mesmo." Os concorrentes mais próximos dos críticos, continua Hemingway, na categoria "pessoas de quem o autor quer distância", são certos escritores que publicam volumes sobre a guerra sem nunca terem testemunhado um combate em primeira mão. "Me lembram o jogador de defesa que deixa escapar aquela bola alta, que você arremessou justamente para que o rebatedor devolvesse lá em cima, para que fosse fácil de pegar, ou aquele que, quando está arremessando, tenta eliminar todos os rebatedores." Quando o escritor arremessava, contou, nunca eliminava ninguém, exceto em caso de extrema necessidade. "Eu sabia que havia um limite de bolas rápidas que meu braço podia lançar", disse. "Em vez disso, eu fazia com que rebatessem bolas curtas, ou que as isolassem para um dos lados, ou, por fim, forçava-os a rebater contra o chão, quicando."

Um garçom chegou com o caviar e o champanhe, e Hemingway pediu que abrisse uma das garrafas. A sra. Hemingway veio do quarto e anunciou que não conseguia encontrar a escova de dentes do escritor, que logo admitiu não ter ideia de onde podia estar, mas que não teria dificuldades para comprar outra. A sra. Hemingway respondeu "ok" e voltou para o quarto. Hemingway serviu duas taças de champanhe, deu uma para mim, pegou a outra e tomou um gole. O garçom o observava ansioso. Hemingway encolheu os ombros e disse algo em espanhol para o garçom. Os dois riram e o garçom foi embora. Hemingway levou seu copo até o sofá vermelho e sentou-se, e eu me acomodei em uma poltrona à sua frente.

"Lembro-me de ter me sentido tão mal com a Primeira Guerra que não consegui escrever uma linha sobre o tema durante dez anos", disse subitamente muito irritado. "A ferida causada pelo combate demora a cicatrizar. Escrevi três contos sobre o conflito, já há muito tempo: 'Em outro país', 'Você nunca será assim' e 'Agora vou dormir'." E citou um escritor de guerra que, segundo ele, se achava um novo Tolstói, mas que só poderia se passar por Tolstói no time de hóquei sobre a grama da Universidade Bryn Mawr. "O sujeito nunca ouviu um tiro disparado com raiva e ainda se propõe a superar justo quem? Tolstói, um oficial de artilharia que lutou em Sebastopol, que conhecia o assunto, que era um homem e tanto onde quer que estivesse — na cama, no bar, ou em uma sala vazia onde precisasse pensar. Eu mesmo comecei devagar e superei o sr. Turguêniev. Depois, me dediquei muito e superei o sr. De Maupassant. Tive dois empates com o sr. Stendhal, e acho que ainda levei uma ligeira vantagem no segundo. Mas ninguém vai me colocar num ringue com o sr. Tolstói, a menos que eu tenha enlouquecido ou consiga melhorar muito com o tempo."

Ao começar a trabalhar no livro novo, Hemingway achou que escrevia um conto. "Mas depois não consegui parar, o conto se transformou em romance", disse. "Foi assim que todos os meus romances começaram. Quando eu tinha 25 anos, li Somerset Maugham e Stephen St. Vixen Benét", riu com a voz rouca. "Eles tinham escrito romances e eu me senti envergonhado por não ter ainda escrito nada mais longo. Então, aos 27, escrevi *O sol também se levanta*, e o fiz em seis semanas, começando no dia do meu aniversário, 21 de julho, em Valência, e terminando em 6 de setembro, em Paris. Mas ficou muito ruim e a reescrita consumiu quase cinco meses. Talvez isso ajude jovens escritores, poupe-os de precisar pedir conselhos a seus psicanalistas. Certa vez, um analista me escreveu perguntando o que aprendi com os psicanalistas. Respondi: 'Pouquíssimo, mas espero que vocês tenham aprendido muito com o meu trabalho'. Você nunca verá um boxeador que seja bom de contragolpe e tenha queixo de vidro. Assim como é mau negócio partir pra cima de um lutador que bate forte se você não dá conta de bater mais forte ainda. Jogue o adversário nas cordas e arranque dele o que puder, fuja do cruzado, bloqueie o gancho e responda aos *jabs* com todas as armas que tiver na cartola. Fatos da vida como ela é, e que o Papa aqui aprendeu na marra."

Hemingway serviu-se de mais champanhe. Ele sempre escreveu à mão, conta, mas há pouco comprou um gravador e agora tenta criar coragem para usá-lo. "Eu gostaria de aprender a dominar essa máquina que fala", continua, "só ditar qualquer coisa pra ela e depois a secretária digita". A escrita não lhe vem com facilidade, exceto nos diálogos. "Quando os personagens desatam a falar, em velocidade, mal consigo escrever no mesmo ritmo, e isso me dá um prazer quase insuportável, como se o texto fosse um avião que eu pilotasse à potência máxima, arriscando umas loucuras aqui e ali, só permitidas a pilotos muito bons. Na maioria das vezes, conduzo o voo de forma conservadora, mas a bordo de um avião superveloz para compensar o conservadorismo das manobras. Desse modo, vive-se mais tempo. Ou, por outra, o texto vive mais. E agora, senhores, o que me dizem?" A pergunta parecia ter um significado especial para Hemingway, mas ele não se deu ao trabalho de explicá-la.

Eu queria saber se, na opinião dele, o novo livro era diferente dos outros, ao que ele me lançou outro olhar longo e reprovador. "O que você acha?", respondeu depois de um tempo. "Você não espera que eu escreva *Os garotos de Adeus às armas em Adis Abeba*, não é? Ou *Os garotos de Adeus às armas conquistam uma canhoneira*?" O livro trata da cadeia de comando na Segunda Guerra Mundial. "Não estou interessado no personagem que foi soldado sem nunca ter sido", continuou, subitamente irritado de novo. "Ou nas injustiças cometidas contra *mim*, com *M* maiúsculo. Estou interessado na maldita e triste ciência da guerra." O novo romance é repleto de palavrões. "Na batalha se diz muito palavrão, embora eu sempre tente falar de modo educado", acrescentou, tentando acreditar no que dizia. "Acho que superei o *Adeus* nesse quesito", completou, e tocou na pasta sobre o sofá. "Este carece da juventude e também da ignorância." Por fim, perguntou, cansado: "E agora, senhores, o que me dizem?".

Bateram à porta e Hemingway se levantou de pronto para abrir. Era a srta. Dietrich. O reencontro foi muito feliz. A sra. Hemingway saiu do quarto efusiva e cumprimentou a convidada. A srta. Dietrich deu um passo para trás e observou Hemingway com aprovação. "Papa, está maravilhoso."

"Senti muito sua falta, filha", reagiu Hemingway, erguendo o punho até o rosto. Seus ombros chacoalhavam enquanto ria em silêncio.

A srta. Dietrich vestia um vison. A atriz suspirou fundo, tirou o casaco e o entregou à sra. Hemingway. Em seguida, suspirou de novo e se sentou numa poltrona estofada. Hemingway serviu uma taça de champanhe, levou-a até ela e reabasteceu as outras.

"A Alemoa é a melhor pessoa que já pisou em um ringue um dia", disse o escritor ao me entregar a taça. Em seguida, puxou uma cadeira ao lado da srta. Dietrich e passaram a compartilhar comentários acerca de amigos e de si mesmos. Falaram de conhecidos do teatro e do cinema, um dos quais Hemingway chamou de "calcanhar do mar".

A srta. Dietrich quis saber o que era um "calcanhar do mar".

"O mar é maior do que a terra", ele respondeu.

A sra. Hemingway foi até a copa e logo voltou com caviar e torradas.

"Mary, estou contando ao Papa que agora preciso me comportar porque virei avó", disse a srta. Dietrich, pegando uma torrada. "Tenho de pensar sempre nas crianças, sabe, Papa?"

Hemingway soltou um grunhido de solidariedade, e a srta. Dietrich tirou da bolsa algumas fotos do neto e passou aos dois. O bebê estava com 18 meses. Hemingway disse que o menino tinha cara de vencedor e que teria orgulho em trocar uns socos com ele se algum dia o rapaz subisse num ringue.

A srta. Dietrich anunciou, então, que sua filha teria outro bebê em breve. "Serei avó de novo, Papa!" Hemingway retorquiu desanimado: "E eu serei avô em poucos meses, a mulher do meu filho Bumby está grávida".

A sra. Hemingway explicou que Bumby é o apelido de John, filho mais velho de seu marido e capitão do Exército lotado em Berlim. O escritor tem outros dois filhos, Patrick, conhecido como Mouse, que tem 21 anos, está no segundo ano em Harvard e planeja se casar em junho; e Gregory, conhecido como Gigi, que tem 18 anos e é calouro na faculdade St. John's, em Annapolis. Além da atual sra. Hemingway, Patrick convidará para o casamento Pauline Pfeiffer, mãe dele e de Gigi e segunda esposa de Hemingway. A mãe de Bumby – e primeira mulher do escritor – é Hadley Richardson, atual sra. Paul Scott Mowrer; e o terceiro casamento de Hemingway foi com Martha Gellhorn.

"Tudo que fazemos, fazemos para o bem das crianças", disse a srta. Dietrich.

"Tudo pelas crianças", repetiu Hemingway. E completou a taça da amiga.

"Obrigada, Papa", a atriz agradeceu, em meio a um suspiro, e começou a contar a Hemingway que mora no Plaza, mas passa boa parte do tempo no apartamento da filha, na Terceira Avenida. "Papa, você tinha de me ver quando eles saem", disse, e bebericou o champanhe. "Me transformo num misto de babá com faxineira. Assim que batem a porta, dou uma olhada em todos os cantos, arrumo as gavetas e limpo tudo. Não suporto casa desarrumada e suja. Limpo a casa inteira com umas toalhas que trago do Plaza. Aí, quando eles chegam, à uma ou duas da manhã, junto as toalhas sujas e algumas coisas do bebê que precisam ser lavadas, faço uma trouxa, jogo no ombro e pego um táxi. Os motoristas pensam que sou uma velha lavadeira que atende na Terceira Avenida e são sempre muito atenciosos comigo, fico até apreensiva de deixá-los me levar até o Plaza. Salto a um quarteirão do hotel e caminho o restante do trajeto carregando a trouxa. Só me deito depois de lavar as roupinhas do bebê."

"Caramba, filha, você está arremessando e rebatendo ao mesmo tempo!", reagiu Hemingway sério.

A campainha tocou, era um entregador trazendo uma caixa com flores. A sra. Hemingway a abriu, tirou algumas orquídeas verdes e leu o cartão: "Com amor, de Adeline".

"Quem é essa Adeline?", perguntou. Ninguém sabia. A sra. Hemingway pôs as flores em um vaso e avisou que era hora de pedir o jantar.

Enquanto comíamos, os Hemingway e a srta. Dietrich conversavam sobre a guerra. Os três haviam presenciado combates em primeira mão. A sra. Hemingway, que, como Mary Welsh, era correspondente da *Time* em Londres, conheceu o marido lá, durante o conflito, e ambos conviveram bastante com a srta. Dietrich na capital inglesa e, depois, em Paris. A atriz foi ligada à USO [United Service Organizations, organização civil de apoio aos militares] e se apresentou em quase todas as frentes do teatro de operações europeu. E se entristeceu ao falar da guerra, apesar de ter adorado entreter as tropas nessas viagens ao exterior, ocasiões em que, enfatiza, o clima entre as pessoas era o melhor que já encontrou, em qualquer época. "Todos agiam como se deve agir sempre: sem maldade, sem medo, e sendo bons uns com os outros." Hemingway ergueu a taça e brindou à amiga.

"Até que enfim entendi por que Papa às vezes fica amuado, agora que a guerra acabou", disse a sra. Hemingway. "É porque não dá para exibir bravura em tempos de paz."

"Era diferente na guerra", continuou a srta. Dietrich. "As pessoas não eram tão egoístas, se ajudavam mais."

Hemingway perguntou sobre algumas gravações que ela havia feito durante a guerra, de canções populares americanas com letras traduzidas para o alemão, e disse que gostaria de obtê-las. "*Troco manuscrito livro novo por gravações se gostar escambo, filha*", propôs.

"Papa, não faço escambo com você. Eu te amo", respondeu a srta. Dietrich.

"Você é a melhor pessoa que já pisou em um ringue um dia", devolveu Hemingway. A sra. Hemingway voltou a perguntar: "Quem é essa Adeline?".

No final da manhã seguinte, fui acordada por um telefonema de Hemingway pedindo que eu fosse imediatamente ao hotel. Soou urgente. Tomei um café rápido e, quando cheguei à suíte, encontrei a porta aberta e entrei. Hemingway falava ao telefone. Vestia um roupão xadrez laranja que parecia pequeno para seu corpo e segurava uma taça de champanhe. A barba estava mais desgrenhada do que no dia anterior. "Meu filho Patrick está vindo de Harvard e gostaria de reservar um quarto para ele", dizia ao telefone. "P, de Patrick." Pausou e tomou mais um gole de champanhe. "Muito obrigado. Ele chegará de Harvard."

Hemingway desligou o telefone e tirou do bolso do roupão uma caixa de comprimidos. Chacoalhou-a, deixando cair dois na palma da mão, e os engoliu com um gole de champanhe. Contou que estava acordado desde as seis horas, que a mulher ainda dormia, que ele já tinha trabalhado o suficiente naquela manhã e queria conversar, atividade que considera relaxante.

O escritor sempre acorda ao amanhecer, explicou, porque suas pálpebras são finas demais e seus olhos muito sensíveis à luz. "Já vi todos os nasceres do sol que ocorreram na minha vida, e estou falando de meio século", disse. Ele tinha feito uma revisão considerável do manuscrito àquela altura "Mal acordo e minha mente começa a criar frases, e tenho de me livrar logo delas – ditar, ou escrevê-las", completou. "O que achou da Alemoa?" Gostei muito, respondi.

"Eu amo a Alemoa e amo a Ingrid", declarou. "Se eu não fosse casado com a srta. Mary e não amasse a srta. Mary, tentaria me arranjar com uma das duas. Uma tem o que a outra não tem. E amo demais o que cada uma tem." Por um instante, Hemingway pareceu perplexo, mas acrescentou, ligeiro: "Nunca me casaria com uma atriz, elas têm carreiras cheias e trabalham em horários ruins".

Perguntei se ele ainda queria comprar um casaco, e ele respondeu que sim, claro, mas que não queria fazer nada com pressa, nem se meter numa multidão, e que fazia frio lá fora. Caminhou até o vaso de orquídeas verdes e analisou o cartão, que ainda estava preso às flores. Adeline, disse, não era o nome de alguém que conhecia ou viria a conhecer, se pudesse evitar. Sobre uma mesinha ao lado do sofá havia dois baldes para champanhe, com gelo e garrafas. Ele andou na direção dos baldes, taça na mão, pegou uma das garrafas e a observou bem de perto. Estava vazia. Ele a colocou de volta no balde, de cabeça para baixo. Em seguida, abriu a outra garrafa e, enquanto enchia a taça, cantou: "*So feed me am-mu-nition, keep me in the Third Division, your dog-face soldier boy's* OK". E interrompeu, dizendo: "Hino da Terceira Divisão de Infantaria. Gosto de lembrar dessa canção quando preciso de música dentro de mim para seguir adiante. Adoro todo tipo de música, até ópera. Mas não tenho talento nenhum, não sei cantar. Tenho um ouvido perfeito para música, mas não consigo tocar nenhum instrumento de ouvido, nem mesmo o piano. Minha mãe me obrigava a tocar violoncelo. Ela me buscou na escola todo dia, durante um ano, para eu estudar violoncelo, quando eu queria mesmo era estar ao ar livre jogando futebol. O sonho dela era ter uma orquestra de câmara em casa".

A pasta do escritor estava aberta sobre uma cadeira perto da escrivaninha, e as páginas do manuscrito saltavam para fora; alguém aparentemente as tinha enfiado na pasta de qualquer jeito, sem muito cuidado. Hemingway me disse que estava editando e cortando o manuscrito. "A qualidade de um texto se mede pela quantidade de coisas boas que você pode eliminar", definiu. "Quando escrevo, sou tão orgulhoso quanto um leão. Uso as palavras mais antigas da língua inglesa. Há quem me ache um ignorante desqualificado, que não conhece palavras comuns, do dia a dia. Mas eu conheço, sim. Existem palavras mais velhas, mas muito boas, e, se você as combina do jeito certo, funcionam! Lembre-se de que qualquer pessoa que se aproveite da própria erudição ou instrução formal para se impor, na verdade, não tem uma coisa nem outra. Além disso, filha, saiba que nunca levei ursinhos de pelúcia para a cama comigo depois que completei 4 anos. Agora, com senhorinhas de 78 anos se aproveitando de brechas na Lei de Apoio ao Recruta, que permitem que a mãe de um soldado morto frequente a universidade no lugar do rebento, pensei em criar uma bolsa de estudos para mim mesmo em Harvard, o que aliviaria o mal-estar da minha tia Arabelle por eu ser o único Hemingway homem a não se formar na faculdade. Mas ando tão ocupado que ainda não consegui cuidar isso. Concluí apenas o colegial e alguns cursos preparatórios militares, e nunca estudei francês. Comecei a aprender o idioma lendo reportagens da agência Associated Press no jornal francês depois de ler a versão americana e, por fim, aprendi a ler de verdade estudando relatos de eventos que eu tinha testemunhado — *Les événements sportifs* — e, a partir disso e de *Les crimes*, foi só um pulo para o dr. De Maupassant, que escrevia sobre coisas que eu conhecia ou conseguia entender. Dumas, Daudet, Stendhal, textos que, quando li, concluí de imediato que era daquele jeito que eu queria escrever. O sr. Flaubert, que sempre lançou arremessos perfeitos, em linha reta, potentes, para o alto, na direção certa. Depois, o sr. Baudelaire, com quem aprendi a arremessar tirando o efeito da bola, e o sr. Rimbaud, que nunca lançou uma bola rápida na vida. Com o sr. Gide e o sr. Valéry nada aprendi. Acho que o sr. Valéry era inteligente demais para mim. Como Jack Britton e Benny Leonard."

Jack Britton, explicou, era um boxeador que admirava muito. "Jack estava sempre alerta, se movimentava sem parar e nunca deixava que o acertassem em cheio. Também gosto de me manter alerta e não deixar que me acertem em cheio. É mau negócio partir pra cima de um lutador que bate forte se você não dá conta de bater mais forte ainda. Jogue o adversário nas cordas", exclamou, assumindo uma posição de boxeador e mantendo a mão direita, que segurava a taça de champanhe, perto do peito.

Com a mão esquerda, socou o ar e disse: "Lembre-se. Fuja do cruzado. Bloqueie o gancho. E responda aos *jabs* com todas as armas que tiver na cartola". Então se endireitou e encarou a taça, pensativo. Depois, acrescentou: "Um dia, conversando com o Jack sobre uma luta contra Benny Leonard, perguntei: 'Como você conseguiu dominar o Benny com tanta facilidade?'. 'Ernie', ele me disse, 'o Benny é um boxeador inteligentíssimo. Está o tempo todo pensando. E, enquanto ele pensava, eu batia nele'". Hemingway soltou uma risada rouca, como se tivesse ouvido a história pela primeira vez. "Jack se movimentava com precisão milimétrica. Ninguém jamais conseguiu desferir um soco certeiro nele. Não havia oponente que ele não acertasse quando quisesse." E riu de novo. "Enquanto ele pensava, eu batia nele." Hemingway me contou que essa anedota apareceria na versão original de seu conto "Cinquenta mil", mas Scott Fitzgerald o convenceu a retirá-la. "Scott achava que todo mundo sabia da história, mas apenas Jack Britton e eu sabíamos, porque o próprio Jack me contou", disse. "O Scott insistiu para eu editar. Eu não queria, mas ele era um escritor de sucesso, que eu respeitava, e acabei aceitando a sugestão de cortar a passagem do texto final."

Hemingway sentou-se no sofá e balançou a cabeça para cima e para baixo algumas vezes, tentando chamar minha atenção. "À medida que você envelhece, fica mais difícil ter heróis, mas é algo necessário", disse. "Tenho um gato chamado Boise que pensa que é gente", prosseguiu, devagar, baixando a voz para uma espécie de resmungo. "Então, Boise come tudo o que um ser humano come. Toma cápsulas de vitamina B, por exemplo, que são amargas de doer. E acha que eu o estou enganando porque não lhe dou comprimidos para pressão alta e o deixo dormir sem Seconal." E deu uma risada curta e cavernosa. "Sou um velho esquisito mesmo. E agora, senhores, o que me dizem?" Cinquenta anos, pensou em voz alta, não devia ser considerado velho. "É até divertido ter 50 anos e se imaginar defendendo o título mais uma vez", disse. "Ganhei o cinturão aos 20, defendi aos 30 e aos 40, e não me importo em defendê-lo aos 50."

Depois de um tempo, a sra. Hemingway entrou na sala. Usava calça de flanela cinza e blusa branca, e se sentia maravilhosa, avisou, pois havia tomado seu primeiro banho de banheira em seis meses. Caminhou até as orquídeas verdes e olhou para o cartão. "Quem é essa tal Adeline?", perguntou. Mas logo deixou a questão de lado e anunciou que estava de saída para resolver uns assuntos pessoais e sugeriu que Hemingway se vestisse e fizesse o mesmo. O escritor ponderou que já era quase hora do almoço e que, se saíssem naquele momento, teriam de parar em algum lugar para comer, ao passo que, se pedissem comida no quarto, economizariam tempo. A sra. Hemingway disse então que pediria o almoço enquanto o marido se trocava. Ainda com a taça na mão, Hemingway se levantou do sofá, relutante. Deu um último gole e foi para o quarto. Quando voltou – vestindo a mesma roupa do dia anterior, exceto por uma camisa azul com gola abotoada –, um garçom havia posto a mesa para o nosso almoço. Não poderíamos almoçar sem uma garrafa de Tavel, disse Hemingway, e esperamos que o garçom a trouxesse antes de começarmos a comer.

Hemingway começou pelas ostras e mastigou cada uma delas com muita calma. "Coma bem e faça uma boa digestão", ensinou.

"Papa, por favor, mande consertar esses óculos", pediu a sra. Hemingway.

Ele assentiu com a cabeça. E acenou algumas vezes pra mim – uma repetição do gesto para chamar minha atenção. "Lá na frente, vou querer ser um daqueles velhos sábios, que não chateiam os outros", disse, e em seguida fez uma pausa enquanto o garçom lhe trazia um prato de aspargos com alcachofra e servia o Tavel. Hemingway provou o vinho e fez sinal para o garçom, aprovando. "Vou querer conhecer novos boxeadores, cavalos, balés, ciclistas, damas, toureiros, pintores, aviões, canalhas, *habitués* de cafés, grandes prostitutas internacionais, restaurantes, vinho e o que estiver no noticiário sem nunca mais ter de escrever uma única linha sobre esses assuntos", avisou. "Vou querer mandar e receber muitas cartas de amigos. E fazer amor até os 85, como Clemenceau. Já o que eu não gostaria de ser é alguém como Bernie Baruch. Eu não me sentaria em bancos de praça, embora pudesse dar uma volta pelo parque de vez em quando pra alimentar os pombos, e tampouco teria barba comprida, contribuindo para que existisse pelo menos um velho que não lembrasse o Shaw." E então parou, deslizou as costas da mão pela barba e olhou ao redor da sala, refletindo. "Nunca conheci o sr. Shaw", observou. "Também nunca estive nas Cataratas do Niágara. E acho que me dedicaria às corridas de charrete. Você não chega nem perto do topo nessa categoria antes dos 75. E compraria um bom time de beisebol, ainda iniciante, como fez o sr. Mack. Só que eu não mandaria sinais para os jogadores durante a partida usando a brochura com o programa da temporada — só para mudar a escrita. Mas ainda não descobri um jeito diferente de sinalizar. E quando tudo isso passar, serei o cadáver mais bem-apessoado desde Pretty Boy Floyd. Apenas otários se preocupam em salvar a alma. Quem em sã consciência pensa em salvar a alma quando o dever de um homem é justamente perdê-la de forma inteligente, da mesma forma que você venderia uma posição que estivesse defendendo, se não pudesse mais mantê-la, pelo maior preço possível, fazendo dessa posição a mais cara da história. Resumindo, não é difícil morrer." O escritor abriu a boca e riu, a princípio em silêncio, e depois em voz muito alta. "É o fim das preocupações." Com a mão, pegou um longo talo de aspargo e o fitou, pouco entusiasmado. "O sujeito precisa ser bom, muito bom, para dizer coisa com coisa quando chega o fim", concluiu.

A sra. Hemingway terminou de comer e rapidamente tomou o que restava do vinho. Hemingway terminou bem devagar. Olhei para o relógio e vi que eram quase três horas. O garçom começou a limpar a mesa e todos nos levantamos. Hemingway ficou olhando com tristeza para a garrafa de champanhe, que ainda não estava vazia. A sra. Hemingway vestiu o casaco, e eu fiz o mesmo.

"A garrafa de champanhe meio cheia é a maior inimiga do homem", declarou o escritor. Voltamos a nos sentar.

"Se eu tiver algum dinheiro sobrando, não consigo pensar em maneira melhor de gastá-lo do que em champanhe", disse Hemingway, enchendo a taça.

Quando o champanhe acabou, deixamos a suíte. No saguão, a sra. Hemingway nos relembrou de consertar os óculos e seguiu seu caminho.

Hemingway hesitou por um instante em frente ao hotel. Fazia frio, o céu estava nublado. Não era um dia bom pra sair, comentou mal-humorado, acrescentando que sua garganta estava um tanto dolorida. Perguntei se queria consultar um médico e ele respondeu que não. "Não confio em médico que preciso pagar", explicou, e começou a atravessar a Quinta Avenida. Um bando de pombos passou voando. O escritor parou, olhou pra cima e apontou um rifle imaginário contra as aves. Puxou o gatilho, mas logo fez cara de decepção. "Tiro dificílimo", disse. Então, virou o corpo, ágil, e fingiu atirar de novo. "Esse foi fácil", disse. "Veja!" E apontou para um ponto na calçada. Parecia estar se sentindo melhor, mas não muito melhor.

Perguntei se ele queria parar primeiro na ótica. Ele respondeu que não. Falei sobre o casaco. Ele deu de ombros. A sra. Hemingway havia sugerido que o marido procurasse um casaco na Abercrombie & Fitch, então mencionei a Abercrombie & Fitch. Ele deu de ombros de novo e se arrastou até um táxi. E lá fomos nós enfrentar o engarrafamento vespertino na Quinta Avenida. Na esquina da 54, o motorista parou, seguindo instruções de um guarda de trânsito. Hemingway rosnou. "Adoro ver um policial irlandês sendo frio", disse. "Aposto oito contra um que esse aí foi polícia do Exército na guerra. É muito habilidoso. Finta e finge bem. Os policiais de verdade não são como os que aparecem nos filmes do Hellinger. Só de vez em quando." O carro voltou a se movimentar e ele me mostrou o local onde uma vez atravessou a Quinta Avenida com Scott Fitzgerald. "O Scott não estava mais em Princeton, mas ainda falava muito de futebol", contou, sem muita animação. "A ambição da vida do Scott era fazer parte do time. Falei pra ele: 'Scott, por que você não para com essa história de futebol? Deixa disso, garoto'. E ele respondeu: 'Você ficou maluco'. E esse é o fim da história. Se o sujeito mal consegue atravessar a rua no meio do trânsito, como vai conseguir cruzar a linha de gol? Mas eu não sou Thomas Mann", acrescentou. "Peça uma segunda opinião."

Quando chegamos à Abercrombie, Hemingway estava mal-humorado de novo. Relutou em sair do táxi e relutou em entrar na loja. Perguntei se ele queria ver um casaco primeiro ou outra coisa.

"Casaco", respondeu infeliz.

Dentro do elevador, Hemingway parecia ainda maior e mais corpulento, e seu rosto exibia a expressão de um homem submetido ao pior dos martírios. Uma senhora de meia-idade encarava a barba branca e desgrenhada do escritor com evidente desaprovação. "Santo Deus!", Hemingway disse de repente, rompendo o silêncio, e a mulher voltou o olhar para os próprios pés.

As portas se abriram em nosso andar, saímos e nos dirigimos à seção de casacos. Um funcionário alto e elegante se aproximou, e Hemingway enfiou as mãos nos bolsos da calça e curvou as costas. "Acho que ainda tenho crédito nesta espelunca", informou ao vendedor.

O funcionário limpou a garganta. "Sim, senhor."

"*Quero ver casaco*", disse Hemingway em tom de ameaça.

"Sim, senhor", disse o funcionário. "Que tipo de casaco deseja ver, senhor?"

"Aquele." E apontou para um casaco de gabardine marrom, sem cinto e de caimento reto. O funcionário o ajudou a vesti-lo e o levou gentilmente até a frente de um espelho. "Veste feito uma mortalha", reagiu Hemingway, arrancando o casaco. "Sou comprido na parte de cima. Não tem outro?", perguntou, como se esperasse uma resposta negativa. E foi se dirigindo, impaciente, para os elevadores.

"Que tal este, senhor, com forro removível?", sugeriu o funcionário. Esse outro tinha cinto. Hemingway experimentou, estudou-se no espelho e, em seguida, levantou os braços como se estivesse apontando um rifle. "Vai usá-lo para caçar, senhor?", perguntou o rapaz. Hemingway resmungou qualquer coisa e disse que levaria o casaco. Deu seu nome ao balconista, que estalou os dedos: "Claro!", disse. "Bem que eu notei..."

Constrangido, Hemingway deu instruções para que enviassem o casaco para o Sherry-Netherland, e depois disse que gostaria de dar uma olhada em um cinto.

"Que tipo de cinto, sr. Hemingway?"

"Pode ser marrom."

Fomos até o balcão de cintos, onde outro funcionário apareceu.

"Pode mostrar um cinto ao sr. Hemingway?", disse o primeiro vendedor, dando um passo para trás e fixando o olhar em Hemingway.

O segundo funcionário tirou uma fita métrica do bolso e disse achar que Hemingway usava tamanho 44 ou 46.

"Quer apostar?", perguntou Hemingway, pegando a mão do rapaz e dando um soco em seu próprio estômago com ela.

"Puxa, que barriga dura", constatou o vendedor. E mediu a cintura de Hemingway. "38!", informou. "Cintura pequena para seu tamanho. O senhor faz muito exercício?"

Hemingway curvou os ombros, fez um movimento de esquiva e pareceu feliz pela primeira vez desde que saímos do hotel. E ainda deu um soco no próprio estômago.

"Para onde está indo – Espanha de novo?", perguntou.

"Itália", respondeu Hemingway, e deu outro soco no próprio estômago. Depois que Hemingway optou por um cinto de couro marrom, o vendedor perguntou se ele queria um cinto para guardar dinheiro. O escritor disse que não – que guardava o dinheiro na carteira.

Nossa parada seguinte foi a seção de calçados, e lá Hemingway pediu para ver umas pantufas, dessas dobráveis.

"Pantufas Pullman", disse o funcionário. "Qual o tamanho?"

"Quarenta e dois", disse Hemingway timidamente. As pantufas chegaram e ele logo decidiu que as levaria. "Vou colocá-las no bolso", avisou. "Anote aí, não quero que pensem que estou roubando."

"O senhor ficaria surpreso com o que roubam da loja", disse o funcionário, que era muito pequeno e muito velho. "Outro dia, alguém no primeiro andar saiu andando com uma roleta enorme, dessas de jogo mesmo. Meteu embaixo do braço e foi embora..."

Hemingway já não prestava atenção. "Wolfie!", gritou para um homem que parecia medir mais de 2 metros e estava de costas para nós.

O homem se virou. Tinha o rosto grande, quadrado e corado. Ao ver Hemingway, ficou felicíssimo. "Papa!", exclamou.

Hemingway e o gigante se abraçaram e bateram nas costas um do outro por um bom tempo. Tratava-se de Winston Guest. O sr. Guest nos informou que estava a caminho do andar de cima para retirar uma arma que havia comprado e propôs que o acompanhássemos. Hemingway perguntou sobre a arma, e Guest explicou que era uma magnum calibre 10.

"Bela arma", disse Hemingway, pegando as pantufas das mãos do vendedor e enfiando-as no bolso.

No elevador, Hemingway e Guest conferiram quanto peso cada um havia perdido. Guest disse que tinha baixado para 107 quilos, depois de muito galopar em cavalos de polo. Hemingway contou que reduzira o peso para 95 quilos, depois de caçar muito pato em Cuba e escrever um livro.

"Em que pé está o livro, Papa?", perguntou Guest, quando saímos do elevador.

Hemingway deu aquela risada acompanhada do punho alto, na altura do rosto, e disse que defenderia o cinturão mais uma vez. "Wolfie, de repente descobri que era capaz de escrever de modo extraordinário de novo, em vez de só ficar roendo unha", respondeu devagar. "Acho que demorou um pouco para que minha cabeça se reconstruísse por dentro. Num mundo ideal, não se deve rachar o crânio de um escritor, nem lhe provocar sete concussões em dois anos, nem quebrar seis costelas quando ele tiver 47 anos no lombo, nem deixar que um suporte de espelho caia e atravesse sua testa bem ao lado da glândula pituitária, nem, em resumo, passar fogo nele. Por outro lado, Wolfie, deixe o desgraçado em paz e ele será capaz de rastejar de volta para o útero ou algum outro lugar produtivo num piscar de olhos." Ao terminar de listar seus infortúnios recentes, o escritor explodiu numa gargalhada.

O corpanzil de Guest estremecia de tanto rir. "Meu Deus, Papa!", disse. "Suas roupas de tiro estão lá na ilha, esperando por você. Quando faremos uma sessão de tiro?"

Hemingway riu outra vez e lhe deu uma palmada nas costas. "Wolfie, você é tão grande!"

Guest pediu ao vendedor que a arma fosse entregue em casa, e, em seguida, entramos todos no elevador, onde os dois falaram de alguém que havia pescado um marlim preto de 450 quilos no ano passado.

"E agora, senhores, o que me dizem?", perguntou Hemingway.

"Meu Deus, Papa!", retrucou Guest.

No andar térreo, Guest apontou para uma cabeça de elefante pendurada na parede. "Elefante pigmeu, Papa."

"É um coitado", disse Hemingway.

Abraçados, saíram para a rua. Avisei que estava indo embora também e Hemingway me pediu que chegasse bem cedo ao hotel, na manhã seguinte, para acompanhá-lo ao Metropolitan com Patrick. Ao sair, ainda ouvi Guest declarar: "Por Deus, Papa, não tenho vergonha de nada que fiz na vida".

"Nem eu, por incrível que pareça", acrescentou Hemingway.

Dei uma olhada pela rua. Os dois amigos trocavam socos no estômago e riam muito.

Na manhã seguinte, fui recebida na suíte de Hemingway por Patrick, um jovem tímido de estatura mediana, com olhos grandes e expressão sensível. Vestia calça de flanela cinza, camisa branca aberta no colarinho, meias escocesas e mocassins. A sra. Hemingway redigia uma carta na escrivaninha. Quando entrei, ela se virou e avisou: "Assim que Papa terminar de se vestir, vamos sair para ver uns quadros". E voltou à carta.

Patrick me disse que, por ele, passaria o dia vendo quadros, e que até já havia se arriscado na pintura. "Papa tem que voltar ao hotel para almoçar com o sr. Scribner", explicou, e acrescentou que ele mesmo ficaria na cidade até a manhã seguinte, quando os Hemingway partiriam no navio. O telefone tocou e Patrick atendeu. "Papa, acho que é o Gigi ligando pra você!", gritou na direção do quarto.

Hemingway apareceu em mangas de camisa e pegou o telefone. "Tudo bem, garoto?", perguntou, e depois pediu a Gigi que o visitasse em Finca nas férias seguintes. "Você é bem-vindo lá, Gigi", reforçou. "Sabe aquele gato de que você gostava? Aquele que você batizou de Smelly? Nós o rebatizamos de Ecstasy. Cada um de nossos gatos sabe o próprio nome agora." Depois de desligar, o escritor me disse que Gigi era um excelente atirador – aos 11 anos ficara em segundo lugar num campeonato de tiro em Cuba. "É 'gen confiável' ou não, Mouse?", perguntou a Patrick.

"É, sim, Papa", confirmou Patrick.

Eu quis saber o que significava "gen confiável", e Hemingway explicou que era uma gíria britânica para informação secreta, "inteligência", daí o "gen". "O termo é dividido em três categorias: 'gen'; 'gen confiável', que é confiável até prova em contrário; e 'gen absolutamente confiável', que é confiável o bastante para justificar uma ação." O escritor olhou para as orquídeas verdes e perguntou se alguém havia descoberto quem era Adeline.

"Esqueci de contar, Papa", disse a sra. Hemingway. "É a mamãe. Adeline é a mamãe." E se virou para mim para explicar que seus pais estão beirando os 80, moram em Chicago e sempre se lembram de fazer a coisa certa na hora certa.

"Minha mãe nunca me mandou flores", disse Hemingway. A mãe do escritor está com 80 anos e mora em River Forest, Illinois. O pai, que era médico, morreu há muitos anos; se matou com um tiro quando Ernest era menino. "É melhor sairmos logo se ainda quisermos ver as pinturas", alertou. "Pedi que Charlie Scribner me encontrasse aqui à uma da tarde. Peço licença para me lavar. Na cidade grande, acho que é costume lavar o pescoço." E voltou para o quarto. Enquanto o escritor estava lá dentro, a sra. Hemingway me contou que Ernest era o segundo de seis filhos – Marcelline, depois Ernest, Ursula, Madelaine, Carol e o mais novo, seu único irmão, Leicester. Todas as irmãs receberam nomes de santas. Hoje estão todos casados; Leicester mora em Bogotá, na Colômbia, onde trabalha na embaixada dos Estados Unidos.

Hemingway saiu do quarto logo depois, vestindo o casaco novo. A sra. Hemingway e Patrick também se agasalharam e então descemos. Chovia e entramos correndo num táxi. No caminho para o Metropolitan, Hemingway pouco falou;

limitou-se a cantarolar para si mesmo e a observar as ruas. A sra. Hemingway me contou que o marido se sentia infeliz nos táxis por não poder ficar ao lado do motorista, conferindo os caminhos à frente.

O escritor olhou pela janela do carro e apontou para um bando de pássaros que cruzavam o céu. "Nesta cidade, os pássaros não levam o voo muito a sério", comentou. "Não ganham altura."

Quando encostamos na entrada do museu, uma fila de crianças em idade escolar se deslocava bem devagar. Impaciente, Hemingway nos conduziu entre a multidão. No saguão, fez uma pausa, tirou um frasco prateado de um dos bolsos do paletó, desatarraxou a tampa e entornou um longo gole. Colocando o frasco de volta no bolso, perguntou à sra. Hemingway se ela preferia ver primeiro os Goyas ou os Bruegels. Os Bruegels, ela respondeu.

"Aprendi a escrever observando pinturas no museu Luxembourg, em Paris", contou o escritor. "Nunca passei do colegial. Quando você tem fome e o museu é de graça, você vai ao museu. Veja", apontou, diante do *Retrato de um homem*, atribuído a Tiziano e Giorgione. "Todos moleques criados em Veneza."

"É disso que eu gosto, Papa", exclamou Patrick, e Hemingway juntou-se ao filho em frente ao *Retrato de Federico Gonzaga (1500-1540)*, de Francesco Francia, que mostra, em primeiro plano, um menino de cabelos longos usando um manto e, ao fundo, uma paisagem.

"É isso que tentamos fazer quando escrevemos, Mousie", disse Hemingway, apontando para as árvores ao fundo. "Sempre temos isso em mente quando escrevemos."

A sra. Hemingway nos chamou. Admirava o *Retrato do artista*, de Van Dyck. Hemingway olhou para o quadro, acenou com a cabeça em sinal de aprovação e contou a seguinte história: "Na Espanha, tínhamos um piloto de caça chamado Whitey Dahl. Um dia, ele me procurou e perguntou: 'Sr. Hemingway, Van Dyck é um bom pintor?'. Respondi que sim, e ele rebateu: 'Que bom, porque tenho um quadro dele de que gosto muito no meu quarto. Fico feliz que seja um bom pintor, gosto dele'. No dia seguinte, o avião de Whitey foi abatido".

Caminhamos até *O triunfo de Cristo sobre o pecado e a morte*, de Rubens. Cristo está cercado por cobras e anjos e é observado por alguém em uma nuvem. Segundo a sra. Hemingway e Patrick, não parecia uma obra de Rubens.

"É dele, sim", esclareceu Hemingway com autoridade. "Dá pra distinguir o que é real, como um cão de caça, pelo cheiro. Ou por ter convivido com pintores muito pobres, mas muito bons."

Questão resolvida, fomos para a sala do Bruegel e descobrimos que estava fechada. Na porta, uma placa anunciava: "Em manutenção".

"Eles têm a nossa compreensão", disse Hemingway, e tomou outro gole do frasco. "Sinto muita falta do Bruegel", declarou enquanto seguíamos adiante. "É o maior, aquele dos colhedores. São muitas pessoas colhendo grãos, mas ele usa os grãos de forma geométrica, cria uma emoção tão forte que é difícil suportar." Chegamos à *Vista de Toledo*, de El Greco, e o admiramos por um bom tempo. "Para mim, é o melhor quadro do museu, e Deus sabe que há pinturas maravilhosas aqui", disse Hemingway.

Patrick apreciava várias pinturas de que Hemingway não gostava. Sempre que isso acontecia, Hemingway iniciava uma discussão técnica e aprofundada com o filho sobre o assunto. Patrick balançava a cabeça, ria e dizia que respeitava as opiniões de Hemingway. Não esticava a discussão. "Que diabos!", Hemingway exclamou de repente. "Não pretendo ser crítico de arte. Só quero olhar para os quadros e me encantar e aprender com eles. Pra mim, por exemplo, este é um quadro excelente." Deu um passo pra trás e observou um Reynolds intitulado *Coronel George Coussmaker*, que retrata o militar em pé, apoiado numa árvore, segurando as rédeas de um cavalo, que aparece ao seu lado. "Esse coronel é um filho da puta que estava disposto a pagar o melhor retratista da época só pra fazer essa pintura", disse Hemingway, e deu uma risadinha. "Observe a arrogância do homem, a potência muscular do pescoço do cavalo e a forma como as pernas do cavaleiro estão relaxadas, quase moles. É tão arrogante que se dá ao luxo de apoiar numa árvore."

Nós nos separamos por um tempo para admirar as pinturas individualmente, e então Hemingway nos chamou e apontou para um quadro com a inscrição, em letras grandes, *Catharine*

Lorillard Wolfe e, em letras menores, *By Cabanel*. "Isso me confundia muito quando criança, em Chicago", disse. "Durante um bom tempo, meus pintores favoritos foram Bunte e Ryerson, duas das famílias mais ricas da cidade. Sempre achei que os nomes em letras grandes se referiam aos pintores."

Depois que chegamos às obras de Cézanne, Degas e outros impressionistas, Hemingway ficava cada vez mais entusiasmado e discorria sobre o que cada artista era capaz de realizar e o que havia aprendido com cada um. Patrick ouvia tudo com respeito, mas dava a impressão de não querer mais falar sobre técnicas de pintura. Hemingway passou incontáveis minutos olhando para *Rochas na floresta de Fontainebleau*, de Cézanne. "É isso que tentamos fazer ao escrever, e isso e isso, e os bosques, e as rochas que temos de escalar", explicou. "Cézanne é o meu pintor preferido, depois dos mestres primitivos. Artista maravilhoso, maravilhoso. Degas foi outro pintor maravilhoso. Nunca vi um Degas ruim. Sabe o que ele fazia com os quadros ruins? Queimava."

Hemingway deu mais um longo gole no frasco. Chegamos ao retrato em tons pastel de *Mlle*. Valtesse de la Bigne, uma jovem com cabelos loiros presos no alto da cabeça, de Manet. Hemingway ficou em silêncio por um tempo, olhando para o quadro; por fim, tomou outra direção. "Manet conseguia mostrar o viço que as pessoas carregam quando ainda são inocentes, antes de perderem as ilusões", definiu.

Enquanto caminhávamos, Hemingway anunciou: "Sou capaz de fazer uma paisagem como o sr. Paul Cézanne. Aprendi a compor uma paisagem com o próprio sr. Paul Cézanne, ao perambular pelo museu Luxembourg milhares de vezes com o estômago vazio, e tenho certeza de que, se o sr. Paul ainda estivesse entre nós, apreciaria minhas composições e ficaria feliz por eu ter aprendido com ele". O escritor aprendeu muito também com o sr. Johann Sebastian Bach. "Nos primeiros parágrafos de *Adeus*, usei a palavra 'e' de modo deliberado, várias vezes, da mesma forma que o sr. Johann Sebastian Bach usava uma nota musical quando compunha um contraponto. Às vezes, quase consigo escrever como o sr. Johann – ou, pelo menos, de um jeito que ele gostaria. É fácil lidar com pessoas assim porque todos sabemos que é preciso aprender."

"Papa, veja isto", disse Patrick, olhando para a *Meditação sobre a paixão*, de Carpaccio. Patrick achou que havia muitos animais estranhos ali para uma pintura religiosa.

"Ah", exclamou Hemingway. "Esses pintores sempre colocavam as cenas sagradas na parte da Itália de que mais gostavam, ou de onde vinham, ou de onde vinham suas namoradas. As moças serviam de modelo para as Madonas. Supõe-se que esse lugar seja a Palestina, e a Palestina fica bem longe, conclui o artista. Então, enfia ali um papagaio vermelho, um cervo e um leopardo. E, então, pensa: 'Bom, o Extremo Oriente fica bem longe'. E por isso inclui os mouros, tradicionais inimigos dos venezianos." Hemingway fez uma pausa e procurou ver o que mais o pintor havia colocado no quadro. "Bem, aí ele ficou com fome, e logo acrescentou uns coelhos. Puxa vida, Mouse, já vimos muitas pinturas ótimas. Não acha que duas horas é tempo suficiente para esta visita?"

Todos concordaram que duas horas era tempo suficiente para olhar pinturas, e então Hemingway sugeriu que pulássemos os Goyas e que voltássemos ao museu quando eles retornassem da Europa.

Ainda chovia quando saímos do museu. "Droga, odeio sair na chuva", o escritor reclamou. "Odeio ficar molhado, droga!"

Charles Scribner estava esperando no saguão do hotel. "Ernest", disse, apertando a mão de Hemingway. Scribner é um homem altivo, solene, de fala lenta e cabelos prateados.

"Estávamos admirando uns quadros, Charlie", disse Hemingway já dentro do elevador. "Estão com algumas pinturas ótimas lá agora, Charlie."

Scribner assentiu com a cabeça: "Sim, sim".

"Foi um passeio divertido para um garoto do interior como eu", completou Hemingway.

"Sim, sim", repetiu Scribner.

Entramos na suíte e tiramos os casacos. Hemingway avisou que almoçaríamos ali mesmo e chamou o serviço de quarto. A sra. Hemingway sentou-se à escrivaninha para terminar de escrever a carta. Hemingway acomodou-se no sofá com o sr.

Scribner e começou a lhe contar que estava dando um duro danado no livro, como um ciclista correndo uma prova de seis dias. Patrick sentou-se num canto, quieto, e observou o pai. O garçom entrou e distribuiu os cardápios. Scribner disse que ia pedir o prato mais caro do menu porque Hemingway estava pagando. O editor riu, timidamente, e Patrick o imitou, solidário. O garçom se retirou com nossos pedidos, e Scribner e Hemingway passaram a conversar sobre negócios. Scribner perguntou se Hemingway tinha as cartas que havia lhe enviado.

Hemingway respondeu: "Eu as levo comigo aonde vou, Charlie, junto com uma cópia dos poemas de Robert Browning".

Scribner assentiu e tirou alguns papéis do bolso interno do paletó – cópias do contrato do novo livro, explicou. O acordo previa um adiantamento de US$ 25 mil, amarrados a royalties começando em 15%.

Hemingway assinou o contrato e se levantou do sofá. Em seguida, ponderou: "Nunca fui considerado um gênio, mas defenderei o cinturão outra vez contra todos os novatos bons que estão por aí". O escritor abaixou a cabeça, colocou o pé esquerdo à frente e deu uns *jabs* no ar, com a esquerda e a direita. "Nunca deixe o adversário te acertar em cheio."

Scribner quis saber onde Hemingway poderia ser contatado na Europa. "Fale com o responsável pelo Guaranty Trust Company, em Paris", instruiu o escritor. "Quando retomamos Paris, tentei controlar esse banco e levei uma surra", contou, rindo. "Seria ótimo ter meu próprio banco."

"Sim, sim", disse Scribner. "E o que planeja fazer na Itália, Ernest?"

Hemingway disse que trabalharia pela manhã e, à tarde, visitaria amigos e caçaria patos. "Caçamos 331 patos com seis armas em uma tarde", contou. "Mary também atirou muito bem."

A sra. Hemingway olhou para os dois. "Quem casa com ele tem de aprender a usar uma arma", observou, e voltou a escrever.

"Uma vez fui caçar em Suffolk, na Inglaterra", disse Scribner. Todos esperaram educadamente que ele completasse o relato. "Lembro que me serviram ovos de ganso no café da manhã. Depois saímos para atirar. Eu nem sabia destravar minha arma."

"Caçar é sinônimo de vida boa", disse Hemingway. "Melhor do que viver em Westport ou Bronxville, pelo menos."

"E depois que aprendi a destravar a arma não consegui acertar nada", falou Scribner.

"Gostaria de participar do grande torneio de Monte Carlo e do campeonato mundial em San Remo", disse Hemingway. "Estou em boa forma para disputar qualquer um deles. Não é um esporte para espectadores, não mesmo. Mas é emocionante de praticar. Eu cheguei a orientar o Wolfie em competições importantes. Ele é um excelente atirador. Era como domar um cavalo de grande porte."

"E, então, por fim, consegui", completou Scribner timidamente.

"Conseguiu o quê?", perguntou Hemingway.

"Acertei um coelho", concluiu Scribner. "Cacei um coelho."

"Eles não organizam o torneio de tiro de Monte Carlo desde 1939", lembrou Hemingway. "Só dois americanos ganharam em 74 anos de competição. Atirar me dá uma sensação boa. Tem a ver com estar num ambiente acolhedor e amigável, é o contrário da situação em que você se sente odiado, em que alguém lhe deseja mal. E é mais rápido do que beisebol, você já é eliminado no primeiro *strike*."

O telefone tocou e Hemingway atendeu, ouviu, disse algumas palavras e, em seguida, voltou-se para nós e contou que uma empresa chamada Endorsements, Inc. estava lhe oferecendo US$ 4 mil para ser o Homem de Destaque de uma marca de uísque. "Respondi que não beberia aquele produto por US$ 4 mil. Expliquei que sou do time do champanhe. Estou tentando ser um sujeito legal, mas é difícil. O que você ganha em Boston, perde em Chicago."

(13 de maio de 1950)

O movimento

A editora Fawcett nos convidou para uma festa, semana passada, comemorando o lançamento de uma antologia intitulada *The Beats*, que traz textos, poemas e ensaios de vinte e poucos autores que hoje lideram (segundo a Fawcett) o movimento Beat (com B maiúsculo, segundo a Fawcett). O encontro aconteceu no saguão do Living Theatre, no segundo andar de um predinho sem elevador na esquina da rua 14 com a Sexta Avenida, algumas horas antes de as cortinas subirem para *The Connection*, peça que é a cara do Living Theatre e é apresentada no mesmo endereço. Ao subirmos as escadas, topamos com exemplares do *The Beats* colados nas paredes. Alguns destacavam a capa, com fotos de uma bela jovem e um rapaz barbudo de óculos tartaruga, e avisos que diziam: "Estes são os escritores mais fundamentais e polêmicos da cena literária americana" e "Histórias, poemas e críticas sociais agudas e contundentes de JACK KEROUAC, NORMAN MAILER, ALLEN GINSBERG, LAWRENCE FERLINGHETTI e muitos outros. Editado por Seymour Krim". Em outros pontos da escadaria, via-se a contracapa, que acrescentava: "Energia, fúria e verdade em textos que fizeram da Geração Beat o movimento literário mais discutido do século".

No andar de cima, a festa demorava a engatar. Várias jovens lindas, desfilando em comportados vestidinhos pretos, acomodavam mais exemplares do *The Beats* nos cantos de um bar em formato quadrado no meio do saguão, e ainda ajudavam os barmen a abrir garrafas de uísque. Nos aproximamos de um rapaz, impecável num terno esporte cinza-escuro e gravata de tricô preta, que afixava outra leva de cópias do *The Beats* nas paredes. "Nenhum Beat de verdade chegou ainda", comentou. "Nós somos todos da Fawcett e estamos aqui pra inspirar confiança no pessoal. O que achou da garota da capa? É uma das editoras associadas da casa; de Beat ela não tem nada. Foi parar na capa porque tem essa aparência supertípica." O moço parou por um instante. "Ah, até que enfim, Seymour Krim!"

Foi a deixa para o rapaz da Fawcett compartilhar nossa guarda com o sr. Krim, um jovem alto, magro, simpático, de olhos arregalados, que vestia camisa marrom-escura, gravata preta com nó americano, pulôver marrom com gola em V, calças cinza-escuras e um casaco em tom cinza-prateado.

"Estou muito nervoso", confessou o sr. Krim. "Nunca fui anfitrião de uma recepção assim. O que devo fazer? Apresentar as pessoas? Preparar as bebidas? Oferecer torradas com queijo? Queria muito não estar nervoso desse jeito. Aceita um uísque? Acho que é legítimo."

Caminhamos até o bar e o barman serviu uísque para Krim e companhia. "Me diga uma coisa, por favor, menino", pediu o barman. "Por que vocês estão chamando esse burburinho todo de movimento? Fica parecendo coisa de comunista, quando, na verdade, vocês não passam de um bando de moleques pouco inteligentes, mas até que bonzinhos."

"A Fawcett chama de movimento", respondeu Krim. "É uma espécie de onda, uma atitude associada a jovens – ou a jovens de espírito. Tem a ver com rebeldia. Cabe todo mundo que não está mais disposto a fazer concessões."

"Está bem, garoto, está bem", rebateu o barman. "É que, para mim, escritor que é escritor se tranca no sótão, sozinho, e escreve, ponto."

"Somos como os impressionistas franceses, o nosso grupo, embora a analogia seja um pouco forçada", explicou Krim. "Na verdade, há menos competitividade entre nós do que se vê, de modo geral, entre escritores. A onda traz ideias úteis para todos, de forma intercambiável. Nós nos estimulamos mutuamente."

"Um escritor deve ser como uma ilha", insistiu o barman. "Só."

A festa começava a esquentar; vários convidados jovens, com roupas informais, chegavam em pares e trios. Juntou-se a nós um rapaz vestindo calça chino, camisa cáqui amassada com a gola desabotoada e tênis branco estalando de novo. Tinha um rosto pequeno, traços infantis e olhos brilhantes.

"Cadê o Norman Mailer?", perguntou para Krim. "Quero conhecer o Norman Mailer. É o único escritor bom mesmo neste recinto."

"Ainda não chegou", disse Krim.

"É o único com talento de verdade aqui", repetiu o jovem.

"Mas e você?", perguntou Krim, pegando um exemplar de *The Beats* da parede, apresentando-nos o jovem como Dan Propper e abrindo o livro em uma página intitulada "Dan Propper – *The Fable of the Final Hour*".

"Não me considero um grande escritor", disse Propper. "Norman Mailer conseguiu, chegou lá. Esta é minha mulher, Eunice", acrescentou, apresentando uma moça pequena, de rosto redondo e cabelos pretos, que vestia camisa preta, calça preta e tênis tão brancos quanto os do marido.

"Onde está Norman Mailer?", Eunice perguntou. Outro rapaz, bonito e confiante, apareceu e acenou para nós com um manuscrito encadernado em capa dura preta.

"Tem uma cópia carbono?", perguntou Krim. "Nunca faço cópias", respondeu o jovem.

"Vai se arrepender disso um dia", disse Krim.

"Este lugar nem é pra mim", retrucou o rapaz. "Sou aluno do último ano em Harvard. Isso aqui está igual a qualquer festa da faculdade."

"Aquele ali é o Norman Mailer?", perguntou Eunice a Krim, ficando na ponta dos pés e apontando para um homem de uns 30 anos que estava ao lado.

"Aquele é Leonard Bishop", esclareceu Krim, em voz alta o suficiente para que Bishop ouvisse. "Ele é uma espécie de William Styron."

"Sou apenas um comediante cético!", exclamou Leonard Bishop.

"O que Herbert Gold está fazendo no seu livro? Qual é a ideia?", perguntou o jovem de Harvard.

"Bem, na verdade, ele é anti-Beat", respondeu Krim. "Ainda está à procura de um caminho. Mas vai chegar lá."

"Você ainda tem esperança", disse o jovem. "É mais do que temos em Harvard."

"Onde está Jack Kerouac?", uma senhora elegante e atraente quis saber. "Meu filho me garantiu que eu encontraria Jack Kerouac aqui."

"Ele se faz de difícil", justificou Krim. "Pena Ginsberg estar no Chile, ou já teríamos tido umas dez discussões bem acaloradas. Ninguém se abriu ainda. A festa está morna. Enfim, aí vem Ted Joans."

Apertamos a mão de um jovem negro barbudo, com sotaque do Meio-Oeste americano e que vestia um suéter pesado, riscado por listras horizontais marrons e cinza. "Vou zarpar na sexta-feira", anunciou Joans. "Sumir daqui. Fazer uma viagem ao redor do mundo. Pegar um barco. E vou ler meus poemas no meio do Atlântico. Ler em todo canto – Liverpool, Londres e Bruxelas. Não importa onde eu esteja, sempre acho um lugar pra ler."

"Dá para ganhar bem sendo alugado?", perguntou Krim.

"O suficiente para me colocar naquele barco rumo a Liverpool", respondeu Joans, que agora tinha a atenção de todos no seu entorno. "Um amigo meu colocou um anúncio no *Village Voice*: 'Alugo Beatniks para festas e eventos'", contou. "E não é que me alugaram? As pessoas me perguntam se eu não me sinto uma mercadoria. E sempre respondo: 'Não há nada de errado com um Cadillac, contanto que você não permita que ele dirija você'. Digo que é o mesmo que alguém se deixar alugar como um capitalista. Não há nada de errado nisso, desde que paguem."

Ao voltarmos para o bar, cruzamos com o sr. e a sra. Propper. "Norman Mailer chegou!", anunciaram, felizes da vida. E em seguida, claro, demos de cara com Norman Mailer, com aparência superformal num terno social e muito parecido com um estadista mais velho. Nós o apresentamos aos Propper, cujas bochechas radiantes eram uma lindeza de se ver.

"Caramba!", disse Propper. "Li as cenas da sua peça! É uma peça incrível."

"Li sua fábula", respondeu Mailer, com um brilho paternal nos olhos. "Gostei."

"Eu era jovem e rebelde, um adolescente quando escrevi essa fábula", explicou Propper.

"O material atual dele é muito melhor", comentou Eunice.

Mailer lhes dirigiu um aceno paternal. "É uma boa fábula", repetiu.

"Sua peça é muito legal", disse Eunice. "Aquela parte em que a bomba atômica explode."

"Essa parte é boa", concordou Mailer. "Depois disso, escrevi mais duas cenas, que são ainda melhores."

Ted Joans se juntou a nós. "Norman Mailer! Em um de meus poemas, digo para as pessoas comprarem seu livro."

"Obrigado", disse Mailer, parecendo tímido.

"Vou zarpar na sexta-feira", disse Joans. "Vou sair em uma viagem ao redor do mundo. Vou dizer a todos, em todos os lugares, para comprarem seu livro."

"Nunca ouvi tantos *non sequitur* na minha vida", disse o barman quando voltamos para o bar. "Que tipo de escritores são esses, todos dizem a mesma coisa? Essa molecada não é Tolstói, não."

"Kerouac ainda não chegou", informou a senhora elegante e atraente. "Mas conheci um moço pequenininho, uma graça, o Dan Propper. Ele me deu um exemplar do livro. Eu lhe pedi um autógrafo. Falei: 'Vou levá-lo para casa, onde poderei lê-lo do jeito certo'. Ele não entendeu."

Topamos com Propper e Eunice logo depois.

"Ninguém pediu autógrafo a Norman Mailer", disse Eunice.

"Isso é um sinal da habilidade dele", concluiu Propper.

Começamos a nos preparar para dar o fora e, a caminho da porta, passamos por Krim. "A Fawcett está colocando água nos drinques", revelou. "Mas a festa está embalando."

(16 de abril de 1960)

Tábua de salvação

Semana passada, quando o burburinho acerca dos cafés do Greenwich Village já havia diminuído, fomos ao Figaro, na esquina da Bleecker com a Macdougal, uma noite, para saber as últimas sobre o *caffè espresso*. As ruas fervilhavam quando chegamos: motocicletas, carros esportivos, Cadillacs, Studebakers, bicicletas, triciclos, crianças pequenas, crianças maiores, gangues de meninos, gangues de homens, gangues de meninas, casais jovens, casais idosos, casais de meia-idade, solitários, senhoras italianas de 70 anos com roupas pretas, vendedores ambulantes, carregadores de livros e Beats de várias formas, tamanhos e tipos. Livros de bolso, joias feitas à mão, antiguidades, sandálias, cerâmicas, objetos de palha, pinturas, linguiças, cebolas e pizzas italianas borbulhando e milho doce cozido eram vendidos em barracas e estabelecimentos colados um ao outro e, ao que parece, com clientela suficiente para todos. Do meio desse festival, como um fantasma, surge de repente um artista ilustre, outrora rejeitado, que conhecemos, e que agora usava botas e camiseta (de um tipo mais sofisticado, com uma estampa na altura do pescoço). "Saudações", disse ele com frieza. "Acabei de me mudar do Upper East Side para cá. Se quiserem ver algo diferente, visitem a Cedar Street Tavern, na University Place. Está cheia de pintores."

"Você é Beat?", perguntamos.

"É legítimo ser um Beatnik, embora na maioria das vezes seja algo provinciano", disse. "E isso me atrai. É o poder da inocência."

Dentro do Figaro, o poder da inocência estava a todo vapor – uma jukebox tocava *Toccata e fuga em ré menor*, de Bach, duas máquinas de café expresso sibilavam, um lavador de pratos de barba loira e avental branco jogava xadrez com um cliente, um antigo filme de Chaplin passava numa tela armada em um canto, pinturas abstratas pendiam das paredes, uma coleção de luminárias da Tiffany adornava o teto, um piano de cauda (silencioso) era deixado de lado e clientes meditavam, liam ou se enfrentavam em discussões, polêmicas e debates sobre a fé e a vida. Isso nos atraiu. Abordamos Tom Ziegler, o proprietário, homem de 31 anos e aparência bem cuidada, que usava o cabelo molhado penteado para trás e uma camiseta que se deixava revelar levemente sob uma camisa branca, convencional, aberta na gola.

"Às vezes dizem que nosso café é careta, mas não ligamos, porque sabemos que não somos caretas", disse Ziegler. "É que, quando você vem aqui, precisa se comportar. Não permitimos a entrada de Beatniks de fim de semana – muitos vêm do Bronx, fazendo tipo, com barba de um dia – ou de qualquer aspirante a Beatnik que leu sobre a imagem criada pela imprensa e agora quer imitá-los, ou vem aqui para tentar resolver problemas psíquicos. Deem uma olhada no lugar. Identificarão vários Beatniks, mas nenhum parecido com os exibicionistas estampados nas páginas do *News*. Os nossos Beatniks são os boêmios reais, da velha guarda, e são maravilhosos. Houve certa perseguição a cafés que não atendiam aos requisitos da lei contra incêndios, apesar de existirem centenas de restaurantes na cidade nas mesmas condições e que não foram incomodados. Mas continuo afirmando que o mercado para cafés é ilimitado. Estamos apenas no início do *boom*. E acontece em toda parte. Em Londres, há dois anos, havia duzentos cafés; hoje, o número dobrou. Em 1956, quando minha esposa e eu abrimos o Figaro, havia alguns poucos cafés na área e eu me perguntava se o Village suportaria outro estabelecimento. No mês passado, já somavam mais de vinte os novos endereços – e parei de contar. O café atende a uma necessidade real; as pessoas precisam se reunir. Há duas possibilidades para uma moça que chega a Nova York e não conhece ninguém, por exemplo – os bailes da

YMCA e os cafés. E elas não querem frequentar os bares locais. Para um rapaz, o café é um lugar para sentar-se e conversar sem ser incomodado por bêbados. Uma das coisas que mais valorizamos são nossos fregueses europeus. Eles conhecem americanos na Europa e ouvem a sugestão de que o melhor lugar para um estrangeiro ir na cidade é o Figaro. Aqui eles têm um lugar em que se sentem à vontade, onde podem trocar ideias, conversar, cultivar uma vida social. De certa forma, é como a farmácia da esquina da época do colégio para muitos jovens. Para onde eu ia quando tinha 18 anos? Para Hell's Kitchen, onde ficava de bobeira nas esquinas e acabava me metendo em encrenca. Aqui nós tomamos conta dos adolescentes. Eles jogam xadrez ou damas, ou apenas batem papo, e só servimos leite. E não os deixamos ficar na área por muito tempo. Alguns deles eu limito a três visitas por noite. Deem uma olhada. Estão vendo? São jovens bacanas."

O sr. Ziegler respirou fundo e checou o entorno. "Os cafés sempre foram alvo de ataques ao longo da história", observou, voltando-se para nós. "Outro dia mesmo, li um artigo que relatava a hostilidade contra esses estabelecimentos em Oxford, no século XVII. Criticavam os cafés por serem locais de encontro entre alunos e professores que, com isso, perdiam o respeito mútuo e desperdiçavam tempo de estudo. Discordo. Tenho certeza de que muita gente se beneficiou, e muito, dessa convivência nos cafés, na época, assim como acontece hoje." Perguntamos ao sr. Ziegler sobre a experiência do casal administrando cafés.

"Eu não sabia nada do assunto, nem minha mulher, quando começamos", respondeu. "E foi bom termos experiência zero com restaurantes, porque administrar um café como se fosse um restaurante é impossível. Entramos no negócio para ganhar algum dinheiro e pagar meu curso na NYU; comecei a faculdade quando tinha 25 anos. Morei no Village a vida toda – exceto pelos dois anos em Hell's Kitchen – e estudei aqui também. Meu pai é pintor. De uma coisa tenho certeza: no Village, você consegue achar gente para fazer de tudo. No começo, o Figaro ficava em uma antiga barbearia, do outro lado da rua. Daí o nome. Comprei de um amigo por US$ 3 mil que peguei emprestados.

O sujeito tinha comprado o negócio havia poucos meses, mas tinha enjoado, ou pelo menos foi o que me disse. Investimos mais US$ 2 mil no ponto do outro lado da rua e, em seguida, pegamos também esta esquina, onde funcionavam duas lojas – uma pequena mercearia e uma oficina para o conserto de instrumentos musicais. Construí quase tudo com minhas próprias mãos – ergui as paredes com a ajuda de um amigo escritor, que também deu uma força para colocar o piso. Cacos de mármore. Ideia minha mesmo. Custou-me US$ 20, e o marmorista de quem comprei os cacos achou que eu estava louco. Comprei os móveis em um leilão. Larguei a faculdade quando me dei conta de que o café era mais complicado e mais legal do que eu esperava. Lotávamos o lugar com jogadores de xadrez durante a semana, e ganhávamos dinheiro nos finais de semana. Minha esposa e eu trabalhávamos sessenta horas por semana, de segunda a segunda. Investimos mais US$ 12 mil. Tivemos dificuldade para encontrar uma máquina de café expresso antiga, porque já não são fabricadas desde os anos 1940. Os italianos não gostam delas e agora fabricam aquelas pressurizadas, que eu acho feias. Consegui uma linda, antiga, com um anotador de apostas do bairro, cujo cunhado está metido no ramo de cafeteiras italianas. Hoje em dia, você acha mais de dez atacadistas por aí que importam essas máquinas modernas, com botões de pressão, da Itália. Temos doze garçonetes e dois garçons, vindos de todas as partes do mundo. Nosso lavador de pratos é texano. É escritor. Um dos meus gerentes é professor de inglês do colegial, mas prefere trabalhar aqui. Temos outros funcionários que poderiam estar construindo carreiras em outro lugar, mas não suportam a rotina. E faço questão de não contratar moças que acabaram de sair de casa e querem fugir dos pais ou do marido. Posso me gabar de dizer que cada uma de nossas garçonetes é uma mulher adulta, mesmo as que têm só 22 anos de idade. Com isso quero dizer que todas são maduras para entender a si mesmas e aos outros. Aos domingos, oferecemos concertos de música de câmara, à tarde, que me custam US$ 100 para organizar e com os quais perco dinheiro, mas não me importo."

A conversa foi interrompida por um mímico que tinha o rosto pintado de branco e vendia flores. "Ele é um mímico muito bom, mas tem outro melhor no café Wha?, na Macdougal", disse Ziegler. Existem cafés de todo tipo, com todo tipo de atitude. Os mais veneráveis, como o Rienzi e o Manzini, atendem turistas. O Phase 2 e o Limelight não atendem turistas, mas, se você for turista, pode ser aceito do mesmo jeito. O Upper West Side tem o First Born, na Amsterdam com a 111; o East Side tem o Right Bank, na Madison com a 69. No meio do caminho, no Orsini's, você só entra de gravata."

Juntaram-se a nós a esposa de Ziegler, uma moça bonita, com franja no cabelo, que ele nos apresentou como Royce, e um de seus assistentes de meio período, um jovem de olhos arregalados chamado Alan Eisenberg. "A Royce e o Alan podem testemunhar que somos considerados únicos entre os cafés da cidade", disse Ziegler.

"Este lugar encarna a essência do movimento Beat", observou. "É autêntico, boêmio antes de isso virar moda, o tipo de lugar que Edna St. Vincent Millay aprovaria."

"Uma boemia mais verdadeira do que em Montparnasse no final dos anos 1920", acrescentou um jogador de xadrez ao nosso lado.

"Detesto usar a palavra conexão", completou Eisenberg, "mas é isso que temos aqui. Afinal, o que é o movimento Beat senão a busca por uma maior conscientização sobre a vida? Parece piegas, mas é esse o significado básico. Tentar sentir as coisas. Em vez de ficar preso a fatos que distorcem o significado da vida. As pessoas vêm aqui para nos olhar e dar risada, mas nós rimos delas também. Existe uma faceta do movimento que pode ser destrutiva, mas que deveria ter outro nome. O café é uma tábua de salvação contra as concessões, que muita gente aceita fazer. Para mim, concessão é sinônimo de derrota. É uma atitude anticonformista e meio adolescente, admito, mas é uma boa atitude mesmo assim".

"Alan é advogado", disse Royce, "mas não consegue ficar longe do Figaro".

"Deem uma olhada em volta", disse Ziegler. "O que se vê é uma sociedade jovem que começa a reagir."

(6 de agosto de 1960)

Teatro (Edward Albee)

Há tempos não apreciávamos tanto uma conversa sobre teatro quanto a que testemunhamos outro dia, a convite de um aluno do nono ano da St. Bernard's School (só para meninos), que organizou um encontro da turma da disciplina de inglês com Edward Albee, o dramaturgo (*A história do Jardim Zoológico*, *A morte de Bessie Smith*, *A caixa de areia*, *O sonho americano*, *Quem tem medo de Virginia Woolf?*, *Tiny Alice*, *Malcolm*, *Um equilíbrio delicado*, *All Over*, entre outras). O grupo incluía também estudantes da Brearley School (só para meninas) e alguns professores de ambas as escolas. A conversa aconteceu na biblioteca da St. Bernard's, um refúgio aconchegante, com painéis de madeira cobrindo as paredes, tapete vermelho, mesas individuais e coletivas, pôsteres incentivando os frequentadores com as frases VIVA! LEIA!, retratos a óleo de ex-diretores da escola e, graças a Deus, muitos livros. Foi ótimo constatar que o sr. Albee, que não víamos havia alguns anos, continua muito bem-disposto (aos 46) e em ótima forma. Deixou crescer o cabelo e agora cultiva um bigode preto. Vestia jaqueta de camurça marrom, calça de tweed, camisa de gola olímpica bege e botas de couro marrom. Os rapazes e as moças – cerca de vinte – acomodaram-se nas mesas coletivas, de frente para o sr. Albee, que se sentou sozinho, com as pernas esticadas e cruzadas.

O sr. Albee deu início à conversa falando um pouco sobre si mesmo: "Hoje em dia só escrevo peças; mas já escrevi romances. O primeiro, aos 15 anos; depois outro, aos 17. Escrevia poesia quando tinha 6 anos, ou seja, antes da idade da razão.

Parei com a poesia aos 26. E quis me tornar escritor para poder ser meu próprio chefe, basicamente, e tomei essa decisão ainda muito jovem. Em quinze anos, escrevi quatorze peças. Algumas foram sucessos de crítica, mas não comerciais. Outras foram sucessos comerciais, mas não de crítica. E outras, ainda, nem uma coisa, nem outra. Vai ser um prazer responder às perguntas de vocês. Podemos falar sobre o que quiserem. Ou sobre nada". O sr. Albee se ajeitou um pouco na cadeira, mostrando-se acessível e interessado, e passando a bola para os alunos. Os professores pareciam satisfeitos. Os alunos, atentos e educados. Seguiu-se uma pausa constrangida de um minuto. Então, vieram as perguntas.

MENINO: Os personagens de *Quem tem medo de Virginia Woolf?* se baseiam em pessoas que o senhor conhece?
ALBEE: Todos os personagens que invento são sempre uma combinação de coisas. Posso começar com pessoas reais, mas depois as distorço para se adequar ao que busco. Faço ajustes. Os personagens têm vida própria. O mundo real está sempre ali, disponível, se eu quiser. De modo geral, começo com uma ideia. Quando termino, na maioria das vezes, nada resta da ideia original. A isso dão o nome meio ridículo de processo inconsciente. A maior parte do trabalho acontece na minha cabeça. Pra mim, o processo de escrita em si é o último passo. Mas sempre tem aquela fagulha que dá a partida na peça. Quando eu estava na escola, passava um bom tempo conversando com os professores e suas esposas. Minha ideia era descobrir o seguinte: Com que nível de honestidade e respeito as pessoas enfrentam a vida? Então, um dia, entrei num bar que tinha um espelho enorme nos fundos. E alguém havia escrito no espelho, com giz de cera, "Quem tem medo de Virginia Woolf?". Ou seja, quem tem medo de encarar a vida sem falsas ilusões? Resumindo, as coisas convergem de muitos lugares diferentes.
MENINO: Como o senhor começa a escrever uma peça?
ALBEE: Começo com o esboço de uma ideia. Minha próxima peça é sobre Átila, o Huno. Senti que era hora de escrever sobre um aspirante a ditador de segunda categoria. A peça

se desenvolve e vai mudando. Na teoria, uma peça deve se tornar mais interessante à medida que avança.

MENINA: O senhor acha que *Quem tem medo de Virginia Woolf?* foi adaptada de forma satisfatória para o cinema?

ALBEE: Duvido que qualquer peça possa ser adaptada para o cinema. Peça e filme são coisas diferentes. A percepção de realidade é diferente. A maneira como o público aborda as duas formas de arte é diferente.

MENINO: Os personagens de *A história do Jardim Zoológico* têm relação com alguém que o senhor conheceu?

ALBEE: Quando escrevi a peça, em 1959, eu ganhava a vida entregando telegramas e andava muito pela cidade. E sempre entregava telegramas para pessoas que moravam em quartos de pensão. Todas as pessoas que estão na peça eu conheci nessas pensões. Jerry, o herói, ainda está por aí. Pode mudar o jeitão de um ano pro outro. Hoje talvez esteja mais envolvido em política. A única pessoa que esqueci de mencionar, e que faz parte da composição de qualquer personagem que criamos, somos nós mesmos. É muito difícil dizer onde um termina e o outro começa. E é um erro tentar descobrir.

MENINA: Como o público de outros países reage às suas peças?

ALBEE: É interessante observar como a reação varia entre os países onde as peças são montadas. A gente aprende um pouco sobre a psicologia de um lugar ao ver as diferentes reações. Assisti a *Quem tem medo de Virginia Woolf?* em Londres, Paris, Roma, Oslo, Estocolmo, Helsinque, Munique, Praga e Budapeste. As diferenças de reação são muito sutis, mas existem.

MENINO: Como é possível saber se uma peça foi alterada em um país cujo idioma você não entende?

ALBEE: Você segura uma cópia da peça em uma mão e a tradução na outra e tenta perceber se uma é mais pesada que a outra.

MENINO: Que autores o influenciaram?

ALBEE: Todos os que eu já li. Vejamos Samuel Beckett, que é provavelmente o melhor dramaturgo da atualidade. Não há dramaturgo que se preze, e que trabalhe hoje em dia, que não tenha sido influenciado por Samuel Beckett. Ele mudou por completo a natureza da escrita teatral.

MENINO: Não é mais fácil escrever um romance do que uma peça? Deve ser muito difícil mostrar o que os personagens de uma peça estão pensando.

ALBEE: Numa peça, é possível resolver tudo por meio de diálogos. Descobrir isso foi uma das grandes alegrias da minha vida.

MENINA: Qual é a sua participação na produção das peças?

ALBEE: Eu escolho os atores e o diretor. Depois de duas semanas de ensaio, entro em cena e me certifico de que está tudo caminhando como eu quero. É preciso abrir espaço para a criatividade dos outros. Mas o objetivo mesmo é ajudar o ator a se tornar o personagem, e não a estrela. Quanto melhor a peça, menos oportunidade o ator tem de melhorá-la. O ator acaba se dissolvendo no papel.

MENINO: O senhor se incomoda quando as pessoas não gostam de suas peças?

ALBEE: Acho que a posição do dramaturgo é um pouco mais otimista que a de um estudante. Você pressupõe que o que está fazendo será bom. Todas as minhas peças despertaram reações mistas da crítica. Nunca fui aclamado por unanimidade, o que me deixa feliz. Se isso acontecesse, eu saberia que estava fazendo alguma coisa errada.

MENINO: Quanto tempo o senhor demora pra escrever uma peça?

ALBEE: Algumas peças demoram poucos meses. Outras, cinco ou seis anos. *A caixa de areia* ficou pronta em uma hora. Os textos ficam flutuando na minha cabeça antes de migrarem para o papel. Quando tiro uma peça da cabeça, esvazio minha mente. Aquele texto não ocupa mais espaço ali.

MENINO: Escrever uma peça lhe causa dor?

ALBEE: Tanto dor quanto prazer. As peças são como filhos, de certa forma. É difícil ser objetivo com relação a elas.

MENINO: Quanto tempo o senhor trabalha por dia quando está escrevendo uma peça?

ALBEE: Se estou escrevendo num ritmo bom, trabalho quatro horas por dia. Eu digito com dois dedos. Depois de quatro horas, fico com dor de cabeça.

MENINO: O senhor tem impulsos artísticos que vêm de repente, do nada?

ALBEE: Às vezes tenho uns lampejos, sim.

MENINO: O senhor se importa com a opinião das pessoas sobre suas peças?

ALBEE: Eu tento instruir as pessoas. Tento mudá-las. Nesse sentido, a opinião delas é muito importante. A responsabilidade de um dramaturgo sério é instruir.

O MESMO MENINO: E se as pessoas não estiverem prestando atenção ao que o senhor está ensinando?

ALBEE: Você tem de pressupor que estão prestando atenção. Meus melhores públicos parecem ser compostos de pessoas com menos de 30 e mais de 60 anos.

MENINA: Por quê?

ALBEE: Quem está acima de 60 não precisa mais se adequar, e quem está abaixo ainda não precisa se adequar.

MENINA: Por que o senhor acha que tem tão pouco teatro sério aqui?

ALBEE: Mas tem, sim. É preciso procurar. É off-Broadway e off--off-Broadway. Neste país, nossa cultura é a do cinema. Da televisão. Ouvi dizer que 3% da população vai ao teatro. Há espetáculos para ver, se você quiser. Talvez pudéssemos fazer com que as pessoas começassem a frequentar o teatro mais cedo. Acho que qualquer um que já completou 10 anos de idade tem condições de assistir às peças de Samuel Beckett.

(3 de junho de 1974)

A substituta de Oprah
(Gayle King)

Não é preciso se preocupar com Oprah Winfrey, fundadora e diretora editorial da nova revista *O*, com sede em Nova York. Oprah segue morando em Chicago enquanto seus cinquenta e tantos subordinados buscam abrigo nos escritórios da Hearst Magazines na Broadway. Gayle King, 45, editora-assistente e melhor amiga da chefe, está no local e faz a ponte da redação com Oprah. A srta. King é ex-âncora de telejornal, uma figura imponente, superconfiante e alegre, com traços e dentes perfeitos, cabelos castanhos lisos, cortados na altura do pescoço, e dona daquele ritmo de fala que se revela amistoso logo de cara, acelerado, um pouco ansioso e quase ofegante – marca registrada da irmandade Rosie-Barbara-Katie[2].

"Não se enganem, *O* é a revista da Oprah, e trará seu nome e espírito estampados de maneira inequívoca. Oprah quer explorar temas de aprimoramento e empoderamento pessoal. Como amiga mais antiga e mais próxima, sei do que ela gosta e o que ela quer, e estou aqui para garantir que ela consiga", afirmou a srta. King na semana passada, numa grande sala de conferências nos escritórios corporativos da Hearst, na Oitava Avenida (com corredores acarpetados e quadros de Robert Motherwell nas paredes), a um quarteirão de onde labuta a equipe da *O*.

A srta. King vestia um terno azul-marinho de alfaiataria com listras azul-claras e usava sapatos de salto Donna Karan

---

[2] Referência a três conhecidas apresentadoras de televisão nos Estados Unidos: Barbara Walters, Rosie O'Donnell e Katherine Anne Couric.

revestidos com seda azul-marinho. Enquanto falava, agitava um dedo mínimo enfeitado por um anel de diamante. "Foi a Oprah que me deu – na verdade, é pra usar no dedinho do pé", revelou. "A Oprah tinha dois brincos de diamante enormes, e pediu que transformassem em vários anéis para os dedos dos pés. Deu um também para a filha de Steadman, Wendy. Steadman, como vocês sabem, é o namorado da Oprah."

A srta. King explicou como veio parar na *O*. "Fui logo avisando para o pessoal da Hearst que não queria só fazer um bico na revista, caso estivessem pensando: 'Bom, vamos arrumar alguma coisa pra ela fazer, ela é amiga da Oprah'. Não tenho experiência em revista. A Oprah não tem experiência em revista. Mas temos gente pra cuidar disso. Meu pai era engenheiro elétrico, moramos na Turquia e viajamos por toda a Europa. Uma história muito diferente da de Oprah, que foi abusada quando criança, estuprada aos 14 anos, deu à luz um bebê que morreu depois de dez dias. Mas todo mundo sabe que a Oprah é o máximo.

"Oprah e eu somos amigas desde 1977. Eu tinha 21 e ela, 22. Ela era âncora da WJZ-TV em Baltimore, e eu, uma reles assistente de produção. Mal nos conhecíamos. Eu tinha um Oldsmobile Cutlass, carro muito melhor que o Chevette dela. Mesmo assim, numa noite em que caía uma tempestade de neve, ela sugeriu – tão típico dela – 'Por que você não dorme na minha casa?'. Respondi: 'Mas não tenho roupa'. Ela insistiu: 'Somos do mesmo tamanho, eu te empresto umas roupas'. Retruquei: 'Nem calcinha eu tenho'. Ela não desistiu: 'Arrumo uma calcinha também'. Resultado: passamos a noite acordadas, conversando. Trocamos fofocas, falamos sobre quem estava saindo com quem. Bateu o santo, sabe? Acontece com algumas pessoas. Desde esse dia, nunca mais paramos de conversar. A Oprah conhece todos os podres. Nunca ficamos sem assunto. Temos muito em comum. Nosso número de sapato é o mesmo. Nossas lentes de contato têm o mesmo grau. Nossos telefones – por um imenso acaso – são os mesmos, só que de trás pra frente.

"E por que eu nesta função? A: Tenho acesso total à Oprah, tarde da noite, de manhã cedo, quando for. B: Posso contribuir com a revista. Sei reconhecer uma boa história. Sou inteligente.

Oprah é, de fato, a diretora editorial, e está dando muito mais duro do que imaginava. Trabalha cinco horas por dia depois de gravar seus dois programas de TV. São dela as ideias mais criativas, como a página *Algo para se pensar*, em que fazemos perguntas do tipo 'O que eu mudaria na minha vida se tivesse apenas um ano pra viver? Um mês? Um dia?' e deixamos espaço para que o leitor escreva. Ou a *Lista O*, uma lista de coisas de que ela gosta: por exemplo, uma coleira para cachorros da Burberry, porque ela é louca pelos cachorros — dois cocker spaniels —, e o leitor digital Rocket. Outra ideia da Oprah é a seção *Quem diria*, com coisas como 'Você sabia que Tina Turner adora histórias de terror?'. Certa vez, fui obrigada a rejeitar uma determinada celebridade para essa rubrica porque eu sabia que ela não era boa pessoa.

"Agora vou falar de um assunto que discutimos durante dias: a capa da revista. A dúvida era se devíamos colocar o *O* em cima, com o título *The Oprah Magazine* embaixo, ou se deixaríamos *The Oprah Magazine* em cima e o *O* embaixo." A srta. King desenhou um esboço das opções num pedaço de papel. "Qual você prefere?", perguntou.

"*O* em cima."

A srta. King deixou escapar um grito, bem agudo, de alegria. "Foi o que eu falei! E todo mundo foi contra. Mas foi isso que eu disse à Oprah, e foi essa opção que ela escolheu."

"Trabalho com os outros na revista como uma equipe. Se discordo deles sobre consultar a Oprah acerca de um assunto qualquer, já digo: 'Vão em frente, liguem pra ela'. Mas eu sei o que a Oprah pensa. Até pareço com ela quando falo. É engraçado. Quando minhas três irmãs ouvem o programa da Oprah, não conseguem distinguir quem está falando. Acham que sou eu."

(24 de setembro de 2000)

III
Jovens

Lillian e J. D. Salinger no
Central Park no final dos anos
1960, com Erik Ross, Matthew
Salinger e Peggy Salinger.

Aquilo que nos resume

Há 13 milhões de mulheres nos Estados Unidos com idade entre 18 e 28 anos. Todas estariam aptas a concorrer ao título de Miss América disputado em Atlantic City, no mês passado, desde que tivessem concluído o colegial, não fossem nem nunca tivessem sido casadas, e não fossem negras. Dez mil dessas moças participaram de prévias realizadas em 45 dos 48 estados americanos. Na fase seguinte, num dia frio de setembro, uma miss de cada um desses estados, além das representantes de Chicago, da Cidade de Nova York, Grande Filadélfia, Distrito de Colúmbia, Canadá, Porto Rico e Havaí, se reuniram em Atlantic City para desfilar beleza, atitude, graça, físico, personalidade e talento. O principal prêmio em jogo era uma bolsa de estudos no valor total de US$ 25 mil – US$ 5 mil para a primeira colocada e o restante dividido entre as quatorze finalistas – que foi criado pela montadora de automóveis Nash, pela fabricante de maiôs Catalina e pela confecção Everglaze. A vencedora levaria também para casa um sedã Nash de quatro portas zero quilômetro, vários maiôs Catalina e um guarda-roupa com sessenta peças da Everglaze. O concurso é chamado Miss América e as 52 concorrentes entraram na competição buscando, além dos prêmios, a possibilidade de presenciar grandes decisões. Ainda estão tentando descobrir o que exatamente foi decidido.

A Miss Estado de Nova York é uma enfermeira de 22 anos chamada Wanda Nalepa, moradora do Bronx. Tem cabelos louros tom de mel, olhos verdes, pele clara e 1,60 metro de altura. Outros dados coletados pela organização do Miss América incluem:

peso, 49; busto, 86; cintura, 58; coxa, 48; quadril, 86; panturrilha, 31; tornozelo, 19; tamanho do sapato, 36; tamanho do vestido, M. No questionário oficial, perguntaram a ela por que havia se inscrito no concurso. Ela respondeu que amigos a haviam incentivado. Na véspera do desfile, telefonei para a srta. Nalepa para saber quando viajaria a Atlantic City. Ela disse que iria de carro na manhã seguinte e me convidou para acompanhá-la.

A srta. Nalepa mora no segundo andar de um edifício sem elevador na Sherman Avenue, altura da rua 164, a algumas quadras da Grand Concourse. Às oito da manhã seguinte, fui recebida na porta do apartamento de Nalepa por um jovem magro, de 20 e poucos anos, que usava óculos sem aro. "Entre, senhorita", convidou. "Meu nome é Teddy, sou irmão da Wanda, ela está se aprontando." O rapaz me conduziu a uma sala de estar pequena e um pouco escura, e me sentei numa cadeira ao lado de uma mesa adornada por dois troféus — uma taça de prata com os dizeres "Miss Condado de Sullivan 1949" e uma estatueta de plástico onde se lia "Miss Estado de Nova York 1949" — e um porta-retrato duplo, dobrável, mostrando, de um lado, a srta. Nalepa em traje de banho e, do outro, a srta. Nalepa em uniforme de enfermeira. Teddy se sentou na beirada do sofá e fixou o olhar, acanhado, sobre um crucifixo e uma imagem da Sagrada Família pendurados na parede do outro lado da sala. Perguntei se iria a Atlantic City. Ele explicou que era metalúrgico numa fábrica de ferramentas e moldes e que precisava trabalhar. "O Bob, namorado da Wanda, é quem levará vocês", contou. "O Bob consegue tirar umas folgas de vez em quando, ele é gerente-assistente de uma financeira."

Um a um, os membros da família foram chegando: o sr. Nalepa, um homem baixo e de aparência cansada, parecido com Teddy, e que trabalha numa fábrica de móveis de vime; a sra. Nalepa, uma mulher pequena e tímida, de cabelos grisalhos; e a irmã mais nova de Wanda, Helen, que cursa o último ano do colegial. Todos acenaram e me cumprimentaram, mas não falaram muito depois disso. Então, uma porta francesa se abriu, Wanda entrou e me cumprimentou. Todos a observaram. Ela usava um chapéu de palha ajeitado na parte de trás da cabeça, vestido de bolinhas azul-marinho, meias azuis e sapatos de salto também azuis. As joias se resumiam a um relógio de pulso comum, com pulseira de couro, e o anel de formatura da escola de enfermagem.

"Estou bem?", perguntou com voz fina, traindo insegurança. "Eu não sabia o que vestir."

"Está bem, sim", respondeu o pai.

A campainha tocou. Teddy avisou que devia ser o Bob. Era o Bob – um homem alto, esguio, com uns 30 anos e expressão preocupada. Acenou para todos, pegou a bagagem da srta. Nalepa e jogou vários vestidos de noite sobre um dos braços, enquanto anunciava que era hora de partir e se encaminhava para as escadas.

"Bem, adeus", disse a srta. Nalepa.

"Não esqueça da postura ereta", aconselhou a irmã.

"Não vai tomar café?", perguntou a mãe em tom suave.

"Não estou com fome", respondeu a srta. Nalepa.

"Boa sorte, Wanda", disse Teddy.

"Bem, adeus", repetiu a srta. Nalepa, olhando para o pai.

"Está bem, está bem, adeus", concluiu o pai.

A srta. Nalepa estava prestes a sair pela porta quando a mãe se aproximou, meio tímida, e lhe deu um beijo no rosto. Enquanto descíamos as escadas, a srta. Nalepa segurou meu pulso. Sua mão estava fria. "É a segunda vez, de que eu me lembre, que minha mãe me beija", revelou com um riso nervoso. "A primeira foi quando me formei no colégio. Olhei em volta para ver se alguém observava a gente, morri de vergonha."

Encontramos Bob e um homem rechonchudo e careca chamado Frank guardando a bagagem no porta-malas de um Pontiac sedã 1948. Logo descobri que Frank, um amigo de Bob, viria junto na viagem. Vizinhas trajando roupão se inclinavam nas janelas para assistir à partida. Frank disse à srta. Nalepa que uma foto dela de costas tinha ficado ótima. "A Wanda tem costas perfeitas", disse ele. "Vou publicar essa foto no *National Chiropractic Journal*. Sou quiropata."

Sentei no banco da frente, com o Bob e a srta. Nalepa. Frank foi atrás. No caminho para o centro da cidade, a srta. Nalepa me contou que iríamos fazer uma parada na Grand Central Station para pegar sua acompanhante, uma tal de srta. Neville.

A srta. Neville representava a WKBW, estação de rádio de Buffalo que, com as bênçãos do pessoal do concurso Miss América, mas sem nenhuma bênção oficial do governo do estado, havia patrocinado a disputa em Nova York. Semanas antes de competir nesse concurso, que foi realizado no Crystal Beach Amusement Park, perto de Buffalo, a srta. Nalepa havia conquistado o título de Miss Condado de Sullivan num evento organizado na cidade de Monticello, qualificando-se assim para a disputa estadual e, uma semana antes, havia ganhado a faixa de Miss Hospedaria White Roe, oferecida por uma pousada em Livingston Manor, no condado de Sullivan. A jovem enfermeira passava férias na pousada por insistência de uma amiga, que a achava habilitada para vencer o concurso de beleza local. A srta. Nalepa já tinha ouvido falar dessas competições, que eram realizadas em teatros locais, mas nunca havia participado. "Não tinha coragem", confessou. "Eu sempre soube que era bonita, mas isso me incomodava. Quando eu tinha 6 anos, lembro de um menino da primeira série que ficava me encarando. Eu morria de medo. Corria da escola pra casa todo dia. Nas festas, já mais velha, os meninos prestavam muita atenção em mim, e eu não gostava, queria que as outras meninas também recebessem atenção." A srta. Nalepa frequentou uma escola de ensino profissionalizante onde estudou corte e costura; trabalhou num pequeno armazém por um tempo depois da formatura; pensou em fazer aulas de canto, mas desistiu da ideia quando suas irmãs lhe disseram que não levava o menor jeito para cantar e, por fim, cursou um preparatório de enfermagem na Rhodes School, em Nova York, para, a seguir, se formar no Hospital Mount Sinai, em 1948. Ela não gostava de sair com os médicos. "São muito atrevidos", disse.

Na Grand Central Station, a srta. Neville, uma senhora simpática e grisalha, que não ia a Atlantic City havia vinte anos e estava muito entusiasmada com a viagem, sentou-se no banco de trás com Frank e os dois logo começaram a conversar sobre quiropraxia. E, enquanto seguíamos rumo ao túnel Holland, os três no banco da frente falávamos do concurso. "Não espere muito e não se decepcionará", disse a srta. Nalepa, segurando o braço de Bob. Seria bom ter algum dinheiro para complementar os estudos ou, se fosse pelo menos finalista, aprender um instrumento. O título da Miss Hospedaria White Roe não veio acompanhado de dinheiro. Wanda recebeu ainda US$ 75 da Sullivan County Resort Association por ter sido coroada Miss Condado de Sullivan, e uma foto sua em traje de banho apareceu no *New York Daily News* com a legenda "Atuação Wandástica". Ao ser escolhida como Miss Estado de Nova York, recebeu três vestidos de noite e duas malas. Faturava US$ 10 por dia como enfermeira, mas não trabalhava havia mais de um mês — desde que começou a participar de concursos de beleza — e teve de pedir US$ 300 emprestados a parentes para comprar roupas, cosméticos, joias, um curso rápido de modelo no valor de US$ 67,50 e outros itens destinados a realçar a beleza, o porte e a personalidade. Preocupava-a o fato de ter apenas 1,60 metro de altura. Todas as Misses América dos seis anos anteriores mediam pelo menos 1,70 metro. As candidatas seriam julgadas em quatro quesitos: desfile em traje de banho, desfile em vestido de noite, personalidade e talento. A srta. Nalepa tinha dúvidas sobre o quesito talento. Seu número, conforme planejou, consistiria em se vestir de enfermeira e fazer um pequeno discurso sobre sua experiência na profissão.

"Não sei o que mais posso fazer para mostrar que tenho talento", lamentou. "A única coisa que faço bem é massagem nas costas."

"Escute, o que você precisa agora é de uma boa refeição", disse Bob. A srta. Nalepa respondeu que não estava com fome.

"Você precisa comer", disse Bob. "Está muito magra."

"Você precisa comer", repetiu Frank. "Está muito magra."

Paramos para tomar café da manhã num restaurante na beira da estrada. A srta. Nalepa comeu apenas metade de um cheeseburger e tomou alguns goles de chá.

Em Atlantic City, a srta. Nalepa e sua acompanhante seguiram para o hotel que lhes havia sido reservado, o Marlborough-Blenheim, onde dividiriam um quarto duplo. Avisei que ficaria no Claridge, do outro lado da rua, e Bob se ofereceu para levar minha mala até lá. Enquanto caminhávamos, me contou que ele e Frank dariam uma volta na cidade e depois voltariam para Nova York. "Ela não vai ganhar", disse. "Já falei, essa história de enfermagem não funciona na prova de talento. Eles querem canto, dança, essas coisas."

No saguão, havia grandes fotografias da Miss América 1948 e das atuais Miss Arizona, Miss Flórida, Miss Chicago e Miss Distrito de Colúmbia, e todas, fiquei sabendo pelo carregador de malas, estavam hospedadas naquele hotel. "Muita gente vem todos os anos assistir à coroação da Miss América", explicou. "Esta cidade é a Bagdá à beira-mar dos americanos. O único local litorâneo onde você encontrará uma multidão relaxando e se divertindo no outono."

Sobre minha escrivaninha, havia uma pequena boneca de papel recortado com o título "Miss América, Be Be Shopp, exibindo o vestido oficial de moiré Everglaze para o concurso anual de beleza, realizado entre 6 e 11 de setembro de 1949".

"Você já viu a Be Be?", perguntou o ascensorista, um rapaz de ombros arqueados e olhos lacrimejantes, quando eu descia de volta ao saguão. "A Be Be está hospedada com a gente. Está linda, melhor que no ano passado. Já viu a Miss Flórida?" Fiz que não com a cabeça. "Ela é incrível!", opinou.

Caminhei até a passarela que margeava o calçadão, onde os estandes de ingressos para o concurso haviam sido dispostos ao longo da faixa central, ladeados por bingos, cartazes com imagens de cavalos mergulhando no mar a partir do Steel Pier, e comércios com nomes do tipo Jewelry Riot, Ptomaine Tavern e Grecian Temple. Cadeiras com rodinhas passavam de um lado para o outro entre os estandes. "Compre seu ingresso para ver o desfile de beldades!", instigou-me uma senhora de meia-idade. "Os assentos na arquibancada estão 25 centavos mais baratos do que no ano passado!"

As candidatas estavam se inscrevendo para o concurso no hotel Traymore, então fui até lá. Cerca de vinte policiais monitoravam a antessala do recinto de inscrição. Perguntei a um deles se a Miss Estado de Nova York já havia chegado. "Ainda não, irmã", respondeu. "Mas fique por perto. Estou de olho em todas elas."

Um senhor de cabelos brancos, usando um paletó xadrez verde e roxo, perguntou-lhe como estavam as inscrições.

"Se quiser ver as beldades, compre um ingresso para o concurso", rebateu o policial.

"Tem alguma candidata alta?", perguntou o senhor.

"Algumas são altas, sim", disse o policial. "Utah tem 1,78 metro. É natural da cidade de Bountiful."

"Espero que não chova no desfile de amanhã", acrescentou o senhor.

"A coisa não parece boa, não", observou o policial.

A srta. Nalepa chegou com sua acompanhante e eu as segui. As candidatas formavam uma fila irregular e se entreolhavam, sem demonstrar muita alegria, diante da mesa comandada por uma mulher de meia-idade com sotaque sulista. Era a srta. Lenora Slaughter, diretora-executiva do concurso. O ambiente estava abafado e tenso, mas a srta. Slaughter exibia uma felicidade algo desproporcional ao distribuir crachás e faixas às participantes. Quando chegou a vez de a srta. Nalepa fazer a inscrição, a srta. Slaughter deu-lhe um abraço apertado, chamou-a de querida, entregou-lhe uma faixa onde se lia "Estado de Nova York" e disse-lhe para usá-la sobre o traje de banho, do ombro direito para o quadril esquerdo. Apresentei-me à srta. Slaughter, que apertou minha mão com vontade. "Sugiro que acompanhe nosso cronograma de trabalho", disse, entregando-me um folheto. "Todas as moças vão subir agora para experimentar os trajes de banho Catalina, depois participarão de uma sessão de fotos e, à noite, faremos uma reunião para explicar a elas o que é o quê. A Rainha – a Miss América de 1948; chamamos a Miss América de Rainha – estará presente. A senhora é bem-vinda... Miss Califórnia!", gritou, de repente. Abri espaço e a Miss Califórnia tomou meu lugar. A Miss Estado de Nova York segurou meu braço de novo e fez menção à Miss Califórnia, que tinha um rosto grande e anguloso, longos cabelos loiros e olhões azuis. (Altura, 1,68; peso, 56; busto, 91; cintura, 61; coxa, 51; quadris, 91; tamanho do sapato, 37; tamanho do vestido, M; idade, 19. Motivo para participar do concurso: "Adquirir mais atitude e desenvolver minha personalidade".) A Miss Estado de Nova York ficou parada, olhando para ela.

"Vamos, Wanda", chamou a acompanhante. "Temos de pegar o traje de banho."

Os trajes de banho estavam sendo distribuídos e ajustados num quarto duplo no andar de cima. As participantes experimentavam os maiôs em um dos ambientes, que fazia as vezes de provador, enquanto as acompanhantes esperavam no outro. No provador, reinava o silêncio; já o outro recinto transbordava de conversas ruidosas e tensas.

A acompanhante da Miss Alabama dizia: "Estou preparando uma agora. Ela estará pronta daqui a dois anos. Com certeza será a Miss América de 1951".

"Vocês já viram a Nebraska? É uma ameaça e tanto", declarou a acompanhante da Miss New Jersey à acompanhante da Miss Arkansas.

"Qual é o talento dela?", perguntou.

"Declamar textos dramáticos", respondeu a acompanhante da Miss New Jersey.

"Não fica nem entre as quinze primeiras", sentenciou a acompanhante da Miss Arkansas.

"Cá entre nós", comentou outra acompanhante, "cá entre nós, não gostei de *nenhuma* das moças que vi até agora".

"Tem ano em que a safra é mais bonita mesmo", disse sua companheira. "No momento, estou mais interessada em conseguir um bom drinque e, depois, quem sabe, mais dois."

Fui até a outra sala, onde a Miss Estado de Nova York enfrentava problemas com o maiô. Ela me disse que não gostava das peças da Catalina, que não lhe caíam bem, e que gostaria que os organizadores do concurso a deixassem usar o seu próprio maiô. Outra participante que brigava para entrar no traje de banho parou por um instante e declarou que era muito importante gostar dos maiôs oficiais do concurso. "É simples: não haveria concurso de beleza sem a Catalina", concluiu, severa.

Naquela noite, o sr. Haverstick comandou a reunião das candidatas no Convention Hall, o maior auditório do mundo. Ele é um homem já de idade, mas ainda firme, e tem uma cabeça grande e desprovida de cabelos. Apresentou a primeira oradora da noite, a srta. Slaughter, descrevendo-a como uma amiga que todos conheciam e amavam, a amiga que trabalhava para o sucesso do concurso desde 1935. A Miss Estado de Nova York e a maioria das outras candidatas vestiam terninho e chapéu. Estavam sentadas, com as mãos cruzadas à frente, e prestando atenção à srta. Slaughter, que se levantou e balançou a cabeça em direção às moças, incrédula. "Olho para o rosto de vocês e vejo um sonho que já dura 51 semanas se tornar realidade", disse. "Agora, quero que me ouçam bem. Peço a vocês, meninas, que tenham uma coisa em mente ao longo desta semana maravilhosa. Pensem: 'Há outras 51 garotas talentosas e bonitas neste concurso além de mim'. Tirem da cabeça o título de Miss América. Vocês são todas vencedoras, rainhas mesmo, já conquistaram esse direito." E então anunciou que um prêmio especial – uma bolsa de estudos de US$ 1 mil – seria concedido à candidata eleita Miss Simpatia pelas outras concorrentes.

Uma mulher idosa e encorpada, de voz aguda e sofrida, chamada Malcolm Shermer, que era presidente do grupo de anfitriãs locais que escoltariam as candidatas dos hotéis para as atividades exigidas pelo concurso e vice-versa, levantou-se e avisou que cuidaria pessoalmente das moças no camarim. "Quando acordo na manhã do concurso, é como se fosse Natal", disse, e passou a listar algumas regras de decoro que as participantes teriam de seguir. As moças não deveriam marcar encontros com nenhum homem, nem mesmo jantar com os próprios pais, porque o público não tinha como saber se um sujeito qualquer era ou não o pai de uma candidata; não deveriam ir a bares ou boates; e deveriam estar sempre com suas acompanhantes ou anfitriãs. "Vocês chegaram ao topo da montanha do Miss América", proclamou a sra. Shermer em tom de reclamação, "por isso as deixaremos quase inacessíveis, porque todos os bons homens de negócios guardam seus objetos mais valiosos em local seguro". As participantes pareciam impressionadas. A Miss Estado de Nova York suspirou. "Eles não correm nenhum risco", comentou comigo. "É como se estivéssemos de volta à escola."

A Miss América de 1948, trajando um conjunto da Everglaze (mais tarde descobri que ela viajara até aqui usando roupas da Nash, de quem é cliente fiel), deu as boas-vindas às 52 candidatas.

A atual Rainha sorriu e recomendou às participantes que sorrissem o tempo todo, da hora em que acordassem à hora de dormir. O sr. Haverstick assentiu com a cabeça, solene. "Mantenham sempre esse sorriso", aconselhou. "Isso faz as pessoas se sentirem felizes, e é disso que precisamos – de gente mais feliz no mundo." Todas as candidatas, então, deram um jeito de sorrir. E continuaram a sorrir quando o sr. Bob Russell foi apresentado como mestre de cerimônias do concurso. Russell adentrou o palco dando aquele pulinho característico dos MCs e anunciou: "Meninas, esta semana vocês são artistas, atrizes, modelos e cantoras. Mostrem a esta grande cidade que vocês são jovens e felizes, felizes por estarem em Atlantic City, cidade de mulher bonita!". O sr. Haverstick corou e deu um sorriso discreto.

As participantes foram instruídas a usar vestidos de noite – mas não os melhores – no desfile que aconteceria no dia seguinte. Ainda sorrindo meio sem jeito, saíram em fila do auditório. A Miss Estado de Nova York deixou o sorriso de lado por um momento e me avisou que estava voltando para o quarto. Pretendia se deitar, pôr os pés para cima por vinte minutos, colocar compressas embebidas em hamamélis sobre os olhos e tomar dois comprimidos para dormir.

Na saída, a srta. Slaughter me parou e disse que eu estava prestes a testemunhar o melhor concurso da história do Miss América. Contou que a atração mudara muito desde o primeiro ano de disputa, em 1921, quando ainda era chamada de Bathers' Revue (Banhistas em Revista). A primeira vencedora, que recebeu o título de Sereia Dourada, foi Margaret Gorman, de Washington, DC, que por um breve período pensou em seguir carreira no teatro, mas depois voltou para sua cidade natal e se casou com um corretor de imóveis. "Naquela época, não oferecíamos nada além de promessas e um troféu", lembra a sra. Slaughter. "Hoje, conseguimos ótimos contratos para as meninas, que podem alavancar carreiras de sucesso. Não se trata mais de eleger as pernas mais bonitas, e não as chamamos mais de 'belas banhistas'. O desfile em traje de banho começou a perder a importância em 1945, quando passamos a conceder bolsas de estudo." A Miss América 1945 – Bess Myerson, do Bronx –, a primeira vencedora a receber muito mais do que promessas e um troféu, ganhou uma bolsa de estudos de US$ 5 mil e contratos de publicidade no valor de US$ 10 mil. "Bess foi rápida em capitalizar o título. Matriculou-se na Universidade Columbia para estudar música, casou-se e teve uma bebê linda. Hoje, dirige uma escola de música e trabalha como modelo." A vencedora seguinte – Marilyn Buferd, de Los Angeles – queria fazer cinema. Conseguiu um emprego de US$ 250 por semana como estrela do segundo time da Metro-Goldwyn-Mayer. Atualmente, mora na Itália e tem contrato com Roberto Rossellini. A Miss América de 1947 – Barbara Jo Walker, de Memphis – causou grande preocupação aos organizadores do concurso. "De repente, anunciou que queria se casar; não queria investir na carreira e ganhar dinheiro com publicidade. Não tivemos escolha a não ser deixá-la se casar com um estudante de medicina que ela namorava. Este ano, a trouxemos de volta como juíza do concurso." Be Be Shopp, cujo reinado terminaria em cinco dias, tinha se revelado uma incrível máquina de ganhar dinheiro como Miss América. "Ela nunca parou de trabalhar em cima disso", contou a srta. Slaughter. "É um ótimo exemplo para nossas meninas." A srta. Shopp viajou por três continentes, fazendo aparições em convenções e eventos onde se apresentava com um vibrafone, o instrumento com o qual participara da competição de talentos no ano passado, tocando *Trees*. A Miss América de 1944 voltou para casa, em Kentucky, e casou-se com um fazendeiro. A Miss América de 1943 é *crooner* de uma casa noturna em Paris. A Miss América de 1942 casou-se com Phil Silvers, o comediante. A maioria das misses desde 1921 se casou logo após a vitória. A Miss América de 1937, porém, não se casou nem construiu uma carreira. "A Miss América de 1937 foi coroada e, no dia seguinte, simplesmente desapareceu", lembra a srta. Slaughter em tom triste. "Correu para casa, em algum rincão de New Jersey, e quando a encontramos, ela se recusou a pôr o pé pra fora, acredita? – e não deu nenhuma explicação. Outro dia, parece que mudou de ideia e agora quer ser modelo ou atriz ou algo assim, mas talvez seja tarde demais."

Na manhã seguinte, as candidatas passaram por outra sessão de fotos usando maiôs Catalina. Depois do almoço, foram reunidas no salão de festas de um hotel próximo a uma das extremidades do calçadão para o desfile Beleza Americana, que terminaria na outra ponta — elas percorreriam, sobre carros alegóricos, uma distância de 7 quilômetros. Cadeiras com rodinhas e cadeiras de praia tinham sido dispostas ao longo do percurso; e os assentos haviam se esgotado (a US$ 6,15 e US$ 2, respectivamente) três semanas antes. A polícia estadual foi chamada para ajudar a manter a ordem. Lindo dia para um desfile — sem nuvens, ensolarado e fresco. As ruas comerciais nos arredores estavam quase desertas. O calçadão estava lotado. Todas as cadeiras com rodinhas estavam ocupadas, às vezes por até seis pessoas. A Miss Arizona se posicionou próximo à porta do salão de festas. Sairia em um dos primeiros carros. Vestia uma saia longa de camurça vermelha, com uma fenda lateral, e uma blusa multicolorida com desenhos indianos. A Miss Estado de Nova York, parecendo descansada e trajando um vestido de cetim cor de água-marinha, estava em um canto, observando a Miss América de 1948, que usava uma anágua e contemplava o original do vestido em que fora fotografada no ano passado, e que agora enfeitava a tal boneca de papel. O vestido em si estava apoiado sobre as costas de duas cadeiras. Tinha uma grande saia rodada e era decorado na frente com apliques das flores oficiais dos 48 estados. Ela anunciou que teria de vestir o traje no desfile e em todas as noites do concurso. "Pesa 15 quilos", revelou. "Como vou conseguir tocar meu vibrafone metida nessa roupa?"

A Miss Estado de Nova York balançou a cabeça, maravilhada e sem palavras. "Vai tocar todas as noites, srta. Shopp?", perguntou.

"Me chame de Be Be, por favor", respondeu a Miss América, seu sorriso emoldurado por covinhas. "Todo mundo me chama de Be Be. Levo meu vibrafone para todo lugar. Já fiz 261 apresentações com ele, em inaugurações de lojas e eventos do tipo. O instrumento pesa 70 quilos e geralmente um homem o carrega para mim. Foram os únicos homens de quem me aproximei durante todo o ano. Trabalhei tanto que não deu para ter nenhum encontro romântico."

A Miss Flórida, que estava por perto, balançou a cabeça, desanimada. "Meu Deus, nenhum encontro!", disse.

Duas assistentes subiram em cadeiras e ergueram o vestido de 15 quilos enquanto a Rainha se posicionava abaixo dele. "Estou bem no centro?", perguntou, assim que sua cabeça e ombros emergiram. Todos confirmaram que sim, bem no centro, e que ela estava maravilhosa. A Miss América agora estava pronta para liderar o desfile. Fui para o lado de fora e encontrei um lugar no calçadão perto de uma unidade móvel de rádio, onde o pai da Miss América, que é diretor de educação física da Cream of Wheat Corporation, em Minneapolis, era entrevistado. "Estou tão animado este ano quanto no ano passado", dizia. "Só agora estou começando a me dar conta de que ela é a Miss América."

As candidatas iriam ensaiar naquela noite com Bob Russell no Convention Hall, e decidi ir até lá. Ao passar pelo saguão do meu hotel, topei com a Miss Flórida, acompanhada pela mãe.

"Não se esqueça de sorrir, querida", instruiu a mãe, sorrindo.

"Não tenho nenhum problema em sorrir, mamãe", rebateu a Miss Flórida.

"Isso, boa menina", disse a mãe.

As estatísticas sobre a Miss Flórida mostravam que, aos 18 anos, ela já era uma beldade veterana. Fora eleita Rainha da Laranja em seu estado natal, em 1947; Rainha da Exposição Ferroviária em Chicago, em 1948; Miss Férias da Flórida, em 1949, e Miss Tampa em 1949. (Motivo para participar do concurso em Atlantic City: "Porque a Câmara de Comércio de Tampa me pediu".)

No Convention Hall, o sr. Russell, de cima do palco e cercado por concorrentes de aparência cansada, explicava os procedimentos para as três noites seguintes. Uma longa passarela se estendia na direção da plateia, perpendicularmente ao palco, e algumas das misses se agacharam ali mesmo, exaustas demais para voltar ao palco e se juntar às outras. A Miss Estado de Nova York parecia bem. Tinha o rosto corado, mas conseguia sorrir sem muito esforço. E queria saber se eu a tinha visto durante o desfile. "Foi divertido *demais*", disse. "Fiquei gritando coisas para as pessoas, e elas gritavam coisas para mim. Foi *muito* divertido. Não esperava que a multidão fosse *tão* simpática."

"Por favor, meninas", disse o mestre de cerimônias. "Preciso da sua atenção."

"Estou acostumada com dias longos e difíceis como enfermeira", sussurrou a Miss Estado de Nova York. "Vejo que algumas dessas meninas estão esgotadas." E, sorrindo, deu atenção ao mestre de cerimônias. O sr. Russell explicou que as candidatas seriam divididas em três grupos. A cada noite, um grupo concorreria em uma de três categorias: vestido de noite, traje de banho e show de talentos. E ainda seriam julgadas no item personalidade durante dois cafés da manhã, em conversas com os jurados. Cada concorrente seria pontuada nesses quatro quesitos, e as quinze com o maior total chegariam às semifinais, momento em que os jurados as reavaliariam e elegeriam a Rainha e as quatro finalistas. A Miss Estado de Nova York caiu num grupo que incluía Miss Flórida, Miss Califórnia e Miss Arizona, e que previa apresentações em trajes de banho na primeira noite, em vestidos de noite na segunda, e demonstração de talentos na terceira. As vencedoras das disputas de trajes de banho e talentos seriam anunciadas a cada noite, mas não as vice-campeãs nem as vencedoras e vice-campeãs do concurso de vestidos de noite. Dessa forma, não se conheceriam as quinze semifinalistas até que fossem anunciados os nomes na quarta e última noite da competição. Todos os dias, avisou o sr. Russell, ele ensaiaria as moças e as ajudaria no que precisassem para demonstrar seus talentos. Em seguida, o mestre de cerimônias organizou as candidatas em fila, em ordem alfabética, e pediu que desfilassem juntas a partir das laterais e rumo ao centro do palco e, dali, pela longa passarela – a mesma que depois percorreriam sozinhas. O desfile terminaria, em cada uma das três primeiras noites, com a aparição da Miss América 1948 enfiada em seu vestido de 15 quilos. As outras moças ergueriam copos de água vazios em um brinde à Rainha, enquanto o sr. Russell entoaria o hino do concurso Miss América, que dizia assim:

Um brinde à Miss América!
Hoje é dia de erguer a taça

De costa a costa pelo país,
É nossa namoradinha quem passa.

A essa menina, a essa garota.
Símbolo de alegria, raio de luz.
Àquela que foi escolhida, à eleita
Àquela que nos resume e nos traduz.

Em apenas uma hora, a Miss Estado de Nova York já estava pronta para a noite de abertura. Passei em seu quarto antes do jantar, ela se analisava em frente a um espelho. Trajava um vestido de noite de cetim azul-gelo; seus cabelos brilhavam; usava pouquíssima maquiagem e exibia uma tez macia e alva. Colocou um colar de strass, olhou bem para si mesma, limpou um pouco de batom de um dente da frente e deu de ombros: "Sou tão vaidosa...".

"É melhor irmos jantar", disse a srta. Neville. "Você precisa estar no Convention Hall às oito."

A sala de jantar do hotel estava cheia, tomada principalmente por senhoras idosas vestindo colarinhos de renda altos. Bengalas pendiam das costas das cadeiras. Muitas aplaudiram quando a Miss Estado de Nova York fez sua entrada e, depois, uma delas enviou-lhe um bilhete desejando boa sorte. A Miss Estado de Nova York pediu sopa de cebola, filé de linguado, um sundae de caramelo e nozes e chá com limão. Depois de terminar o peixe, precisou esperar placidamente pelo sundae, que só foi servido perto das oito horas.

Encontrei um lugar livre na mesa da imprensa, ao lado da rampa de acesso ao palco, quando o sr. Russell, de black-tie, surgiu dos bastidores, saltitante, e anunciou que o desfile iria começar. A Miss Alabama e as outras 51 concorrentes se posicionaram na rampa, sorrindo, mas tremendo, nervosas. Meu assento não ficava longe de onde a Miss Estado de Nova York estava na rampa, e eu percebi que estava tensa, exibindo um riso forçado e algo doentio. Os jurados, todos em trajes de noite, foram apresentados: Vyvyan Donner, editora da seção feminina do Twentieth Century-Fox Movietone News; Ceil Chapman, estilista; Clifford D. Cooper, presidente da Câmara de Comércio Júnior dos Estados Unidos; Guy E. Snavely Jr., descrito como marido, pai e secretário-executivo da Pickett & Hatcher, uma fundação educacional em Birmingham, Alabama; Paul R. Anderson, presidente da Pennsylvania College for Women, em Pittsburgh; sra. Barbara Walker Hummell, Miss América 1947; Conrad Thibault, barítono; Vincent Trotta, diretor de arte da National Screen Service, empresa que faz pôsteres e outdoors para filmes; Coby Whitmore, artista plástico; Hal Phyfe, fotógrafo; e Earl Wilson, colunista. A votação seria por cédulas, conferidas por dois auditores públicos. Na mesa da imprensa, peguei um folheto sobre o Convention Hall e li que o recinto tem 150 metros de comprimento, 88 metros de largura e 42 metros de pé-direito, podendo ser transformado em poucas horas num campo de futebol de tamanho oficial, ou no maior ginásio do mundo para lutas de boxe. "A gente parece anão aqui dentro", comentou um senhor sentado ao meu lado.

Na sequência, o grupo que concorria na categoria vestidos de noite subiu ao palco e, uma a uma, desfilou diante dos jurados, ao longo da passarela. Depois, voltaram em grupo e se alinharam, mais uma vez, em frente à comissão julgadora, que ficava numa área especialmente designada, ao lado da passarela. A Miss Illinois, uma moça de olhos verdes e cabelos loiros, arranjados em um penteado inspirado na personagem Maggie (do gibi *Jiggs e Maggie*) [*Pafúncio e Marocas* no Brasil], piscou, provocante, para os jurados. Trajava um vestido branco sem alças, com um corpete de strass. (Altura, 1,68; peso, 53,5; busto, 89; quadris, 90; idade, 19. Motivo para participar do concurso: "Vim na esperança sincera de fazer minha carreira progredir.") O sr. Russell incentivou as moças a exibirem sorrisos largos e pediu aos jurados que prestassem atenção ao penteado, à composição geral e à simetria da forma. As candidatas ficaram de frente, daí se viraram para mostrar o perfil, se viraram de novo para exibir as costas e, depois, mais uma vez para revelar o outro perfil, voltaram a ficar de frente e se retiraram. Os auditores recolheram as cédulas. A seguir, foi a vez do grupo que desfilaria em trajes de banho, liderado pela Miss Arizona. A Miss Califórnia, a tal loira alta, veio logo atrás. Na sequência, a Miss Flórida, mais algumas outras concorrentes e, por fim, a

Miss Estado de Nova York. O mestre de cerimônias pediu que os jurados examinassem cuidadosamente a aparência das moças a fim de identificar possíveis falhas. Perguntou, por exemplo, se coxas e panturrilhas se uniam no ponto certo. A Miss Estado de Nova York permaneceu rígida, chegando a segurar firme na mão da Miss Dakota do Norte. O público de 9 mil pessoas, que havia desembolsado entre US$ 1,25 e US$ 6,15 pelo ingresso, observava a tudo com paciência. Por fim, a turma do maiô deixou o palco e o sr. Russell anunciou que faria imitações de Al Jolson, Bing Crosby, Eddie Cantor e Enrico Caruso. Concluída essa demonstração de versatilidade, avisou que as cortinas estavam prestes a expor "nosso belo jardim sulista à moda antiga". As cortinas então se abriram, apresentando as moças em vestidos de noite e sentadas em cadeiras dispostas sobre a grama sintética. Aqui e ali se viam vasos com palmeiras. Por alguma razão, a Miss Estado de Nova York sentou-se bem atrás de uma delas.

Então, teve início a competição de talentos. A Miss Alabama, uma mezzo-soprano, começou cantando *Neath the Southern Moon*, acompanhada, digamos, pela orquestra. O talento da Miss Nevada, aparentemente, era criar gado Hereford, e ela quis trazer uma de suas vacas, segundo comentou num breve discurso, mas os organizadores não permitiram. A Miss Colorado recitou um monólogo do filme *Jantar às oito*. A Miss Havaí dançou hula. A Miss Indiana exibiu um filme em que demonstrava seu talento para a natação. A Miss New Jersey cantou *Mighty Lak'a Rose*. A Miss Minnesota, uma versão reduzida de Be Be Shopp, apresentou músicas ciganas no violino. Enquanto os jurados preenchiam as cédulas, a srta. Shopp entretinha o público tocando *Smoke Gets in Your Eyes* no vibrafone, nitidamente à vontade no vestido de 15 quilos. Em seguida, foram anunciadas as vencedoras da noite: na categoria traje de banho, um empate entre a Miss Arizona e a Miss Califórnia; no quesito talento, ganhou a Miss Minnesota.

As concorrentes retornaram tarde para os hotéis porque a Miss Michigan, que completava 19 anos, ganhara uma festa particular de aniversário. A comemoração foi inventada para tentar reverter uma decisão da moça, tomada no início da noite, de desistir do concurso e voltar para casa. Um dos organizadores tinha me contado a história toda. "Essa pirralha quer fugir de nós", disse o sujeito, enfiando tabaco na boca. "Estamos colocando as esperanças nesse bolo que mandamos fazer pra ela. Tomara que dê certo." E deu. A Miss Michigan resolveu ficar em Atlantic City. O pessoal parece ter adorado a festinha, e as moças se esforçaram no papel de Miss Simpatia. A Miss Estado de Nova York nem ficou chateada por não ter conquistado o primeiro lugar na prova de maiô. "A Califórnia é tãããoo alta."

Em meu hotel, na tarde seguinte, topei com a acompanhante da Miss Arizona no elevador. "Achei que fosse morrer ontem antes de anunciarem que minha menina havia vencido", comentou. "Eu a acompanho desde que ela ganhou o primeiro troféu, há três anos, mas nunca passei por algo assim antes." Três anos atrás, a Miss Arizona venceu um concurso de beleza para adolescentes patrocinado pela Aldens, uma empresa de vendas por correspondência com sede em Chicago. Depois, frequentou uma escola de modelos e trabalhou para uma marca de roupas que vendia pela Aldens. Empresários do Arizona (o estado tem o maior lago artificial da América do Norte e a maior mina de cobre a céu aberto do mundo, e é ótimo morar no Arizona, dizia um folheto intitulado "Miss Arizona, 1949 – Jacque Mercer", distribuído pelo patrocinador da moça, a Câmara de Comércio Júnior de Phoenix, e entregue a mim pela acompanhante) haviam dado a ela US$ 2.500 para se preparar para a disputa em Atlantic City. A acompanhante me convidou para ir até o quarto ver o guarda-roupa da Miss Arizona. Era espetacular, e montado com muito bom gosto. A Miss Arizona era filha única. Sua mãe se casou aos 15 anos e deu à filha o nome de Jacque em homenagem a uma boneca que ela tivera na infância. "Os pais de Jackie estão aqui, mas eu os obrigo a ficar longe dela", revelou a acompanhante. "Eles são professores, e os professores não sabem o que fazer com crianças." A Miss Arizona entrou no quarto.

"A organização perguntou a Jackie que tipo de carro ela gosta e eu disse para ela responder Nash", contou a acompanhante.

"Gosto de Cadillacs", interveio a Miss Arizona.

Eu disse à Miss Arizona e à sua acompanhante que precisava me retirar para ver como estava a Miss Estado de Nova York. A Miss Arizona respondeu de pronto que gostava da Miss Estado de Nova York. "Ela não fica de risadinhas, como as outras", explicou. "Não gosto dessas meninas que ficam dando risadinhas." E removeu uma sujeira do sapato novo com um peteleco. "Ficarei feliz quando isso aqui acabar e eu puder olhar feio para as pessoas se tiver vontade", disse. "Às vezes, sinto que meu rosto vai rachar. Mas me esforço para exibir esse sorriso enorme." E gargalhou.

Quando encontrei a Miss Estado de Nova York, ela trajava uniforme de enfermeira – vestido branco, meias brancas e sapatos brancos. Avisou que estava a caminho do Hospital Atlantic City. Dois fotógrafos que cobriam o concurso souberam que ela não tinha como demonstrar seu talento e se ofereceram para fazer um curta-metragem mostrando-a em ação. Ela estava bem arrumada e tinha aparência profissional. A manhã fora agitada para ela, que tinha passado pelo teste de personalidade logo no primeiro de dois cafés da manhã com os jurados. As candidatas se sentavam diante de mesas pequenas, com dois jurados em cada uma. Após cada prato, um sino tocava e os jurados trocavam de mesa, o que lhes dava a oportunidade de conversar com todas as moças. A Miss Estado de Nova York disse que a maioria das misses teve dificuldade para se alimentar, mas que ela havia tomado suco de laranja, bacon, ovos, torradas, geleia e chá. "Eu não ia ficar sentada ali e deixar passar toda aquela comida boa", completou. Não soube dizer se havia causado boa impressão aos jurados. "Falei pro Conrad Thibault que nunca tinha ouvido falar nele. Acho que ele não gostou muito."

Antes do início da programação da segunda noite do concurso, alguns dos jurados perambulavam pelo Convention Hall, aparentemente avaliando o novo automóvel Nash, que esperava no saguão pela vencedora, e também avaliando o público, que tinha mais ou menos o mesmo tamanho da plateia da primeira noite. Earl Wilson parou na mesa da imprensa e contou que tinha lido um ensaio de Edmund Burke sobre beleza. "O texto diz que um objeto de beleza deve ser relativamente pequeno e delicado, brilhante e límpido, com uma das partes se fundindo com perfeição na outra", parafraseou. "Pra mim, esse ensaio não diz nada. Gosto de coisas grandes." Logo se juntou a ele um senhor de Omaha, que o ouviu, algo impaciente. "Eu lhe digo o que você vai escolher, Earl", anunciou, por fim. "Vai escolher o tipo de garota que *eu* escolheria para minha própria esposa ou filha. É para isso que serve este concurso." O sr. Wilson acenou respeitosamente com a cabeça e saiu de cena.

Em frente ao camarim, a Miss Flórida estava se despedindo da mãe.

"Sorria, querida", instruiu a mãe.

"Eu *tô* sorrindo, mamãe", respondeu a miss.

Lá dentro, a Miss Estado de Nova York estava apoiada com as costas numa tábua de passar enquanto uma assistente ajeitava a saia do vestido que ela usaria para a competição daquela noite. O conjunto tinha uma saia de tule e um corpete de cetim, ambos brancos, tudo comprado de um atacadista nova-iorquino por US$ 29,75. Ela correu os olhos pelo recinto e examinou, admirada, os trajes da concorrência. "Que vestidos *lindos*", disse.

A Miss Flórida sorria meio que a esmo, não olhava para ninguém em especial. A prefeitura de Tampa a havia presenteado com o vestido – de renda cor de champanhe (140 metros de renda) – e luvas até os cotovelos combinando. A Miss Califórnia, sentada com ar grave diante de um espelho, usava vestido de cetim azul enfeitado com renda preta no corpete e um laço de renda preta na cintura. A Miss Arizona estava de pé em um canto, exibindo um sorriso tenso e trajando um conjunto com saia de babados de organdi branco (150 metros) enfeitada por um buquê de cravos vermelhos em um dos lados.

A Miss Missouri entrou e a Miss Estado de Nova York acenou em sua direção. "A Missouri vai dançar hoje à noite", explicou. "Gosto de dançar. Me faz bem, sabe?" Continuou, acelerada: "Descobri hoje que sou fotogênica. Um daqueles fotógrafos me disse que eu poderia ser modelo, e minha foto está em todos os jornais. Um dos jornais disse que sou *fabulosa*", disse, agarrando meu braço. "Nunca me chamaram de *fabulosa*."

A sra. Shermer, responsável pela organização, avisou que as moças deveriam se alinhar nas laterais e tomar cuidado para não pisarem nos vestidos umas das outras. A Miss Estado de Nova York tomou seu lugar na fila e as concorrentes começaram a caminhar rumo ao palco, todas muito sorridentes.

"Cuide do meu cavalo!", brincou a Miss Montana com sua acompanhante.

"Só eu mesma pra cair justo com a miss que tem um cavalo", comentou comigo a acompanhante.

Fui para a parte da frente da plateia e retomei meu assento na mesa da imprensa, ao lado de um homem cujo crachá dizia Arthur K. Willi, dos estúdios RKO. Durante os desfiles de vestidos de noite e de trajes de banho, ele recorreu a um pincenê, que, por fim, baixou do rosto, com um resmungo. "Eu olho, e olho, e olho, e o que vejo?", perguntou. "Se Clark Gable pisasse nesse palco agora, ele o encheria por inteiro, ou Maggie Sullavan, ou Dorothy Maguire. Não há nada aqui, nada – nem mesmo quando miro essas meninas com os olhos das massas."

O mestre de cerimônias chamou duas loiras platinadas e as apresentou como Miss Atlanta 1947 e Miss Omaha 1947. A dupla fez um número de sapateado ao som de *I Got Rhythm*. "Coitadas dessas crianças. Olhe só pra elas, parece que estão batendo perna pela Broadway há quinze anos", comentou Willi. Quando o show de talentos começou, ele recolocou o pincenê. A Miss Kansas, de 22 anos, cantou *September Song* com uma rouquidão forçada. A Miss Canadá interpretou *Sempre Libera*, de *La Traviata*. A Miss Connecticut recitou *Jackie, the Son of the Hard-Boiled Cop*. A Miss Montana, usando um casaco de montaria e calças de caubói, desfilou pelo palco em seu cavalo, uma égua de 9 anos chamada Victory Belle. A Miss Illinois sorriu confiante para os jurados e entoou *Ouvre ton cœur* em um soprano marcante, como se estivesse de fato sentindo aquilo tudo. A Miss Wisconsin fechou a noite fazendo malabarismos com bastões. As vencedoras: traje de banho, Miss Colorado; talento, Miss Canadá.

"O concurso quer publicidade nos jornais canadenses", disse um repórter ao meu lado.

Willi guardou o pincenê no bolso do paletó. "Todas elas já perderam a juventude", afirmou. "Vieram até aqui pra quê? Pra perder a juventude!"

A foto da Miss Estado de Nova York estampava jornais de Nova York, Filadélfia e Atlantic City na manhã seguinte. A imagem a mostrava no Hospital Atlantic City, vestindo uniforme de enfermeira e segurando uma menininha de 2 anos que acabara de tirar as amígdalas.

A Miss Arizona exibia grandes olheiras quando cruzei com ela no saguão do hotel, depois do almoço, e contou que passaria a tarde pensando em Shakespeare e ouvindo uma gravação da abertura de *Romeu e Julieta* de Tchaikovsky, para entrar no clima de sua demonstração de talentos, dali a algumas horas – a cena em que Julieta toma a poção. Ela passara a noite anterior em claro, conversando sobre esse e outros assuntos do concurso com sua acompanhante. A Miss Arizona havia interpretado Julieta no Phoenix Junior College, tendo sido escolhida entre quinhentas candidatas para o papel. Queria ser atriz, mas não iria para Hollywood até ter frequentado uma escola de teatro e enfrentado vários anos de palco. "Hollywood tentaria me transformar em algo que *eles* quisessem que eu fosse", disse.

Naquela noite, a Miss Arizona surgiu na passarela portando um vestido branco leve, diáfano, e, diante de um auditório que poderia se transformar num campo de futebol em questão de horas, invocou o sentimento débil e gelado que lhe percorria as veias e por pouco não apaga a chama da vida. A plateia estava inquieta e barulhenta quando a moça expressou medo de morrer antes que seu Romeu chegasse. Foi seguida pela Miss Grande Filadélfia, que tocou *I'm in the Mood for Love* na guitarra. A Miss Mississippi interpretou Agar repreendendo Abraão, em uma leitura dramática muito popular entre professores de retórica. A Miss Califórnia fez o papel de uma garota traída por um rapaz, em uma leitura ainda mais popular entre professores de retórica. A Miss Flórida cantou *Put Your Shoes On, Lucy* [Calce os sapatos, Lucy], que foi anunciada no folheto à imprensa como *Put Your Shoes on Lucy* [Calce os sapatos na Lucy]. A Miss Estado de Nova York, num vestido de noite azul-gelo, fez uma breve palestra sobre enfermagem. Falou sem transmitir nenhuma emoção, como se estivesse recitando algo que havia memorizado com dificuldade. "Desde garotinha, aprendi que as pessoas vêm ao mundo com o propósito de servir aos outros", disse. A plateia se remexeu nos assentos, sem demonstrar muita simpatia. Alguém murmurou que a Miss Illinois deveria parar de flertar com os jurados. A Miss Estado de Nova York revelou que decidiu se tornar enfermeira quando visitou um amigo que era paciente em um hospital para veteranos de guerra. Ficara chocada com o desamparo daqueles homens. Então, anunciou que mostraria um filme de si mesma em ação. Eram cenas em que aparecia na ala infantil do hospital, na maternidade e assistindo um cirurgião. A curta projeção mereceu da plateia aplausos mornos. As vencedoras: traje de banho, Miss Illinois; talento, Miss Arizona.

Fui acordada às sete da manhã com o som de tiros. Alguns ex-membros do Batalhão de Engenharia haviam chegado à cidade para uma convenção, e a Marinha estava dando as boas-vindas com uma simulação de pouso de combate na praia. Era o último dia do concurso e o calçadão de madeira parecia estar vergando sob o peso da multidão.

A lotação do auditório naquela noite, somando quem estava de pé, chegou a 20 mil. Os ex-militares compareceram em massa. A maioria dos policiais no local apostava na vitória da Miss Califórnia, mas o capitão do grupo se mostrava indiferente. "A gente só pode olhar mesmo, e olhar cansa", disse. "Tomo conta dessas beldades desde 1921. Uma senhorinha veio falar comigo outro dia, durante o desfile. Devo ter feito uma cara estranha, porque ela disse que era a Miss Maryland 1924. E já era avó! Esse tipo de coisa não me ajuda a me sentir melhor, não."

As candidatas chegaram e foram contadas. Todas presentes, nenhuma tinha fugido. Tomaram café da manhã com os jurados mais uma vez e, em seguida, elegeram a Miss Simpatia – Miss Montana e Miss New Jersey empataram em primeiro lugar e dividiram a bolsa de estudos no valor de US$ 1 mil. Uma das misses, não tão simpática, quis saber que tipo de curso se poderia fazer com uma bolsa de estudos de US$ 500. "Ora, o mesmo que se pode fazer com uma bolsa maior", rebateu a Miss New Jersey. "Aulas de voz, ou de sapateado, ou até mesmo viajar para a Europa e estudar lá." A srta. Slaughter acenou enfaticamente a cabeça em sinal de aprovação. Também durante o café da manhã, a Miss América 1948 formalizou a associação das 52 misses à irmandade do concurso – batizada pelas letras gregas Mu Alpha Sigma, significando Modéstia, Ambição e Sucesso – e todas foram presenteadas com um broche de ouro. "A coisa mais emocionante que uma garota pode ter", declarou a Miss América. "Significa que todas vocês são rainhas. Lembrem-se de que, quando as quinze semifinalistas forem anunciadas hoje à noite, *todas* serão rainhas." A Miss Estado de Nova York perguntou se o símbolo da irmandade evocava um grande sorriso, comentário que não provocou muitas risadas. Ela havia votado na Miss Montana para Miss Simpatia. "Eu sabia que nunca seria eleita", me confidenciou. "Na enfermagem, aprendi demais sobre a natureza humana para conseguir agir com simpatia."

A sra. Shermer parecia bem satisfeita. Contou a Earl Wilson que tinha uma notícia quente para a coluna dele: flagrou algumas candidatas colocando cílios postiços. O sr. Wilson também estava satisfeito. Passara a tarde autografando exemplares de seu último livro numa loja de departamentos da cidade. A Miss Arizona tinha recebido um telegrama do pai (que estava hospedado em um hotel próximo) parabenizando-a por já ter conquistado a primeira, a segunda e a terceira base, e concluindo: "Agora só falta marcar o ponto!".

O sr. Russell caprichou no smoking para a grande noite. As cortinas se abriram, revelando mais uma vez o "belo jardim sulista à moda antiga". Uma a uma, as quinze semifinalistas se levantaram ao ouvirem seus nomes: Miss Arizona, Miss Arkansas, Miss Califórnia, Miss Canadá, Miss Chicago, Miss Colorado, Miss Havaí, Miss Illinois, Miss Kansas, Miss Michigan, Miss Minnesota, Miss Mississippi, Miss New Jersey, Miss Cidade de Nova York e Miss Wisconsin. Cada uma ali já tinha garantido pelo menos uma bolsa de estudos de US$ 1 mil. As perdedoras permaneceram sentadas, imóveis, no jardim sulista. Algumas sorriam, outras choravam, e outras tentavam, sem sucesso, demonstrar indiferença. Na plateia, a mãe da Miss Flórida chorava baixinho, mas a Miss Flórida seguia sorrindo. A Miss Estado de Nova York, dessa vez só meio escondida atrás de um vaso, parecia perplexa, mas interessada no que acontecia.

As semifinalistas desfilaram diante dos jurados mais uma vez e, em seguida, foram se trocar para o desfile de maiôs. O sr. Russell pediu que as perdedoras percorressem a passarela uma última vez. "Palmas para as valorosas perdedoras, pessoal", convocou. "Foram ótimas competidoras. E são as futuras esposas e mães da nação." As valorosas perdedoras foram muito aplaudidas. A Miss Estado de Nova York caminhou com muita graça — melhor do que havia feito durante a competição. Acenou, feliz, ao passar por mim, e avisou, apenas mexendo os lábios: "O Bob tá aqui". Ela recebeu mais aplausos do que qualquer uma das outras perdedoras e até alguns assobios da galeria. Em seguida, a Miss Omaha 1947 e a Miss Atlanta 1947 apresentaram um número de sapateado. A Miss Estado de Nova York as observou com um olhar resignado, mas de genuína admiração.

As semifinalistas desfilaram em trajes de banho e, a seguir, tiveram mais uma chance para demonstrar seus talentos. Enquanto os jurados anotavam a pontuação nas cédulas, uma garotinha de 6 anos chamada Zola May tocou *A valsa do minuto*, de Chopin, ao piano. Na sequência, o mestre de cerimônias falou com entusiasmo sobre os três patrocinadores dos prêmios principais e chamou o presidente da Everglaze, o presidente da Catalina e uma delegação de três sujeitos encorpados, usando terno de linho branco, que representavam a Nash. Todos saudaram a plateia. O mestre de cerimônias, então, pediu a Eddie Cantor que se levantasse e viesse para o palco. Cantor obedeceu, tomou o microfone e declarou, num misto de rouquidão e paixão: "O comunismo não tem a menor chance de prosperar quando 20 mil pessoas se reúnem para aplaudir a cultura e a beleza".

Em seguida, foram anunciadas as cinco finalistas para o grande prêmio: Miss Arizona, Miss Califórnia, Miss Colorado, Miss Illinois e Miss Mississippi. O sr. Russell as entrevistaria, e as respostas deveriam ajudar os jurados a avaliar atitude e personalidade. Foram feitas três perguntas a cada garota: "Como planeja usar sua bolsa de estudos?", "Seus planos futuros incluem casamento, carreira ou nenhuma das anteriores?", "O que você vai levar para casa deste concurso?". A Miss Estado de Nova York observava com atenção, mesmo por trás do vaso de plantas, enquanto a Miss Arizona, primeira entrevistada, por ordem alfabética, respondia de forma objetiva, mas educada, que planejava estudar teatro na Universidade Stanford, que colocava o casamento à frente da carreira, e que o concurso lhe dera a chance de se testar perante um novo público em uma região do país que ela não conhecia. A Miss Califórnia queria estudar decoração de interiores na Universidade da Califórnia e depois se juntar ao pai no ramo de móveis; preferia privilegiar a carreira, para poder ajudar a pessoa com quem se casasse; estava grata ao concurso por ter lhe dado a oportunidade de conhecer tantas moças maravilhosas, vindas de todo o país. A Miss Illinois declarou que a música era sua primeira ambição. O sr. Russell, quebrando a sequência, perguntou-lhe se ela já havia se apaixonado. Ela respondeu que estava apaixonada, mas que a música ainda era sua primeira ambição. A Miss Estado de Nova York ouvia tudo atentamente.

As vencedoras foram anunciadas em ordem inversa: quinto lugar, Miss Califórnia (US$ 1.500); quarto lugar, Miss Colorado (US$ 2.000); terceiro lugar, Miss Illinois (US$ 2.500); segundo lugar, Miss Mississippi (US$ 3.000); primeiro lugar, Miss Arizona (US$ 5.000, mais o novo sedã Nash de quatro portas, vários maiôs Catalina e o guarda-roupa com sessenta peças Everglaze), agora Miss América 1949. Da plateia vinham gritos, vaias, mas também vivas. O governador de New Jersey, que chegara depois que a Miss Arizona interpretou a cena de Julieta, premiou-a com uma estátua dourada (que batia na cintura da moça), de uma figura feminina alada, e elogiou: "O mundo precisa do tipo de beleza e talento que você tem". A maioria das perdedoras deixou o jardim sulista para ocupar as laterais do espaço, enquanto acompanhantes, recepcionistas, pais e pessoal da imprensa se aglomeravam no palco. Acompanhei o movimento. A Miss Estado de Nova York se aproximou para ver a Miss América 1948 coroar sua sucessora. A Miss América 1948 chorava, e sua mãe, que estava ao lado, também. A nova Miss América, trêmula, mas feliz, disse: "Só espero que vocês sintam metade do orgulho que sinto deste título de Miss América". Sua mãe, que de repente se viu cercada por um grupo de admiradores desconhecidos, estava ocupada demais com suas próprias emoções para perceber a filha descendo lentamente a rampa, com a coroa na cabeça, o manto roxo sobre os ombros e o cetro na mão. A orquestra (o violinista mantinha um charuto no canto da boca) tocou *Pompa e circunstância*, e a Miss América 1949 percorreu toda a extensão da rampa, sorrindo, cheia de graça.

"Este é só o começo", disse-me um repórter. "Ela vai passar o resto da vida em busca de alguma coisa. *Todas* vão."

"Ela agora é a jovem mais desejada dos Estados Unidos", comentou outro. Quando a Rainha voltou ao palco, a Miss Estado de Nova York a parabenizou, com solenidade. "Fico feliz que tenha vencido, garota. Torci por você."

E então a nova Miss América foi envolvida por fotógrafos, repórteres e jornalistas.

"Todo mundo quer meu autógrafo porque sou o pai dela", dizia o pai da Miss América.

A mãe queria saber se os pais também receberiam um broche ou uma fita.

"Temos que colocá-la dentro do Nash!", dizia um dos membros do triunvirato da montadora, da turma do terno branco.

Um grupo de pessoas interrogava a srta. Slaughter sobre os planos da nova Rainha. "Ela vai tomar café da manhã com os jornalistas em Nova York", informou a sra. Slaughter. "Depois, receberá um guarda-roupa totalmente novo da Everglaze, e usará Everglaze sempre que sair em público – está no contrato. A seguir, vai para a Califórnia, onde participará da organização de um desfile de maiôs Catalina e ainda fará alguns testes em Hollywood. Estou enlouquecendo com os preparativos para esses testes."

A Miss Estado de Nova York balançou a cabeça, impressionada com aquela agenda. "Hollywood!", disse. "Vai acabar fazendo cinema."

Voltamos para o camarim, onde encontramos a Miss Missouri às lágrimas, dobrando seu maiô Catalina. A Miss Estado de Nova York observou a cena, intrigada, e disse que não havia chorado porque "quem não espera muito, nunca se decepciona". Ela voltaria para Nova York com Bob no dia seguinte.

Levaria na bolsa o nome de um fotógrafo que queria vender muitas fotos dela para revistas, e o de outro homem interessado em conversar sobre uma possível carreira de modelo. Não pretendia voltar a trabalhar como enfermeira, se pudesse evitar. "A gente ganha mais como modelo", concluiu.

(22 de outubro de 1949)

O ônibus amarelo

Numa tarde de domingo, algumas semanas atrás, um ônibus escolar amarelo-ouro, com placas brancas e azuis do estado de Indiana e as palavras BEAN BLOSSOM TWP MONROE COUNTY estampadas em letras pretas nas laterais, emergia do túnel Holland e adentrava Nova York. Transportava dezoito alunos da turma de formandos da Bean Blossom Township High School, que visitavam a cidade pela primeira vez. Na altura da Canal Street, com as janelas do ônibus já abertas, alguns dos passageiros colocaram a cabeça para fora, um tanto indiferentes e em silêncio, para espiar Manhattan. Os demais ficaram sentados, um tanto indiferentes e em silêncio, olhando uns para os outros. Ao todo, havia 22 pessoas a bordo: onze meninas e sete meninos da turma do último ano; a professora de inglês com o marido; e o motorista (um motorista de ônibus regular contratado pelo município para fazer transporte escolar) com a esposa. Quando chegaram, centenas de milhares dos 8 milhões de habitantes de Nova York haviam saído da cidade. Os que lá ficaram aparentemente cuidavam da própria vida e com certeza não viriam dar boas-vindas aos visitantes. O pequeno grupo da Bean Blossom, que logo se perderia em meio ao amálgama confuso de moradores e turistas de verão, não fazia ideia de como extrair um "olá" – ou mesmo um "até logo" ou um "como vai?" – dos nova-iorquinos. O planejamento da visita tinha três partes: chegar, passar três noites e partir.

Bem, enfim, Nova York. Até adentrarem a cidade, percorreram 840 quilômetros em 39 horas e meia, trazendo, além do dinheiro para gastos pessoais – cerca de US$ 50 por pessoa –, uma reserva de US$ 957,41 que a turma havia economizado nos últimos seis anos, resultado dos lucros da venda de doces e sorvetes nos campeonatos de basquete da escola, da organização de barraquinhas com jogos durante o festival dos segundanistas e da venda de ingressos para a peça de teatro dos formandos, chamada *Mumbo-Jumbo*. Ao longo de seis anos, os alunos conversaram sobre como gastariam o dinheiro na comemoração da formatura. No começo deste ano, fizeram uma votação. Alguns dos meninos queriam uma viagem para New Orleans, mas foram vencidos pelas moças, que preferiam que a turma fosse para Nova York. Calcularam que o custo da hospedagem em motéis e hotéis – três quartos para os rapazes, três quartos para as meninas e um quarto para cada um dos casais – somaria cerca de US$ 400. O motorista receberia US$ 350 pela condução e mais US$ 30 para pagar os pedágios de estradas, pontes e túneis. Seis alunos que não puderam participar da viagem ficaram em casa. Se sobrasse algum dinheiro, seria dividido entre todos na volta a Bean Blossom Township. Os dezoito estudantes eram R. Jay Bowman, Shelda Bowman (prima de R. Jay), Robert Britton, Mary Jane Carter, Lynn Dillon, Ina Hough, Thelma Keller, Wilma Keller (irmã de Thelma), Becky Kiser, Jeanne Molnar, Nancy Prather, Mike Richardson, Dennis Smith, Donna Thacker, Albert Warthan, Connie Williams, Larry Williams (sem parentesco com Connie) e Lola Young.

Era também a primeira visita a Nova York da professora de inglês, uma jovem de 28 anos, muito animada, chamada Polly Watts, e de seu marido, Thomas, 32 anos, estudante de pós-graduação em ciências políticas na Universidade de Indiana, em Bloomington, que fica a cerca de 20 quilômetros da escola em Bean Blossom Township. As únicas pessoas a bordo que já haviam estado na cidade eram o motorista, um homem grandalhão e pouco comunicativo chamado Ralph Walls, 49 anos, e sua esposa, Margaret, de 39, com quem teve sete filhos, hoje com idades entre 2 e 21 anos e que ficaram em casa. Walls era o único conselheiro a quem o grupo podia recorrer sobre o que fazer em Nova York. Suas sugestões se limitaram a recomendar onde se hospedar (o hotel Woodstock, na rua 43, perto da

Times Square) e onde comer (Hector's Cafeteria, no quarteirão do hotel).

A escola de Bean Blossom Township fica no vilarejo de Stinesville, que tem 355 habitantes e uma bomba de água municipal. Alguns dos formandos do grupo moram em Stinesville; os demais vivem em um raio de cerca de 25 quilômetros, em fazendas ou casas isoladas, algumas com hortas e uma ou duas vacas. No início da viagem, os passageiros se reuniram em frente à escola pouco depois da meia-noite e, à uma da manhã, com cada viajante ocupando um assento duplo (o ônibus tem 54 lugares, modelo 1959), com bagagem embaixo dos assentos, e ternos e vestidos pendurados em um cabideiro caseiro na parte de trás do veículo, puseram-se a caminho.

O representante da turma dos formandos, R. (de Reginald) Jay Bowman, cuidava de todas as votações relativas à viagem. Um jovem forte, de 18 anos, cheio de energia e cabelo à moda militar, Jay era líder da turma havia cinco anos e um dos dois estudantes do grupo que pretendiam ir para a faculdade. Espera um dia trabalhar para o Serviço Público americano porque emprego no governo é sinônimo de estabilidade. Planeja também, ainda sem muita convicção, entrar para a política. Com a ajuda de uma bolsa de US$ 102 por ano, pretende pagar todas as despesas na Universidade de Indiana. A outra aluna que vai para a faculdade escolheu a mesma Universidade de Indiana. É Nancy Prather, uma garota que gosta de atividades ao ar livre, tem o rosto sardento e cujo pai cria gado leiteiro e de corte numa fazenda de 250 acres. É a segunda melhor aluna da turma. A primeira, uma moça corpulenta e determinada chamada Connie Williams, quer se casar uma semana depois de voltar de Nova York. A maioria dos outros alunos esperava trabalhar em escritórios ou em fábricas de automóveis ou de eletrônicos em Bloomington. A viagem a Nova York se encaixava, assim, na categoria primeira e última.

Ralph Walls deixou passageiros e bagagens no hotel Woodstock e depois levou o ônibus para um estacionamento na Décima Avenida, onde ficaria parado durante o período da visita. Avisou aos passageiros que seu trabalho era dirigir até a cidade, e não dentro dela. Também informou que, quando voltasse ao

Woodstock, pretendia dormir, mas explicou como chegar à Hector's Cafeteria, na esquina. Moças e rapazes assinaram o registro do hotel e foram para os quartos se arrumar, com ar de decepcionados. Tinham perguntado a Walls se os prédios altos que avistaram ao entrar na cidade pelo túnel Holland formavam o tal do skyline, Walls respondeu que não sabia. Depois, queriam saber qual dos edifícios era o Empire State Building, e o motorista disse que teriam de fazer uma excursão para descobrir. Assim, desapontados, se resignaram a guardar as perguntas para o momento da excursão. Jay Bowman disse que iria tratar dos passeios pela cidade até o fim do dia.

A sra. Watts e o marido se arrumaram, desceram e, em seguida, e apesar do conselho de Walls, caminharam pela região da Times Square em busca de um lugar bacana e com preço razoável para jantar. Tentaram o Toffenetti's, do outro lado da rua, mas acharam muito caro (hambúrgueres a US$ 2,10, melancia a US$ 0,40) e um tanto intimidante. Quando se reuniram de novo com os alunos no saguão do Woodstock, recomendaram que todos fizessem a primeira refeição na Hector's. O grupo partiu – em fila indiana, sabe-se lá por quê – para a Hector's, e o primeiro a entrar foi Mike Richardson, um rapaz parrudo, de cabelos ruivos, mãos grandes, quase inchadas, e antebraços bronzeados. Um gerente de voz grave, plantado perto da porta e que gritava "Peguem a comanda! Peguem a comanda!" a todos que chegavam, dedicou ao grupo de Indiana a mesma atenção que reservava a todos os clientes: nenhuma. A expressão no rosto do pessoal de Bean Blossom, que já irradiava perplexidade, receio e desânimo desde a passagem pela Canal Street, agora também estampava ressentimento. Mike Richardson liderou a fila até o balcão. Sob uma placa onde se lia PEIXE COZIDO, um atendente de avental branco olhou para o jovem e intimou: "Vai, garoto, decide!". Resignado, Mike pegou um prato de peixe e depois encheu o resto da bandeja com feijão cozido, um pãozinho, chá gelado e bolo de morango (conta: US$ 1,58). O restante da turma, movendo-se de modo rápido e nervoso, serviu-se de peixe, feijão cozido, um pãozinho, chá gelado e bolo de morango. Suando, batendo bandejas e cotovelos contra outras bandejas e outros cotovelos, o grupo acabou sentando-se com estranhos, em duplas e trios, em mesas ainda tomadas por pratos sujos. Por fim, engoliram o jantar em meio a muito barulho e confusão.

"A comida da minha mãe é melhor", declarou Albert Warthan, que dividia a mesa com Mike Richardson e Larry Williams. Albert, o mais velho de sete filhos de um operário de uma pedreira, planeja entrar para o Exército e se tornar técnico de radar.

"Peguei esse filé de linguado, mas queria outra coisa, nem sei o quê", reclamou Mike.

"Gosto de restaurante onde você senta e escolhe o que quer", observou Larry, que vai trabalhar na fazenda do avô.

"Minha mãe e meu pai disseram para eu só voltar para casa quando for a hora de voltar para casa, e para não fazer coisa errada", continuou Albert. "Já estou pronto para largar tudo e ir para casa agora mesmo."

"A ideia é conhecer e ticar logo da lista", disse Mike.

"Você guardou seu dinheiro em dois lugares diferentes?", perguntou Albert. "Assim, você ainda tem algum se roubarem do outro lugar?"

Os outros concordaram.

"Cara, pode ficar com Nova York para você", disse Larry. "Isso aqui é muito bagunçado, todo mundo se empurrando o tempo todo, sem privacidade. Sou muito mais o Big Boy."

Frisch's Big Boy é o nome de uma rede de lanchonetes drive-in de Indiana, onde um hambúrguer custa US$ 0,30. O efeito geral da Hector's Cafeteria foi dar à turma de formandos de 1960 da escola Bean Blossom um sentimento de infelicidade em relação à alimentação em Nova York, além de fortalecer a fé do grupo na superioridade do Big Boy.

Jay Bowman andou de mesa em mesa sondando os colegas sobre o que gostariam de fazer naquela noite. No início, ninguém queria fazer nada de especial. Depois, decidiram que a única coisa especial que queriam fazer era ir a Coney Island, mas prefeririam guardar Coney Island para a noite de encerramento, a última em Nova York. Só que ninguém conseguia pensar em outra ideia para aquela primeira noite, então Jay fez uma nova votação e resultou que quase todos queriam ir para Coney Island naquele instante. Com exceção de três garotas, sairiam para Coney Island diretamente da Hector's. A sra. Watts ficou um pouco apreensiva com esse plano, mas Mike Richardson garantiu que era tranquilo; alguém no hotel havia dito que era só ir até o metrô, perguntar no guichê qual trem pegar e pronto. A sra. Watts avisou que iria caminhar um pouco com o marido. As três moças que rejeitaram a ida a Coney Island explicaram que, na cabeça delas, a turma deveria "se divertir" na última noite, e não antes. As dissidentes eram Ina Hough, cujo pai trabalha em uma fábrica de televisores da RCA em Indianápolis (a cerca de 80 quilômetros de Stinesville); Lola Young, filha adotiva de um funcionário de um depósito de peças da Chevrolet em Indianápolis; e Jeanne Molnar, cujo pai é desenhista na Indiana Limestone Company, em Bloomington. As três já tinham concluído que não gostavam de Nova York. As pessoas aqui só pensam em si mesmas, sentenciaram.

Às nove horas, enquanto a maioria dos colegas de classe viajava no expresso Brighton BMT com destino a Coney Island, as três moças caminhavam até a esquina da Sexta Avenida com a rua 50 na companhia do sr. e da sra. Watts, que as deixaram naquele ponto para dar uma volta pela Quinta Avenida. As jovens juntaram-se a uma longa fila de interessados em entrar no Radio City Music Hall. Passados vinte minutos, abandonaram a fila e andaram até a Rockefeller Plaza, onde admiraram a fonte, e depois até a catedral de St. Patrick, que lhes pareceu maior do que qualquer outra igreja que já haviam visto. A principal igreja frequentada pelo grupo de Bean Blossom é a do Nazareno. Ninguém na turma de formandos havia conversado com um judeu na vida, ou mesmo com mais de um católico, ou ainda – com exceção de Mary Jane Carter, filha do ministro nazareno em Stinesville – sequer ouvido falar de um episcopaliano. Às dez horas, as três voltaram para a fila do Music Hall, que havia diminuído, mas, quando alcançaram a bilheteria, foram informadas de que haviam perdido o horário do show, então decidiram desistir do Music Hall e passear no metrô. Tomaram um trem até a estação West Fourth Street, que um guarda havia indicado para chegar ao Greenwich Village. Por fim, acharam melhor não descer ali, mas continuar no trem usando o mesmo bilhete e depois voltar para o hotel. Já no Woodstock, onde dividiam um quarto, subiram para arrumar os cabelos e conversar sobre a falta de educação e o egoísmo da população local.

Em Coney Island, os viajantes de Indiana rememoravam a inacreditável experiência de ficar 45 minutos dentro de um trem barulhento, chacoalhando sem parar, até chegar ali.

"A viagem demorada foi um choque, eu não esperava", lamentou Albert Warthan. Nancy Prather não gostou da aparência do metrô nem dos usuários. "Você vê tanta gente diferente", observou. "Olha prum lado e vê pessoas de pele escura; olha pro outro e dá com outras de pele clara."

"Na verdade, odeio Nova York", sentenciou Connie Williams. "Estou satisfeita com o que temos em casa."

"Lá em casa, a gente faz o que quer no próprio quintal, quando dá vontade, inclusive gritar, vaiar qualquer coisa", disse Larry Williams. "A gente não se sente reprimido."

"Até que eu gosto daqui de Coney Island", disse Dennis Smith. "Não me sinto reprimido."

Os amigos de Dennis o fuzilaram com o olhar, sem dizer nada. A frase "até que eu gosto" de Coney Island foi o primeiro sinal de deserção nas trincheiras de Indiana, e ninguém parecia saber como lidar com aquilo. Dennis é um garoto de ombros largos, olhos azuis grandes, bonitos e tristes – e um dente da frente dourado.

"Eu odeio", confirmou Connie.

Jay Bowman organizou umas voltas na montanha-russa Cyclone para uma parte do grupo. A maioria dos rapazes emendou com o brinquedo Parachute Jump, para depois reclamar que não era nada do que esperavam. Outros experimentaram o trem-fantasma Spookorama. Em seguida, todos andaram de trenó e encerraram a noite nos carrinhos de bate-bate. "O Spookorama era muito falso, não assustava nada", queixou-se Albert. Antes de sair de Coney Island, Jay fez uma pesquisa para saber quanto o pessoal estava disposto a gastar em um passeio pela cidade no dia seguinte. O grupo ficou uma hora em Coney Island. Ninguém foi até o calçadão para ver o mar – visão inédita para a turma toda. Não acharam que era o caso. "Sabíamos que o mar estava lá e, de toda forma, pretendemos ver o mar durante a excursão amanhã", explicou Jay.

Enquanto Ina, Lola e Jeanne pegavam a fila para o Music Hall, o casal Watts dava um passeio pela Quinta Avenida e se encontrava com um casal de amigos, Mike e Ardis Cavin. Mike toca clarinete com a Banda da Marinha dos Estados Unidos, em Washington, DC, além de estudar o instrumento na Juilliard School of Music. Na Madison Avenue com a rua 42, os dois casais tomaram um ônibus com destino ao centro da cidade e, tentando descobrir em que ponto descer, acabaram sendo ajudados por outro passageiro, um senhor de idade que saltou do ônibus com eles e os acompanhou por dois quarteirões até o destino do grupo – a Jazz Gallery, na St. Mark's Place. Mike queria ouvir o saxofonista John Coltrane. Os Watts ficaram na Jazz Gallery com os Cavin por três horas ouvindo jazz moderno com paciente interesse. Decidiram que gostavam, sim, de jazz moderno, em especial de Coltrane. Saíram da Jazz Gallery depois da uma da manhã, pegaram um ônibus para a Times Square e caminharam vinte minutos em busca de um lugar para fazer um lanche. Por fim, como parecia estar tudo fechado, acabaram no Toffenetti's. De volta ao hotel, os Watts toparam com um dos aventureiros de Coney Island, que lhes contou que Ina, Lola e Jeanne estavam desaparecidas ou, pelo menos, não estavam atendendo o telefone ou a batidas na porta. O sr. Watts convocou o recepcionista, fez com que destrancasse a porta das meninas e as encontrou sentadas na cama, ainda arrumando os cabelos. Todo mundo, com ou sem motivo, reagiu de modo irritado – as três moças que não tinham ido a Coney Island, as que tinham, os rapazes que as acompanharam, os Watts e o recepcionista. O casal foi dormir às 3h30 da manhã.

Às 6h30, a sra. Watts foi chamada ao telefone. Mensagem: uma das componentes do trio anti-Coney Island estava deitada no chão do quarto, chorando, histérica. A sra. Watts acionou a recepção. Um médico que atendia na região da Times Square correu até o hotel, conversou com a chorona por vinte minutos e lhe deu um calmante, que ela se recusou a tomar.

Quando todos se acalmaram o suficiente para tomar o café da manhã e se preparar para sair, já passava das nove, estavam meia hora atrasados em relação ao horário da excursão (aprovada por votação unânime) em ônibus fretado, a US$ 6 por pessoa. O passeio ainda custou a sair porque a sra. Watts precisou persuadir a manteiga derretida a tomar um banho, na tentativa de incentivá-la a participar do programa. Depois de uma ducha, a infeliz parou de chorar e decidiu que iria junto. Quando o grupo chegou a Bowery, já se sentia melhor e, em Chinatown, como os outros jovens da turma, comprou um par de *chopsticks* por US$ 0,35. A catedral de St. John the Divine foi o ponto alto da programação para muitos dos alunos, que ficaram encantados ao saber que parte do calcário usado no interior da igreja vinha provavelmente de pedreiras próximo a Stinesville. A sra. Watts, por outro lado, que havia estudado arte, lecionado a disciplina por cinco anos no Huntington College, em Huntington, Indiana, e visitado monumentos e museus pela Europa antes de se casar, declarou, indignada, que a catedral não passava de "uma imitação das maravilhas europeias".

A sra. Watts assumiu o cargo de professora da Bean Blossom, com salário de US$ 36 mil por ano, em outubro último, quando o marido decidiu abandonar o negócio de blocos de concreto em Huntington para fazer doutorado em ciências políticas, área em que pretende lecionar. Como ele escolheu a Universidade de Indiana para fazer os estudos, o casal se mudou de Huntington — onde o sr. Watts obteve a distinção de ser o mais jovem presidente do Partido Republicano do condado de Huntington — para Bloomington. Todo dia a sra. Watts dirige os 20 quilômetros que separam Bloomington de Stinesville. Ela dá aulas de inglês para todas as séries do colegial e, como a escola não tinha professor de espanhol quando foi contratada, ela ensina também espanhol. A professora considera a escola de Bean Blossom Township a mais democrática que já viu. "Tem votação pra tudo", diz. "Em média, são duas por dia, sobre qualquer assunto." Acostumada a esse estilo de vida plebiscitário, a sra. Watts não hesitou em deixar as decisões sobre o planejamento da viagem nas competentes mãos de Jay Bowman. Ele resolveu o problema do atraso na saída naquela manhã fazendo uma votação para decidir se deixariam ou não o Empire State Building fora do passeio. O edifício foi rapidamente excluído do programa, ficando a critério individual dos membros do grupo fazer a visita em outro momento, de modo independente.

A excursão incluía uma ida de barco até a Estátua da Liberdade, onde o grupo deparou com uma multidão que buscava chegar ao topo da tocha. A sra. Watts achou a experiência toda um pesadelo e desistiu na base da estátua. A maioria dos jovens conseguiu alcançar o topo. "São 168 degraus até lá em cima, e havia 40 mil pessoas na minha frente, mas eu estava determinado a subir", relatou Jay Bowman à sra. Watts. "Levei vinte minutos, mas valeu a pena. Eu tinha que fazer isso."

Para a excursão, Jay, assim como os outros meninos, vestiu roupas compradas especialmente para a viagem, a um custo de US$ 25 por conjunto: bermudas brancas até abaixo do joelho, camisa branca de malha de algodão com listras vermelhas e azuis e um bolso em uma das mangas, meias brancas com listras vermelhas e azuis e tênis brancos. As meninas usavam saias de algodão, vários tipos de blusas, cardigãs brancos e sapatos de salto baixo. A sra. Watts usava sapatos de salto alto, mesmo para passear. Todos os outros se surpreenderam com o modo de vestir das pessoas em Nova York. "São estranhos", disse Nancy Prather. "As moças usam salto alto durante o dia, e os rapazes estão sempre de terno, mesmo para ir trabalhar."

"Eu não trocaria as garotas lá de casa pelas daqui", disse Jay Bowman. "Elas usam muita maquiagem aqui. Não que esteja interessado em alguma das formandas. Estou interessado mesmo é em Nancy Glidden, aluna do segundo ano. Eu a levo a shows em Bloomington. Comemos pizza, ouvimos Elvis Presley – coisas assim – e sempre a deixo em casa antes da meia-noite. Embora meus interesses estejam concentrados no segundo ano, tenho orgulho em dizer que meus colegas de classe são o melhor grupo de pessoas do mundo."

Jay mora com os pais e dois irmãos em uma casa antiga de nove cômodos, que ocupa um terreno de 30 acres e é de propriedade do pai de Jay, funcionário do departamento de manutenção da Bridgeport Brass Company, em Indianápolis. Sua mãe trabalha em Bloomington, na linha de montagem de aparelhos de televisão em cores da RCA. O avô de Jay, que trabalhou em pedreiras de calcário a vida toda, mora do outro lado da rua, em 5 acres de terra própria, onde cria algumas vacas e planta feijão e milho para consumo da família. Os Bowman não tinham água encanada em casa quando Jay era criança, e se lavavam em uma banheira na cozinha usando água de poço. Há poucos anos, eles mesmos instalaram um banheiro e um sistema de encanamento, além de terem executado outras obras, incluindo um sistema de calefação. Os pais de Jay se levantam às quatro da manhã para ir trabalhar. Jay, que não ficou doente um dia sequer desde que teve caxumba aos 12 anos, nunca dorme depois das sete. E não está nem um pouco angustiado com o fato de ter de arrumar um emprego para custear a faculdade. Planeja ir para a escola em seu próprio carro. Trata-se de um Chevrolet sedã 1950 de quatro portas, que ele espera trocar por um modelo um pouco mais novo antes do final do ano, pagando mais US$ 400.

"O importante é que me sinto orgulhoso de mim mesmo", diz Jay. "Não é para me gabar, não. Mas economizei mais de US$ 1 mil para pagar a faculdade. É assim que as coisas são. Esfreguei chão, carreguei feno na fazenda, mantimentos no supermercado e, no ano passado, no inverno, trabalhei aos sábados e domingos em uma loja de implementos agrícolas na rodovia estadual, e recebi US$ 1 por hora para administrá-la."

A família Bowman tem, além de uma certa ambição econômica básica, dois interesses principais: basquete e política. Jay, como a maioria dos outros meninos do grupo, jogou basquete no time da escola, que venceu a primeira rodada em sua divisão do torneio Wabash Valley na temporada passada. Jay fala sobre basquete com os colegas, mas nunca sobre política. Guarda esse assunto para conversas com a família. Seu avô é democrata. "Se dependesse do meu avô, não haveria um único republicano em todo o país", conta. "Meu pai concorda. E eu concordo com meu pai. Meu pai acha que, se Franklin D. Roosevelt ainda fosse presidente, o país não estaria na situação ruim em que se encontra."

Às 17 horas desse segundo dia na cidade, os membros da turma de formandos de Bean Blossom voltaram para o hotel e ficaram um tempo no saguão, observando de longe um estande de souvenirs e presentes montado em frente à recepção. O mostruário exibia termômetros na forma da Estátua da Liberdade, em dois tamanhos, que custavam US$ 0,79 e US$ 0,98; pulseiras prateadas; broches e estojos com imagens do Empire State Building; lenços homenageando os edifícios da RCA e da ONU; e cinzeiros com o skyline de Nova York. Mike Richardson se aproximou do estande e pegou uma placa de madeira, que custava US$ 0,98, com a Estátua da Liberdade no topo, bandeiras americanas nas laterais e, no meio, um poema intitulado *Mãe*, que dizia:

> Para aquela de nome mais singelo
> E que faz do mundo um lugar mais belo
> Que está comigo na alegria
> E me conforta na dor
> Amiga maior, aonde eu for
> Vida longa para ela, eu peço, assim
> E que ninguém tire a mãezinha de mim.

Depois de ler o poema, Mike sorriu.
"De onde você é?", perguntou-lhe o homem atrás do estande.
"Indiana", respondeu Mike. "Chegamos agora de uma excursão pela cidade."
"Viram tudo?", perguntou o homem.
"Tudo, exceto o Empire State Building", disse Mike.
"Entendi", disse o homem, e desviou o olhar.
Mike ainda estava segurando a placa. Com cuidado, ele a recolocou no suporte. "Voltarei para buscá-la mais tarde", avisou.
Sem olhar para Mike, o homem assentiu com a cabeça.
Mike se juntou a Dennis Smith e Larry Williams, que estavam ao lado de uma garota alta, forte e bonita chamada Becky Kiser. Becky era líder de torcida do time de basquete de Bean Blossom.
"Estávamos aqui conversando sobre como tem gente dormindo na rua naquela região lá do Bowery", disse Larry. "Você não vê pessoas largadas na rua na nossa cidade."
"Já vi isso em Chicago", comentou Dennis. "Vi mulheres dormindo na rua em Chicago. É ainda pior."

Os outros concordaram com a cabeça. Não houve discussão.

Mike tirou um cigarro do bolso da manga e o acendeu com um fósforo saído do mesmo bolso. Na sequência, deu uma baforada com força e confiança. "Ficarei feliz quando formos embora", disse. "Isso aqui é muito diferente da roça."

Becky Kiser, traindo um ar de culpa em seu lindo rosto, observou: "Aposto que você nunca ficaria entediado aqui em Nova York. Lá na nossa cidade, é sempre a mesma coisa. Tem o rinque de patinação, tem o Big Boy e, no inverno, tem basquete. E é isso".

"Quando eu estava em Chicago, vi um homem atirar em outro num bar", contou Dennis. "Fiquei parado, do outro lado da rua, enquanto o homem que foi baleado era levado dali." E olhou para Becky Kiser. Os rapazes todos olhavam para ela, mas com ar de reprovação e desprezo. Dennis tentou apoiar Becky. "Em Stinesville, se pegam a gente na rua depois das onze, mandam pra casa", disse. "Aqui parece que a cidade nunca para."

"Cara, você não está olhando pra frente", disse Mike a Dennis, ignorando Becky.

"Você gosta daqui?", Larry perguntou, espantado. "Cobram imposto em cima de tudo, até de chocolate!"

A filha do ministro nazareno, Mary Jane Carter, chegou com Ina Hough.

"O Dennis, aqui, gosta de Nova York", anunciou Mike.

"Eu não gosto", rebateu Ina. "Gosto das paisagens, mas as pessoas estragam tudo."

"A comida aqui é cara, mas acho que é assim mesmo", disse Mary Jane, em tom mais tolerante.

"Puxa vida!", disse Mike.

"Puxa vida!", concordou Larry. "Preso em Nova York."

Ina acrescentou, rápida: "É como o guia falou, é fácil distinguir um nova-iorquino de um turista porque o nova-iorquino nunca sorri, e eu concordo".

"Depois de um tempo, você acaba se encaixando", concluiu Dennis, mais moderado.

Antes do jantar daquela noite, o sr. Watts caminhou pela área da Times Square verificando preços e cardápios de restaurantes aonde o grupo pudesse ir. Propôs um acordo no Californian para um jantar de cinco pratos, incluindo carne ou frango, que custaria US$ 1,95 por pessoa, e pediu que Jay Bowman organizasse uma votação. Meia hora depois, Jay informou ao sr. Watts que alguns dos rapazes não queriam ir ao Californian porque achavam que teriam de fazer seus próprios pedidos. Então o sr. Watts foi até os quartos conversar com os garotos e explicar que o pedido já estava feito; eles só precisavam decidir entre carne e frango. Na segunda votação, todos se revelaram a favor do Californian. Foram caminhando até o restaurante. Ao final do quinto prato, todos concordaram que a comida estava boa, mas vários meninos acharam o lugar sofisticado demais.

Depois do jantar, começou a chover. E choveu muito. Os Watts e sete das meninas decidiram assistir a *The Music Man*. As outras quatro moças quiseram ver *My Fair Lady*. Nenhum dos meninos queria assistir a um musical. Sob uma tempestade torrencial, os Watts e as meninas correram para os respectivos teatros, aonde chegaram encharcados dos pés à cabeça. Por sorte, todos conseguiram comprar assentos. No *The Music Man*, os Watts e as sete moças que os acompanhavam sentaram-se no balcão, em linha reta com um aparelho de ar-condicionado que soprava rajadas de ar gelado em suas costas. Em *My Fair Lady*, as quatro garotas sentaram-se no balcão, onde um aparelho de ar-condicionado soprava rajadas de ar gelado em suas pernas. As meninas gostaram do programa. O grupo do *My Fair Lady* foi fisgado pelos figurinos. Ina Hough, que assistiu a *The Music Man*, achou que era igualzinho a um filme, exceto pelo modo como as cenas mudavam.

Os rapazes se separaram, alguns pegaram o metrô para o Greenwich Village, outros foram para o Empire State Building, onde desembolsaram US$ 1,30 por ingresso para subir ao observatório e, uma vez lá em cima, descobriram que a neblina e a chuva bloqueavam a vista. "Ficamos por lá mais ou menos uma hora e meia, nos divertindo", disse Jay à sra. Watts, depois. "Não fazia sentido ir embora tendo pagado tão caro." No Greenwich Village, Mike Richardson, Dennis Smith e Larry Williams caminharam pelas ruas estreitas sob uma chuva fina. Todos ainda usavam os trajes da praia. Ninguém se dirigiu a eles. E eles tampouco identificaram alguém com quem quisessem conversar. Quase entraram em uma pequena cafeteria, mas mudaram de ideia porque os preços pareciam muito altos. Elegeram uma loja, uma livraria, e deram uma olhada em algumas pinturas abstratas, que lhes agradaram. "É interessante o fato de não se parecerem com nada", comentou Mike. Em seguida, pegaram o metrô de volta para a Times Square, onde andaram um pouco na garoa. Perto da meia-noite, Mike e Dennis comentaram que sentiam falta do cheiro de grama e de árvores e, como a chuva tinha dado uma trégua, foram até o Central Park, onde ficaram por cerca de uma hora e se perderam.

Na manhã seguinte, fizeram uma reunião no saguão do hotel para definir a saída de Nova York. Jay Bowman informou que eles tinham dinheiro suficiente para ficar mais um dia na cidade e ainda incluir uma parada nas Cataratas do Niágara na volta para casa. Ou, acrescentou, poderiam sair de Nova York segundo o plano original e ir para Washington, DC, e passar o dia lá antes do retorno. O motorista do ônibus disse a Jay que, para ele, não fazia diferença. O grupo votou pelo dia extra em Nova York, com a passada nas Cataratas do Niágara.

"Estou feliz", disse Becky Kiser, com um sorriso largo e simpático, para Dennis Smith. Vários de seus colegas de classe a ouviram e a fuzilaram com o olhar. "Gosto daqui", continuou a moça. "Queria morar aqui. Tem tanta coisa pra fazer e pra ver."

O grupo continuou a estudá-la, impassível, até que Dennis chamou atenção para si, dizendo: "Aqui você tem a sensação de poder ir aonde quiser. Parece que a cidade nunca dorme. Eu gostaria de morar aqui, acho. Tem gente de todo canto".

"Limusines por toda parte", acrescentou Albert Warthan.

"Parece que você anda, anda e anda…", seguiu Dennis, divagando. "Gosto do jeito como os grandes prédios cercam a gente. Dá vontade de ficar andando e nunca dormir."

"Odeio isso aqui", interveio Connie Williams, eloquente.

"Ah, cara, você não está olhando para a frente", Mike Richardson rebateu Dennis. "Você tem uma ideia romantizada. Não é realista isso."

"Este lugar não me segura", disse Larry Williams. "Gosto da privacidade da fazenda."

"Quero ir a novos lugares", comentou Becky, que havia iniciado a discussão. "Quero ir para a Europa."

"O único lugar para onde quero ir é o Texas", retrucou Larry. "Tenho parentes no Texas."

"Não há lugar como o nosso lar", filosofou Mike. "É o que basta para mim."

"É porque passamos a vida toda em Stinesville", disse Dennis. "Se você apagasse Stinesville do mapa, ninguém sairia prejudicado. Mas, se você apagasse Nova York do mapa, todo mundo sentiria. Nosso guia falou que nossas roupas e tudo o mais vêm de Nova York."

Becky comentou: "Em Coney Island, cruzei com o homem mais bonito que já vi na vida. Acho que era porto-riquenho ou algo assim".

Albert disse: "Quando voltarmos, meu pai perguntará: 'E aí, como foi?'. E responderei: 'Foi ótimo'".

"Eu gostaria de voltar, talvez ficar um mês", disse Jay Bowman, diplomático. "Uma coisa que eu gostaria de fazer, se voltar, é assistir a um jogo de beisebol da liga principal."

"Eu gostaria de ver um jogo desses, mas não voltaria aqui só para isso", disse Mike.

"Odeio Nova York", insistiu Connie.

"Lá em casa, todo mundo diz 'com licença'", notou Nancy Prather.

"Gosto daqui", teimou Dennis.

Era um dia livre para o grupo, meninos e meninas podiam fazer o que quisessem, sem plano ou votação prévios. Mike passou perto da banca de souvenirs no saguão do hotel e o vendedor o incentivou a levar a Estátua da Liberdade para casa.

"Bem que eu gostaria, mas não cabe na minha mala", respondeu, gargalhando.

Um grupo formado para visitar o zoológico no Central Park entrou no metrô, teve uma discussão acalorada sobre onde descer e foi pego na mão por um estranho que lhes disse que o zoológico ficava no Bronx. Somente o garoto chamado Lynn Dillon deu ouvidos ao estranho. Os outros foram para o zoológico no Central Park. Lynn ficou no metrô até chegar ao Bronx e passou o dia inteiro no zoológico do Bronx sozinho.

O restante dos visitantes do zoológico, caminhando para o norte depois do almoço na cafeteria, deu de cara com o Museu Metropolitan e entrou.

"Ele estava lá e era gratuito, então fomos", disse Nancy Prather. "Havia armaduras e outras coisas. Não compraria nada daquilo pra mim."

Naquela manhã, os Watts tentaram convencer alguns dos estudantes a acompanhá-los ao Museu Guggenheim ou ao Museu de Arte Moderna (MoMA), mas ninguém quis pagar o preço da entrada. "Por que pagar US$ 0,50 para ver um museu se existem museus de graça?", perguntou o representante da classe. A sra. Watts relatou depois que o Guggenheim era o museu mais fascinante que ela já tinha visitado, incluindo todos os museus que conhecera em sua turnê europeia de arte. "Para começar, não há grandes multidões lá dentro", disse. "E não acho que o prédio se sobreponha às pinturas, como ouvi dizer." Do Guggenheim, os Watts foram à Georg Jensen's para dar uma olhada nas peças de prata, mas não compraram nada. Em seguida, foram ao MoMA e almoçaram no jardim. "Almoço ótimo, jardim maravilhoso, esculturas lindas, mas fiquei decepcionada com o museu em si", confessou a professora. "Tudo amontoado num espaço muito pequeno! Impossível ter uma boa visão da *Mulher diante do espelho*, de Picasso."

Na hora do jantar, mais da metade dos alunos de Bean Blossom tinham descoberto, aliviados, a Automat, a máquina de venda automática de comida. Jay Bowman jantou um sanduíche de presunto (US$ 0,40), um copo de leite (US$ 0,10) e uma bandeja de morangos frescos (US$ 0,20). Depois, com alguns amigos, comprou amendoins e algumas Coca-Colas, que levou para o quarto, onde os três ainda discutiriam o que fazer naquela noite. Como ainda não tinham tido uma boa visão da cidade a partir do observatório do Empire State, decidiram voltar lá. Estavam acompanhados da maioria das moças e dos outros rapazes e, dessa vez, o grupo conseguiu uma tarifa reduzida de US$ 0,50 por pessoa. Dennis saiu para passear sozinho. Subiu a Quinta Avenida até a rua 85, foi até a Park, desceu a Park até a rua 72, atravessou para o West Side, desceu a Central Park West até a rua 66, passou por trás do Tavern on the

Green (onde observou as pessoas comendo ao ar livre) e desceu a Sétima Avenida até a Times Square, e ali ficou, parado nas esquinas, olhando as pessoas que compravam jornais nas bancas.

Os Watts combinaram de se encontrar com aqueles que estivessem interessados em passear pelo Greenwich Village embaixo do Arco de Washington às 21h30. Os rapazes haviam decidido dar uma volta pela Broadway depois de saírem do Empire State Building, mas as moças apareceram na Washington Square, acompanhadas de dois soldados e três marinheiros que haviam conhecido na filial da USO que ficava em frente ao Woodstock. Os Watts lideraram o caminho até uma cafeteria, onde todos tomaram café ou limonada. Em seguida, as moças e os militares deixaram o casal, dizendo que iriam pegar a balsa para Staten Island. Os Watts seguiram para o Five Spot, que seu amigo fã de jazz havia recomendado por oferecer boa música.

Após o café da manhã do dia seguinte, o motorista do ônibus, Ralph Walls, apareceu no saguão do hotel pela primeira vez desde a chegada do grupo a Nova York e pediu a Jay Bowman que reunisse todos às 5h45 da manhã seguinte para saírem às seis em ponto. Walls contou que passou a maior parte do tempo dormindo e que, antes de partirem, iria dormir mais um pouco. Mas disse também que havia conseguido levar a esposa em um passeio de barco por Manhattan e feito algumas caminhadas pelas ruas. Depois de lembrar Jay, de novo, sobre a hora planejada para a partida, voltou para o quarto.

A sra. Watts levou nove das meninas (duas ficaram descansando no hotel) para passear pela Saks Fifth Avenue – só para olhar. O sr. Watts levou três dos meninos para a Abercrombie & Fitch – só para olhar. Percorreram todos os corredores de todos os andares de cada uma das lojas, examinando tudo o que estava nos balcões e nas vitrines. Ninguém comprou nada. Os dois grupos se encontraram ao meio-dia embaixo do relógio na Grand Central; almoçaram em uma Automat; caminharam até o edifício das Nações Unidas, onde optaram por não fazer o passeio normal; pegaram um ônibus para o rio Hudson e embarcaram no navio *SS Independence*, onde visitaram todos os deques e salões do barco, além de boa parte dos camarotes. Em seguida, pegaram o ônibus de volta para a Times Square e se espalharam para fazer compras.

Mike Richardson comprou todos os presentes que queria – no valor de US$ 11 – no estande do hotel, levando não apenas a placa para sua mãe, mas um conjunto de saleiro e pimenteiro, com a Estátua da Liberdade no sal e o Empire State Building na pimenta, também para sua mãe; um cinzeiro com a Estátua da Liberdade para seu pai; um bule com a ponte George Washington para a cunhada; um cachorrinho mecânico para a sobrinha; um conjunto de bule, xícara e pires da prefeitura para os avós; e um isqueiro com a marca da Great White Way para si mesmo. Na Macy's, Becky Kiser se presenteou com um vestido, uma blusa e uma corrente de tornozelo; e comprou ainda um colar com pulseira e brincos combinando para sua mãe, um conjunto de abotoaduras e prendedor de gravata para seu pai e uma pulseira para a irmã mais nova. Albert Warthan comprou, no estande do hotel, uma câmera fotográfica em miniatura para si mesmo e um bloco telefônico e um conjunto de lápis estampados com a ponte George Washington e um termômetro da Estátua da Liberdade, tamanho grande, como presentes gerais para a família. Jay Bowman comprou uma pérola cultivada na Macy's para sua namorada da turma do segundo ano, além de brincos de prata para sua irmã casada e para sua mãe, e em uma loja chamada King of Slims, na esquina do hotel, comprou quatro gravatas – uma gravata toreador vermelha (estreita) para seu irmão mais velho, uma gravata toreador preta para seu irmão mais novo, um *foulard* de seda sóbrio para seu pai e uma gravata toreador branca para si mesmo. Dennis Smith comprou um cinzeiro da Estátua da Liberdade para sua mãe e um isqueiro da Estátua da Liberdade para seu pai. Connie Williams comprou dois braceletes e uma caneta da Estátua da Liberdade para si mesma. O motorista de ônibus e sua esposa gastaram US$ 60 em roupas para os filhos, seis dos quais são meninas. Nancy Prather não comprou nada. Os Watts gastaram cerca de US$ 100 durante a visita, a maior parte em refeições e entretenimento.

Em sua última noite em Nova York, todos os estudantes, acompanhados pelos Watts, foram ao Radio City Music Hall, chegando a tempo de ver o show no palco. Em seguida, fizeram as malas e foram para a cama. O motorista do ônibus, depois de jantar cedo com a esposa na Hector's Cafeteria, trouxe o ônibus escolar amarelo da Décima Avenida e o estacionou bem em frente ao hotel, para que estivesse lá logo cedo.

Na manhã seguinte, às 5h45, o grupo da escola Bean Blossom se reuniu no saguão. Pela primeira vez desde o início da viagem, ninguém se atrasou. O ônibus partiu exatamente às seis horas e, vinte minutos depois, seguindo para o oeste pela ponte George Washington, desapareceu do horizonte da cidade.

(20 de agosto de 1960)

Dançarinos em maio
(Excerto)

A quarta-feira 5 de fevereiro amanheceu sombria. Ameaça de chuva. A srta. Marion Ross White, uma mulher bonita, de voz suave, 20 e poucos anos e que leciona para uma turma de quinta série na Public School 31, no Lower East Side, saiu de casa a caminho da escola carregando – além de um guarda-chuva, alguns cadernos e uma pasta grande, de couro preto envernizado – um disco de danças folclóricas para usar na preparação de um grupo de sessenta alunos de quinta e sexta séries da PS 31 para o 57º festival anual de danças folclóricas, que aconteceria no Sheep Meadow, gramado dentro do Central Park. Esse rito anual, que é repetido em cada um dos outros quatro bairros da cidade, é conhecido oficialmente pelo Conselho de Educação como Park Fête. É patrocinado em conjunto pela Seção Feminina da Liga Atlética das Escolas Públicas e pelo Escritório de Educação de Saúde. Em Manhattan, no Sheep Meadow, a festa deste ano contará com quase 3 mil meninos e meninas de 11 e 12 anos, de 50 escolas públicas. Na hora do almoço, durante uma hora, as crianças dançariam em torno de 50 mastros, como seus colegas têm feito, a cada mês de maio, pelos últimos 56 anos. (Durante 46 anos, apenas as meninas dançaram; os meninos foram incluídos pela primeira vez há 10 anos.) A srta. White estava começando os preparativos com três meses e meio de antecedência. Auxiliada por duas professoras, ela ensaiaria com sua turma de 27 crianças, além de 33 de outras salas, 8 danças folclóricas internacionais, sendo a principal delas a "Maypole Dance", que havia sido apresentada em todas as 56 Park Fêtes.

A srta. White mora na rua 8 West, no Greenwich Village, em um apartamento de um quarto, no terceiro andar, com aluguel de US$ 92 por mês, sem ar-condicionado e sem elevador, mas com lareira. A moradia fica poucos quarteirões a oeste do teatro Eighth Street, em cima de um restaurante da rede Riker's. A área total é de cerca de 15 metros quadrados e acomoda, além da lareira, um piano de armário em bom estado, um pequeno órgão de fole, um clarinete, um violão, oito gravadores de vários tamanhos, um tambor israelense de lona, uma flauta, um sofá-cama surrado, uma cadeira butterfly de tecido azul, algumas prateleiras de livros (principalmente livros de bolso) e uma tábua de passar. A tábua, que costuma ficar montada entre a parte de trás do órgão e a parede que constitui a cozinha, é onde a sra. White toma o desjejum todos os dias, com torradas e café instantâneo. Ela come em pé, junto à tábua de passar e de frente para o piano, que fica encostado na parede oposta, entre duas pequenas janelas que dão para a rua 8.

A srta. White sabe tocar todos esses instrumentos, mas o principal é a flauta, que segue estudando. Aluna do Hunter College, se formou em música e decidiu, no quarto ano, que queria ser professora. De início, pretendia ensinar no colegial, mas se sentia intimidada pelos adolescentes e, enquanto criava coragem para enfrentá-los, tornou-se professora "substituta permanente" no ensino primário. Chegou à PS 31 há seis anos. Seu salário para o ano letivo passado foi de US$ 6.600. Além de ensinar disciplinas regulares da quinta série, como estudos sociais, leitura, ortografia, matemática, geografia e ciências, a srta. White leciona uma matéria conhecida como "banda". O primeiro passo é ensinar a turma (composta, como outras na escola, de uma mistura de crianças negras e brancas, com uma alta porcentagem de porto-riquenhos) a tocar um ou mais instrumentos – clarinete, tuba, trompete, trombone, saxofone, flauta, bumbo e caixa. Depois, eles aprendem a tocar com a banda, que é regida pela srta. White. No tempo livre, ela dá aulas gratuitas para meia dúzia de crianças da escola usando seu próprio piano. À noite, muitas vezes trabalhando até de madrugada, ela compõe arranjos para a banda. Num concerto recente, realizado na PS 31, o grupo tocou seus arranjos para peças que incluíram

Tonight, de *West Side Story*, e *St. James Infirmary*, além de um coral de Bach...

No ano passado, a turma da srta. White montou uma produção de *My Fair Lady*, com libreto e música rearranjados por ela também. Não foi surpresa para ninguém na PS 31 quando o diretor, um homem jovial, entusiasmado e trabalhador chamado Hyman Terner, pediu que a srta. White atuasse novamente, como já havia feito várias vezes, como professora responsável pelo planejamento da Park Fête.

Quando a srta. White, vergando uma pesada capa de chuva preta e sem chapéu, saiu de casa para a escola levando o disco de danças folclóricas naquela manhã de quarta-feira, parecia compenetrada, séria, determinada. Sua expressão permaneceu imóvel quando dirigiu o olhar, como sempre faz, para o relógio de parede dentro do Riker's e conferiu o horário – 7h30 – com o relógio de pulso. Ainda de cara fechada, a professora contornou um caminhão do Departamento de Saneamento que varria a rua e caminhou apressada até a entrada do metrô, na esquina. Esse trajeto a colocou num trem da linha D até East Broadway, de onde ela emergiu pelas escadas na Madison Street, e seguiu rumo norte, por um quarteirão ladeado de cortiços antigos, calçadas cheias de lixo e grupos de negros e porto-riquenhos, alguns em pé, outros sentados, conversando no meio-fio, e que lhe dedicaram olímpica indiferença. Depois, passou ao largo das paredes de estuque cor-de-rosa de uma sinagoga na esquina das ruas Madison e Montgomery, de onde saía um frequentador, um solitário Moisés, barbudo, usando um chapéu de abas largas e uma túnica preta que chegava até o chão (e que também se mostrou indiferente à srta. White); e, no quarteirão seguinte, passou por uma nova cooperativa habitacional para moradores de renda média, ainda cheirando a cimento molhado e exibindo uma faixa que dizia GOUVERNEUR GARDENS – UNIDADES COM 1, 2 E 3 DORMITÓRIOS. Um caminhão de lixo passou, com a mensagem "Uma Nova York mais limpa só depende de você" na lateral. Um menino negro, magrelo, correu atrás da srta. White, chamando-a. Ela parou, virou-se e, pela primeira vez desde que havia saído de seu apartamento, vinte minutos antes, sua expressão sisuda se desfez. Ela abriu um sorriso franco, inesperado, para o garoto – parecido com o dele. O menino acenou e saiu correndo. A professora então virou na Montgomery Street, e a PS 31, que fica na Monroe Street, surgiu no horizonte – um prédio de fachada cinza, de cinco andares, com janelas barrocas e um playground cercado por um alambrado e encimado por uma cobertura de vigas de ferro...

Ao chegar ao quinto andar, estava sozinha. Em frente à sua porta, sinalizada na parte superior por uma plaquinha com a inscrição 506 em preto e branco, o corredor era um deserto, exceto por uma figura diminuta sentada em frente à sala. Era um menino, acomodado sobre a caixa retangular de algum instrumento musical, que usava tênis de cano alto preto com frisos brancos; calças rasgadas bem largas, dois tamanhos maior que o dele; e uma jaqueta jeans sobre uma camisa de malha verde. Tinha sardas e o cabelo castanho-claro caía sobre a testa. O rosto pálido exibia olheiras escuras. O garoto batucava os dedos nos joelhos sem tirar o olho da maçaneta da porta da sala 506, que, como todas as outras maçanetas à vista, tinha em relevo a inscrição Public School. O nome dele era Willy Crespo e cursava a sexta série. A srta. White havia sido sua professora na quinta série. Seu atual professor era o sr. Allen Guskin, cuja sala, 504, ficava bem ao lado da sala da srta. White. Na época em que Willy estava na turma da srta. White, percebeu-se que ele tinha talento musical; um saxofone de propriedade do Conselho de Educação foi então confiado a ele durante o ano letivo e, depois, o menino ganhou uma bolsa de estudos de música da Henry Street Settlement House. Ainda bebê, perdeu o pai, derrubado pelo diabetes aos 30 anos. Willy agora morava com a mãe e quatro irmãos mais velhos no conjunto habitacional Vladeck, em frente à escola. Sempre chegava ao colégio 45 minutos mais cedo para esperar pela srta. White, e então passava a meia hora seguinte praticando saxofone na sala dela, tendo-a como plateia. Havia algumas semanas, tinha contado à srta. White que, antes de receber o instrumento, ele não tinha vontade de fazer nada, mas agora estava mais interessado em música do que em qualquer outra coisa.

Assim que a srta. White apareceu no quinto andar, Willy a cumprimentou com um aceno de mão e ambos trocaram sorrisos. Ela destrancou a porta, e Willy pegou o estojo do saxofone e se levantou. Então, seguiu a professora de modo automático enquanto ela organizava a sala para a aula – acendeu as luzes, pendurou o casaco em um armário no canto, arrumou os papéis na escrivaninha. Sua mesa, repleta de revistas em quadrinhos confiscadas em aula, um volume intitulado *A história de nosso país* e um pequeno busto de metal de Abraham Lincoln fixado numa base de madeira, além dos papéis, ficava no canto da sala oposto à porta e era cercada pelas estantes de música usadas pela banda. Uma bandeira americana pendia sobre o quadro-negro. O fundo da sala era ocupado por quatro grandes janelas com pequenos painéis de vidro quadrados decorados com pinturas de flores coloridas. Nas portas dos armários para casacos ao longo da parede oposta às janelas, nos quadros de avisos ao redor da sala e sobre os quadros-negros na frente e no fundo da sala, havia desenhos feitos pelas crianças, juntamente com fotos, recortadas de livros e revistas, de figuras históricas como George Washington, Abraham Lincoln, Louis Armstrong, John F. Kennedy, Mahatma Gandhi, os Beatles e Martin Luther King. Enquanto a srta. White pegava um pouco de giz e começava a escrever "Plano de Aula" na lousa, Willy abriu seu estojo, colocou o bocal no saxofone e começou a tocar um arranjo que a professora havia escrito para a música *Moon River*. No quadro, ela escreveu:

1. Saudação à bandeira
2. Banda
3. Atualidades
4. Fonética – adição de ER, EST, ING a palavras terminadas em LE e palavras de uma sílaba
5. Estudos sociais – Expedição Lewis e Clark

Então a srta. White fez uma pausa e se virou. Willy também pausou a música e ouviu da professora que os ensaios para a Park Fête começariam naquele dia. "Gostaria que você participasse", disse.

"Claro, vou participar", respondeu Willy, dando de ombros e sorrindo. "O que é isso mesmo?"

"Você se lembra. Participou no ano passado", disse a srta. White. "Nós armamos os mastros no Central Park para aquelas danças todas."

"Claro", disse Willy, com outro rápido encolher de ombros. "Gostei daquela em que gritávamos 'Olé! Olé!'."

A professora riu. *Fado blanquita*, disse. "Esse é o nome daquela dança." Eles trocaram olhares afetuosos e a srta. White se voltou para a lousa, enquanto Willy retomava *Moon River*...

No dia anterior à Park Fête, a srta. White foi à escola usando um lindo vestido de linho azul com uma jaqueta combinando. Seus alunos a lembraram de que era o Dia do Professor e a presentearam com uma orquídea, que ela prendeu na lapela.

Depois do almoço, o sr. Guskin entrou na sala da srta. White, procurando, como sempre, por Willy. Ela avisou que Willy voltaria dali a pouco para praticar saxofone. O sr. Guskin perguntou sobre a Park Fête, e a srta. White contou que, de repente, no dia anterior, se deram conta de que faltavam quatro coletes. Ela correu até a Orchard Street para comprar mais tecido azul-periquito, e pretendia cortar alguns moldes de última hora; a sra. Zablidowsky iria costurar os coletes mais tarde. "E hoje à noite", anunciou a srta. White, "vou fazer meu exame oral para me tornar professora permanente do ensino primário".

"Parabéns!", disse o sr. Guskin com um sorriso. "Bem-vinda ao clube. O que a levou a tomar essa decisão?" Ele já começara no emprego como professor permanente do ensino primário.

"Senti que poderia fazer mais pelas crianças menores", respondeu. "Na escola primária, é importante identificar as crianças talentosas e desenvolver esse talento. É o caso do Willy. E acho que você geralmente descobre que a idade com a qual você quer trabalhar é aquela em que se é mais feliz." Os dois professores trocaram olhares de cumplicidade.

A srta. White sorriu para o sr. Guskin, um sorriso curto e tímido. "Uma das coisas mais difíceis, no início, era quando chegava o fim do ano letivo e as crianças iam embora", confessou.

"Nos primeiros dois anos, todo mês de junho, quando elas partiam, eu sempre chorava. Depois, na volta às aulas, quando as reencontrava, eu percebia, surpresa, que elas mal me reconheciam."

"Ainda é um choque, até hoje", concordou o sr. Guskin, rindo.

"Mas agora eu não choro mais", acrescentou rapidamente a srta. White.

"Está preocupada com o exame?"

"Estou", disse a professora. "Quando anunciam as perguntas no exame oral, os avaliadores fazem caretas. Acho difícil falar com pessoas que fazem caretas para a gente."

"Não se preocupe com isso", tranquilizou o sr. Guskin. "O principal é agir com naturalidade. Seja você mesma. Responda a tudo da mesma forma que está falando comigo agora. Seja do jeito que você é e já está no papo."

A srta. White sorriu. "Ok", disse ela.

[Depois da dança do mastro], a maioria dos grupos começou a se afastar da área do Sheep Meadow, liderada por garotos carregando mastros. Alguns, incluindo o grupo da PS 31, ficaram por ali mais um tempo. As crianças compraram mais pipoca doce, que ofereciam aos pombos e umas às outras. Yvonne Palmer perseguiu Louis Feldman pela grama. David Gomez, Irod Daley, John Sidoti e Quentin Holley se amontoaram uns sobre os outros, e Arturo Vanderpool veio correndo e se jogou em cima deles.

A srta. White, de pé, sozinha, com cara de satisfeita, encostou-se em um banco. Willy se aproximou, olhou para ela e acenou.

Magdalena veio da banquinha de bebidas carregando copos de papel com refrigerante de laranja. Ofereceu um copo para Willy. Ele agradeceu e bebeu.

Em seguida, a srta. White disse que eles deveriam começar a voltar. Aos poucos, se puseram a caminhar na direção do Tavern on the Green...

Antes de deixarem o parque, pararam por alguns minutos nos bancos próximos ao Tavern on the Green. Yvonne e David correram até Willy, Magdalena, Louis e Irod carregando sacos de pipoca doce, que dividiram entre si. Os prêmios foram descobertos e exibidos para todos. Willy se encostou em uma árvore e, impaciente, afrouxou a gravata amarela. Magdalena o observava. Ele tirou a gravata e a estendeu para Magdalena. Ela a aceitou, sorriu e a amarrou sob o colarinho de sua blusa.

O grupo da PS 31 voltou para a Monroe Street aos tropeços, com Michael carregando o mastro na cabeça. Chegaram à escola por volta das 15h30. Não havia mais aulas, mas todos tiveram de entrar para serem dispensados no pátio. Lá dentro, outro professor guardou o mastro no depósito.

A srta. White topou com o sr. Terner, que estava prestes a sair do prédio. Ele perguntou sobre a atividade no parque. Ela respondeu que as crianças tinham sido maravilhosas. Em seguida, ele perguntou como ela se saíra no exame oral da noite anterior. Ela disse que um dos examinadores havia feito uma careta estranha pra ela, mas que não tinha se importado muito. De modo geral, achou o exame bem interessante. "Mas não sei se passei", acrescentou. "Eu só disse o que pensava."

"Se disse o que pensava, foi bem, tenho certeza", disse o sr. Terner, comemorando.

"Ok", devolveu a srta. White.

Os dois se despediram e o sr. Terner foi embora.

A maioria das crianças se dispersou rapidamente. Willy e Magdalena ficaram esperando. Magdalena estava usando a gravata amarela de Willy sob a gola da blusa. Ela e Willy saíram com a srta. White. Na escadaria da escola, Willy e Magdalena deram tchau para a srta. White. Depois, foram juntos em direção à Gouverneur Street. A srta. White tomou o rumo do metrô, virou-se uma vez para olhar as duas crianças, e seguiu seu caminho, sozinha.

(18 de julho de 1964)

Mays na St. Bernard
(Willie Mays)

Um jovem amigo nosso que cursa a quinta série na St. Bernard's School, na rua 98 East, telefonou outro dia para dizer que Willie Mays estaria lá naquela tarde para falar com os alunos sobre beisebol. Nosso amigo se ofereceu para fazer a cobertura e escrever uma reportagem depois que voltasse do dentista. Seu texto chegou, como prometido, e segue aqui:

Willie Mays conversou com os estudantes no ginásio, onde cerca de 25 de nós o aguardavam, sentados no chão. Willie Mays falou em pé, se destacando no ambiente. Ele tem uma ótima postura. Vestia um belo terno xadrez azul e branco e camisa azul brilhante com gravata colorida. Nosso diretor, que sempre usa paletó de tweed, estava ao lado, em pé, sorrindo para Willie Mays. Uma de nossas professoras mais velhas ficou na entrada do ginásio, espiando, com expressão desconfiada, mas muito interessada. Willie Mays disse que adorava falar sobre beisebol e que a melhor maneira de falar sobre beisebol agora seria respondendo a perguntas. Quase todo mundo levantou a mão para perguntar, e então Willie Mays começou com um menino de um lado e depois escolheu outro no lado oposto. A primeira pergunta foi: "Por que você não usa um taco de alumínio?". Willie Mays disse que gostava mais de madeira. Ele tem uma voz inesperadamente suave. Mas falava tão rápido, e os garotos faziam tantas perguntas com tanta rapidez, que só consegui anotar uma pergunta a cada cinco. Seguem as perguntas que peguei e as respostas de Willie Mays:

PERGUNTA: Qual foi a melhor jogada que você já fez?
RESPOSTA: A melhor jogada que já fiz foi no colegial ou no jardim de infância. Foi minha primeira rebatida.
P: Acha que conseguiria bater o recorde de Babe Ruth?
R: Acho que não conseguiria bater o recorde de ninguém com meus ombros e pernas no estado em que estão agora.
P: Já conseguiu fazer uma queimada tripla?
R: Ainda não.
P: Quando percebeu que era bom?
R: Toda vez que a bola subia no ar, eu sentia que podia pegá-la.
P: Qual foi sua rebatida mais longa?
R: Bem, sempre achei o seguinte: não me preocupo com isso, desde que a bola passe por cima do alambrado.
P: Você queria ser trocado?
R: Não tenho nada a dizer sobre isso. Meu Deus, rapaz! Você gosta de fazer lição de casa? Você não deve ter nada a dizer sobre isso, certo?
P: Quem é seu arremessador favorito?
R: Nunca fez diferença para mim, desde que eu conseguisse acertar as bolas.
P: De quem você rebateu seu sexagésimo *home run*?
R: Mike Corkins, de San Diego. Achou que eu não ia lembrar, não é?
P: O que o levou a se tornar jogador de beisebol?
R: Eu gostava de beisebol, só isso.
P: Quantos filhos você tem?
R: Um. Ele tem 13 anos.
P: Quantas temporadas boas você já teve?
R: Oito.
P: Do que você gosta mais — de grama ou daquele composto que eles têm usado?
R: Gosto mais da grama. Conheço minhas pernas e o que elas fazem de acordo com a forma como a bola quica. Mas nesse novo material você descobre que a bola quica de todas as formas. Não é confiável. Na grama, você sabe.
P: Você se arrepende de alguma coisa que já fez no beisebol?
R: O que sinto em relação a tudo o que já fiz é que não se pode olhar para trás. É preciso sempre olhar para frente.

P: Como você se mantém em tão boas condições? (Nosso professor de educação física fez essa pergunta.)
R: Durmo muito. Não como demais. Tomo um belo café da manhã – três ovos, linguiça, café, suco. Todo esse tipo de coisa. Mas faço apenas duas refeições por dia. A maioria faz três. Alguns, até quatro. Jogo golfe. Ando muito. Mas comer e dormir bem é o principal. E durmo durante o dia. Não quero dizer que você precisa dormir. Basta se deitar. Descansar. Relaxar. Vocês têm noção da minha idade?

"Quarenta e dois!" (Gritou o ginásio, quase que em uníssono.)

P: O que vocês fazem quando estão no banco?
R: Conversamos muito.
P: Quanto tempo demorou para você ficar famoso?
R: Nunca penso nessas coisas. Quando você pratica um esporte, não se preocupa em ser famoso. Pensa em pegar a bola, em fazer o melhor que puder naquele momento.
P: Você acha que o beisebol é um esporte violento?
R: É um esporte violento, sim! A bola voa na sua direção a 150 quilômetros por hora. É dureza.

Willie Mays deu muitos autógrafos depois que parou de responder às perguntas. Em seguida, foi embora numa limusine rosa com teto branco.

(9 de junho de 1973)

As botinas da Madison Avenue

Os alunos de primeiro colegial que sobem a Madison Avenue às 7h30 da manhã rumo às escolas particulares do bairro acabaram de se livrar do aparelho dental e agora exibem arcadas gloriosamente peroladas. Estão na faixa dos 15 anos. Durante a semana, chegam, de ônibus ou a pé, sozinhos, em duplas ou em grupos, e seguem pelo lado oeste da Madison – que eles chamam de lado "bacana" – em direção aos colégios: Dalton, na 89 East; Sagrado Coração e Spence, na 91 East; Nightingale-Bamford, na 92 East; Lycée Français, na 95 East. Brearley e Chapin estão mais a leste; Collegiate, Columbia Prep e Trinity, a oeste; Browning ao sul; Horace Mann, Riverdale e Fieldston, ao norte. Nos finais de semana, estudantes de todo canto encontram uma maneira de se reunir. Hoje ainda é terça-feira.

Meninos e meninas saltam dos ônibus na esquina da Madison com a rua 86 e se juntam ao fluxo de colegas que caminham na direção norte. Os primeiranistas se cumprimentam de modo suave e carinhoso, com palavras gentis e educadas. Os garotos se cumprimentam com *high fives*. As meninas, entre si e também com os meninos, trocam beijos rápidos, mas afetuosos, no rosto – ainda moldado por bochechas que não perderam por completo os vestígios da gordurinha infantil. Nada de beijo protocolar, deixado "no ar", para essa turma. São beijos carregados de sentimento, que revelam a união, a devoção e a confiança que marcam esses relacionamentos. Os beijos que vêm daqueles lábios lembram as bitoquinhas geladas que bebês costumam dar.

A maioria dos estudantes costuma sair de casa sem tomar café da manhã. Ainda em grupos, e com quinze minutos para chegar à escola, eles param na porta das casas. Uma garota num grupo de cinco estudantes tira do bolso um maço de Marlboro Lights — a marca da moda — e todos na roda participam do acendimento do cigarro — riscando o fósforo, protegendo a chama, oferecendo um isqueiro. E compartilham. O cigarro aceso é passado de boca em boca. Todos tragam, as meninas torcem os lábios como profissionais, exalando a fumaça por um cantinho da boca.

Uma loira bem bonitinha e de ar angelical, com narinas vermelhas e ressecadas, dá uma longa tragada e diz, cansada: "Caralho, acho que peguei uma gripe".

"Que se fodam esses germes do cacete", completa outra com calma, tentando tranquilizar a colega com um reforço positivo.

"Cheguei em casa às três?", diz uma terceira componente do grupo, fazendo uma afirmação em forma de pergunta. "Eu adoro zoar com o Henry? Vocês zoam com alguém?"

Os outros a encaram, meio céticos. "Não, ninguém", responde um deles.

"Nossa, eu apronto pra caralho com o Henry", retrucou, meiga, a moça que chegou em casa às três da manhã.

Os pés de todos os membros do grupo calçam botas, não exatamente da marca Timberland. As moças, algumas usando meias-calças pretas ou meias pretas até o joelho, calçam botas pretas chiques, de cadarço, com sola Vibram e ponteiras de aço. Uma das moças que usavam botas de cano longo levantou o joelho e exibiu o calçado, girando o pé de um lado para o outro. "Botina nova!", gritou, mas em tom moderado, feminino.

"Legal", comentou a menina com cara de anjo e gripe. "Bem legal essa botina."

Então, esmagaram a bituca do cigarro coletivo com o salto das botinas e foram para a aula.

Sempre que os primeiranistas têm um intervalo nas aulas, e também diariamente às 12h35, se dirigem a um ponto de encontro qualquer. O segundo andar da lanchonete Jackson Hole, na esquina da rua 91 com a Madison, é dos preferidos atualmente. Nesta terça-feira, às 12h36, seis mesas de quatro lugares e algumas mesas de dois lugares, acomodando 28 fregueses, estão cheias. Vidros de ketchup devidamente abastecidos estão a postos em todas as mesas. Um garçom que é a versão adolescente do Al Pacino serve ao grupo a primeira refeição do dia: porções de batata frita ou de anéis de cebola fritos, ambos com ketchup a rodo, ou uma combinação dos dois itens, e Coca-Cola. Uma colega que chegou mais tarde, de olhos escuros, menorzinha e mais rechonchuda do que as que já estavam acomodadas, aparece pra comer e logo abrem um lugar para ela. Chorosa, a menina conta que o professor de francês deu um teste-surpresa para a turma e ela acha que foi mal.

"Não se estresse, caralho", aconselha outra estudante, oferecendo o mesmo reforço positivo e gentil de antes.

"Professores de merda", diz um companheiro, mastigando uma batata frita ao mesmo tempo que traga um cigarro, que logo passa adiante. "Eu tava indo almoçar e a porra do professor me pergunta aonde eu ia?" As afirmações seguem soando como perguntas. "Não quero esses caras se metendo na minha vida, entende?"

"Sinto falta daquela professora que trabalhava como modelo e largou tudo para ser freira na África?", alguém diz. "Ela gostava de falar sobre as experiências dela, sabe? Era muito aberta com todo mundo?" As outras pessoas da mesa e as meninas de todas as outras mesas concordam que sentem saudade da professora que foi para a África ser freira.

Uma das mocinhas, muito bonita, com longos cabelos castanhos, está "divulgando" uma festa e distribui convites impressos. Está com os óculos escuros presos no topo da cabeça e usa brincos de argola de prata – duplo na orelha esquerda e simples na direita. O convite mostra uma foto de Stonehenge de um lado e, do outro, uma lista de pessoas que apoiam a festa, que tem um título: "The Farside".

"Não posso ir à festa?", reclama um dos jovens. "Meu pai me deixou de castigo? Porque eu estava fumando?"

"Minha mãe quer me mandar para uma escola na porra da Espanha?", diz outra garota. "Só não vou se parar de fumar?"

"Eu quero parar, mas não consigo? Não tenho escolha? É tarde demais?", lamenta uma colega mais fatalista.

A mocinha da festa explica que está trabalhando com seis outros divulgadores para distribuir os convites, telefonar para amigos nas escolas a leste, oeste, norte e sul, e contratar os serviços de um DJ realmente de primeira linha. Estão trabalhando com um produtor de festas importante, cuja participação nos lucros será de 40%, com o restante dividido igualmente entre os sete divulgadores. A entrada para a festa custará US$ 12 por pessoa.

"Esse cara, o produtor, é mais velho, tem muita grana e é experiente, sabe?", continua. "Ele tem 29 anos?"

A menção ao número provoca suspiros.

"Vinte e nove, caralho!", exclama uma das jovens. "Essa é a idade dos atores daquelas séries nada-a-ver, *Barrados no baile* e *Melrose Place*. Os caras têm 29 anos e interpretam personagens da nossa idade."

Seja como for, há planos a serem feitos. A festa começará às 22 horas. As garotas passarão a tarde anterior se preparando.

"Vamos fazer o seguinte", diz a divulgadora. "Precisamos de cinco horas. Vocês três vão pra minha casa às cinco? Trazem as roupas? Eu tiro tudo do armário e espalho tudo no chão? Aí experimentamos? E, dependendo do nosso estado de espírito na hora, escolhemos o que vamos vestir?"

"Temos que ser honestas pra caralho", diz uma das possíveis festeiras. "Sobre o que fica bem na gente."

"Depois tomamos banho? Meia hora? Depois depilamos as pernas? Meia hora? Depois passamos creme nas pernas? Meia hora? Depois ligamos pra quem está de castigo? Conversamos com eles por pelo menos uma hora? Talvez uma hora e meia? Depois saímos e compramos um litro de vodca, suco de laranja e suco de cranberry? Depois vamos para a casa de outra pessoa e bebemos vodca com suco de laranja ou vodca com suco de cranberry? Depois nos vestimos? Depois pegamos outra garrafa de vodca e vamos para a casa de outra pessoa? Vamos ficando mais soltinhas? E ligamos para os amigos e chamamos pra participar dos preparativos? A essa altura, estaremos prontas?"

No primeiro dia letivo depois do fim de semana, pontualmente às 12h36, os alunos do primeiro colegial estavam de volta ao Jackson Hole, fumando, mascando chiclete, comendo batata frita e anéis de cebola e avaliando a festa. "Estou me sentindo enganada.", diz a jovem divulgadora-empreendedora da festa Farside. "Muita gente foi à festa lá na boate superbacana na rua

47 West? Uma multidão se empurrando e entupindo a rua, e a polícia chegou? E disseram que precisávamos de uma licença para servir bebida no bar? E a gente, sabe, a gente não tinha licença, então o tal cara muito rico, o que tem 29 anos, disse que a taxa para usar a boate ia subir de US$ 3 mil para US$ 8 mil, porque eles tiveram que fechar o bar e a gente não tinha licença para vender bebida? E aí todo mundo teve de pagar US$ 20 em vez de US$ 12 só para entrar? E mesmo assim ninguém queria ir embora? E estava tão lotado que não dava nem pra dançar? E no final o cara rico de 29 anos ficou com 40%, e sobraram só US$ 50 para mim, depois de eu ter trabalhado pra caralho e feito um milhão de ligações telefônicas?"

A jovem mastigou uma batata frita, aceitou um Marlboro Light já aceso da garota ao seu lado e deu uma tragada rápida. A estudante rechonchudinha e de olhos escuros que tinha se estressado com o professor de francês veio da outra mesa e deu um beijo carinhoso no rosto da empreendedora. Então, um a um, todos os outros alunos do primeiro colegial que estavam ali se aproximaram e fizeram o mesmo.

(20 de fevereiro de 1995)

IV
Nova-iorquinos

Lillian e William Shawn nas ruas de Nova York nos anos 1960.

El Único Matador
(Excerto)

Os melhores toureiros do mundo costumam vir da Espanha ou do México. A velha província espanhola da Andaluzia abasteceu arenas com mais touros e toureiros que todo o resto do país somado. Manolete, tido como o maior matador da história e que em agosto de 1947, aos 30 anos, recebeu uma chifrada fatal, era andaluz. Carlos Arruza, que se aposentou no ano passado, aos 28 anos, depois de conquistar uma fortuna de US$ 2 milhões e a fama de enfrentar o touro a uma distância menor do que qualquer outro matador, nasceu no México, de pais espanhóis. Belmonte, um andaluz, e Joselito, um cigano espanhol, foram as principais figuras do que é conhecido nos países em que se pratica a atividade como a Era de Ouro das Touradas, que terminou quando Belmonte se aposentou para criar touros, em 1921, um ano depois da morte de Joselito na arena. O único mexicano que se aproximou de Belmonte e Joselito naquela época foi Rodolfo Gaona, um indígena que se aposentou em 1925, milionário e dono de vários imóveis na Cidade do México. Há alguns anos, um toureiro chinês chamado Wong, que usava uma trancinha natural, surgiu no México como El Torero Chino, e uma toureira peruana, Conchita Cintrón, segue em atividade. Apenas um cidadão americano chegou a ser reconhecido como um matador digno do nome. Seu nome é Sidney Franklin, nascido e criado na região do Brooklyn conhecida como Park Slope.

Franklin, agora com 45 anos, calcula ter matado 2 mil touros até hoje. Na última temporada de inverno, no México, matou treze. Ele planeja ir para a Espanha no próximo verão e conseguir contratos para matar o maior número de touros possível, embora seja muito mais velho do que toureiros no auge da carreira. "A idade não tem nada a ver com a arte", diz. "É tudo uma questão do que está em sua mente." Franklin pretende um dia levar as touradas para seu país natal e, se for bem-sucedido, espera que o esporte se torne mais popular que o beisebol. Ernest Hemingway, que se tornou um especialista em touradas, e também em Sidney Franklin, enquanto se preparava para escrever *Morte ao entardecer*, sustenta que, para apreciar de fato as touradas, um país precisa se interessar pela criação de touros bravos e pela morte, e os Estados Unidos não se interessam por nenhuma das duas coisas, segundo Hemingway. "Não temo a morte, só quero manter a saúde", proclama Franklin. Quando aficionados por touradas acusam os americanos nascidos ao norte da fronteira de serem incapazes de nutrir a paixão necessária para a atividade, Franklin responde, com paixão, que frieza na presença do perigo é o aspecto mais elevado de sua arte. "Se tiver coragem, você consegue fazer qualquer coisa", diz. "Os anglo-saxões podem se tornar os melhores toureiros, os melhores bailarinos, os melhores em tudo." Quando, em 1929, Franklin fez sua estreia na Espanha, em Sevilha, os aficionados se impressionaram com a frieza de sua arte. "Franklin não é um improvisador, também não é fruto de um acaso qualquer, nem um fanfarrão", escreveu o crítico de touradas do *La Unión*, um jornal de Sevilha. "Ele é um toureiro nato, com muita ambição, desde sempre; e, com relação aos touros, tem uma qualidade suprema – um destemor sereno. Frieza emprestada dos ingleses, se preferir. Ele se esquiva e recua com uma grandeza plácida, que mascara o perigo com sutileza, e não perde a cabeça diante das ferozes investidas do inimigo." "Franklin toureou como se tivesse nascido na Espanha; os outros tourearam como se tivessem nascido em Chicago", observou outro crítico um ano mais tarde, ao comparar a maneira como Franklin despachou dois touros com o trabalho dos matadores espanhóis que participaram do mesmo programa numa praça de touros de Madri. Um dia, no início da carreira, Franklin matou os dois animais que lhe haviam sido designados e, em seguida, ao substituir outros dois matadores que foram chifrados, liquidou mais quatro. O desempenho provocou uma reação tão forte na arena que um dos toureiros presentes caiu morto de emoção. Hoje, muitos aficionados, tanto espanhóis quanto mexicanos, menosprezam a arte de Franklin. "Manolete fazia a gente sentir vontade de chorar, mas Franklin não deixa marcas em nossa alma", reclamou há pouco tempo um fã espanhol com trinta anos de arquibancada. "Franklin não tem classe", disse outro. "Ele está para um matador de sangue espanhol assim como um jogador de beisebol mexicano está para Babe Ruth." "Eu sou o número um", rebate Franklin. "Sou o melhor do ramo, fácil."

Franklin tinha 19 anos quando assistiu à sua primeira tourada. Estava no México, tinha acabado de fugir de casa depois de brigar com o pai. Lembra-se de estar entediado naquela ocasião. No Brooklyn, havia sido membro fundador da Sociedade Protetora dos Animais da Tia Jean e do velho Clube de Leitura Infantil do *New York Globe*, que se dedicava a glorificar o personagem Pedro Coelho. "Naquela época, para mim, a vida dos homens e dos bichos era a coisa mais preciosa do planeta", diz. "Eu ainda não entendia direito as coisas." No ano seguinte, enfrentou seu primeiro touro — uma fera de 600 quilos, 4 anos de idade e chifres medindo meio metro — e estava a caminho de se tornar um profissional. No quarto de século que transcorreu desde então, Franklin passou a sentir que dominar e matar um touro é o ato mais importante e satisfatório que um ser humano pode realizar. "Chega a me dar uma sensação de bem-estar sensual", acrescentou. "É tão profundo que perco a respiração. Me preenche por inteiro, sinto arrepios pelo corpo todo. É algo que quero fazer de manhã, à tarde e à noite. É algo que a comida não pode me dar. É algo que o descanso não pode me dar. É algo que o dinheiro não pode comprar." Franklin tem certeza de que a tourada é a mais nobre e gratificante de todas as atividades e, com frequência, despeja discursos eloquentes acerca de sua arte em cima de homens mais interessados em poder, dinheiro, amor, sexo, casamento, diplomacia do dólar, energia atômica, criação de animais, religião, marxismo, capitalismo ou no Plano Marshall. Quando seu ouvinte tiver sido reduzido à aquiescência, ou pelo menos à perplexidade, Franklin sorrirá, tolerante, e lhe dará um tapinha nas costas. "É tudo uma questão de começar pelo mais importante", ele dirá. "Quis o destino que eu provasse o primeiro, e melhor, item na lista das possibilidades que a vida apresenta." O triunfo do homem sobre o touro não é apenas o primeiro item da lista do próprio Franklin; é o único. Não há outras possibilidades a distraí-lo. "Meu destino é brilhar", acrescenta. "Era só uma questão de *noblesse oblige*."

A expressão *noblesse oblige* é uma das que Franklin gosta de usar para descrever sua atitude em relação à maioria de suas atividades dentro e fora da praça de touros, incluindo dar conselhos aos outros – quando desata a dar conselhos, ninguém segura. Gosta de orientar amigos, conhecidos e até mesmo estranhos a viverem de maneira sensata, simples, convencional e já provada, de acordo com os princípios do melhor prevenir do que remediar, de reconhecer que a vida será maravilhosa se não enfraquecermos, de saber que a pedra que rola não acumula musgo, de tentar e tentar de novo se o sucesso demorar a chegar, e de distinguir entre o que é realmente ouro e o que apenas reluz. E está convencido de que foi ele mesmo quem inventou todos esses adágios. Para mostrar a seriedade com que os leva em consideração, muitas vezes ajuda amigos a segui-los. Franklin é creditado por ter convencido pelo menos meia dúzia de outros toureiros a não deixar passar boas oportunidades; por ter demonstrado a frequentadores de bares e casas noturnas que não há lugar melhor que o lar; por ter ensinado várias mulheres a dirigir automóveis, depois de insistir que tudo o que o homem pode fazer a mulher também pode; por ter incentivado jovens enamorados a se casarem, pois, quanto mais esperassem, mais difícil seria a adaptação um ao outro; e por ter persuadido casais a terem bebês enquanto ainda eram jovens, para que pudessem ser amigos dos filhos enquanto estes cresciam. "Nasci para liderar, é meu destino", afirma. "Para mim, sempre foi *noblesse oblige*." Alguns americanos que viram Franklin dar cabo de touros em tardes quentes de domingo na Espanha acreditam que ele está certo. "Sidney faz parte de uma raça de homens estranhos, com o destino traçado", diz Gerald Murphy, diretor da Mark Cross e amante das artes. Franklin reserva uma categoria especial de conselhos para si mesmo. "Nunca me permito ficar obeso ou lento", diz. "Faço questão de nunca beber antes de uma luta. Nunca tomo mais do que um copo, mesmo quando socializo com a elite de todas as profissões. Sempre sou capaz de explicar a mim mesmo os porquês e as consequências. Acredito que um centavo poupado é um centavo ganho. Ao seguir a trilha direta e reta, tornei-me uma estrela em dois continentes. Meu horizonte é minha própria criação."

Franklin, que nunca se casou, é alto — mede 1,82 metro —, magro, tem pele clara e é calvo, exceto por algumas mechas onduladas de cabelo cor de areia na base da nuca. As costas de suas mãos e o topo da cabeça são cobertos por sardas causadas pelo sol. Suas sobrancelhas são pesadas e têm cor de palha. As orelhas são longas; os olhos, castanhos, estreitos e sem profundidade, e há muitas linhas ao redor deles. Há uma pequena cicatriz na ponta do nariz. Sua constituição é considerada boa para as touradas, um matador alto consegue alcançar os chifres do touro mais facilmente, por cima, na hora de desferir o golpe fatal. A única desvantagem física de Franklin é seu traseiro, que é saliente. "Sidney não tem movimentos muito elegantes porque tem um traseiro fantástico", diz Hemingway. "Eu o obrigava a fazer exercícios especiais para reduzir os glúteos." Quando caminha pela rua, Franklin parece dançar na ponta dos pés, e tem um jeito áspero e acelerado de falar. Soa como um promotor de boxe ou um policial, mas exibe também muitos dos gestos e maneirismos dos toureiros espanhóis. "Os americanos são ensinados a falar com a boca", ele gosta de dizer. "Nós falamos com o corpo." Quando o desfile que antecede a tourada termina, ele fica de pé, parado, à moda dos mexicanos e espanhóis, com a cintura para a frente e os ombros para trás. Quando está com raiva, parece se enfurecer, mas em um instante pode voltar a ser uma companhia alegre. Quando está junto de outros toureiros ou de aficionados, ele brilha, efervescente. No final do ano passado, num hotel em Acapulco, Franklin descobriu que o maître, D'Amaso Lopez, havia sido toureiro em Sevilha entre 1905 e 1910. "Ah, Maestro!", gritou Franklin, abraçando Lopez, que pegou uma toalha de mesa e começou a simular *verónicas*. "Está felicíssimo em me ver", Franklin disse ao anfitrião durante o jantar. "Somos almas gêmeas." Nas festas, ele gosta de substituir a conversa fiada ou outros passatempos por uma tourada de salão, usando um dos convidados como touro. (Alguns especialistas consideram Rita Hayworth seu melhor touro.) Claude Bowers, ex-embaixador dos Estados Unidos na Espanha, costumava convidar Franklin para suas *soirées* em Madri. "Sidney adorava se apresentar", disse um funcionário da embaixada que fazia as vezes do touro de Franklin. "Ele tecia os comentários mais fascinantes enquanto armava demonstrações com a capa e depois passava horas respondendo às perguntas mais tolas, desde que fossem sobre touradas. Agia como um pregador espalhando o evangelho."

Franklin se dá bem com mexicanos e espanhóis. "Nas ruas de Sevilha, todo mundo fala com ele", diz um amigo que o acompanhou bastante por lá. "Ele conhece todos os motoristas de táxi e vendedores de loteria, e até o prefeito se curva diante dele." Franklin afirma que se transformou em um toureiro totalmente espanhol. "Conheço a Espanha como a palma da minha mão", diz. "Soo muito mais lúcido em espanhol do que em inglês. Eu até penso em espanhol." A lucidez de Franklin em espanhol tem se revelado útil para outros americanos. Rex Smith, ex-chefe do escritório da Associated Press em Madri, usava Franklin como repórter de vez em quando. Durante uma rebelião, em 1932, Smith o encarregou de investigar um tumulto perto do escritório da AP. "De repente, ouvi uma grande algazarra do lado de fora da minha janela", relembra Smith. "Olhei para fora e lá estava Sidney dizendo à multidão, em espanhol, para onde ir." "Sidney é fabuloso com idiomas", confirma Hemingway. "Ele fala espanhol tão bem, é tão perfeito na gramática, tão preciso, com todas as gírias e sotaques malditos e aqueles 27 dialetos, que ninguém acredita que ele é americano. Ele é tão bom no espanhol quanto T. E. Lawrence era em árabe." Franklin fala castelhano, *caló* (língua dos ciganos) e andaluz. O meio de conversação favorito dos toureiros na Espanha é uma mistura de *caló* e andaluz. Em vez de dizer "nada", por exemplo, ele diz "na, na, na", e diz *leña*, que é uma gíria usada por toureiros em lugar do clássico *cuerno*, para se referir a chifres particularmente grandes. Ao conversar com um duque espanhol, com pronúncia sibilante, Franklin assume um ceceio que é muito melhor do que o de seu interlocutor, e se sente igualmente à vontade na linguagem mais direta usada nos cafés frequentados por companheiros de profissão. Os espanhóis afirmam que Franklin nunca erra em seu idioma de adoção. Certo dia, ele saiu para velejar em uma escuna de dois mastros. Um convidado espanhol chamou um dos mastros da vela de *palo*. "Não diga bobagem", interveio Franklin, e continuou explicando que o mastro a que o homem se referia era uma *verga*, que *palo* era outro tipo de mastro, e que existiam três termos para descrever aquele componente do barco – um usado por pescadores, outro por velejadores e o terceiro por ignorantes em assuntos do mar.

Quando Franklin foi ao México pela primeira vez, em 1922, não falava espanhol. Alguns anos mais tarde, enquanto treinava em uma fazenda ao norte da Cidade do México, começou a alfabetizar quarenta peões locais, de todas as idades. Depois de três meses, dezesseis dos seus alunos já sabiam ler e escrever. "Eles me idolatravam por isso", diz. Em qualquer restaurante – até mesmo em um Schrafft's, em sua terra natal –, ele segue o costume espanhol de chamar atenção do garçom dizendo "Psst!" ou batendo palmas. Seus cartões de Natal exclamam: *Feliz Navidad y Próspero Año Nuevo*. Como é costume conversar com os touros durante o embate, ele se dirige aos animais em espanhol. *Toma, toro! Toma, toro!*, provoca, ao incitar um touro a atacar. *Ah-ah, toro! Ah-ah-ah, toro!*, ele murmura, tentando atrair o bicho para mais perto.

Ao vestir um casaco, Franklin o manuseia como se fosse a capa de um toureiro, e todo o seu guarda-roupa foi criado para expressar sua ideia da personalidade de um matador. "Sidney sempre demorou demais para se vestir de manhã", diz Hemingway, que costuma dormir de cueca e precisa de trinta segundos para vestir calça e camisa. "Eu sempre tinha de ficar esperando. Não gosto de homens que demoram para se aprontar pela manhã." A maioria dos ternos de Franklin foi feita sob medida em Sevilha. "Material genuinamente inglês – nada além do melhor", anuncia. Seu guarda-roupa inclui uma capa de chuva branca transparente, vários suéteres de gola alta, algumas boinas bascas, muitos *sombreros* e uma jaqueta de gabardine roxa sem lapelas. Seus trajes de toureiro são mais elegantes e mais caros do que os de qualquer outro matador. Ele tem três perucas – duas repartidas do lado esquerdo e uma repartida do lado direito – que causam inveja aos toureiros calvos que nunca estiveram em Hollywood ou ouviram falar de Max Factor. A aparência de um toureiro tem muita relação com sua popularidade, especialmente no México, onde toureiros carecas não são benquistos. Um matador espanhol chamado Cayetano Ordóñez, conhecido nas arenas como Niño de la Palma, e que serviu de inspiração para o personagem de Hemingway em *O sol também se levanta*, perdeu boa parte de seu público mexicano ao ficar sem cabelo. Em 1927, quando apareceu na Cidade do México e dedicou um dos touros que estava prestes a matar a Charles A. Lindbergh, ainda era jovem, esbelto e gracioso, com cabelos escuros e cacheados. "Um Adônis", diz Franklin. "Niño tinha um físico maravilhoso. Todos os sexos enlouqueciam com ele." Oito anos depois, Niño, que trabalhara um tempo na Espanha, voltou ao México mais gordo e parcialmente calvo. No momento em que tirou o chapéu de matador, as mulheres da plateia transferiram seus afetos para um toureiro mais magro e bonito, e os homens se voltaram para os touros. Um dia, Franklin mostrou suas perucas a Niño. "O pobre Niño ficou atônito", conta uma testemunha. "Colocou uma das perucas e ficou em frente ao espelho por uma hora, com lágrimas nos olhos. Meu Deus, que cena ele fez quando Sidney tentou tirar a peruca dele!" Franklin costumava usar perucas sempre que aparecia em público, mas ultimamente só recorre a elas quando está na praça de touros, no teatro, ou quando tira fotos. Gosta de dizer que um dia, se as coisas na arena ficarem meio mornas, ele vai pendurar a peruca no chifre de um touro.

Firme em sua crença na *noblesse oblige*, Franklin acredita que pode se dar ao luxo de ser generoso com seus semelhantes. "Sidney não tem inveja de ninguém", diz um amigo. "Ele encarna o extremo do que a maioria dos homens gosta de pensar sobre si próprios, tanto que nunca pensa nisso. Ele não quer coisas, acha que já tem tudo." Embora Franklin não leve essa história de *noblesse oblige* a ponto de perdoar os inimigos, mostra-se tolerante com aqueles cuja relação de amizade esfriou. Ele raramente revê Hemingway, a quem conheceu em 1929, desde que deixou Madri em 1937, em meio à guerra civil. Franklin fazia pequenos trabalhos para Hemingway, que na época era correspondente de guerra.

"Pesei minha relação com Ernest na balança e concluí que ele estava em falta", observa Franklin. "Quando ele começou a carregar nas tintas em seus despachos sobre a guerra, senti que era hora de encerrar a parceria."

"Isso é uma obscenidade!", reage Hemingway.

"Chegou uma hora que eu conhecia a mente de Ernest melhor do que ele mesmo. Isso começou a irritá-lo", diz Franklin.

"Obscenidade!", rebate Hemingway.

"Posso discordar de Ernest, mas sempre lhe darei o benefício da dúvida, porque ele é um gênio", pondera Franklin.

"Obscenidade, obscenidade!", insiste Hemingway.

Franklin é muito crítico em relação à maioria de seus camaradas, mas há alguns que até elogia quando acha que merecem. Depois de uma tourada na Cidade do México, há um ano, um amigo comentou que um dos matadores tinha passado uma boa impressão só porque lhe haviam dado um bom touro para matar – um bom touro é aquele que tem visão perfeita e é agressivo, agitado e, do ponto de vista humano, corajoso. Franklin disse que não – que o touro era ruim. "O sujeito teve a coragem de entrar ali, aceitar o desafio e fazer de um limão um bom touro", reagiu. "Você não entende isso porque não tem noção do que é *noblesse oblige*." Por causa de sua própria compreensão do que é *noblesse oblige*, Franklin está determinado a seguir lutando com touros enquanto suas pernas aguentarem, e gostaria de ver o Brooklyn continuar a ser representado na praça de touros depois que se aposentar. Para tanto, colocou sob sua guarda, por um tempo, um vizinho seu do Brooklyn, de 26 anos, chamado Julian Faria, apelidado de Chaval, que significa "garoto". Chaval, cujos pais são descendentes de ingleses, espanhóis e portugueses, e cujo rosto se assemelha ao de um bezerro dócil e de olhos tristes, estreou como matador no México no outono de 1947, ao lado de Franklin em algumas das arenas menores. Nos pôsteres de divulgação, o nome de Chaval aparecia em letras de 1 polegada de altura, abaixo do nome de Franklin, em letras de 2 polegadas de altura, acima da proclamação de que Franklin era "El Único Matador Norteamericano".

"Existem dois tipos de pessoas", Franklin gosta de repetir. "Aquelas que vivem para si mesmas e aquelas que vivem para os outros. Eu sou do tipo que gosta de servir à humanidade." Ele acredita que teria sido um excelente médico e chega a atuar como clínico geral sempre que surge uma chance. Certa tarde, um touro rasgou um de seus tornozelos. "Peguei um pires de chá, juntei um pouco de areia, misturei com folhas de chá e esterco e apliquei no membro ferido", conta Franklin, com olhar de sublime satisfação. "Logo já estava pronto para voltar à arena, toureando perfeitamente." Em outra ocasião, quando trabalhava no rancho no México, um peão acidentalmente ceifou dois dedos do pé. Franklin alega que os costurou novamente com agulha e linha comuns. "Coloquei uma tala embaixo do pé, enfaixei e disse a ele que evitasse pisar com força por alguns dias", conta. "Em pouco tempo, o homem estava como novo." No México, há alguns anos, Franklin assistiu à realização de uma apendicectomia em seu protegido, Chaval, aconselhando-o a não demonstrar medo ou sinal de dor (o garoto recebera anestesia local), e nem mesmo gemer, pois outros toureiros ficariam sabendo. Chaval não soltou um pio. "Eu me certifiquei de que a apendicectomia fosse realizada de acordo com o método Hoyle", acrescenta.

Franklin se considera um especialista em saúde mental, além de física. Em uma tourada na Cidade do México, no ano passado, ele se sentou ao lado de um psiquiatra britânico, um sujeito muito educado, que estava no país como participante de uma conferência da Unesco. Enquanto um touro morto estava sendo arrastado para fora da arena, Franklin voltou-se para o psiquiatra. "Diga-me, doutor, o senhor já se interessou pela imortalidade do caranguejo?", perguntou. O psiquiatra admitiu que não, e Franklin disse que ninguém sabia a resposta para esse enigma. Então perguntou ao psiquiatra que tipo de médico ele era. Mental e fisiológico, respondeu o psiquiatra.

"Acredito que o cérebro controla tudo no corpo", afirmou Franklin. "Tudo se resume ao que se passa na nossa mente."

"Você é uma espécie de psicossomaticista", respondeu o psiquiatra.

"Não, só estou dizendo que, se controlamos o cérebro, o cérebro cuida do resto", insistiu Franklin.

O psiquiatra perguntou se a teoria se aplicava às touradas.

"Agora estamos chegando lá, doutor", disse Franklin. "A tourada é algo básico. É vida ou morte. As pessoas vêm aqui para ver o toureiro arriscar tudo. É o maior jogo de azar em que podemos entrar na vida. A tragédia e a comédia estão tão próximas que é difícil separá-las. É tudo uma questão de *noblesse oblige*."

O psiquiatra assumiu um ar solene. Outro touro entrou na arena, e um matador executou uma *verónica*. Não foi uma boa *verónica*. O matador deve segurar a capa diretamente diante do rosto do touro, com uma das mãos perto do próprio corpo e a outra mais distante, esticando a capa e, em seguida, afastando-a do rosto do touro de modo que, quando o animal a seguir, passe diretamente à frente do toureiro. Aquele matador manteve as duas mãos longe do corpo, e o touro passou longe dele. A multidão vaiou e gritou insultos. "Olhe para isso, doutor", disse Franklin. "Taí um sujeito sem a menor noção de *noblesse oblige*."

O psiquiatra limpou a garganta. A tourada, continuou, pode ser vista como um modelo estilizado do conceito de Freud sobre a mente e suas três divisões: o id, o lado bruto, incivilizado, do homem; o ego, uma combinação do ambiente, que domou o id, e do próprio id; e o superego, a consciência, representada de modo geral pelo pai ou pela mãe, a instância que aprova ou desaprova. E sugeriu que o id poderia ser representado pelo touro, o ego pelo toureiro e o superego pela multidão que vaia e grita. "Muitas coisas que você faz na vida", acrescentou, "são uma projeção do que está acontecendo em sua mente. Por exemplo, você pode estar enfrentando touros porque internamente existe um conflito entre id e ego, id e superego, ou ego e superego, ou talvez um conflito entre id e ego combinados e superego. A tourada, então, pode ser um bom modelo de seu estado de espírito".

"Não", disse Franklin. "Se eu tivesse de nascer de novo, faria tudo igual. Entende o que eu quero dizer?"

O psiquiatra pensou um pouco e depois disse que sim, que acreditava que sim.

Depois da tourada, Franklin, ao se despedir do médico britânico, aconselhou-o a cuidar melhor de si. "Se não pode ser bom, seja cuidadoso, doutor", finalizou.

Franklin diz que gosta da vida de toureiro porque permite acomodar uma série de outras atividades. "Você chega a uma cidade, seja de avião, navio, trem ou carro, e todo mundo já está lá para recebê-lo", relata. "Você mal tem tempo de trocar de roupa para comparecer às rodadas de banquetes e jantares. E não paga por nada; os outros consideram um privilégio pagar por você. Você é levado para nadar, caçar, pescar e cavalgar e, se não souber fazer essas coisas, os outros consideram um privilégio ensiná-lo, satisfazer todos os seus caprichos e desejos. Os melhores de todas as profissões gostam de ser vistos com você." "Eles nunca estão sozinhos", diz Hemingway, em tom meio rabugento, sobre os toureiros. "O que Ernest tem em mente quando diz isso é que todos os sexos se atiram em cima de você", explica Franklin. "Nunca me interessei por vida noturna. Nunca me deixei desviar do caminho. Muitos colegas se deixam levar a ponto de se perderem para sempre."

A atitude de Chaval com relação à vida de toureiro é bem diferente. "Gosto de assustar as garotas", diz. "Rapaz, eu trago o touro tão perto de mim que as garotas todas gritam. Adoro ver as meninas gritando."

Franklin costumava dar sermões a Chaval sobre a importância da *noblesse oblige* para ajudar o jovem a não se perder. "Só continuo vivo hoje porque estava em perfeitas condições quando sofri acidentes na arena", disse, com ar severo, a Chaval, que tinha uma queda pelas noitadas.

"Puxa, Sidney, tudo o que você precisa fazer na arena é mostrar que tem coragem", respondeu Chaval. "É disso que as garotas gostam, de ver sujeitos corajosos."

A maioria dos toureiros concorda com Chaval, mas apresenta seus argumentos com mais dignidade. Uma jovem que conheceu Carlos Arruza em uma festa na Cidade do México o elogiou por sua valentia em enfrentar o touro tão de perto. "Você acha que vou ser morto, mas para você eu mostro coragem perante a morte", respondeu Arruza, com galhardia. "Isso é virilidade. Toureio para ganhar dinheiro, mas gosto muito de colocar o animal de joelhos diante de mim." O destemor de Manolete é lendário. Ele se especializou na manobra mais difícil e perigosa do ramo – o *pase natural*, que, quando executado do jeito certo, exige que o touro se mova perigosamente perto do corpo do matador. Apesar de não ter concorrentes à altura, ele sempre tentava se superar. "Manolete tinha uma grande personalidade", disse recentemente um fã mexicano. "Nunca sorria." Foi chifrado várias vezes antes de receber o golpe fatal. Em mais de uma ocasião, poderia ter escapado da lesão se tivesse se movido um centímetro ou dois. "Por que você não se esquivou, Manolo?", perguntaram-lhe depois de sofrer um ferimento na perna. "Porque eu sou Manolete", respondeu, sério. Há quem atribua o destemor à simples falta de imaginação. Franklin discorda dessa teoria. "Acredito em encarar os fatos", diz. "Se você é um super-homem, você é um super-homem, e pronto." Poucos entre os críticos que defendem a opinião de que falta talento artístico a Franklin acreditam que lhe falte também valentia. "Ninguém vive a vida ao máximo, exceto os toureiros", diz Franklin, citando *O sol também se levanta*.

Ao aconselhar Chaval sobre como viver a vida ao máximo, Franklin disse certa vez: "Você precisa ser o sol, a lua e as estrelas para si mesmo, e os resultados surgirão de forma tão natural quanto a noite depois do dia".

"Puxa, Sidney! Não estou entendendo", retrucou Chaval. "Só sei que, se eu não matar o touro, o touro me mata."

"As touradas me ensinaram a ser o mestre de mim mesmo", continuou Franklin. "Me ensinaram a descartar tudo o que não era importante."

"Puxa, Sidney!", exclamou Chaval.

Franklin começou a fazer história na arena já em sua estreia na Espanha, em 9 de junho de 1929, em Sevilha. Os aficionados que o viram tourear naquela ocasião choraram e gritaram, e falaram sobre isso durante semanas. "Naquele dia, declarei: 'As touradas nunca mais serão as mesmas'", disse Manuel Mejías, pai de cinco filhos toureiros. "Sidney Franklin introduziu um estilo revolucionário na praça de touros." "Sidney era um prodígio fenomenal", lembra uma senhora americana que estava presente. "Ele não demonstrava medo nenhum. E era absolutamente lindo."

"Fui carregado nos ombros da multidão pelos portões reservados à realeza", relatou Franklin a Chaval, extasiado, há pouco tempo. "A história daquela arena acumulava então 199 anos. Durante todo esse tempo, apenas quatro companheiros já haviam sido carregados para fora da arena nos ombros da multidão. Fui o quinto. O tráfego nas ruas de Sevilha foi afetado. No dia seguinte, foi aprovada uma lei que proibia o desfile de toureiros pelas ruas públicas. Fui retirado da arena às 19 horas e deixado em meu hotel à 0h20. Eu não sabia o que estava fazendo ou o que havia acontecido comigo. Estava tão empolgado que tirei todo o meu dinheiro de uma gaveta da cômoda e joguei-o para a multidão na rua. A sorte estava lançada. Eu estava nas nuvens mais altas deste ou de qualquer outro mundo. Eu me sentia tão acima de qualquer coisa mundana que nada importava. Eu não ouvia nada. Não via nada. Olhava, mas não via. Eu ouvia, mas nada era registrado. Não me importava com a comida. Não queria saber de bebida. A mim bastava encostar a cabeça no travesseiro e desmaiar."

(26 de março de 1949)

Fantástico

A Junior League of the City of New York, Inc., um clube que existe há 53 anos e congrega mulheres com menos de 40, realizou seu terceiro baile anual de Mardi Gras – "brilhante reunião de pessoas de destaque na sociedade, nos palcos, nas telas e na televisão", segundo o *Herald Tribune* – na noite de terça-feira, 2 de março de 1954, no Grand Ballroom do hotel Astor. Cerca de oitocentas associadas e respectivos maridos, amigos de associadas e amigos dos maridos compareceram, pagando US$ 15 por pessoa pelo privilégio, e todos concordaram que foi uma festa e tanto. A orquestra de Emil Coleman, com 24 músicos e dois pianos, animou a pista, e os pontos altos da noite foram a coroação da Rainha do Mardi Gras pelo prefeito Robert F. Wagner, Jr., e um desfile de quinze *junior leaguers* e duas modelos profissionais cujas fantasias emulavam, ou tentavam emular, o espírito de dezessete empresas (incluindo a Pepsi-Cola e a United States Steel) que patrocinaram o baile doando US$ 1.500 cada uma para o Fundo de Bem-Estar da New York Junior League. A Liga conta hoje com 1.500 associadas (é uma das 183 divisões, que somam um total de 63 mil membros), que se dedicam a servir aos interesses sociais, econômicos, educacionais, culturais e cívicos da comunidade. Os recursos do Fundo de Bem-Estar financiam serviços voluntários em hospitais, regiões carentes e iniciativas similares. Uma semana após a noite de Mardi Gras, a tesoureira do comitê de festas relatou a 45 radiantes colegas que, feitas as contas, o baile renderia US$ 18 mil para o Fundo de Bem-Estar.

Os preparativos para o baile começaram mais de um ano antes de sua realização. Às 11h15 de 18 de fevereiro de 1953, um dia após o segundo baile anual de Mardi Gras, que ocupou também os salões do Astor e que, com apenas quatorze patrocinadores (incluindo o suco de laranja Flamingo e a panificadora Pepperidge Farm), arrecadou US$ 11.517,02, a presidente do comitê do Mardi Gras, a sra. Thomas D. Luckenbill, apareceu na sede social da Liga – um prédio de cinco andares no número 130 da rua 80 East, que servira de residência para Vincent Astor. A sra. Luckenbill logo começou a trabalhar, redigindo notas de agradecimento a patrocinadores, celebridades e outras pessoas que haviam contribuído para o segundo baile de Mardi Gras. Pouco depois, juntou-se a ela a sra. Stirling S. Adams, uma das quatro vice-presidentes do comitê. A sra. Adams exibia um ar tranquilo e parecia satisfeita com tudo que a cercava. Contou que havia se deitado às cinco da manhã e levantado às oito para ir até o Astor buscar o trono da Rainha e alguns trompetes, para devolvê-los a uma empresa de aluguel. Por volta do meio-dia, mais da metade das componentes do comitê da sra. Luckenbill estava à disposição para ajudar a escrever os cartões de agradecimento. Várias dessas colaboradoras haviam passado a manhã ocupadas com trabalho voluntário em clínicas ou creches. E todas ansiavam, animadas, pelo baile de 1954. O grupo recapitulou o evento da noite anterior e concluiu que alguns aspectos poderiam ser aperfeiçoados na terceira edição. Havia, por exemplo, o problema com o sistema de som do Astor (que falhou no momento em que a Rainha era coroada) e a necessidade de proteger o camarim das modelos (fotógrafos de jornais conseguiram entrar enquanto as moças se vestiam). A sra. Adams comentou que a sra. Henry I. Stimson, membro do comitê responsável pelas fantasias, havia feito um excelente trabalho e que o traje que mais admirou foi o da sra. Wickliffe W. Crider, que surgiu fantasiada de sanduíche de frango para representar a panificadora Pepperidge Farm. A sra. Crider envergou duas fatias gigantes de pão e foi carregada por quatro cavalheiros vestidos como palitos de dente. "No ano que vem, talvez tenhamos alguém fantasiado de azeitona, se optarmos pelo sanduíche de novo", disse a sra. Adams. "Mas pode ser que a Pepperidge queira algo diferente em termos de figurino."

A sra. Luckenbill disse à sra. Kevin McLoughlin, responsável pela ponte entre o comitê do Mardi Gras e a diretoria da Liga, que recomendaria a sra. Stimson para o cargo de presidente do baile no ano seguinte. A sra. McLoughlin ficou felicíssima. "Louise Stimson é uma moça muito elegante", declarou. "Aquele desenho do palhaço cor-de-rosa que ela fez para enfeitar o programa da festa deste ano poderia se transformar em ilustração permanente de todos os Mardi Gras daqui para a frente." A sra. Luckenbill concordou e sugeriu que alguém deveria fazer uma moção endossando o desenho do palhaço na próxima reunião da diretoria da Liga. "Tenho certeza de que todos votarão a favor, a moção está em linha com nossas políticas", disse a sra. McLoughlin. A sra. Albert C. Santy, encarregada das reservas para o baile, acrescentou que todos ficaram felizes com a eleição da sra. Oliver Rea para Rainha, na noite anterior. Havia cinco candidatas, chamadas Donzelas, para a coroa, e a Rainha foi escolhida por três homens de mentalidade cívica, ocupantes de cargos públicos, com base na personalidade e no trabalho realizado pela vencedora para a Junior League e para a comunidade em geral. A sra. Rea servirá como presidente do Programa de Voluntariado Social da Liga, presidente do comitê de estágios para jovens e presidente de um projeto de reabilitação criado no Hospital Bellevue. Como Rainha do Mardi Gras, na noite anterior, ela sentara em seu trono e comandara a festa a partir do palco. Agora, sem mais deveres reais a cumprir, estaria no Hospital Riverside, uma instituição voltada para adolescentes usuários de narcóticos na ilha North Brother, no East River, fazendo trabalho voluntário com os pacientes. "Betty Rea é uma moça elegante", disse McLoughlin. "Todas as cinco Donzelas eram elegantes, mas *alguém* tinha de ser eleita Rainha."

A sra. John C. Carrington, que é vice-presidente da Junior League de Nova York, juntou-se ao grupo. "A Betty Rea não estava o máximo como Rainha?", perguntou. "Minha única sugestão para melhorar no ano que vem é arranjar acompanhantes que combinem com as Donzelas. Alta com alta, baixinha com baixinha."

A sra. W. Mahlon Dickerson, uma mulher alta e de ombros largos, do grupo das quatro Donzelas não eleitas para o trono, comentou com bom humor que sua acompanhante era baixinha, mas muito charmosa. Sua única reclamação foi que o quarto reservado para as Donzelas era tão vigiado que ela mesma teve dificuldades para entrar. "No ano que vem, precisamos de um esquema melhor para determinar quem entra e quem fica de fora", disse. "Na próxima, vamos fazer um trabalho de primeira." A sra. Paul H. Raymer, também do comitê, observou que as modelos haviam sido largadas no palco depois do show e que ninguém parecia saber o que fazer com elas. "Meu marido pegou a que estava fantasiada de suco de laranja Flamingo e a tirou para dançar", contou, e todas riram. "Para o ano que vem, precisamos providenciar um melhor encerramento das atividades." Todos concordaram que, para o terceiro Baile de Mardi Gras, haveria um esquema melhor para determinar quem entra e quem fica de fora, bem como um melhor encerramento das atividades.

No mês seguinte, e conforme a sugestão da sra. Luckenbill, a diretoria da Junior League de Nova York, comandada pela sra. Samuel Wilson Moore, elegeu, por unanimidade, a sra. Stimson como presidente do terceiro Baile de Mardi Gras. Além disso, a diretoria decidiu, também por unanimidade, que o desenho do palhaço cor-de-rosa criado pela sra. Stimson deveria se tornar a ilustração definitiva do programa impresso. Em abril, a sra. Stimson, uma mulher séria e eficiente, associada da Liga havia seis anos, além de ex-presidente e membro da diretoria atual da creche Manhattanville, começou a organizar seu comitê para preparar o baile. Nomeou a sra. Adams como chefe do subcomitê encarregado do desfile, a sra. Crider como responsável pelas fantasias e a sra. Santy para supervisionar as reservas de hotel, além de encarregar a sra. Raymer e a sra. McLoughlin dos convites especiais e da publicidade, respectivamente. Às 10h30 do dia 6 de maio, essas associadas, em conjunto com outras duas – a sra. Dickerson e a sra. Robert Cooke, que ainda não haviam sido designadas para nenhum comitê –, foram convocadas pela presidente para uma reunião preliminar do comitê do Mardi Gras de 1954.

As mulheres se reuniram na sala da diretoria, no terceiro andar do prédio da Liga. Para chegar até o local do encontro, caminharam por um corredor em cujas paredes estão penduradas fotografias das 25 ex-presidentes da Liga de Nova York – uma nova presidente é eleita a cada dois anos – começando pela sra. Charles C. Rumsey, ex-Mary Harriman, que em 1901 concebeu a ideia de fundar uma organização chamada Junior League for the Promotion of Settlement Work [Liga Júnior para a Promoção de Serviços Sociais em Áreas Carentes] – o nome foi abreviado em 1912. No início da reunião, todas concordaram que o próximo baile deveria ser acompanhado de um jantar. O evento anterior, uma ceia dançante, começara mais tarde, e o sentimento geral era de que essa decisão tornara a noite de Mardi Gras demasiado cara para as associadas, que se viram na obrigação de organizar jantares em casa antes de seguir para o baile-ceia no Astor. Também concordaram que o ingresso deveria custar US$ 15 por pessoa, US$ 8 dos quais, esperava-se, cobririam o custo do jantar e outras despesas, e os US$ 7 restantes seriam revertidos para o Fundo de Bem-Estar Social. Houve, ainda, alguma discussão acerca da data do baile. Os dois anteriores haviam sido realizados na noite da Terça-feira Gorda, o verdadeiro Mardi Gras. Alguns membros do comitê acharam que um fim de semana poderia ser mais conveniente, mas a maioria insistiu que a noite tradicional era a melhor, e que essa era uma ocasião em que as pessoas simplesmente teriam de ficar acordadas até tarde no meio da semana. Resolvida essa questão, a sra. Stimson explicou que precisava de mais tempo para definir um nome para o cargo crítico de presidente do comitê de patrocinadores – queria ter certeza de encontrar uma mulher com algum entendimento do que acontece no mundo dos negócios. "Não vamos ter medo de encarar os fatos, meninas", disse a sra. Dickerson. "Queremos ganhar dinheiro. Queremos patrocinadores que abram a carteira." Suas colegas assentiram com a cabeça, o argumento era bom. A sra. Adams disse que o Astor tinha o melhor salão de baile para o Mardi Gras e propôs que, desde que o hotel consertasse o sistema de som, o baile fosse realizado lá novamente. Em seguida, conferiu o relógio de pulso, soltou um gritinho e pediu que fosse dispensada da reunião porque um quarteto de associadas da Liga, no qual ela atuava como segunda soprano, iria cantar em uma das alas do hospital St. Luke dali a meia hora. E continuou explicando, meio sem fôlego, que elas queriam fazer pelo menos um ensaio de *Tulip*, *Daisy* e *Easter Parade* antes de se apresentarem para os pacientes. A sra. Stimson encerrou a reunião.

A primeira reunião oficial do comitê da sra. Stimson foi realizada às 10h30 da manhã de 3 de junho, na sede da Junior League. A sra. Santy e a sra. Raymer haviam visitado o serviço de bufê do Astor alguns dias antes, e a sra. Santy relatou ao grupo que um cardápio de jantar incluindo contrafilé assado custaria à Liga US$ 7 por pessoa, mais taxa de serviço de 15% – perfazendo um total de US$ 8,05. Era um bom jantar, disse a sra. Santy, e não tinha o que chamou de "aquele jeitão de frango de hotel". A sra. Raymer apressou-se em explicar que a refeição começaria com uma sopa de tartaruga, em vez daquilo que classificou como "canja aguada de hotel". Ela olhou para as colegas e continuou: "A sopa é mais importante do que imaginam. Se vamos servir um jantar, precisamos ter em mente o desânimo que todos sentem se a sopa chegar fria e sem graça. Se os convidados tiverem essa sensação logo de partida, o moral da festa vai despencar". A sra. Stimson respondeu que era tudo verdade, mas acrescentou que o preço do jantar era cerca de US$ 2 mais alto que o preço da ceia no último baile. Com a voz um pouco fraca, a sra. Adams apontou que o custo extra da comida poderia significar uma perda de até US$ 1.600 para o Fundo de Bem-Estar Social.

Depois de alguns instantes de silêncio, a sra. Santy disse em voz alta: "Deixe-me ler o cardápio completo do jantar". Ela limpou a garganta e passou a ler. "Sopa de tartaruga, salsão, milho-verde, azeitonas, contrafilé assado à Chevreuse, molho de champignon, batatas *dauphine*, ervilhas, salada *chiffonade*, pêssegos Melba, *petits fours*, café." A sra. Santy parou de ler e suspirou.

"Parece uma delícia", disse a sra. Stimson, olhando animada para as colegas de comitê.

"Bem", observou a sra. Adams, "seria bom comer carne assada e tudo o mais, mas acho que devemos parar para pensar no objetivo fundamental do Mardi Gras. Proponho que adiemos nossa decisão enquanto a sra. Santy e a sra. Raymer investigam se é possível termos um cardápio com preços mais em conta."

"Apoio essa moção", disse a sra. Santy.

Um gemido baixo ecoou pela sala da reunião, mas todas votaram pelo adiamento da decisão sobre o cardápio.

A sra. Stimson pediu que este ano houvesse maior ênfase, tanto no *Observer*, a revista mensal da Liga, mas também, se possível, em outras publicações, no processo de escolha das cinco Donzelas candidatas a Rainha, e ainda mais ênfase na maneira como os serviços prestados à Liga e à comunidade as qualificavam para tal honra. A sra. McLoughlin, na função de diretora de publicidade, concordou. E acrescentou que deve ficar claro para todas as associadas, de uma vez por todas, que as Donzelas são escolhidas, a partir de vinte candidatas, pelo comitê de seleção da Liga, com base no tempo e na energia que dedicaram a serviços considerados dignos. "São avaliadas por mulheres sensatas e sérias", continuou. "O comitê de seleção faz um ótimo trabalho, analisa o histórico de todas as associadas ativas, com exceção das que compõem a diretoria, e o corpo de associadas deve ter ciência de que essas avaliações são feitas com muita retidão."

"E que apenas membros ativos são elegíveis", notou a sra. Stimson.

A sra. Santy perguntou se membros provisórios — aquelas recém-chegadas à Liga — não se sentiriam excluídos.

"Não se pode ser provisória para sempre, querida", respondeu a sra. Stimson, rindo. E avisou que a sra. McLoughlin deveria deixar claro que o comitê de seleção submete os nomes de todas as candidatas à diretoria. "Contamos com a senhora para salientar o fato de que, se a diretoria achar que alguma candidata merecedora foi preterida, pode se manifestar dizendo: 'Céus, por que fulana não é candidata a Rainha?'", ao que sra. McLoughlin respondeu que atenderia à solicitação e também tentaria fazer com que as associadas tivessem ciência de que cinco juízes não relacionados à Liga conduzem a seleção final das Donzelas com base em entrevistas com as vinte candidatas e nos históricos de serviços prestados. Este ano, explicou, os juízes seriam James F. Macandrew, diretor de transmissão da estação de rádio do Conselho de Educação; Helen M. Harris, diretora-executiva da United Neighborhood Houses de Nova York; Joseph P. Lash, diretor-executivo do Comitê Civil de Proteção às Crianças de

Nova York; Stanly P. Davies, diretor-geral da Associação de Serviços Comunitários de Nova York; e Clyde E. Murray, diretor-executivo da Sociedade Amigos de Manhattanville.

"Muito bom", disse a sra. Stimson. "Agora, os figurinos?" E se voltou para a sra. Crider, que, após consultar um maço de papéis, anunciou que sua investigação preliminar sobre a questão dos trajes das modelos se revelou muito animadora. Ela achava que, em vez de mandar fazer cada fantasia em um lugar diferente, como no passado, talvez fosse viável encomendar todos na Brooks Costume Company. Contou que havia conversado com James Stroock, o diretor da empresa, que orçou cada roupa em cerca de US$ 75, ou seja, quase US$ 20 abaixo do custo médio do figurino do baile anterior. Além disso, a sra. Crider achava uma boa ideia pedir a Gunther Jaeckel, que havia colocado um anúncio na edição mais recente do *Observer*, que contribuísse doando vestidos para as cinco Donzelas. As colegas todas aplaudiram a sra. Crider, e o comitê passou então a uma discussão geral sobre várias questões: O Astor poderia fornecer ao mestre de cerimônias dois microfones, para que todos os convidados ouvissem adequadamente a programação? O Astor conseguiria eliminar o zumbido, os assobios e os chiados do sistema de som? Será que o Astor poderia ser listado como patrocinador do baile e, talvez, ser representado por uma "Miss Astor", que exibiria um cartaz com o número 50, em comemoração ao 50º aniversário do hotel, que ocorreria no ano seguinte? Será que Jo Mielziner, o cenógrafo, poderia ser convencido a cuidar do cenário do show do Mardi Gras? Será que Rodgers e Hammerstein poderiam contribuir com uma trilha musical escrita especialmente para o evento? Ou, em caso negativo, será que poderiam compor pelo menos uma canção? A sra. Stimson concluiu dizendo que o comitê tinha agora questões importantes para trabalhar antes da próxima reunião, em novembro.

A reunião seguinte foi realizada em 4 de novembro, às 10h30. Os membros pareciam confiantes e ansiosos. Para começar, a sra. Stimson pediu à sra. Santy que apresentasse o relatório sobre o cardápio. A sra. Santy perguntou se o comitê gostaria de ouvir novamente os itens do menu com o contrafilé assado, a US$ 8,05, e acrescentou que, em caso afirmativo, ela o leria primeiro e depois seguiria com duas opções menos caras. Todas quiseram ouvir mais uma vez o cardápio do contrafilé assado, e então a sra. Santy começou com a sopa de tartaruga e foi direto para os *petits fours* e café. O comitê suspirou em uníssono. A seguir, leu o cardápio de um jantar baseado em peru assado, a US$ 6. A sugestão foi recebida com um silêncio glacial. Passou então para o terceiro cardápio: coquetel de frutas, salsão, azeitonas, peito de frango grelhado à Virginie, tender, cogumelos grelhados, inhame caramelizado, aspargos, alface com molho Roquefort, sorvete e bolo com cerejas flambadas e café. Esse jantar custaria US$ 6,50, mais a taxa de serviço de 15%, o que elevaria o custo para US$ 7,48. A sra. Adams disse que o cardápio parecia muito bom, mesmo que incluísse frango, e as outras concordaram, sem muito entusiasmo, que um jantar com frango e tender seria melhor do que uma refeição em que peru fosse o prato principal. A sra. Dickerson quis saber se o coquetel de frutas levava frutas enlatadas ou frutas frescas. Frescas, informou a sra. Santy, e ressaltou que a carne seria de peito de frango, o que por si só já elevaria o cardápio a um nível acima do normalmente oferecido em hotéis.

A expressão da sra. Dickerson era a de alguém que tinha chegado a uma decisão. "Se for *peito* de frango, eu diria que é um jantar muito bom, e nem precisamos nos preocupar com a palavra *frango*", disse, animada. "Mas poderíamos optar por um coquetel de frutos do mar ou qualquer outra coisa que não seja uma taça de frutas. Frescas ou enlatadas, a taça de frutas tira a graça de qualquer festa."

"Proponho que eliminemos as frutas e fiquemos com o terceiro menu", sugeriu a sra. McLoughlin. A moção foi apoiada e aprovada. Todas aplaudiram.

"Muito bem, então", seguiu a sra. Stimson, séria. "Agora precisamos nos empenhar em conseguir os patrocinadores. A sra. Correa será a presidente do comitê de patrocinadores, sra. Correa?"

A sra. Henry A. Correa levantou-se e pediu às presentes que entrassem em contato com todas as pessoas que conhecessem em grandes empresas e que pudessem ajudar na obtenção de um patrocinador. Até o momento, havia três patrocinadores, anunciou – WNBC, WNBT e cigarros Liggett & Myers. "A Caroline Burke conversou com a Pepsi-Cola e acha que vão patrocinar", prosseguiu. "Mas, por enquanto, apenas esses três estão confirmados."

A sra. Luckenbill alertou que não era cedo, não, para pressionar todo mundo a ir atrás de patrocinadores.

"Encontrar patrocínio é básico", disse a sra. Adams.

A sra. Crider contou que estava enfrentando um pequeno problema com a Liggett & Myers por causa do figurino da modelo.

"Parece que a Liggett & Myers não ficou muito feliz com o último Mardi Gras", continuou. A fantasia da fabricante de cigarros para o baile de 1953 era composta de um grande tubo de feltro branco, montado sobre uma estrutura de arame, que brilhava na ponta.

"A Liggett & Myers não gostou porque a garota ficou escondida dentro do tubo, em vez de parecer toda glamorosa para a plateia", explicou a sra. Stimson. "Fizemos o possível com o orçamento limitado que tínhamos."

"A Liggett & Myers quer um Desfile de Qualidade", disse a sra. Crider. "Querem que suas quatro marcas – Chesterfield, Chesterfield King-Size, Fatima e L & M – sejam representadas por *quatro* modelos, talvez com um homem junto para acender os cigarros."

A sra. Adams, com ar assustado, observou que atender a esse pedido poderia causar problemas com outros patrocinadores que fabricavam mais de um produto. Depois de meia hora de discussão, ficou decidido que, se algum patrocinador quisesse pagar o custo das fantasias adicionais, e se a exibição não exigisse mais tempo de desfile em relação ao tempo concedido a outros patrocinadores, seria possível acomodar modelos extras.

A sra. Stimson relatou, então, que havia se encontrado com vários diretores da National Broadcasting Company e todos concordaram que Faye Emerson e Skitch Henderson seriam ideais para compor o casal de mestres de cerimônias. Uma moção para tentar conseguir que Faye e Skitch assumissem a tarefa foi feita, apoiada e aprovada, e todas aplaudiram novamente.

A sra. Stimson enrubesceu levemente diante desse reconhecimento a seus esforços e franziu a testa ao voltar o olhar para sua agenda. "Desde o último Mardi Gras, um novo prefeito foi eleito", disse. "Alguém poderia fazer uma moção para que Betsy Carrington, que conhece o prefeito Wagner, entre em contato com ele e o convide para coroar a Rainha no próximo Mardi Gras?" Uma moção nesse sentido foi feita, apoiada e aprovada.

A sra. Adams levantou-se e disse que todas deveriam começar a trabalhar para conseguir que pessoas famosas enviassem esboços de figurinos. A sra. Dickerson acrescentou que também era importante pensar em alguém famoso para o papel de Rei.

"Vamos listar alguns nomes", pediu a sra. Stimson.

O comitê decidiu entrar em contato com Fannie Hurst, Irving Berlin, Hedda Hopper, Red Barber e Dale Carnegie e solicitar esboços de fantasias. Depois, como possíveis Reis, indicaram Adolphe Menjou, Robert Montgomery, Conrad Thibault, Charles Boyer, John Cameron Swayze, James Stewart, Fredric March, Douglas Fairbanks Jr. e Lawrence Tibbett. A sra. Stimson parecia satisfeita. "No que diz respeito ao Rei, não temos com o que nos preocupar."

No início de dezembro, a sra. Stimson se apresentou diante do comitê com um orçamento – elaborado pela sra. John R. Stevenson, tesoureira, e aprovado pela diretoria da Junior League de Nova York – que, com base em mil convidados pagantes, quinze patrocinadores e uma despesa de US$ 16.500, resultava num lucro de US$ 17.535 para o Fundo de Bem-Estar. A sra. Stimson encomendaria 6.500 convites, impressos a um custo de US$ 438. Ela já havia elaborado um design para os convites e o trouxe para que as colegas de comitê avaliassem. Na parte externa do papel-cartão dobrado, havia dois rostos sorridentes – um palhaço e um diabinho – olhando para as palavras "Você está convidado(a) para o Baile de Mardi Gras da Junior League de Nova York". Na parte interna, o texto dizia "glamour, diversão, alegria, animação, entretenimento, música e luxo". E, abaixo dessas palavras, lia-se: "DESFILE DE FANTASIAS – Modelos da Junior League em fantasias maravilhosas". À esquerda desse anúncio cheio de promessa, havia uma grande estrela cor-de-rosa com um ponto de interrogação azul no centro, e as palavras "Rainha do Mardi Gras". As componentes do comitê consideraram o design da sra. Stimson fantástico, e ele foi adotado sem delongas.

Em meados de dezembro, o comitê havia conseguido mais cinco patrocínios – TWA, Moore-McCormack Lines, Fuller Brush, Philco e hotel Astor. Pouco depois, um revés: a sra. Correa precisaria acompanhar o marido em uma viagem de negócios à América do Sul e só voltaria depois da data do baile. Foi convocada uma reunião de emergência, e a sra. Stimson nomeou a sra. Dickerson, que acabara de trazer a Moore-McCormack e a Packard Motor Car Company, para assumir o comitê de patrocinadores. A sra. Dickerson começou a trabalhar imediatamente. Em uma breve reunião antes do Natal, anunciou: "Quero colar um cartaz no piso principal da sede social com um termômetro mostrando que temos nove patrocinadores e, à medida que a lista crescer, o termômetro registrará o avanço. Nossa tarefa é fazer com que avance. Eu conhecia algumas pessoas da Moore-McCormack e isso me ajudou a fechar o patrocínio. Mas, ao mesmo tempo, conquistei a Packard sem ter nada na manga. Apenas bati à porta deles e disse que tinha algo que poderia interessá-los, e foi isso". Um zumbido prolongado de aprovação percorreu o ambiente, e a sra. Dickerson reconheceu o trabalho com um aceno de cabeça. "Parece que a Pepsi-Cola vai assinar", disse. "A srta. Burke ainda está atrás deles. A única outra coisa que gostaria de perguntar é se há alguma objeção em abordar a None Such Mince Meat, além da Borden's, porque a None Such Mince Meat é um produto fabricado pela Borden's." O comitê sancionou por unanimidade a ideia de ir atrás de toda e qualquer entidade que pudesse patrocinar o evento, em vez de se preocupar com quem era dono do quê.

Em 7 de janeiro, os cinco juízes entrevistaram vinte *junior leaguers* cujos nomes haviam sido apresentados pelo comitê de seleção como possíveis Donzelas do Baile de Mardi Gras. Depois de conversarem entre si por mais de três horas, os juízes apresentaram a lista com o nome das cinco incansáveis vencedoras.

Três semanas antes da data do baile, a sra. Stimson realizou uma reunião do comitê executivo do comitê do baile – sra. Adams, sra. McLoughlin, sra. Dickerson, sra. Santy, sra. Raymer, sra. Crider e sra. Stevenson – na qual lamentou anunciar que nenhum dos possíveis Reis previamente indicados chegaria ao trono: Adolphe Menjou estava em Hollywood, James Stewart estava em Hollywood, Robert Montgomery estaria a caminho de Washington e os outros estavam muito ocupados. A notícia entristeceu a todas. Então, a sra. Stimson teve um estalo: "Mas Henry Fonda está na cidade agora, com uma nova peça. Acho que ele daria um Rei encantador". O comitê reagiu com eloquente aprovação e votou a favor de se pedir à sra. Douglas Leigh, que era do comitê e conhecia Fonda, que o convidasse para o papel de Rei.

"Lamento dizer que Rodgers e Hammerstein não podem compor uma trilha sonora especial para nós", avisou a sra. Stimson em seguida. "Mas tenho certeza de que Emil Coleman dará conta de tudo que precisarmos em termos de música." A diretoria expressou compreensão e concordância.

A sra. Santy informou que os pedidos de ingressos para o baile estavam chegando aos montes. "Martha Wadsworth enviou mais de 6 mil convites em 25 de janeiro", contou. "Ela carimbou, endereçou e enviou tudo praticamente sozinha. Ninguém supera a Martha nessa tarefa medonha."

Duas semanas antes do baile, um recorte do jornal *World-Telegram & Sun* foi afixado em um quadro de avisos ao lado do elevador na sede da Liga. Estampava uma fotografia das cinco Donzelas agrupadas em torno de Fonda, que, com um sorriso nobre, segurava uma tiara de diamantes que Napoleão tinha dado à imperatriz Josefina – e que a joalheria Van Cleef & Arpels emprestaria à Liga para a coroação da Rainha.

Na mesma tarde, a sra. Cooke, presidente do comitê de modelos, e suas assistentes, a sra. Frederick R. Hanson e a sra. Kilner Husted, estavam sentadas num canto do Salão Pine – um recinto amplo no segundo andar da sede social, com lareira e poltronas confortáveis dispostas em torno de várias mesinhas para coquetel. Eram acompanhadas por duas das associadas que atuariam como modelos no baile – a srta. Polly Ann Bryant e a sra. David Drew Zingg. "Queremos os patrocinadores felizes", disse a sra. Cooke à srta. Bryant, uma linda moça de cabelos escuros e grandes olhos azuis, que havia concordado apenas algumas horas antes em ser a modelo da Philco. "Foi muito gentil de sua parte ter vindo tão em cima da hora, srta. Bryant."

"O Mardi Gras é daqui a duas semanas", disse a sra. Hanson. "Estou exausta. Espero que alguém lembre a todas as modelos e Donzelas que elas precisam dormir bem."

A sra. Cooke pediu à srta. Bryant que se levantasse para que ela pudesse lhe mostrar como se movimentar quando estivesse com a fantasia da Philco. "Você será uma geladeira cheia de coisas", explicou. "Agora, ao entrar, você estará toda de branco e seu manto faz uma espécie de V na frente. Aí você abre um braço" – a srta. Bryant estendeu um braço – "e lá dentro estão o suco de tomate, os refrigerantes e as laranjas. Depois, você abre o outro lado" – a srta. Bryant estendeu o outro braço – "e lá estão os ovos, a manteiga, o leite e o creme. Deu para pegar a ideia?".

A srta. Bryant assentiu com entusiasmo. "Ah, sim", respondeu. "Só preciso abrir as portas, está tudo dentro da fantasia."

"Certo", disse a sra. Cooke, com firmeza. "Agora, a sra. Zingg." A outra modelo se levantou. Era alta e muito magra, com pernas longas e esbeltas. A sra. Cooke explicou que ela seria modelo da American Express Company, um novo patrocinador. "Você é simplesmente fantástica", disse a sra. Cooke. "Só precisa usar o uniforme da empresa – blazer e quepe – e uma meia-calça até o tornozelo."

"Meia-calça?", perguntou a sra. Zingg, algo orgulhosa. "Nada de calças?"

"A American Express prefere meias-calças, bem justas, e graças a Deus você tem corpo para isso", disse a sra. Cooke. "Deu pra entender como funciona, sra. Zingg?"

A sra. Zingg respondeu que seria moleza. Em seguida, a sra. Cooke disse às duas modelos que a sra. Hanson marcaria um horário para a prova do figurino e telefonaria dali a um dia ou dois, e a srta. Bryant e a sra. Zingg partiram. A sra. Cooke disse à sra. Husted que Fannie Hurst, Irving Berlin, Hedda Hopper, Red

Barber e Dale Carnegie não tinham enviado esboços de fantasias. Uma segunda lista de celebridades havia sido elaborada e, como resultado, Bing Crosby concordara em permitir que seu nome aparecesse como designer do traje da American Express Company – blazer, quepe, meia-calça e tudo o mais; Rosalind Russell sugeriu que a American Viscose Corporation, outra patrocinadora nova, usasse a figura da Rainha Guinevere escoltada por um cavaleiro de armadura brilhante, espelhando sua marca registrada; Perry Como propôs que a garota da Liggett & Myers trajasse um vestido de noite elegante e um colar feito de cigarros; e Charles Boyer autorizou o uso de seu nome como criador de um traje que incluía um carretel de linha e um manequim de costureira para a representante das máquinas de costura Singer, outra marca recém-chegada. "E Groucho Marx deu um pequeno tesouro para a fabricante de vassouras Fuller Brush", disse a sra. Cooke. "Ele criou algo quase onírico. Uma de nossas meninas estará vestida como Groucho, fumando um longo charuto cujas cinzas douradas ela deixará cair enquanto caminha pelo corredor. Será seguida por uma loira alta que varrerá as cinzas com uma vassoura Fuller. Jo-Jeanne Barton será o Groucho. Ela conta que está ensaiando essa caminhada todos os dias. E olha que ela teve bebê há duas semanas."

A sra. Husted perguntou se a panificadora Pepperidge Farm iria patrocinar de novo este ano, e a sra. Cooke informou que não, acrescentando que a empresa considerava que a fantasia de sanduíche do ano anterior já tinha dado o recado, não havia mais nada a dizer. Mas entre os novos patrocinadores que a Liga conseguiu atrair estavam Pepsi-Cola, United States Steel, Cities Service e Rheingold Beer, que enviaria sua própria Miss Rheingold para representá-la.

"Aquele sanduíche da Pepperidge no ano passado foi um sonho", disse a sra. Husted, melancólica.

"Espere até ver a salada de frutas da Moore-McCormack", atiçou a sra. Cooke.

Naquela mesma tarde, no quinto andar da sede social, em um pequeno escritório compartilhado pelo editor do *Observer* e pela sra. McLoughlin, esta última conduzia uma reunião com a srta. Margaret Roberts, uma jovem séria e de fala mansa que havia sido contratada pela Liga como produtora profissional do evento do Mardi Gras e cujo trabalho incluía, entre várias outras coisas, manter a cerimônia dentro do limite de tempo estabelecido pelo pessoal da televisão. A srta. Roberts disse à sra. McLoughlin que o pessoal da televisão concedera à Liga apenas quarenta minutos. "Eles restringiram nosso tempo, mas o programa ficará muito melhor dessa forma." A sra. McLoughlin não questionou a informação, e a srta. Roberts continuou: "Isso aqui é o que chamamos de roteiro – a sequência de eventos conforme serão captados pelas câmeras. Começamos com balões se desprendendo do teto e todos dançando. Em seguida, teremos Faye e Skitch sentados em torno de uma mesinha ao lado do palco, e eles anunciam: 'A Junior League…'".

"A Junior League de Nova York", corrigiu a sra. McLoughlin.

A srta. Roberts aceitou a correção e seguiu, explicando que, depois da saudação inicial, Faye e Skitch falariam do propósito do baile. "Na sequência, Faye e Skitch se deslocam até a mesa do prefeito, e lá encontramos o prefeito e a sra. Wagner, e a sra. Moore com o marido, o dr. Moore, e o grupo conversa sobre a história da Junior League."

"Da Junior League de Nova York", insistiu a sra. McLoughlin.

A srta. Roberts assentiu com a cabeça. "E as realizações da Junior League de Nova York no ano passado", completou. "E o que Faye e Skitch devem dizer acerca do trabalho voluntário?"

A sra. McLoughlin esclareceu que Faye e Skitch deveriam mencionar o trabalho do Projeto de Voluntariado Social, criado pela Liga para financiar as mensalidades da Escola de Assistência Social de Nova York não apenas para associadas da Liga, mas também para membros de outras instituições de assistência, e para alocar as voluntárias da Liga que passaram pela Escola no Hospital Riverside. A srta. Roberts garantiu à sra. McLoughlin que passaria essa informação para Faye e Skitch. A dupla estava de partida para a Europa naquela noite, mas estaria de volta um ou dois dias antes do Mardi Gras. Em seguida, a produtora descreveu o restante da programação da televisão – o desfile de fantasias, a apresentação das cinco Donzelas, o anúncio, pelo prefeito, do nome da Donzela escolhida como Rainha, e a marcha do Rei e da Rainha pelo salão. "Com apenas quarenta minutos, vai ficar bem apertado", disse a srta. Roberts.

"Bom", rebateu a sra. McLoughlin, "é a Junior League *de Nova York*. Vamos garantir que pelo menos *isso* apareça".

Às dez horas da manhã seguinte, houve uma reunião do comitê executivo do Comitê do Mardi Gras, presidido pela sra. Stimson, que começou anunciando logo de início que este ano haveria cerca de oitocentas pessoas no baile – cem a mais que no ano anterior, e isso provavelmente implicaria recusar alguns convidados, mas concordou-se que as mil pessoas previstas pelo plano original deixariam o espaço muito lotado. As componentes do comitê executivo começavam a exibir uma expressão que combinava preocupação, agitação e grande expectativa. Um após o outro, os problemas foram atacados: o Astor havia sido avisado de que os zumbidos, assobios e chiados dos microfones no ano passado tinham dificultado a audição, e de que o sistema de som precisava ser consertado? (A sra. Adams informou que o Astor havia garantido que todos os microfones estariam em bom estado de funcionamento.) Os patrocinadores estavam cientes de que teriam apenas alguns segundos para os comerciais, e que seriam apresentados por Faye e Skitch? (A sra. Dickerson contou que havia informado esse fato pessoalmente a todos os envolvidos.) Havia mesas alocadas para todos os patrocinadores? (A sra. Santy avisou que a American Express não tinha um espaço alocado até quinze minutos atrás, mas agora uma mesa inteira estava reservada para a empresa, ao lado do palco.) Onde posicionaram a Pepsi-Cola? (A sra. Santy disse que estavam na mesa da srta. Burke, que havia conseguido o patrocínio.)

A sra. Adams – alta, calma e autoconfiante – tocou no assunto preços. "Vamos ter de nos virar com o orçamento que temos", começou. "Eu disse ao Astor que eles precisam baixar alguns preços, e é possível que o façam, mas o fato é que, para o salão de baile ficar do jeito certo, vai custar algum dinheiro." O restante do comitê parecia desanimado. "Não são as *coisas* que são caras", continuou a sra. Adams. "O problema é a *mão de obra*." O cenógrafo da cerimônia, Lester Gaba, teve ideias maravilhosas para decorar o salão, mas todas muito caras, observou. O restante do comitê ficou ainda mais desanimado. A sra. Adams pegou uma folha de papel e a balançou. "Lester acha que o tema do evento deveria ser o fundo do mar", disse. "Ele quer enfeitar o palco com cortinas de cetim azul-marinho e deixá-lo com uma aparência meio borbulhante, e encher de sereias segurando balões."

"Que delícia!", deixou escapar a sra. Stimson, que a seguir corou e olhou para o restante do comitê, pedindo desculpas. A sra. Adams cogitou expandir o tema do "fundo do mar" do palco para o salão todo, o que significaria um custo adicional de US$ 375 só com mão de obra. E leu uma lista de outros custos, incluindo US$ 55 para vestes e cetros do Rei e da Rainha, US$ 5 para o trompete do pajem, US$ 150 para balões, US$ 50 para aros (armações de madeira cobertas por lona para segurar os balões perto do teto até a hora de soltá-los), US$ 150 para cada sereia de papel machê (seriam duas) e US$ 100 para uma concha de papel machê cor-de-rosa e azul, com 3 metros de altura, para acomodar os tronos. As sereias, explicou, não teriam rosto e seriam prateadas.

"Ah, vamos fazer com que elas pisquem", sugeriu a sra. Dickerson.

"Bem, as luzinhas para fazê-las piscar aumentam o custo em US$ 25", respondeu a sra. Adams.

"Oh, meu Deus!", lamentou a sra. Dickerson.

"Precisamos ser fortes, meninas", disse a sra. Stimson. "É claro que estamos à frente do ano passado em relação aos patrocinadores. Acabamos de assinar com a Forstmann Woolens hoje. E com as oitocentas pessoas que esperamos..."

"Eu preferiria que esse dinheiro fosse para o Fundo de Bem-Estar Social", cortou a sra. McLoughlin.

"É claro", disse a sra. Adams. "E se decorarmos apenas um andar do salão com o cetim azul, em vez dos dois, economizaremos US$ 150."

"Rosie, tente mais uma vez convencer o Astor a reduzir os preços", pediu a sra. Dickerson à sra. Adams. "A negociação de patrocínio com a None Such Mince Meat não está chegando a lugar nenhum."

A sra. Adams assentiu com a cabeça. "Outra coisa", continuou. "Lester Gaba quer aquelas velas longas para as mesas. Mais US$ 50."

"Tentei convencê-lo a mudar de ideia", disse a sra. Stimson. "No ano passado, gastamos US$ 150 em velas extralongas – cor-de-rosa. O Astor ofereceu aquelas coisinhas em forma de cogumelos enfeitados. Se aceitarmos de novo este ano, o Lester vai ter um *treco*."

Algumas manhãs depois, faltando apenas uma semana para o baile, a sra. Santy se reuniu com Robert Howard, diretor de banquetes do Astor, em um escritório do hotel. Howard é um homem paciente, de voz rouca, com um rosto redondo e rosado e um pequeno bigode. A sra. Santy estava acompanhada de três outros membros do comitê do Mardi Gras – a sra. Dickerson, a sra. J. Calhoun Harris e a sra. Edmund Johnstone – e ainda pela srta. Eva M. Scism, assistente de tesouraria da Junior League. As cinco mulheres usavam pequenos chapéus com véus e gargantilhas de pérolas com três voltas, e se sentaram ao redor da mesa de Howard em um semicírculo.

"Bem, senhoras", disse Howard, um tanto nervoso, "preparadas para a grande noite?".

"A gente nunca está realmente pronta até que tudo tenha terminado", respondeu a sra. Santy.

Howard sorriu, meio sem graça.

"O senhor pode tomar nota do que vou dizer, por favor?", começou a sra. Santy. Howard pegou um bloco e um lápis. A sra. Santy pediu-lhe que o quarto das modelos fosse devidamente vigiado, e o quarto das Donzelas também, porque no ano anterior a sra. Dickerson, que também era uma das Donzelas, enfrentou problemas para acessar o cômodo; que um garçom ficasse à disposição para levar comida às modelos, que no ano passado não conseguiram comer nada até o fim do desfile, e tinham passado fome, e que tivesse em mente os nomes dos juízes que elegeriam a Rainha – a sra. Oswald B. Lord, representante dos Estados Unidos na Comissão de Direitos Humanos da ONU; o dr. Howard A. Rusk, chefe do Departamento de Reabilitação Física da Faculdade de Medicina da Universidade de Nova York; e Russel Crouse, o dramaturgo – porque teriam de passar pelos guardas para entrar no quarto das Donzelas.

"Tudo será resolvido, senhoras", disse Howard.

A sra. Santy levantou a questão dos coquetéis antes do jantar, e Howard disse a ela que o Salão Coral era muito bom para coquetéis. "É verde", disse, e riu.

A sra. Johnstone quis saber se haveria amendoim na mesa.

Howard fez uma anotação. "Agora eu tenho algumas perguntas."

"Sim, senhor", disse a sra. Santy.

"E quanto aos cigarros?", perguntou Howard.

A sra. Dickerson começou: "Só Chesterfields", respondeu. "A Liggett & Myers é um de nossos patrocinadores. E precisa ter Pepsi-Cola. Se o sr. Steele, o homem da Pepsi-Cola, pedir Pepsi-Cola, não deve em hipótese alguma receber uma Coca-Cola na mesa."

Howard fez outra anotação. "As senhoras querem toalhas de mesa *cor-de-rosa*?"

"O que a sra. Adams pediu?", perguntou a sra. Santy.

"Ela disse para usarmos todas as que temos, mas para *não comprarmos* nenhuma", respondeu Howard, dando de ombros, cansado. "Assim que termino a conversa com um comitê, já vem outro", lamentou. "Acho que não conseguiremos cobrir mais do que metade das mesas com toalhas cor-de-rosa."

A sra. Santy assentiu, preocupada. "Tinha outra coisa, mas esqueci", disse.

"Eu anoto tudo", retrucou a sra. Dickerson.

"Bem, senhoras", disse Howard, mais animado, "vamos dar uma olhada nas mesas?".

Todos se levantaram e entraram no salão de baile. O piso estava vazio e as mesas, com os tampos de madeira marrom expostos, pareciam escuras e tristes na sala mal iluminada. O palco estava deserto. Os balcões estavam sem as cortinas de cetim azul e nada remetia a fundo do mar. A sra. Santy tirou da bolsa uma lista de reservas de mesas enquanto Howard mostrava um gráfico, e ambos começaram a trabalhar na questão de quem se sentaria onde.

A última reunião geral do comitê do Mardi Gras de 1954 foi realizada na manhã seguinte, cinco dias antes do baile. Foi uma sessão tensa.

A sra. Adams disse que havia negociado com o sr. Howard o preço das cortinas de cetim azul e da rede de pesca dourada, que produziriam um efeito borbulhante, que lembra o fundo do mar, e que havia conseguido que ele baixasse o preço em US$ 50, mas que, mesmo assim, acabou optando por eliminar as cortinas e usar apenas balões ou algum outro dispositivo borbulhante mais em conta. "Cancelei as cortinas, pelo menos por enquanto, e deixei o sr. Howard um pouco irritado", contou. "Vou me encontrar com Lester Gaba e com alguém da empresa de balões hoje à tarde. E, se vocês estiverem à vontade para deixar a decisão comigo, escolherei entre as cortinas e os balões, ou possivelmente um arranjo com papel celofane, sugestão que acabou de nos chegar. Seja como for, teremos um lindo salão de baile." O comitê delegou a decisão à sra. Adams.

Depois do almoço, naquele mesmo dia, a sra. Adams se reuniu em um escritório atrás do salão de baile do Astor com Gaba e P. Raymonde Warny, um vendedor de balões calvo e soturno, que usava óculos de aros grossos. Assim que ela se juntou a eles, Warny tirou um punhado de balões de uma pasta e encheu um, prateado.

"Não parece uma pérola?", Gaba perguntou à sra. Adams.

"Bom…", disse a sra. Adams.

Warny ergueu o balão contra a luz.

"Sem dúvida, com balões, a gente consegue o melhor efeito pelo menor custo", exclamou Gaba. "Agora, lembre-se, queremos que eles se pareçam com bolhas e pérolas."

Com ar pesaroso, Warny encheu um balão verde.

"Bonito", disse Gaba. "Mas não queremos fugir muito do tema."

A sra. Adams perguntou quanto custaria cobrir os balcões com balões. Warny respondeu que seriam necessários pelo menos 3 mil balões e, a US$ 12 o cento, o valor seria de US$ 360, além dos US$ 198 para os balões já planejados para o teto e as mesas.

"Muito caro", reagiu a sra. Adams, preocupada.

"Mas as cortinas foram canceladas porque eram muito caras", rebateu Gaba, irritado.

Naquele instante, um jovem entrou carregando uma mala grande e se apresentou como vendedor de drapeados de celofane. Abriu a mala e mostrou o drapeado – um material transparente e brilhante. Poderia cobrir os balcões com o celofane por US$ 180,20, disse.

"Não temos dinheiro para isso", disse Gaba. "A menos que cortemos os balões."

Warny não gostou.

"O drapeado tem aquele aspecto aquoso e borbulhante", ponderou Gaba.

A sra. Adams concordou que era bonito.

"Se tivermos apenas balões, o evento fica com cara de baile de escola", disse o cenógrafo.

Gaba disse ao vendedor de celofane que o informaria sobre a decisão mais tarde, e ele guardou a cortina. A sra. Adams lembrou que a Liga ainda tinha algumas máscaras gigantes de arlequim, sobras do ano anterior, e sugeriu usá-las para cobrir os balcões.

"Não morro de amores por aquelas máscaras", disse Gaba.

"Só menciono porque ainda estão no nosso depósito", explicou a sra. Adams.

"Olha, eu acho que vamos precisar dos balões se quisermos ter um efeito aquoso e borbulhante de verdade", insistiu Gaba.

Warny assentiu e começou a encher um balão cor-de-rosa.

"Encha um *transparente*", pediu Gaba. "Vamos optar só pelos transparentes, cor-de-água mesmo."

Warny largou o balão cor-de-rosa e encheu um transparente. Gaba observava, mal-humorado. "Sem as cortinas de cetim azul, o tema continua bonito, mas certamente não é o espírito do Mardi Gras", comentou.

A sra. Adams parecia aflita. "Oh, Lester!", disse. "O que foi agora?"

"Só adotamos o tema fundo do mar por causa das cortinas de cetim azul e dos outros acessórios", disse Gaba. "Agora que foi tudo descartado, qual é a justificativa? Podemos escolher outro tema."

A sra. Adams lembrou que os tronos do Rei e da Rainha estariam dentro de uma grande concha.

"Mas qual é a *justificativa*?", repetiu Gaba.

Então, a sra. Adams se decidiu de vez. Com voz firme, anunciou que decorariam o salão de baile, o palco e os balcões com cortinas de cetim azul, criando assim um clima de fundo do mar. E teriam a tal da concha para os tronos. E acrescentariam também alguns balões emulando bolhas.

Às 15 horas de 1º de março, um dia antes do Mardi Gras, a maioria dos membros do comitê, juntamente com as cinco Donzelas e todas as modelos, reuniu-se no salão de baile para um ensaio geral. O palco e as duas fileiras de balcões estavam cobertos de cetim azul com lantejoulas, entremeado com ramos de coral feitos de papel machê cintilante. Gaba estava em pé no palco, observando a cena. Pareciam todos extasiados. A sra. Barton, usando calças risca de giz e casaca, à moda de Groucho Marx, ensaiava sua caminhada. A modelo representando as máquinas de costura Singer equilibrava um carretel de linha dourado na cabeça e insistia para que a sra. Barton dobrasse mais os joelhos, que balançasse de um lado para o outro, como os patos. A sra. Zingg, de calça colante preta, sapatos de salto alto, blazer e quepe da American Express Company, juntou-se a elas quando Anita Colby, que aparece na televisão para a Pepsi-Cola, subiu ao palco usando um vestido de época, de tule cor-de-rosa, e carregando um leque onde se lia "Pepsi-Cola".

"Concorrência profissional", disse a sra. Zingg. "A Pepsi-Cola é *tão* diferente."

"Não consigo dormir à noite", declarou uma das Donzelas a ninguém em particular. "Tenho uma sensação constante de dor no estômago."

A sra. Adams chegou e perguntou se alguém tinha visto seu marido. "Stirling deveria estar aqui para experimentar a armadura de cavaleiro", explicou. "Ele escoltará Guinevere para a American Viscose."

A sra. Dickerson veio até ela e contou que havia reservado três mesas para um total de 56 pessoas e que tinha certeza de que não teria chance de distribuir adequadamente os cartões de marcação de lugar. "Receberei quarenta pessoas na minha casa para um coquetel no início da noite", disse, sentando-se. "Contratei um ônibus para trazê-los." Logo chegou a sra. McLoughlin, avisando que estava atrasada porque havia experimentado o vestido para o baile naquela manhã e descobrira que tinha emagrecido tanto por causa do Mardi Gras que precisou ajustar 5 centímetros na cintura.

A sra. McLoughlin então se afastou novamente e, um minuto depois, gritou para a sra. Adams: "O Stirling apareceu!".

"Deus a abençoe!", exclamou a sra. Adams, e levou o marido até os bastidores para que experimentasse a armadura.

Meia hora depois, o sr. Adams, que é vice-presidente-assistente da Commercial Investment Trust, Inc., conseguiu vestir tudo, até mesmo os longos e pontudos *sollerets* – sapatos de aço flexíveis – e um capacete. "Não me largue aqui agora!"

"Coloque o queixo para dentro, Stirling", disse a sra. Adams, tentando acalmá-lo.

"Tem certeza de que é para vestir isto aqui?", perguntou o sr. Adams. "Acha mesmo que a festa depende de eu vestir isto aqui?"

"Vamos passar na Brooks a caminho de casa e ajustar", disse a sra. Adams. "Agora, tente andar."

"Gostaria que você enfiasse as mãos no capacete e colocasse minhas orelhas no lugar certo", pediu o sr. Adams. "E não consigo enxergar nada. Puxa vida! Agora estou preso, não consigo me mexer! Droga! Arrumem um alicate!", gritou, furioso. "Alguém dobre meus dedos do pé!"

"Ande de lado, Stirling", sugeriu a sra. Adams, gentilmente. "Como fazemos quando esquiamos montanha acima."

Na manhã do dia do baile, a primeira pessoa a aparecer no salão, por volta das nove horas, foi Warny, o homem dos balões, que havia trazido um assistente chamado Leroy Williams e um dispositivo para encher os balões. Logo começaram a chegar outros trabalhadores e membros da Liga e, ao meio-dia, alguns carregadores trouxeram as sereias sem rosto, a concha cor-de-rosa e azul onde ficariam os tronos e alguns metros de rede de pescar dourada. Gaba logo chegou e começou a arrumar o cenário. O Astor mantém no depósito uma gruta marinha típica das Bahamas à disposição para ocasiões como os bailes de Mardi Gras, e o cenógrafo ordenou que fosse instalada no palco. Depois que a peça estava em posição, mandou tirar tudo. "Muito cafona", sentenciou. "Não queremos isso. Dá um ar de coisa improvisada. Prefiro simplificar."

"Almoço", anunciou Warny de repente. Williams largou um balão que ainda estava meio vazio e, enquanto o enfeite se desmilinguia no chão, os dois saíram dali correndo.

A sra. McLoughlin se aproximou de Gaba e disse que as sereias estavam um sonho. A sra. Adams se aproximou e disse que os balões estavam divinos. A sra. Stimson se aproximou e disse que estava tudo um estouro!

Faye Emerson chegou acompanhada do marido, Skitch Henderson, e logo foram cercados por funcionários da televisão, um dos quais lhes entregou um maço de papéis descrevendo as regras para o casal de mestre de cerimônias.

"Mas só tem *comerciais* aqui!", exclamou Henderson, folheando o roteiro.

"É um programa *comercial*?", perguntou a srta. Emerson, incrédula.

"Meus jovens, isto aqui é muito importante", disse um dos funcionários da televisão. "Se fizermos alguma besteira, estamos fritos."

"Quem será a Rainha?", perguntou um dos homens da televisão à sra. Stimson.

"Ninguém sabe", respondeu a sra. Stimson.

"Que bom!", reagiu o homem da televisão.

"Oh, meu Deus!", disse a sra. Stimson.

"Faye, você vai pegar o prefeito e dizer: 'Vejam só quem eu encontrei!'", instruiu o homem da televisão. "E ele faz aquela saudação oficial improvisada, mas ensaiada, para a multidão."

"Vai, meu amigo, vai!", disse a srta. Emerson.

Henry Fonda chegou e experimentou as vestes do Rei. "Minha nossa, que roupa quente!", comentou.

"O figurino do Hank é feio demais", opinou um dos cinegrafistas.

Emil Coleman, um homem corpulento de aparência perturbada, usando óculos de lentes grossas, entrou em cena com seus 23 músicos e testou um dos pianos. "Isso aqui tá horroroso!", berrou. "Fora do tom! Desafinado! Cadê os meus pianos?"

A srta. Roberts começou a alertar a todos para que se preparassem para um ensaio geral. "Toquem *Everywhere You Go!*", gritou para a Coleman.

"Minha senhora, por favor, me arranja um afinador de piano!", Coleman gritou de volta, juntando as palmas das mãos em súplica.

"Está tudo *tão* lindo", observou a sra. Luckenbill à sra. Stimson.

"E são todos *tão* simpáticos", respondeu a sra. Stimson.

Às 19h30, as mesas já estavam postas no salão. Dois terços delas cintilavam com toalhas cor-de-rosa; o terço restante envergava toalhas brancas. Não havia longas velas cor-de-rosa em nenhuma das mesas, que estavam enfeitadas com pequenas luminárias em forma de cogumelos, cobertas por cúpulas com franjas. Programas impressos em tons marinhos, com o desenho do palhaço cor-de-rosa feito pela sra. Stimson na capa, haviam sido dispostos em todos os assentos. Balões de hélio, transparentes, flutuavam sobre as mesas, presos por cordinhas. Outra leva de balões transparentes estava amarrada a aros perto do teto, pronta para voar. As lantejoulas das cortinas de cetim azul que cobriam o palco e pendiam dos balcões acima do salão reluziam sob os raios de holofotes multicoloridos. A concha cor-de-rosa e azul, que acomodava dois tronos, estava no centro do palco, e as duas sereias sem rosto, quase submersas em balões borbulhantes, seguravam a rede de pescar dourada. Tudo parecia calmo, fulgurante e silencioso. As únicas pessoas no salão eram Coleman e os músicos da orquestra. Coleman usava gravata branca e casaca, e havia trocado os óculos por um monóculo no olho direito. Estava sentado ao piano, lúgubre e quieto, com os cotovelos sobre o teclado e as pontas dos dedos nas têmporas. De repente, olhou para o relógio e voltou à vida. Tirou os cotovelos do teclado, suspirou fundo, ajustou o monóculo e começou a tocar *Young at Heart*, e a orquestra o acompanhou. Ao final da canção, Coleman tocou um acorde bem alto e se levantou. "*Por que* não me arranjam um afinador?", reclamou.

Enquanto isso, o Salão Coral, que era verde, estava faturando com drinques a US$ 1 por pessoa.

"Que bom ver você", disse a sra. Adams à sra. Stimson. "Que bom ver você", disse a sra. Stimson à sra. Adams.

O sr. Adams estava no bar comprando bebidas para um grupo de cinco pessoas. A sra. Cooke lhe perguntou por que ele não estava usando a armadura.

"Vou me enfiar na armadura às dez", explicou, entusiasmado. "Mandei ajustar aquela porcaria. Pode-se dizer que vou dar uma de sardinha hoje à noite, estarei enlatado! Ha!"

Na floricultura do hotel, um jovem pediu uma camélia branca, e o balconista não pôde atender. O rapaz era o 21º cliente da noite a chegar procurando camélias brancas e depois sair desapontado. "Você *também* vai a essa coisa?", perguntou o balconista. "Acabou tudo. As camélias acabaram às seis da tarde."

O salão estava enchendo. Alguns técnicos de televisão, vestindo paletós de tweed e gravatas-borboleta frouxas, desceram para avaliar a cena. A maioria dos convidados do sexo masculino estava usando smoking preto, embora vários vestissem casacas brancas também.

No andar de cima, em um quarto muito bem vigiado, as cinco Donzelas colocavam seus vestidos de noite.

"Meus sapatos serviram", gritou uma delas, felicíssima.

"Você está relaxada?", perguntou outra. "Ou preferia que fosse amanhã?"

No andar de baixo, um guarda uniformizado cuidava da entrada do camarim das modelos. Um garçom estava à disposição para receber pedidos de comida, caso alguma das modelos quisesse comer. Nenhuma quis. Às 21 horas, as garçonetes começaram a servir o jantar aos convidados. Em vez de taça de frutas, havia coquetel de frutos do mar, o que elevou o clima da festa, segundo a sra. Dickerson.

Pouco antes de o café ser servido, a sra. Moore, como presidente da Liga, reuniu os três juízes para levá-los ao quarto das Donzelas, onde escolheriam a Rainha. "Conseguiu tomar um café?", Russel Crouse perguntou ao dr. Rusk, que respondeu que não. Crouse suspirou. "Não funciono bem sem café", disse. "Eu *vivo* para o café."

O dr. Rusk limpou a garganta. "Faremos o nosso melhor", prometeu.

"É uma tarefa difícil", observou a sra. Lord.

No caminho para os elevadores, a sra. Moore e os juízes toparam com uma mulher baixinha, de chapéu florido e que carregava uma sacola de papel marrom.

"Onde está a Rainha?", perguntou a mulher de chapéu florido.

A sra. Moore explicou que a Rainha ainda não havia sido eleita.

"Bem, estou com a coroa aqui", disse a mulher de chapéu florido. "Sou Van Cleef & Arpels."

"Nos bastidores", indicou a sra. Moore.

"Depois que a Rainha for coroada, peça que tirem uma foto dela rapidamente e, a seguir, me devolvam a coroa", disse Van Cleef & Arpels. "Vocês têm cerca de uma hora pra ficar com a coroa, só isso."

O prefeito Wagner chegou atrasado e foi conduzido a uma mesa ao lado do palco. As pessoas já estavam dançando. "Cheguei aos assentos bons da maneira mais difícil", comentou.

"Ok, vamos continuar com o show!", ordenou um diretor de televisão.

As luzes se apagaram e um holofote iluminou a pista de dança. Alguém gritou pedindo os balões, e alguns deles caíram do teto.

"Os aros que sustentam os balões não estão funcionando direito", disse Gaba, nervoso.

Na mesa da srta. Burke, um representante da Pepsi-Cola pediu uma Pepsi-Cola e a recebeu. A srta. Emerson e seu marido sentaram-se em uma mesa ao lado do palco e falaram ao microfone sobre o trabalho da Junior League de Nova York. Tudo corria do jeito que a srta. Roberts, a produtora profissional, havia previsto. A srta. Emerson foi até a mesa do prefeito e anunciou ao microfone: "Vejam só quem eu encontrei no auditório!". O prefeito fez um discurso agradecendo à Liga, em nome da cidade de Nova York, por ajudar aqueles que precisavam tanto de ajuda. E se referiu às associadas da Liga como "moças maravilhosas" e acrescentou que "com a ajuda de vocês todas deixaremos uma herança melhor para nossos filhos". Em seguida, um pajem tocou o trompete, acompanhado pela orquestra, e fez desenrolar uma faixa que dizia "Grandioso Desfile de Fantasias". O desfile começou com a sra. Zingg, que caminhou pelo palco e depois por uma passarela que adentrava o salão ao som de *Everywhere You Go*, representando a American Express Company. O pessoal da American Express Company aplaudiu com fervor. A srta. Emerson e seu marido leram o comercial de cada patrocinador. A sra. Dickerson observou que o pessoal da Liggett & Myers parecia mais feliz este ano do que no ano anterior, e a sra. Stimson disse que a modelo da Liggett & Myers, que usava um vestido elegante e um colar feito de cigarros Liggett & Myers, era glamour puro. A sra. Barton arrancou gargalhadas do público na pele de Groucho Marx, e a loira que a acompanhava varreu as cinzas do charuto com uma vassoura "Fuller". A srta. Bryant se abriu feito uma geladeira na hora exata, e todas as frutas e laticínios foram exibidos conforme esperado. O sr. Adams entrou com leveza em sua cintilante armadura ao lado de Guinevere. Em seguida, Henderson apresentou cada uma das cinco Donzelas. Os juízes entregaram um pergaminho com sua decisão a um pajem, que o passou ao prefeito, e o prefeito anunciou que a Donzela eleita Rainha do Mardi Gras de 1954 era a srta. Joan Gray. Aplausos gerais.

"Que sonho!", disse a sra. McLoughlin. "Joan é uma garota muito elegante."

Henry Fonda e a srta. Gray desfilaram com as vestes reais e ocuparam seus lugares nos tronos encaixados na concha cor-de-rosa e azul. O prefeito colocou a tiara na cabeça da srta. Gray, dizendo que era um privilégio coroá-la Rainha em nome da Junior League e do povo da cidade de Nova York. "Sei que a senhorita dará continuidade a esse nobre trabalho mesmo depois de hoje", concluiu. Todas as Donzelas e modelos se reuniram em torno do Rei e da Rainha e foram fotografadas, e então a Van Cleef & Arpels se aproximou e pegou a coroa de volta.

Os convidados se levantaram para dançar e mais alguns balões flutuaram sobre suas cabeças. No palco, várias modelos pareciam estar meio perdidas. O sr. Raymer subiu e pegou a modelo que representava a Moore-McMormack Lines, retirou uma cesta de frutas da cabeça da moça e a levou, com galhardia, para a pista de dança.

Coleman olhou para o relógio. "Falta 1 hora e 35 minutos", disse. "*Ainda dá* tempo de me arranjarem um afinador."

No dia seguinte, bem cedo, a sra. Stimson apareceu na sede da Liga e logo começou a escrever notas de agradecimento aos patrocinadores. Ela já havia lido com prazer vários relatos sobre o baile nos jornais. Pouco depois, chegou a sra. Adams, que disse ter ido para a cama às cinco da manhã e levantado às oito, para providenciar a devolução dos figurinos à empresa Brooks. Ao meio-dia, cerca de metade do comitê da sra. Stimson estava presente para ajudar com as notas de agradecimento. A sra. Stimson anunciou que recomendaria a sra. Dickerson para ser a presidente do Mardi Gras de 1955, e todas acharam a ideia maravilhosa. Os membros do comitê estavam cheios de entusiasmo com os planos para o baile de 1955 e discutiram possíveis melhorias. No ano seguinte, consertariam os aros para que soltassem os balões na hora certa. No ano seguinte, insistiriam para que o Astor eliminasse os zumbidos, chiados e assobios dos microfones porque alguns dos convidados não tinham conseguido ouvir o programa direito. No ano seguinte, organizariam uma ceia dançante, em vez de um jantar dançante, para que as pessoas não precisassem chegar correndo. No ano seguinte, fariam um esforço extra para que ninguém se sentisse abandonado no palco e providenciariam um melhor fechamento das atividades. No ano seguinte, fariam, de fato, um trabalho de primeira.

(24 de abril de 1954)

A grande pedra
(Harry Winston)

Harry Winston, um sujeito de 54 anos, baixinho, roliço, de cabelo grosso, que comanda a joalheria Harry Winston, Inc., no número 7 da rua 51, e é considerado tanto por rivais quanto por aliados o mais ousado negociante de pedras preciosas do mundo, vem trilhando há quarenta anos um caminho sem escalas rumo ao topo de uma profissão supercompetitiva, inspirado em grande medida por uma devoção obstinada por diamantes. Calcula-se que Winston comercialize US$ 25 milhões em joias por ano e, de acordo com gente que conhece esse mercado, movimenta um volume ainda maior em dólares, além de ter um estoque de diamantes mais variado do que qualquer outro negociante independente de diamantes do mundo. Entre os grandes comerciantes dessas pedras, que constituem um grupo pequeno, íntimo e nem sempre solidário, Winston, um homem de olhar frio, mas ao mesmo tempo inquieto e dado a histrionismos de alta voltagem, às vezes é chamado de "nosso pequeno Napoleão", mas até quem usa o termo de forma depreciativa admite guardar uma certa admiração pela pessoa. Já os milhares de pequenos negociantes nova-iorquinos, que costumam cortar despesas fixas carregando seus produtos no bolso, consideram Winston, que começou do zero, um exemplo notável de como um indivíduo pode chegar longe se tiver sorte, inteligência e instinto nas proporções certas.

"Harry Winston é *o* grande gênio do nosso tempo", costuma dizer um desses vendedores de rua. *Gênio* é uma palavra que o pessoal que trabalha com diamantes usa sem dó quando começa a falar de Winston. "Harry Winston começou do nada e se tornou o maior nome do ramo", declarou outro dia o funcionário de uma empresa rival. "Ele não copia ninguém, faz seu próprio caminho. E é um apostador nato, não tem medo de arriscar. Tem *vendedor* lá da loja dele tirando US$ 20 mil, US$ 40 mil por ano. É um gênio." Um desses afortunados vendedores se lembra de uma ocasião em que disse ao chefe que um certo diamante do estoque da loja devia valer uns US$ 700 mil. "E qual foi a resposta dele?", indagou o vendedor. "Ele se virou pra mim e falou: 'Por que não US$ 1 milhão?'. É isso, por que *não*? Só um gênio pra pensar assim." Walter Lehman, secretário e tesoureiro da Eichberg & Co., fundada em 1867 e uma das mais antigas importadoras e lapidadoras de diamantes brutos de Nova York, afirma: "Harry Winston é um homem brilhante. Tem a coragem de comprar em quantidades enormes, e sua coragem e visão impulsionam todo o setor. É um verdadeiro gênio". Um diretor da I. Hennig & Co. Ltd., empresa londrina de corretagem de diamantes, diz: "Ele é o único homem do ramo de diamantes que não tem medo de gastar US$ 1 milhão, em dinheiro, numa tacada só. Sem dúvida, trata-se de um gênio absoluto". E um vendedor de diamantes belga que já atuou no Cairo, em Roma, Paris e Madri, além de Nova York, acrescenta: "Na vida, se você tiver 51% de razão, já vai largar na frente. Se tiver mais que 51% de razão, você é um gênio. Harry Winston sempre tem mais que 51% de razão".

O coro, porém, passa longe da unanimidade. Entre os varejistas concorrentes de Winston, a palavra *gênio* rareia, ou quase nunca é invocada. De fato, em algumas das grandes casas de joias, até a palavra *Winston* é um tabu. "A Tiffany se interessa pela Tiffany", é o resumo em seis palavras da opinião emitida por um funcionário da empresa sobre Winston. Um representante da Cartier avaliou Winston de forma semelhante, dizendo: "Quando você conhece o estilo Cartier, você quer o estilo Cartier, não quer outra coisa". Um diretor da Van Cleef & Arpels foi igualmente incisivo. "A Van Cleef é a melhor no varejo", afirmou, referindo-se a Winston. Na época em que Winston ralava como atacadista de joias, tanto a Tiffany quanto a Cartier compravam dele de vez em quando e, até outro dia, a Van Cleef

& Arpels, empresa francesa que só abriu uma filial aqui em 1938, fazia negócios com ele, mas hoje em dia todas as três são concorrentes e cada uma segue sozinha pelo próprio caminho. Outra voz que raramente se junta ao coro de elogios é a de Lazare Kaplan, que aprendeu a arte de lapidar diamantes quando criança, na Antuérpia, e comercializa as pedras no atacado por aqui desde 1914. Há dezenove anos, Kaplan cortou e lapidou o famoso diamante Jonker, de 726 quilates, para Winston, proprietário da gema na época, e, enquanto a imprensa do país noticiava cada movimento seu, converteu-o em doze diamantes menores, com peso variando entre 5 e 140 quilates. Kaplan não tem tanta certeza de que a Harry Winston, Inc. existiria hoje se Winston não o tivesse encarregado de lapidar o diamante. "Economizei uma fortuna para Winston", disse Kaplan. "Em 1935, quando ele me trouxe o Jonker, concordei em lapidá-lo, mas só se ele assumisse toda a responsabilidade. Na lapidação de diamantes, é preciso conhecer o veio para determinar a direção mais favorável para o corte. Winston já chegou com a pedra e um plano de lapidação que alguém na Europa havia lhe dado – e que resultaria num desastre. Ele havia investido uma fortuna no Jonker e, se a pedra tivesse sido cortada segundo aquele plano, Winston a teria perdido. Mas minha equipe e eu passamos um ano refazendo o plano de corte, para só depois lapidar o Jonker. A gema valia US$ 700 mil quando começamos, e US$ 2 milhões quando terminamos." Kaplan fez uma pausa e suspirou. "E o que Winston fez?", continuou. "Alguns anos depois, alardeou que foi ele quem lapidou o Jonker." Kaplan suspirou outra vez: "Mas Winston é fantástico. É um grande jogador e um vendedor brilhante, e é o único showman legítimo que temos em nosso negócio". Winston tem uma versão um pouco diferente acerca da lapidação do Jonker. "Eu não dei a Kaplan um plano de corte", rebate. "Passado um tempo, e seguindo um plano próprio, meu, eu relapidei dez dos diamantes que Kaplan havia cortado. Paguei a ele US$ 30 mil para mexer naquela pedra, e isso no meio da Grande Depressão. Consegui que uma foto dele estampasse os jornais." Winston não gosta de ser chamado de jogador – por Kaplan ou qualquer um. "Quando o oponente não sabe o que você está fazendo, ele o chama de jogador", diz. "Não sou um jogador, sei o que estou fazendo. É porque eles sabem muito pouco sobre mim e sobre o que eu faço que me chamam de jogador."

Depois que Winston relapidou a pedra de 140 quilates, a maior a ser extraída do Jonker, ela passou a pesar 125 quilates. "Mesmo com esse peso, é uma pedra arriscada de se ter", explicou. "Fixei o preço em US$ 1 milhão e demorei quatorze anos para vendê-la. No final, foi preciso que um rei – Farouk, do Egito – a comprasse. É por isso que eu sempre quis que o Jonker fosse cortado. Se eu o tivesse preservado como uma gema única, teria 400 quilates, impossível de ser vendido pelo valor real. Um milhão de dólares é o preço mais alto que se pode pedir por um diamante." O Jonker era um dos seis maiores diamantes de alta qualidade do mundo; os outros cinco também foram cortados em pedras menores, e são estes, listados com seus respectivos pesos originais: o Cullinan, com 3.106 quilates; o Excelsior, com 995,5 quilates; o Vargas (que também pertenceu a Winston), com 726,6 quilates; o Jubileu, com 650,8 quilates; e o Victoria, com 464 quilates. Quatro pedras menores, mas de fama similar, e que Winston possui ou possuiu um dia, e seus pesos pós-polimento (não há registro dos pesos originais), são: o Estrela do Oriente, com 94,8 quilates, e o Esperança, com 44,5 quilates, ambos de propriedade da sra. Evelyn Walsh MacLean; o Olho de Ídolo, de 72 quilates; e o Nassak, com 43 quilates. (Diamantes usados em anéis de noivado comuns, que custam em torno de US$ 1 mil, pesam em média entre e 1 e 3 quilates, dependendo da qualidade.)

Embora Winston experimente o mais alto grau de prazer estético na companhia de pedras preciosas grandes, caras e perfeitas, ele também reserva um interesse quase paternal por diamantes, os bons e os ruins, de todos os tipos – para usar a terminologia do mercado –, desde os diamantes branco-azulados, de primeiríssima linha, passando por diamantes brancos mais finos, brancos comuns, branco-amarelados especiais, marrom-claros especiais, marrom-claros comuns até os branco-amarelados comuns e os amarelos. Ao contrário dos antigos hindus, que acreditavam que diamantes com defeitos causavam icterícia, pleurisia, lepra, quebranto e outros infortúnios, Winston é bem tolerante com diamantes que apresentem imperfeições como bolhas, inclusões do tipo nuvem, rachaduras, manchas de carbono e pequenas fraturas esbranquiçadas. "Os diamantes são como nossos filhos", diz. "Mesmo que sejam ruins, são nossos, a gente não consegue deixar de gostar e não quer abrir mão deles." O relacionamento de Winston com os diamantes é o mais parecido possível com o de pai e filho, e ele procura supervisionar cada estágio de seu desenvolvimento. Compra diamantes brutos, depois importa, corta, lapida, desenha as joias, vende e, sempre que possível, acompanha suas trajetórias depois que saem de suas mãos. E faz isso não apenas com algumas poucas gemas, mas, na medida do possível, com milhares delas todos os anos. Além disso, exporta diamantes por atacado e compra diamantes de herdeiros e espólios. E a Harry Winston, Inc. tampouco constitui seu único ponto de venda neste país: lojas de departamentos, outros varejistas de joias e lojas que vendem via crediário comercializam diamantes Winston, e os leitores do catálogo da Montgomery Ward podem comprá-los também. Enquanto outros se contentam em se especializar em uma – ou, no máximo, duas ou três – dessas muitas e variadas atividades, Winston acha que seu relacionamento paternal ainda fica aquém do que deveria ser e, por vezes, se sente como um pai adotivo, pois só toma conhecimento que um novo diamante surgiu semanas, ou até meses, depois que a pedra foi extraída da mina. Isso acontece porque 95% do suprimento mundial de diamantes é controlado pela De Beers Consolidated Mines, Ltd., uma discreta empresa britânica conhecida à boca pequena como Sindicato, e que detém o monopólio da mineração de diamantes na África do Sul desde 1889.

A colônia portuguesa de Angola, no sudoeste da África, produz cerca de 1 milhão de quilates de diamantes brutos – ou US$ 15 milhões – por ano, a partir de minas que são de propriedade conjunta da Angola Diamond Corporation e do governo português. A Angola Diamond Corporation – que tem participação de americanos, britânicos e portugueses – vende sua produção para a De Beers nos termos de um contrato assinado em 1950, sem a sanção do governo português, e que vence em 1955. No momento, Winston negocia com o governo português a compra de toda a produção de diamantes de Angola pelos próximos dez anos – uma declaração de independência que o Sindicato considera tão presunçosa que tentou, sem muito sucesso, bloquear o acesso de Winston a todos e quaisquer diamantes. "A De Beers poderia fazer de mim um cliente preferencial, se eu deixasse de lado o acordo com os portugueses", disse Winston outro dia. "Mas prefiro ter um suprimento independente – e vou tentar." O ambicioso plano de Winston foi recebido com admiração e sem surpresa – e sem apoio – pelo restante do setor no país. "Eu não mexeria um dedo para ajudá-lo nesse negócio", declarou um de seus rivais mais ressentidos, "mas, se ele sair vencedor dessa também, não será apenas um gênio, estará em outro patamar".

"Existe um risco calculado em todo negócio", diz Winston. "A única maneira de reduzi-lo é saber o que você está fazendo. Acontece que nasci com o dom de saber o que estou fazendo. Também aconteceu de eu ter nascido com o dom da coragem para fazer o que quero fazer." Assim, duplamente dotado, Harry Winston veio ao mundo na cidade de Nova York em 1º de março de 1900, no terceiro andar de um predinho de cinco andares, sem elevador, na rua 106 West, o terceiro filho de um joalheiro que tocava um comércio despretensioso na Columbus Avenue. Seu pai era um homem desapegado e idealista; certa vez, quando um cliente que ele sabia não ter dinheiro para comprar joias entrou na loja e se interessou por um anel de US$ 8, Winston pai se recusou a vender e aconselhou o homem a gastar o dinheiro em mantimentos para a família. Harry perdeu a mãe aos 7 anos e, passado um ano, seu pai, que sofria de uma severa asma, mudou-se para Los Angeles por causa da saúde, levando Harry e uma filha mais nova junto, enquanto os dois filhos mais velhos, Charles e Stanley, conseguiram empregos como vendedores de antiguidades e cristais em Nova York. Tempos depois, os rapazes abriram uma loja de antiguidades e lustres de cristal na rua 44 West. De lá pra cá, o negócio foi transferido para a esquina da rua 53 com a Madison Avenue e hoje é administrado por Stanley – Charles morreu em 1942. Harry frequentou uma escola pública de Los Angeles e, aos 15 anos, largou os estudos para trabalhar com o pai, que abrira uma joalheria na Figueroa Street, no centro comercial da cidade. Desde o início, era Harry quem tocava a loja. De tempos em tempos, pegava uma sacola, enchia de joias e, equipado com uma viseira que nunca tirava da cabeça, punha o pé na estrada, vendendo sua mercadoria nos bares da cidade para trabalhadores que prospectavam petróleo na região. Depois de dez anos na Califórnia, o pai voltou para Nova York, onde abriu outra joalheria, na St. Nicholas Avenue, que administrou até poucos anos antes de morrer, em 1929.

Pouco depois de retornar a Nova York, Harry Winston, então com 19 anos, sentiu que já conhecia o suficiente do negócio para se lançar em carreira solo e, com um investimento inicial de US$ 2 mil, economizados enquanto trabalhava na Califórnia, alugou um escritório no número 535 da Quinta Avenida por US$ 100 por mês e fundou uma empresa de um homem só chamada Premier Diamond Company. O primeiro grande passo foi dado em seguida, quando conseguiu ganhar a confiança dos diretores do New Netherlands Bank of New York – que depois foi absorvido pelo Chase National Bank – a ponto de consentirem em emprestar-lhe dinheiro tendo como garantia pouco mais do que seu comprovado poder de discernimento. O início do relacionamento com o banco não foi dos melhores: Winston se atrasou para a reunião de diretoria em que justo o seu pedido de empréstimo seria analisado. Chegou correndo, viseira na cabeça, e foi tomado por um menino de recados. Ouviu uma ordem para dar meia-volta e informar ao patrão que deveria comparecer em pessoa se quisesse o dinheiro. Depois de esclarecer quem era, recebeu aprovação para o empréstimo, mas, por muitos anos depois desse dia, Winston manteve na folha de pagamento uma espécie de representante de fachada – um senhor alto, grisalho e de aparência distinta que o acompanhava em todas as reuniões de negócio e tomava a palavra, enquanto Winston ficava de olho nas joias e nas somas envolvidas.

Seguiram-se mais empréstimos do New Netherlands Bank e, com essa retaguarda, Winston começou a comprar joias de espólios e heranças, peças que lapidava e restaurava de acordo com tendências modernas e depois revendia para varejistas.

Despachava cartas e mais cartas anunciando seu interesse por joias ligadas a espólios. Para desencavar bons contatos, usava o Social Register, uma espécie de lista de quem-é-quem na sociedade, que complementava com nomes dos principais juízes e advogados do país e que, segundo ele, estavam em posição de conhecer detalhes de espólios prestes a serem executados. Se uma determinada herança lhe chamava atenção e fosse de pequena monta, com joias que pudessem ser compradas por US$ 5 mil ou US$ 10 mil, Winston tomava o dinheiro emprestado do banco e depois quitava com a receita das vendas. No caso de espólios que exigiam um investimento maior, o banco comprava as joias e as entregava a Winston, que as restaurava e vendia. Cinco anos depois de começar a atuar por conta própria, ele havia entrado no radar de outros bancos e já se envolvia em transações em que quantias de até US$ 1 milhão mudavam de mãos. "Gostam de me chamar de jogador", diz. "Mas, se fosse assim, como eu conseguiria esse nível de crédito dos bancos? Os primeiros US$ 50 mil foram os mais difíceis — muito mais difíceis do que pedir US$ 5 milhões emprestados hoje. Eu comprava de tudo: coroas, tiaras, coleiras de cachorro. E conhecia tudo: rubis, pérolas, esmeraldas, diamantes. Trabalhava sete dias por semana. Nunca parava. Eu adorava essa rotina, me emocionava com cada negócio fechado. Quando eu saía em busca de crédito, se batia na porta de um banco que não estava em condições de me emprestar o valor que eu queria, os diretores se juntavam e levantavam o dinheiro entre eles. Além de conhecimento, habilidade, coragem e imaginação, sempre tive acesso a financiamento."

Winston acredita ter sido o primeiro joalheiro do país a reconhecer o potencial dos espólios como fontes de mercadoria. Um dos primeiros grandes inventários de que se ocupou foi o de Arabella Huntington, esposa de Collis P. Huntington, o construtor de ferrovias, e mais tarde de seu sobrinho, H. E. Huntington; a transação envolveu o investimento de US$ 1,5 milhão do New Netherlands Bank. Mais adiante, Winston assumiu as joias de espólios de indivíduos como Lucky Baldwin, um agricultor que encontrou ouro na Califórnia, e Emma T. Gary, viúva do juiz Elbert H. Gary, que por muitos anos presidiu o conselho da United States Steel. (As joias da sra. Gary, que incluíam a pérola Lord Dudley — uma joia de 100 grãos em formato de pera e que é considerada uma das mais finas em sua classe no mundo —, foram deixadas para o Metropolitan, mas o museu achou a manutenção custosa demais e conseguiu na Justiça uma autorização para vendê-las.) Winston guarda lembranças especialmente afetuosas das joias da família Huntington. "A sra. Huntington tinha um colar com 161 pérolas", conta. "Ia do meu pescoço até os dedos dos pés — e eu meço 1,65 metro. Ela gastou mais de US$ 1 milhão para montar o cordão todo. Tinha quase um metro e meio de comprimento. Pobre sra. Huntington! Quando o cordão de pérolas foi finalizado, ela estava cega e já não podia admirá-lo. É claro que dividi a maioria das joias do seu legado. Há pelo menos vinte mulheres espalhadas pelo mundo hoje que compartilham as pérolas da sra. Huntington."

Embora Winston confie na própria capacidade, aprendeu com a experiência que não é infalível. "Já errei e, quando erro, o estrago é grande", comentou durante um jantar outro dia. "Mas acho que nunca me equivoquei quanto ao caráter das pessoas. Na semana passada, um homem veio ao meu escritório e quis levar duas joias para mostrar à esposa. Valiam US$ 300 mil. E me disse que podia assinar um recibo. Respondi: 'Sua assinatura não é necessária'. Precisava ver a cara que ele fez! O jeito como saiu da sala! Eu não deixaria ninguém no escritório fazer uma avaliação como essa. Nem todo mundo sabe julgar caráter assim. Já deixei pessoas saírem da loja com joias de US$ 1 milhão! Sem depósito. Sem recibo. Certa vez, há alguns anos, dei a um homem quatro joias para levar para casa, para que decidisse de qual gostava mais. Na manhã seguinte, ele estava de volta na loja às nove em ponto, esperando por mim. E foi logo perguntando: 'Diga-me, sr. Winston, mandou alguém me seguir até em casa ontem?'. Respondi que não. Ao que ele retrucou: 'O senhor não me conhece. Suponha que eu tivesse dado um nome falso'. Ponderei: 'Bem, teria sido um erro da minha parte'. Ele insistiu: 'O senhor conseguiu dormir ontem à noite?'. 'Como um bebê', falei. E ele: 'Não preguei o olho. Fiquei acordado a noite toda preocupado com a sua preocupação'.

"Quando estive em Londres, há alguns anos, mostrei um anel a uma senhora. Depois fomos tomar chá no Savoy e levei a joia comigo. Ela ficou colocando e tirando o anel. Então, precisou sair e esqueceu que estava com o anel. Não falei nada. Ao final do dia, ela estava ligando para todo mundo no West End, tentando me encontrar. Por fim, conseguiu entrar em contato comigo num restaurante e me perguntou se eu havia percebido que ela estava com o anel no dedo quando saiu. Claro que percebi, falei. 'Você é um tolo', ela disse. 'Não', respondi. 'Eu sei avaliar as pessoas.'

"Depois que vendi ao rei Farouk a pedra de 125 quilates extraída do Jonker, vendi também o Estrela do Oriente, por US$ 1 milhão, e algumas outras peças por US$ 300 mil. Ele me deu US$ 150 mil adiantados. Agora veio me dizer que não tem o restante do dinheiro e não sabe o que aconteceu com as joias. A última vez que conversamos foi em Capri, no verão de 1952, logo depois que abdicou. Ele diz que havia deixado o diamante no palácio. Vou visitá-lo daqui a uns dois meses. Na noite em que lhe vendi o Estrela, ofereci um pequeno jantar no La Reserve, em Beaulieu-sur-Mer, perto de Monte Carlo. Custou-me cerca de US$ 500. Às quatro da manhã, Farouk foi sozinho para o terraço e fechamos o negócio com o Estrela e as outras pedras ali mesmo. Aquela festinha pode ter me custado mais US$ 1,15 milhão. Talvez eu tenha me equivocado com Farouk, mas creio que não. Ainda acho que vai dar tudo certo. De qualquer forma, sou o tipo de homem que, não importa o que aconteça, consegue dormir à noite e acordar com a sensação de que vale a pena viver. Adoro o negócio de diamantes. É um mundo de Cinderela. Tem de tudo! Gente! Drama! Romance! Pedras preciosas! Especulação! Emoção! O que mais se pode querer?"

Ao meio-dia de terça-feira, 13 de janeiro de 1953, Winston se encontrava sozinho em seu escritório, instalado no segundo andar de um prédio de granito de seis andares onde fica sua empresa, no mesmo edifício que serviu de residência para a falecida sra. Marius de Brabant, filha do senador William A. Clark, o milionário da mineração. Sentado diante de uma escrivaninha Luís xv, Winston observava pela janela, um tanto desolado, o constante movimento de pessoas que entravam e saíam da catedral de St. Patrick, do outro lado da rua. Vestia, como de costume, um elegante terno escuro, com paletó transpassado, impecavelmente ajustado e sem nenhuma joia. Na escrivaninha, havia um grande corte quadrado de veludo preto, sobre o qual se via um instrumento para estimar o peso de pedras já engastadas, uma pinça para manipular gemas pequenas, dois lápis amarelos bem apontados, uma caixinha de prata, uma lupa de joalheiro, um bloco de papel branco para rascunho e alguns de seus diamantes – um branco-azulado de 60 quilates, engastado em um anel, e o Esperança, de 44,5 quilates, uma pedra oval azul-escura, colocada em um pingente. Também sobre a escrivaninha havia um telefone conectado ao tronco central da companhia. Um suporte atrás da mesa acomodava um segundo telefone, este com linha particular. Várias fotografias emolduradas da esposa e dos dois filhos de Winston – Ronald, de 13 anos, e Bruce, de 10 – ocupavam uma mesinha de canto, e uma pintura a óleo do trio enfeitava a parede. Duas poltronas namoradeiras, uma de frente para a outra, cercavam a lareira, e vários baús, mesas e cadeiras do mesmo período espalhavam-se pelo cômodo.

A porta do escritório de Winston se abriu e sua secretária, uma loira jovem e simpática chamada Polly Rowe, entrou, segurando um pires com uma xícara de porcelana decorada com motivos florais. "Seu café, sr. Winston."

Winston suspirou alto e acenou com a cabeça. "Nunca entendi por que todo mundo sai para almoçar", comentou. "Toda essa comida. Pra quê?"

"Não faço ideia, mas todo mundo faz isso", disse a srta. Rowe, em tom respeitoso.

Winston pegou um comprimido de sacarina da caixinha de prata. E suspirou de novo ao largar o comprimido na xícara. Enquanto tomava o café, introduziu o dedo indicador no anel de diamante de 60 quilates e fixou o olhar sobre a pedra. Ato contínuo, arrancou o anel, atirou-o, impaciente, na direção da srta. Rowe e mandou que o guardasse. "E o Esperança também", ordenou. "Não estou me sentindo muito bem. Acho que peguei um desses vírus aí."

O telefone particular de Winston tocou e, ao atendê-lo, de uma hora para outra, ficou apreensivo. Baixou a voz para um tom mais íntimo, quase confidencial, à medida que a conversa prosseguia. Depois de desligar, sinalizou para que a srta. Rowe trouxesse o diamante Esperança e o anel de volta. "Vou brincar mais um pouco com eles", explicou. "E poderia pedir ao Ludel que desça aqui o mais rápido possível?" Quando a srta. Rowe saiu da sala, ele recolocou o anel no dedo indicador e o olhou com admiração.

"Você precisa ir a Londres", disse Winston alguns minutos depois a Bernard Ludel, um homem calvo, de rosto anguloso, afável, e que atua como comprador de diamantes brutos para Winston há sete anos, período em que gastou, sem perder o sono, US$ 30 milhões do chefe. Ludel está no ramo faz quatro décadas. Nascido em Amsterdã, aprendeu a lapidar diamantes com o pai. Veio para os Estados Unidos em 1916, aos 20 anos, e nos dez anos seguintes lapidou cerca de 14 mil diamantes, com pesos entre 6 e 80 quilates. Então, tornou-se comprador e vendedor independente e, depois de vinte anos, abriu mão do próprio negócio para se juntar a Winston.

"Estou pronto", respondeu Ludel. Na semana anterior, ele havia retornado de sua 46ª viagem à Europa, a oitava em seis meses. Morava com a esposa em um pequeno hotel no West Side, onde esperava a qualquer momento a visita de uma filha casada que morava no Panamá. "Estou sempre pronto", acrescentou Ludel.

"Acabei de receber uma ligação de Londres", relatou Winston, subindo o tom. "Prins me contou que pôs as mãos em uma pedra de 154,5 quilates vinda de Jagersfontein. Diz que é perfeita. Uma pedra perfeita."

Ludel sorriu e não disse nada.

"Dê uma olhada lá", instruiu Winston, retomando a voz suave e baixa. "Confira se é perfeita mesmo."

"Posso pegar o avião amanhã", respondeu Ludel.

"Boa sorte", disse Winston, cobrindo a cabeça com as mãos e fechando os olhos. "Acho que você está doente, Harry", disse em voz alta para si mesmo. "Melhor ir para casa e descansar." Vestiu um sobretudo de caxemira preta e um chapéu homburg, também preto, e, ao sair do escritório, recebeu da secretária, como todos os dias, uma nota de US$ 1 novinha em folha – Winston detesta carregar dinheiro no bolso – para pagar a corrida de táxi até seu apartamento, na Quinta Avenida.

Assim que aterrissou em Londres, na quinta-feira, Ludel pegou um táxi que o levou, sem escalas, do aeroporto para os escritórios da corretora de diamantes I. Hennig, no terceiro andar da Audrey House, um edifício eduardiano de pedra cinza em Ely Place, no bairro joalheiro. Era fim de tarde quando ele chegou. George F. Prins, um senhor atencioso e culto, que é um dos dois diretores da empresa e o homem que vendeu o diamante Jonker a Winston, disse a Ludel que a luz naquele horário não era a mais adequada para observar a pedra, e sugeriu que voltasse pela manhã. Ludel foi para o hotel, onde, depois de jantar cedo, foi para a cama e passou a noite acordado pensando no diamante de 154,5 quilates. Às 9h30, estava de volta ao escritório da Hennig. Prins avisou que o cofre em que o diamante estava guardado não poderia ser aberto antes das dez. Ludel decidiu esperar por ali mesmo, fumando um cigarro atrás do outro. Três minutos depois das dez, Prins tirou o diamante do cofre. Estava em uma pequena pasta de papel branco pesado, forrada com uma folha de papel encerado fino. Prins entregou a pasta a Ludel, que deu um leve sorriso ao desembrulhar a pedra. Tinha pouco mais de 1,5 polegada de comprimento e 1 polegada de espessura em uma extremidade, afinando para cerca de um terço dessa espessura na outra, e, como a maioria dos diamantes brutos, apresentava um revestimento fosco, que a fazia parecer um chumaço de algodão congelado. Seu peso em libras era de pouco mais de 1 onça. Ludel segurou a pedra entre o polegar e o indicador e continuou a sorrir. Prins saiu da sala e voltou em poucos minutos com uma xícara de café morno com leite, que entregou a Ludel. Depois, sem dizer nada, saiu novamente da sala. Ludel sentou-se perto de uma janela voltada para o norte, com vista para os telhados de várias casas georgianas antigas. Colocou uma lupa e analisou o diamante. Apesar do revestimento fosco, ele podia afirmar com razoável certeza que não havia imperfeições em seu interior. Ludel ficou ali em silêncio, estudando o diamante com a lupa por duas horas. Depois, devolveu-o a Prins, voltou para seu quarto de hotel e, sentado na cama, telefonou para seu empregador na rua 51 East.

"Ludel!", exclamou Winston.

"A maior sensação de minha vida", contou Ludel, sem preliminares. "A pedra é absolutamente perfeita, tenho certeza.

Nunca sequer sonhei com uma pedra como essa – é a melhor que já vi. A cor é magnífica. Branco-azulado."

"Ludel, e está limpa?", insistiu Winston, impaciente. "Está totalmente limpa?"

"Estou convencido de que está totalmente limpa", respondeu Ludel. "Além disso, tem o formato ideal para um diamante em forma de pera. Você precisa ter essa pedra."

"Mas ela é perfeita, Ludel?", voltou a perguntar Winston.

"Perfeita, perfeita", Ludel lhe assegurou.

Winston e Ludel passaram, então, a discutir o preço que a Hennig estava pedindo – US$ 250 mil – e possíveis maneiras de persuadir a corretora a reduzir esse valor em US$ 25 mil. Conversaram por 38 minutos, e o custo da ligação foi de US$ 190. Esse foi o primeiro de treze telefonemas transatlânticos que Ludel fez para Winston durante dez dias de intensas negociações. Passado um tempo, Ludel disse a Winston que não havia mais nada que ele pudesse fazer com relação ao valor da transação e que esperaria em Londres até receber ordens, quaisquer que fossem, de Nova York. Na noite de 3 de fevereiro, Winston foi para a cama cedo, tinha uma infecção viral e febre alta. À meia-noite, num estalo, tomou a decisão final sobre o diamante de 154,5 quilates. Pegou o telefone ao lado da cama e enviou um telegrama para Ludel, via Western Union. A mensagem consistia em uma única palavra: "COMPRE". Winston, então, desabou num sono profundo e, quando acordou pela manhã, a febre se dissipara.

Assim que Ludel recebeu o telegrama, notificou Prins de que Winston compraria aquele grande diamante e que o banco de Winston em Nova York tomaria providências junto a um banco de Londres para pagar à I. Hennig, Ltd. US$ 230.807 – o preço acordado mais a comissão do corretor.

No dia seguinte, Ludel partiu de Londres para Amsterdã, para adquirir outros diamantes em nome de Winston. Em 6 de fevereiro, Winston recebeu o seguinte telegrama:

LONDRES VIA TELEGRAMA FEV 6 316P
HARWINSTON (HARRY WINSTON)
NYK.

154,5 QUILATES ENVIADOS VIA AÉREA HOJE
HENNIG
110.8A.

Os 154,5 quilates estavam cobertos por uma apólice de seguro durante o voo. Winston considera os correios a forma mais segura de transportar diamantes de um lugar para outro. Ele não gosta que seus funcionários carreguem joias valiosas sozinhos em viagens longas, devido aos óbvios riscos envolvidos.

Incrustada em um fragmento de rocha azul, também conhecida por quimberlito – a formação vulcânica na qual a maioria dos diamantes é encontrada –, a pedra de 154,5 quilates foi retirada de uma mina da De Beers em Jagersfontein, no Estado Livre de Orange, no final de 1952. Os nativos africanos que trabalhavam na mina estavam perfurando um veio de rocha localizado a uma profundidade de 400 metros. É improvável que algum dos trabalhadores responsáveis por trazerem a grande pedra para a superfície soubesse que aquele seria um dia particularmente lucrativo no batente, pois os diamantes quase não são visíveis nos pedaços de rocha transportados para cima – 10 toneladas de cada vez – em enormes caçambas de aço. Essas caçambas são erguidas e abaixadas nos poços das minas a uma velocidade maior do que um homem conseguiria suportar, e há um bom motivo para a pressa: são necessárias 10 mil toneladas de rocha vulcânica, extraídas de uma mina sul-africana média, para produzir 1 libra, ou 453 gramas, de diamantes. Cada caçamba cheia, ao emergir da terra, é despejada em um compartimento, e então o material é levado por esteira rolante até o moinho. Lá, a rocha azul é triturada, peneirada e lavada para eliminar todas as partículas residuais, com exceção das mais pesadas, conhecidas como concentrado diamantífero. O concentrado é então colocado sobre uma mesa retangular revestida com gelatina de petróleo. A mesa é preenchida com água e sacudida lateralmente com violência; com o movimento, todos os resíduos de rocha restantes são lavados e os diamantes, que têm a propriedade peculiar de liberar água, permanecem presos na gelatina. Por fim, a gelatina é raspada da mesa e fervida, desprendendo assim os diamantes.

A pedra de 154,5 quilates foi encontrada no curso normal das operações da mina e recuperada na mesa de gelatina como qualquer outra. Apesar de seu tamanho, não foi feito nenhum registro especial de sua descoberta. Foi listada nos livros da De Beers juntamente com outras pedras com mais de 10 quilates, de acordo com a legislação da União da África do Sul. A De Beers, por meio de sua organização de distribuição, chamada Diamond Trading Company, vendeu o diamante em Londres para a Diamond Realizations, Ltd. A Diamond Realizations o repassou à Hennig, para revenda.

Em Nova York, a tarde de 11 de fevereiro estava cinzenta, úmida e gelada. Às 16h30, um homem encorpado, grisalho, sem chapéu e usando óculos sem aro, desceu de um táxi em frente ao número 7 da rua 51 East. Usava um sobretudo escuro com cinto na parte de trás e mascava chiclete. O taxímetro registrou US$ 1,90. O homem grisalho deu US$ 3 ao motorista.

"Se cuida, Mac", disse.

"O senhor também, sr. Siegel", respondeu o motorista. Sam Siegel, funcionário da Meadows Wye & Co., que atua como despachante de alfândega para Winston, tocou o dedo indicador na têmpora em sinal de despedida. Quando tem um pacote valioso para transportar, Siegel faz questão de pegar táxis cujos motoristas conhece. Naquela ocasião, o pacote a ser entregue era pequeno e estava dentro de um envelope amarelo. Quando o táxi partiu, Siegel foi até o portão de ferro que dá acesso ao saguão da Winston Inc., portão que fica trancado o tempo todo. Ele tocou a campainha e foi reconhecido por um homem de ombros largos, prematuramente grisalho, trajando terno cinza e carregando uma pistola automática no coldre, que estava do lado de dentro e fazia a segurança da empresa, verificando todo e qualquer visitante. O guarda acenou para uma recepcionista sentada do lado esquerdo do saguão, e ela apertou um botão que destrancou a porta.

"Olá, sr. Chaplin", disse Siegel ao guarda, ao entrar, e depois acenou para a recepcionista: "Como vai, srta. Shaw?".

Logo após a mesa da recepcionista, havia uma escada circular de mármore que levava ao escritório de Winston. Siegel se olhou num espelho pendurado na parede oposta e ajeitou a gravata.

"Está muito elegante, sr. Siegel", elogiou a recepcionista. Siegel sorriu e voltou o olhar para o salão principal, contíguo ao saguão, antes de ser acompanhado por Chaplin até um pequeno elevador ao lado da escada. Os dois subiram até o terceiro andar, onde se dirigiram ao escritório do *controller*, passando por uma série de portas que iam sendo destrancadas por outros funcionários e secretárias. Lá, Siegel entregou o envelope amarelo ao *controller*, Bertram Barr, um homem magro e de aparência preocupada, que retirou o pacote do envelope. Estava embrulhado em papel azul, amarrado com barbante marrom e selado com cera vermelha, além de trazer o carimbo do inspetor da alfândega com as palavras "Avaliador de Mercadorias da Aduana Americana". Estava endereçado, à mão, a Winston, e trazia três selos britânicos, totalizando 1 libra, 5 xelins e 6 pence – um custo de envio de US$ 3,61.

Siegel comentou com Barr que o tempo estava medonho e lhe ofereceu um chiclete. O *controller* desembrulhou o chiclete e o pôs na boca. Uma secretária se aproximou e entregou a Siegel um recibo especificando que ele havia entregado um pacote com o selo da alfândega dos Estados Unidos intacto, contendo um diamante bruto de 154,5 quilates no valor de US$ 230.807. E também lhe passou um cheque de US$ 28,75 para cobrir a taxa de corretagem alfandegária; como se tratava de um diamante bruto, havia sido admitido no país com isenção de impostos. Siegel dobrou o cheque, enfiou-o em um bolso interno do casaco e saiu. Barr depositou o pacote azul, ainda fechado, em um enorme cofre controlado eletronicamente e saiu correndo para participar de uma reunião da Associação dos Contabilistas Federais, da qual é diretor para o estado de Nova York.

Na manhã seguinte, Winston viu o diamante de 154,5 quilates pela primeira vez. Chegou ao escritório às 8h55 e logo pediu à srta. Rowe que mandasse Barr trazer o diamante. Antes que tivesse tempo de dar uma rápida olhada na correspondência matinal, o *controller* entrou e colocou o pacote na mesa, à sua frente. Eram nove horas.

"Apague a luz para que eu possa examinar a cor", ordenou Winston ao cortar o barbante em torno do envelope. Barr apertou o interruptor. Um sorriso feliz e cheio de expectativa tomou o rosto de Winston. Mais que depressa, ele rompeu o lacre, desembrulhou uma pequena caixa de papelão branca e a abriu. Dentro da caixa, sobre um chumaço de algodão, surgiu o diamante, embrulhado em papel de seda branco. Winston prendeu a respiração e seu sorriso esvaneceu. Então, puxou as bordas do papel de seda para trás. O sorriso desapareceu. Tirou a pedra da embalagem e a observou, e seu rosto congelou. Sem dizer uma palavra, segurou a pedra contra a luz, pinçando-a entre o polegar e o indicador. Depois se levantou, chutou a cadeira para trás e levou a pedra até a janela. Colocando a lupa, estudou o diamante por um tempo. "Suponho que terei de acreditar na palavra de Ludel", disse, por fim, em tom frio e sem emoção. "Ele deve saber do que está falando. Caso contrário, receberia US$ 20 por semana, em vez do que estou lhe pagando. Mas falta um pedaço nessa pedra. Um pedaço importante. Um terço da pedra está faltando. Talvez, há um milhão de anos, algum tipo de desastre vulcânico a tenha quebrado. Pode estar a 50 quilômetros de distância do local onde foi encontrada." Girando o diamante devagar entre os dedos, prosseguiu, falando consigo mesmo: "É uma bela pedra, sem dúvida. É uma ótima pedra, Harry. Mas não sei se concordo com Ludel quando diz que a cor é única, insuperável". Winston ficou em silêncio por alguns instantes. Depois, disse de supetão: "Talvez estejamos sendo injustos. A luz aqui é ruim. Quero dar uma olhada lá em cima".

Deixando Barr plantado no meio do escritório, Winston saiu e esperou um pouco pelo elevador. A seguir, se virou, impaciente, e subiu quatro lances de escada até o sexto andar, onde os diamantes são classificados segundo cor, tamanho e qualidade. Dirigiu-se a uma fileira de mesas colocadas sob janelas voltadas para o norte e se sentou. "Agora dá para ver a pureza", disse, olhando de novo para seu diamante. Com um leve sorriso, jogou a pedra sobre um pedaço de papel de seda branco. "Parece um pouco mais azul sobre o papel", observou, sem ânimo.

Um jovem classificador de gemas se aproximou e viu o diamante sobre o papel. "Nossa!", exclamou, inclinando-se para ver a pedra de perto, mas sem tocá-la. "Nossa!", repetiu. "Que lindo!"

"Você gostou?", perguntou Winston, irritado.

"É lindo!", respondeu o classificador.

"Está faltando um pedaço", disse Winston. "Não acha isso criminoso?"

"Mas é uma pedra fabulosa", insistiu o classificador. "Não há muitas como essa."

Winston disse: "Me traga alguns diamantes branco-amarelados". O classificador trouxe uma pasta de papel repleta de pedras brutas. "Está vendo o contraste?", indagou Winston. "Esta pedra parece superior agora, mas só por causa dessas branco-amareladas. Um joalheiro menor as classificaria como de primeira classe, é claro, mas são de quarta classe pelos nossos padrões." Falando tanto para si mesmo quanto para o classificador, ele continuou: "Ludel diz que é o melhor diamante que ele já viu. Bem, eu acho que é uma pedra muito boa, mas vamos esperar para ver se é boa mesmo. Ludel diz que alcançará 65 quilates depois de lapidada. É um diamante e tanto. Os corretores de joias por aí dizem que é preciso ter um cliente em vista quando se gasta um quarto de milhão de dólares numa pedra. Não sei se enlouqueci, mas, no momento, não tenho nem ideia de quem seria esse cliente". E agarrou o diamante, que escorregou de seus dedos e caiu no chão. Como um raio, ele se abaixou e o recolheu.

"Sr. Winston, isso é sinal de boa sorte, deixar um diamante cair", disse o classificador.

"Talvez sim, talvez não", reagiu Winston com uma risada seca.

"Tem a beleza de um Jonker em miniatura", continuou o classificador.

"Talvez, quando estiver pronto, seja muito mais brilhante", ponderou Winston. "Quanto mais eu olho, mais eu gosto dele. Estou começando a me sentir mais próximo. Sim, no fim das contas, acho que resultará numa linda pedra."

Ainda agarrado ao diamante, Winston voltou para o segundo andar. O classificador o acompanhou. "Insisti com o Ludel pelo telefone: se é tão perfeito, por que vai render tão poucos quilates?", comentou Winston no elevador. "Ele não me falou que faltava um pedaço, e acho que deveria ter mencionado, mas suponho que tinha tanta confiança na pedra que não sentiu a necessidade de me dizer." E deu de ombros.

No segundo andar, o classificador parabenizou Winston mais uma vez pela aquisição e seguiu descendo pela escada. De volta ao escritório, Winston sentou-se à sua mesa e jogou o diamante sobre a almofada de veludo. A srta. Rowe entrou e avisou que Daniel Frey, o gerente-geral da empresa, queria vê-lo, e Winston pediu que entrasse. "E mande um telegrama para Ludel em Amsterdã", acrescentou. "Escreva: 'Bonita pedra'. Só isso." E voltou a mirar o diamante. "Vai ser lindo", repetiu, quase sussurrando. "A natureza produz tão poucas pedras perfeitas. Espero que esta seja perfeita."

Quando Frey entrou, olhou primeiro para o diamante e assobiou. Depois, olhou para Winston. "É uma bela peça", disse Frey, um sujeito simpático e trabalhador, de 46 anos, e que, há 28, quando estudava no City College, aceitou um emprego de verão na Winston como mensageiro. Depois de se formar, em 1928, conseguiu ser contratado em tempo integral e está na empresa desde então. (Quando Winston comprou o colar Huntington, coube a Frey a tarefa de levar as pérolas desgastadas ou rachadas para um especialista, que as descascava para realçar a forma e devolver a cor adequada. "Eu gostava muito de pérolas", diz Frey. "É uma pena que hoje estejam tão em baixa.") Então, pegou o diamante e o estudou sob a luz da janela. "Espetacular", avaliou, e o entregou a Winston, que o segurou, girando-o para um lado e para o outro. "Aqui será a mesa, aqui será a culaça e aqui será o rondiz", descreveu, indicando onde achava que a faceta superior deveria ser cortada, assim como a faceta inferior menor e a borda que seria engastada no suporte. "Vamos incliná-lo desse jeito."

"Lindo", disse Frey.

"Pode ainda se revelar a pedra perfeita", notou Winston em voz baixa, admirando o diamante com a lupa. "Se assim for, talvez possamos sacrificar um pouco do peso para obter uma inclinação melhor. Parece-me que o núcleo da gema está limpo." Pôs a lupa de lado, segurou o diamante à distância e o fitou, pensativo. "Não há dois diamantes iguais", afirmou. "Cada diamante tem uma natureza diferente, problemas diferentes. Cada diamante deve ser tratado como se trata uma pessoa."

Às 9h30 da manhã seguinte, logo após chegar ao escritório, Winston convocou Frey e Bernard De Haan, chefe do departamento de lapidação e polimento da empresa. De Haan, um homem de boa índole, firme, de aparência robusta, é primo de Ludel, e suas carreiras seguiram, em boa medida, trajetórias paralelas. De Haan nasceu há 56 anos em Amsterdã, onde começou a aprender a lapidar e polir diamantes aos 14 anos. Seu pai e um de seus bisavós eram lapidadores, e um de seus avós era montador de joias. De Haan veio para este país aos 18 anos e já tinha seu próprio negócio havia algum tempo quando Winston o convidou a assumir o departamento de lapidação, em 1952. Naquela manhã, De Haan vestia um uniforme do exército e um par de óculos de armação de acetato com lentes grandes, redondas e embaçadas. De Haan e Frey entraram juntos no escritório, e Winston imediatamente entregou o diamante de 154,5 quilates a De Haan.

Os óculos de De Haan ficaram ainda mais embaçados quando ele se postou contra a luz para analisar a pedra. "O senhor sem dúvida tem algo especial aqui", concluiu.

"Como você pode perceber, está faltando um pedaço", observou Winston. "Seria uma pedra extraordinária se esse pedaço não tivesse sido arrancado! Não acha criminoso?" O telefone na mesa tocou. Era um vendedor ligando do andar de baixo. "Sim", confirmou Winston. "Eu me lembro do homem. Está procurando um par de brincos. Deixe que o Joe lide com ele." Então desligou e pegou o diamante das mãos de De Haan. "É claro que daqui só vai sair uma pedra, e a perda de peso não deve ser superior a 55%", disse. "Ou você acha que podemos cortar por aqui e tirar duas pedras?" E apontou para o que parecia ser uma crista na pedra.

"Oh, não", respondeu De Haan. "Vai ser uma pedra só. Em formato de pera."

"Foi o que eu pensei", concordou Winston, parecendo satisfeito.

"Será a sua pedra", disse De Haan. "Uma coisa dessas só aparece uma vez na vida." O lapidador estendeu a mão para pegar o diamante, mas Winston não o entregou. Estava ocupado esfregando-o com o polegar e rolando-o na palma da mão. A porta se abriu e um jovem vendedor entrou com uma caixa de joias de veludo preto contendo um colar de diamantes. "O senhor queria ver isso?", perguntou a Winston.

Winston entregou o diamante a De Haan e, voltando a atenção para o colar, suspirou, levou as pontas dos dedos às têmporas e relatou, cansado: "Quando desenhamos este colar, a compradora disse que queria poder usá-lo também como bracelete. Então, Eddie fez a entrega ontem, e a mulher reclamou que era muito comprido para ser usado como bracelete. Perguntou ao Eddie se seria possível encurtá-lo, mas Eddie disse que não, que não era possível, e ela ficou histérica. Não foi nada prudente da parte dele dizer não".

"Quer tirar algumas pedras?", perguntou o vendedor.

"Sim", disse Winston. "E você terá de enviá-lo por correio aéreo para Palm Beach. Ela pretende usá-lo em uma festa lá na quarta-feira à noite."

O vendedor pegou a caixa com o colar e saiu. "Meu Deus!", lamentou Winston. "As coisas que precisamos fazer nesse negócio para enfeitar as mulheres! A conversa toda que tenho de gastar! Estou sempre rouco de tanto falar. Essas pessoas tiram tudo de você. Por duas horas, ontem à tarde, implorei a uma mulher que optasse por um colar de diamantes redondos no valor de US$ 40 mil em vez de um outro, com diamantes ovalados, que custava US$ 65 mil. Ela tem 50 anos e a vida não lhe foi nada fácil. Os diamantes redondos teriam suavizado seus traços, mas ela insistiu nas pedras longas, mais cônicas. Não importa o nível de sucesso que a gente obtenha, ainda temos de nos curvar aos caprichos dessas pessoas." Voltou a pegar o grande diamante das mãos de De Haan e o colocou sobre a almofada de veludo. Depois de olhar para a peça por alguns instantes, declarou, otimista: "Sabe, eu não ficaria surpreso se conseguíssemos tirar daí uma pedra de 73 quilates".

"É mais fácil para nós visualizarmos a pedra do que para o cliente", comentou Frey.

"Bem, diamantes de 73 quilates não são vendidos todo dia", disse Winston, levando a lupa aos lábios.

"Este será muito mais brilhante do que o Jonker", previu De Haan.

"O Prins disse que este era mais azul", lembrou Winston.

"O Jonker tinha uma cor mais fria", afirmou De Haan. "Quando o vi pela primeira vez, fiquei um pouco decepcionado, para ser honesto. Não tinha assim tanta vida quanto eu esperava. Agora olho para este aqui e não me sinto nem um pouco decepcionado. Nunca gostei do Jonker. A cor era muito fria."

"Ficarei satisfeito se este for da mesma cor", falou Winston. E chamou a srta. Rowe pelo telefone e pediu que trouxesse uma fotografia do Estrela do Oriente, o diamante que ele havia vendido a Farouk dezoito meses antes e que ainda não tinha sido pago.

"Não me entenda mal", disse Frey enquanto esperavam. "Você venderá essa pedra. É só uma questão de tempo."

"Eu a venderei, com certeza", disse Winston. "Não importa quanto vai nos custar quando terminarmos a lapidação. Algumas pessoas só compram o melhor." A srta. Rowe trouxe a fotografia. Depois de estudá-la com atenção, o joalheiro disse que, quando o novo diamante estivesse finalizado, seria menor do que o Estrela do Oriente, mas também seria uma pedra mais fina. Com esse comentário, embrulhou o diamante no papel de seda, entregou-o a De Haan e pediu que o levasse para o andar de cima e o registrasse no estoque.

Em seguida, De Haan subiu com Frey para o departamento de contabilidade, onde entregou a pedra a uma funcionária, que a pesou: exatos 154,5 quilates. Foi então registrada sob o nº 20118. "Alguém aqui é supersticioso?", perguntou a moça. "Hoje é sexta-feira 13." Apontando para uma página em uma pasta de folhas avulsas, ela se virou para De Haan e pediu: "Assine aqui". De Haan assinou pelo diamante, a moça o reembrulhou no papel de seda e o devolveu ao lapidador. Depois disso, De Haan subiu para a sala de polimento, onde os diamantes brutos são lapidados para revelar as facetas, ou janelas, que absorvem e refletem luz e produzem um brilho característico. A sala de polimento era dominada por duas longas mesas sobre as quais havia talvez uma dezena de máquinas que lembravam toca-discos. Em cada máquina, um disco de ferro fundido, revestido com uma pasta de pó de diamante e azeite de oliva, girava a uma velocidade de 2.200 rotações por minuto e, pressionado contra cada disco, havia um diamante, preso em um copo de metal, que era sustentado por um braço de madeira e metal. Quatro homens – vestidos, como De Haan, com roupas do exército – observavam as máquinas; de tempos em tempos, faziam pequenos ajustes nos copos de metal, à medida que os discos gradualmente moldavam os diamantes no formato desejado. De Haan ficou em silêncio na porta por um tempo. Então, tossiu alto. Seus colegas o viram e imediatamente foram em sua direção. Ainda sem falar, ele desembrulhou o diamante e o exibiu.

"Que peça fantástica", comentou um deles.

"Bela cor", disse outro.

"Coisa linda", completou o terceiro.

O quarto assentiu com a cabeça e concluiu: "Isso sim é um diamante".

"Agora eu começo a trabalhar", disse De Haan.

"Faço uma ou duas janelinhas na pedra, para que possamos espiar lá dentro e ter certeza de que não há defeitos." Um dos lapidadores perguntou a De Haan quanto tempo ele achava que precisaria trabalhar naquele diamante.

"Qual é a pressa?", respondeu De Haan. "Foram necessários milhões de anos para fazer esse diamante. Por que correr agora?"

Algumas semanas depois, Frey parou na sala de polimento para perguntar a De Haan sobre o trabalho com a grande pedra. De Haan a mostrou a ele. A crosta havia sido removida da mesa superior, revelando o interior da pedra, e linhas riscadas a tinta marcavam a superfície exposta do diamante para servir de guia no polimento. "Não há defeitos internos graves?", perguntou Frey. De Haan disse que não, nenhum. Aliás, continuou, pretendia levar o diamante para o senhor Winston ver naquele momento. Então, retirou a pedra do copo de metal e a segurou de modo provocador na frente de Frey, balançando-a para um lado e para o outro e fugindo do alcance do colega. Em seguida, os dois pegaram o elevador até o escritório de Winston e, lá chegando, De Haan colocou o diamante diante do patrão, sobre a mesa. A pedra já começava a exibir um brilho branco-azulado.

Winston sorriu ao perceber o movimento. "Aqui está seu diamante, Harry", anunciou. "Não há marcas, nem pontos escuros. Nenhuma pequena mancha branca. Conseguimos enxergar o coração, e é puro. Esse diamante será como uma belíssima mulher. Terá tudo: aparência, graça, beleza e saúde perfeita." Winston comentou com Frey e De Haan que temia que encontrassem alguma imperfeição, e que foi um alívio nada ter aparecido. Também não houve nenhum acidente, até o momento, durante o polimento da pedra, outro motivo de alívio. Winston é em geral filosófico com relação a acidentes. Uma semana antes, houve um erro na lapidação de uma pedra de 80 quilates, o que resultou num prejuízo de 10 quilates. Conforme ele observou na ocasião, foram US$ 50 mil pelo ralo. Frey perguntou a Winston se ele pretendia mostrar o diamante a um possível comprador em breve. Winston ficou horrorizado. "Você pode banalizar algo sublime se exibi-lo ainda neste estágio", respondeu. "Essa é a última coisa que quero fazer. Vou manter essa pedra em segredo. Quero guardá-la para mim. Vou deixá-la no cofre por um tempo depois que estiver pronta. Talvez eu brinque com ela por um tempo" – e rolou-a sobre a mesa como se fosse uma bola de gude – "ou talvez só fique olhando. Esta pedra é como uma grande pintura. A gente quer admirar." Com auxílio da lupa, examinou o diamante em detalhe. "É uma das pedras mais bonitas do mundo", disse com a voz embargada. Em seguida, devolveu-a a De Haan, concluindo: "Quero dar uma olhada nela de novo quando essa pequena falha aqui tiver sido removida!". De Haan assentiu com a cabeça e saiu. "O homem mais rápido do mundo – De Haan", disse Winston a Frey. "Mas também age como um grande mestre de xadrez: aborda com prudência os movimentos mais perigosos."

Winston se virou para uma caixa de joias preta sobre sua mesa, abriu-a e tirou um colar com quatorze diamantes ovalados e um bracelete combinando. "Que lindos olhos!", exclamou, fitando as pedras em forma de elipse. "Este é o bracelete que vendi à princesa há alguns anos", prosseguiu. "Depois, fiz o colar para combinar. Ela vai me ligar daqui a pouco para falar desse conjunto. Estamos pensando em juntar o colar com o bracelete e fazer dois braceletes. Assim, ela terá 28 belos olhos, além dos próprios." E acrescentou, com uma risada curta e baixa: "A princesa terá um bracelete em cada braço, e estará sempre levantando os braços – primeiro um, depois o outro – enquanto fuma". Winston então ergueu os braços para ilustrar o que queria dizer. "Vinte e oito diamantes ovalados como esses!", disse baixinho, para si mesmo. "Todos da mesma cor! É um sonho! Onde mais se pode conseguir pedras assim? Pode-se vasculhar uma pilha de diamantes de US$ 50 milhões e nunca encontrar nada parecido. Vou dizer uma coisa..." E seu telefone particular tocou.

"Vossa Alteza, bom dia!", Winston disse ao telefone, com voz suave e persuasiva. "Como está, Vossa Alteza?... Dormiu bem?... Terei o prazer de vê-la hoje, Vossa Alteza?... Vossa Alteza será proprietária de um belo par de pulseiras, cada uma com quatorze lindos olhos. Espere até ver os modelos." A conversa se estendeu por cerca de dez minutos. Depois de desligar, Winston ligou para a srta. Rowe e lhe disse que a princesa viria no final da tarde e deveria ser levada ao seu escritório assim que chegasse. "Ela terá duas das pulseiras mais elegantes do mundo", disse a Frey. "Dignas de uma princesa!"

Às dez da manhã de 16 de abril, Winston subiu para a sala de polimento com Frey para verificar o progresso de seu grande diamante. De Haan, sorridente, mas sem dizer nada, tirou o diamante do copo de metal, onde girava sobre o disco, e o entregou a Winston. Então, cruzou os braços e lançou um olhar cúmplice para dois de seus funcionários da área de polimento. Winston segurou o diamante e soltou um suspiro baixo de satisfação. Pinçou rapidamente uma lupa do bolso do paletó e examinou a pedra mais de perto. Em seguida, olhou incrédulo para De Haan, que sorriu, ainda em silêncio. Os dois polidores se entreolharam, felizes. Winston tremia e, ao se voltar de novo para o diamante, deixou a lupa cair. Os funcionários riram da cena.

"Eu falei que era melhor do que o Jonker", disse De Haan.

Quando Winston, por fim, abriu a boca, falou consigo mesmo. "A maciez!", comentou com a voz trêmula. "Harry, o brilho!"

Então, devolveu a pedra para De Haan e, acompanhado por Frey, desceu para o escritório. "Quando esse diamante chegou, achei que era maravilhoso mesmo, mas nunca se pode ter certeza até que a pedra esteja pronta", observou Winston. "Já vi diamantes brutos que pareciam promissores, mas que depois de lapidados resultaram amarelados. Vi beleza ali ainda em sua forma bruta. E agora que a crosta foi removida... bem, conheço gemas excepcionais, mas esta parece que vai se transformar no melhor diamante do mundo." Aí, de repente, soltou um gemido e cobriu os olhos com as mãos. "Estou exausto", disse. "Ontem à noite, minha esposa e eu fomos ao casamento da filha de Barney Balaban. A tensão! As mulheres desfilando, exibindo suas joias! Os vestidos! A bebida e o cigarro! Não dou mais conta. Isso acaba comigo. Não fosse por minha esposa, eu não iria a festas. As pessoas sugam tudo da gente." Winston esfregou os olhos por um instante e voltou a falar do diamante. "De Haan vinha dizendo que essa pedra era a melhor em que já havia trabalhado. Atribuí isso ao fato de ele ser novo aqui e não conhecer os diamantes que passaram por nós. Mas agora vejo que ele tinha razão. A lapidação está esculpindo uma pera perfeita. Essa pedra entrará para a história."

A srta. Rowe entrou e anunciou que chegara uma visita, uma mulher de Fort Worth. Winston pediu: "Mande entrar", e a secretária se retirou. Quase que no mesmo instante, a porta se abriu e deu passagem a uma mulher de meia-idade, elegante, trajando uma estola de vison e carregando um guarda-chuva violeta. "Harry, seu malandro, você recebeu uma garota linda aqui ontem!", exclamou, com voz alta e rouca. Winston se levantou, sorrindo, e estendeu a mão. A mulher o cumprimentou, rindo, e o riso logo virou um breve acesso de tosse. "Acabei de chegar da Saint Patrick", continuou a mulher, batendo no ombro dele com o guarda-chuva. "Eis o que eu faço, Harry. Entro na igreja para ver a Mãe Santíssima e saio pela porta lateral, aí eu olho direto para o seu escritório e consigo ver se você tem visita e até o que está fazendo."

Winston riu, respeitoso, e os dois se sentaram.

"Vou almoçar com o cardeal Spellman amanhã", contou a mulher.

"E como está Sua Eminência?", perguntou Winston.

"Anda ocupadíssimo", respondeu a visita. "Mas, sempre que estou na cidade, ele faz questão de almoçar comigo."

"Vocês se dão muito bem", comentou Winston. "E encontrou o bispo Sheen?"

"Não, desta vez não deu. Harry, decidi ficar com a safira grande."

"É uma pedra fabulosa", disse Winston, baixando o tom de voz. "E você vai ficar fabulosa com ela."

"Não acha grande demais para mim, Harry? Acha que posso usá-la?"

"Claro que pode", respondeu Winston. "Vai ficar linda em você."

"Harry, eu penso o seguinte: ninguém jamais pensaria que se trata de uma bijuteria – não ao me verem usando –, então acho que posso usar sem passar vergonha."

Winston se inclinou sobre a mesa e, em voz ainda mais baixa, revelou: "Estou com uma pedra nova, um diamante".

"Como você vai batizá-la?", perguntou a mulher.

Winston respondeu que ainda não sabia.

"E o que me diz desse diamante em forma de coração que está causando o maior furor?", prosseguiu a mulher. "Estão até comparando com o Esperança, só menos azulado."

Winston acenou a mão com certo desdém pela história. "Ah, é um bom diamante, sem dúvida", disse. "Mas espere até ver o meu. Será uma das grandes pedras do mundo."

Os olhos da mulher brilharam.

"E como estão seus poodles?", perguntou Winston. A mulher riu. "Temos um cãozinho novo, batizamos de Lover Boy", contou. "Ele faz amor com todo mundo que cruza seu caminho. Harry, prometa que serei a primeira pessoa a ver esse diamante."

Winston sorriu, mostrando que entendera o recado, e ela retribuiu.

"Estou contando com você, Harry", concluiu.

No dia seguinte, Winston conversava em seu escritório com um dos técnicos sobre vários diamantes que haviam sido parcialmente lapidados, quando De Haan entrou com a pedra de 154,5 quilates. Winston segurava diante da janela um diamante com cerca de um décimo desse peso. "Alongue um pouco a culaça", sugeriu. "A pedra deve ter mais brilho. A cor é magnífica, mas falta um tempero. Com esse tom de cor, ela deveria vibrar! Deveria conversar com você!" O funcionário assentiu com a cabeça, pegou a pedra e saiu.

"Não gosto dessa história de só arrancar 10 quilates de uma pedra que prometia 15", reclamou Winston com De Haan quando o lapidador já estava fora do alcance da conversa. "Apanhamos feio dessa pedra, Bernard." Em cima da mesa, havia um anel com um grande diamante ovalado. Winston o pegou e o experimentou no dedo indicador. Esticou o dedo e olhou para o anel, meio apático. Em seguida, deixou-o de lado e segurou a pedra grande. Depois de analisá-la com a lupa, ergueu-a contra a luz que incidia pela janela e girou-a entre os dedos.

"Está começando a falar", suspirou, enfim satisfeito.

"Essa pedra pertence a uma categoria à parte", disse De Haan.

"Já visualizei o brilho, mas não a cor", observou Winston. "Isto aqui é prova de que não há limites para a beleza. É mais bonita do que a Estrela do Oriente." De Haan informou que a pedra agora pesava 126 quilates. O polimento já havia removido 28,5 quilates.

"E pensar que ela é absolutamente perfeita!", disse Winston, examinando-a com carinho. "A delicadeza e a suavidade do azul! Dá vontade de mergulhar lá dentro! Não se trata de um azul duro, frio. Lembra o azul do Jonker, só que bem mais brilhante. Meu Deus, que coisa fantástica!" Então, a luz iluminou a pedra por um ângulo novo e o joalheiro ficou tenso. "Acho que falta brilho na parte inferior", reagiu, irritado.

"Não é culpa da parte inferior", explicou De Haan, paciente. "É do topo. Ainda há algum trabalho a ser feito no topo."

O rosto de Winston relaxou. "Hmmm", disse, e agora dispensou ao diamante um olhar simpático, afetuoso. Então, devolveu-o de modo abrupto a De Haan. "Nem sei o valor dessa pedra que você está segurando", disse. "Não tenho ideia de como colocar um preço nessa peça. Muito bem, meu caro, vá trabalhar." Enquanto De Haan se retirava, Winston completou: "Sabe, estou começando a me sentir eufórico".

Era começo da tarde, em maio, e Winston estava em seu escritório discutindo com Frey as possibilidades para a grande pedra. Impulsivo, agarrou o telefone para pedir a De Haan que trouxesse o diamante até sua sala, no segundo andar. Ficou sabendo que De Haan estava em horário de almoço, mas prestes a voltar.

"Como os holandeses gostam de comer!", comentou, chateado.

Frey sorriu, tentando apaziguar. "Logo ele volta", assegurou. "A maioria das pessoas gosta de comer."

Winston pareceu se acalmar. "Agora, toda vez que olho para esse diamante, fico empolgado", afirmou.

"E a emoção que você vai sentir quando comprarem a pedra!", disse Frey.

Winston fechou o semblante. "Odeio a ideia de me desfazer dela."

Frey deu a impressão de não ter ouvido o comentário. "A emoção que sinto sempre que vendo um anel de noivado!", disse. "Só de olhar para o rosto de um rapaz que vai se casar e vê um diamante pela primeira vez!"

"Odeio pensar que essa pedra pode parar na mão de algumas das mulheres que conheço", admitiu Winston. À sua frente, em uma almofada de veludo preto, espalhavam-se vários diamantes redondos que tinham sido engastados em cera sobre um quadrado de papelão, simulando a forma como seriam arranjados em um colar pelo qual Winston planejava cobrar US$ 50 mil. "Pedras redondas são boas para mulheres com mais de 40 ou 50 anos", explicou a Frey preguiçosamente. "Quando elas já estão com os traços marcados por muito fumo e bebida, precisam da suavidade e da harmonia dessas joias." De repente, irritado, jogou o quadrado de papelão longe. "Enfeites!", gritou. "Elas usariam diamantes até no tornozelo, se estivesse na moda! Ou no nariz! Não têm amor verdadeiro pelos diamantes."

"Algumas nem sabem dar valor ao que recebem", disse Frey. "Mas devo dizer que a maioria das pessoas para quem vendo diamantes sente, sim, um tipo de emoção única."

A irritação de Winston diminuiu. "Fazer o quê?", filosofou. "Não se pode controlá-las." Seu olhar estava distante. "Nada me preocupa com relação à nossa grande pedra", disse. "A criança é saudável. Tem todos os dedinhos dos pés", brincou.

"Essa sua pedra tem muito mais do que dez dedinhos", reagiu Frey. "É uma pedra excepcional."

"Onde está De Haan?", Winston perguntou, impaciente. "Não é possível que ainda esteja almoçando." Pegou o telefone e, dessa vez, De Haan atendeu. Depois de uma rápida conversa, Winston desligou.

"Ele está com Ludel", disse a Frey.

"Ludel chegou de viagem hoje cedo", informou Frey. "E acho que não consegue ficar longe do diamante." No instante seguinte, De Haan e Ludel entraram. Eles são primos — ambos holandeses e de constituição sólida, com rostos grandes e quadrados. De Haan ofereceu o diamante para Winston, que o pegou com a mão esquerda enquanto se levantava e estendia a direita para Ludel, que a apertou com entusiasmo.

"Bem, Ludel, o que acha do nosso bebê?", disse Winston, segurando o diamante.

"Nunca sequer sonhei com uma pedra assim", respondeu Ludel, sorrindo de orelha a orelha. Ao lado deles, De Haan assistia a tudo, satisfeito e orgulhoso. "Eu vinha trabalhando bem com a pedra", contou. "Mas agora vários dias vão se passar até o sr. Winston devolvê-la. Ele adora tê-la por perto."

"Sim, sim", disse Ludel, ainda sorrindo. Winston se sentou e estudou o diamante com a lupa. "A criança é saudável", repetiu. "Saudável e pura."

"Pura", confirmou Ludel. "Eu dizia isso no elevador agora há pouco: em quarenta anos, eu nunca nem imaginei uma pedra assim. No segundo em que a vi, soube que ia comprá-la para você."

"A pedra não foi mal descrita", disse Winston, girando o diamante na ponta dos dedos. "Mas também preciso lhe dizer, Ludel, que, por um tempo, fiquei preocupado. Aquele pedaço que falta... Você deveria ter me falado."

"Nunca me senti tão confiante com relação a um diamante bruto, eu sabia que era uma pedra perfeita", respondeu Ludel. "Eu não queria colocar dúvidas na sua cabeça. Dúvidas podem causar estragos enormes quando existe um oceano entre nós. E eu queria que você ficasse com essa pedra. Quando finalmente decidiu comprá-la, me senti o homem mais feliz do mundo. É a maior pedra que já adquiri. E a mais cara. Quando cheguei a Antuérpia, vindo de Londres, e entrei no Diamond Club, na Pelikaanstraat, todos os comerciantes de diamante da cidade me abordaram, queriam saber como era a tal pedra. 'É tão magnífica mesmo, Ludel?' E eu pedia que não fizessem tantas perguntas." Ludel deu um tapa na coxa e gargalhou alto.

"Está evoluindo bem", disse Winston, estudando o diamante. A essa altura, De Haan, depois de remover a maior parte da crosta, já começou a desbastar dezesseis facetas básicas que darão à pedra o formato de pera; mais adiante, as facetas básicas serão divididas em facetas menores, para aumentar o brilho – um processo conhecido como abrilhantamento. "Estamos centralizando a peça", continuou Winston. "Vamos afinar o rondiz. Há um pequeno defeito de superfície – uma cicatriz – aqui na lateral. Mas vai sumir e tudo ficará lindo. No momento, nosso diamante parece um pouco desajeitado. É baixinho e gordinho, meio barrigudo – parece comigo." O joalheiro deu uma risada curta e rouca, e prosseguiu: "E o rondiz está muito pesado na parte de baixo. A peça tem um traseiro grande, vamos eliminar a gordura dos quadris. E expandir um pouco a mesa, Bernard. Tem muita coisa para fazer, mas não sobrou nenhum problema mais grave. Quero que essa pedra tenha graça, forma e beleza. Prefiro perder 10 quilates, mas ter uma pedra proporcional. Não é o tipo de diamante que se vende com base no número de quilates. É extraordinário demais para isso". Winston colocou a pedra sobre uma folha de papel branco e ficou arrastando-a em cima da mesa, para a frente e para trás.

Ludel perguntou a Winston se ele havia mostrado o diamante a algum potencial comprador. Winston respondeu, seco, que não, e pegou a pedra novamente. "Talvez eu a guarde e brinque com ela por uns meses", acrescentou. "Ainda não quero exibi-la por aí."

"Enquanto isso, eu gostaria de levá-la de volta lá para cima e trabalhar mais", pediu De Haan, estendendo a mão.

Winston não fez nenhum movimento para devolvê-la.

Ludel virou-se para o primo e perguntou quem estava trabalhando na pedra com ele. Frey riu. "Se o emprego dele estiver em jogo, não deixará ninguém tocar nessa peça", disse.

"Enquanto eu tiver duas mãos, farei tudo sozinho", respondeu De Haan, que pediu novamente a pedra, mas Winston fez que não com a cabeça. "Quero ela perto de mim."

Na semana seguinte, Winston surpreendeu De Haan ao não requisitar o grande diamante para a inspeção habitual de segunda-feira. A semana veio e foi, e Winston passou os dias no escritório, sem pedir para ver a pedra. Na maior parte do tempo, estava ocupado com Ludel, comprando alguns diamantes grandes, recém-surgidos, num esforço para proteger o que chama de "mercado de pedras grandes". Estava apreensivo com rumores sobre possíveis quedas nos preços de diamantes grandes.

"Oferecemos preços justos pelas pedras", disse Winston a Ludel na tarde de sexta-feira. "Quero tratar todo mundo de forma justa. Não quero cortar a garganta de ninguém."

"Você nunca corta gargantas", garantiu Ludel. "Não quero ver coisas grandiosas sendo barateadas", acrescentou Winston. "Aquela nossa pedra nova! Meu Deus, uma coisa como aquela! Temos de protegê-la." Ludel concordou.

"É claro que existe muita especulação nessas transações", ponderou Winston. "Só hoje, já gastei US$ 1 milhão em diamantes brutos. Se tudo der certo, vamos nos sair bem. Mas você pode levar um belo tombo se fizer o que eu faço e não conhecer o mercado. Os riscos que corri! Veja o caso do rei Farouk. Em julho passado, quando ele já me devia mais de US$ 1 milhão pela Estrela do Oriente e algumas outras joias, ele soube que eu detinha uma certa esmeralda que o interessava. Valia US$ 250 mil. Mandei entregar a pedra e depois contei a história ao meu filho Ronnie. Meu pequeno tem apenas 13 anos, mas conversamos sobre tudo. Ronnie é como uma esponja, absorve tudo relacionado ao negócio. As discussões que tenho com ele! Ele fala como um mercador de joias. Enfim, eu disse a Ronnie: 'Enviei a esmeralda para Sua Majestade, embora ele ainda me devesse mais de US$ 1 milhão'. Meu garoto ouviu atento e, por fim, disse: 'Papai, se ele ainda devia, eu não teria entregado a esmeralda'. A pedra chegou a Alexandria dois dias antes de Sua Majestade abdicar. Pouco antes de embarcar no navio em que fugiria do Egito, Farouk levou a esmeralda a um funcionário da embaixada americana, e a joia voltou para mim. Apesar de todos os problemas que estava enfrentando, ao chegar a Nápoles, o rei arranjou um tempo para me enviar um telegrama, que dizia: 'Artigo de seu interesse entregue à sua embaixada'. Contei ao Ronnie o final da história e acrescentei: 'Ao lidar com a realeza, você deve se lembrar de que está tratando com pessoas criadas segundo um código de honra. E um rei, de qualquer forma, está acima da lei, claro'." Ludel perguntou se Winston ouvira notícias de Farouk sobre o tal US$ 1 milhão relativo ao Estrela do Oriente, e Winston respondeu que não.

"De modo geral, nem tento entender quem mora naquela parte do mundo", disse. "Certa vez, vendi a um príncipe indiano joias no valor de US$ 500 mil, a serem pagos ao longo de um ano. Alguns dias depois, ele telefonou e disse que queria me vender outras joias, por US$ 250 mil — à vista. Explicou que queria o dinheiro para apostar em cavalos. Bem, comprei as joias e ele apostou em três cavalos. Os dois primeiros foram bem. O terceiro, não, e o príncipe perdeu os US$ 250 mil. Tive de consolá-lo durante seu calvário. Calvário dele! Mas devo dizer que me pagou os US$ 500 mil nas datas previstas." A secretária de Winston, a srta. Polly Rowe, chegou com alguns papéis e ele perguntou se ela tinha notícias de uma mulher que havia telefonado mais cedo e avisado que viria ao escritório. A srta. Rowe respondeu que não.

"Essa é uma boa cliente, se conseguir chegar", disse Winston a Ludel. "Ela foi ao cabeleireiro há quatro horas. Prometeu que viria assim que terminasse lá. Estou lhe vendendo um par de brincos por US$ 150 mil." A seguir, acrescentou: "Os lóbulos das orelhas dela são minúsculos. Há meses tento arranjar um par de brincos que caiba naqueles lóbulos".

O telefone tocou. Winston atendeu e conversou com alguém por alguns minutos sobre um poço de petróleo, observando que quarenta barris por dia parecia pouco. Depois de desligar, fez uma careta e lamentou: "Negócio chato, Ludel. Você faz um furo no solo e encontra petróleo. E daí? Não sei por que me deixei convencer a comprar um poço de petróleo. Não estou nem um pouco interessado nisso". O joalheiro suspirou, pegou o telefone e pediu para falar com De Haan. "Bernard!", exclamou. "Antes de ir embora, traga a grande pedra aqui. Você pode ir para casa, mas eu quero ficar com o bebê."

Durante toda a semana seguinte, na sala de lapidação A, no sexto andar, um entusiasmado De Haan cuidou para que o diamante não parasse de girar sobre o disco de polimento. A meta agora era eliminar gorduras, expandir a mesa e afinar o rondiz. Na sexta-feira à tarde, um especialista em diamantes industriais chamado Daniel S. de Rimini apareceu para uma visita, e De Haan retirou o diamante do copo de metal, na extremidade do braço que o pressionava sobre a superfície de polimento, e o exibiu. De Rimini assobiou. "É, de fato, incrível!", reagiu. Na época, o visitante atuava como gerente-geral de uma fabricante de ferramentas em Tuckahoe, que emprega diamantes em equipamentos de precisão. "Se eu tivesse uma esposa, nunca a deixaria usar essa pedra", disse De Rimini. "Alguém poderia roubar – a pedra e minha mulher também."

De Haan ficou lisonjeado.

"Cheguei a segurar o Cullinan na mão", prosseguiu De Rimini. (O Cullinan, que pesava 3.106 quilates antes de ser cortado em pedras menores, foi o maior diamante já encontrado.) "Eu era garoto. Meu pai trabalhava para a Asscher's Diamond Works, em Amsterdã, onde estavam lapidando o Cullinan, e deixou que eu o tocasse. Nunca vou esquecer o que senti. Se você permitir que eu segure essa pedra aí, vou sentir a mesma emoção – tenho certeza."

Um sorriso tomou conta do rosto de De Haan. "Vai lembrar de devolver?", perguntou. Então, deu uma gargalhada e entregou o diamante a De Rimini, que o pôs na palma da mão. "O que vou dizer agora é verdade, Bernard", falou. "Estou mais impressionado do que quando toquei no Cullinan."

De Haan pegou o diamante de volta e o recolocou no copo de metal. "O Cullinan foi todo cortado em pedaços", observou. "Nossa pedra jamais será cortada."

Alguns dias depois, Winston se encontrava com o grande diamante em seu escritório mais uma vez. Era hora do almoço e sua habitual xícara de café, com leite e um tablete de sacarina, repousava sobre a mesa à sua frente. Ao lado da xícara, havia três pares de brincos de platina; cada um cravejado com dez diamantes, pesando de 5 a 20 quilates. Winston girava o grande diamante entre os dedos e, a certa altura, o colocou do outro lado da xícara. O rondiz fora estreitado e a mesa, aumentada. Era um dia de sol e os raios que entravam pela janela eram refletidos com mais intensidade pela grande pedra do que pelos diamantes dos brincos. Dali a pouco, a srta. Rowe entrou e perguntou quais joias Winston queria emprestar à sra. William K. Carpenter, que seria fotografada com algumas peças da joalheria para um anúncio da exposição anual de flores em Wilmington. Winston levou as mãos à cabeça por um momento. Em seguida, levantou-se, tirou uma grande caixa de couro preto do cofre e, dentre as joias guardadas ali, selecionou um longo colar de diamantes, que entregou à secretária. "Queremos que a sra. Carpenter esteja linda, não é mesmo?", perguntou.

"Que tal um bracelete, sr. Winston?", sugeriu a srta. Rowe.

Winston lhe deu um bracelete de diamantes e, em seguida, um par de brincos de pressão, também de diamante. Achava que seria suficiente. "Em quais anúncios estreamos esta semana?", perguntou.

"Cadillac, Parliament, Tabu, Maximilian Furs, Lucky Strike e Revlon Nail Enamel", listou a secretária.

"Ótimo", disse Winston. "Não deixe a sra. Carpenter esperando pelas joias", instruiu. Enquanto a srta. Rowe colocava a caixa de volta no cofre, ele pegou o grande diamante e sorriu para ele, e então, com a outra mão, ergueu a xícara e tomou um gole de café. "Pronto, Harry", disse para si mesmo. "Aqui estamos."

A srta. Rowe saiu e bateu a porta, que se abriu quase que no mesmo instante para dar passagem a Richard Winston, um homem bonito e de fala mansa, de 27 anos, sobrinho de Harry. Richard trabalha para o tio como vendedor e entrou carregando uma caixa de joias coberta de camurça preta.

"Pegou o colar, Dick?", perguntou Winston, fechando a mão sobre o grande diamante. Dick abriu a caixa e mostrou ao tio um colar de diamantes. Winston deu uma olhada rápida, ainda segurando a grande pedra. "Quem vai levá-lo até ela?", perguntou. Uma cliente em potencial havia pedido que o colar fosse levado ao seu hotel, para que pudesse tomar uma decisão final.

Dick disse que ele mesmo levaria, e que esperava voltar com um cheque de US$ 75 mil. "Ela esteve aqui hoje de manhã com o marido", contou.

"E o que aconteceu?", perguntou Winston.

"Não tenho certeza de nossa posição", Dick respondeu, sério. "O marido palpitou: 'Que ocasião você teria para usar um colar assim? Nós nunca saímos'. Ao que ela respondeu: 'Não se preocupe. Primeiro, compre o colar, depois arranjaremos uma ocasião'."

Winston sorriu. "Esses dois precisam ser educados", disse. "Nós os educaremos."

"E se ela mudar de ideia de novo?", perguntou Dick.

"Deixe que passe a noite com o colar", sugeriu Winston, sem pensar muito.

"O quê? Deixar lá?"

Winston riu. "Claro. Ela precisa se acostumar a ter joias caras por perto, a conviver com elas. Tudo isso faz parte do processo educativo."

Naquele instante, Edna, a esposa de Winston, entrou. Mulher esbelta e atraente, trajava um elegante terno preto com grandes botões redondos, cada um cravejado com 20 pequenos diamantes redondos. Os Winston se casaram em 1933. Conheceram-se num trem rumo a Atlantic City quatro anos antes, quando Winston viajava para a cidade para vender diamantes; já a futura noiva tinha acabado de tirar as amígdalas e seguia a caminho de um resort para se recuperar, acompanhada pelo pai, médico e sociólogo, que era diretor de uma instituição de assistência à população carente no Lower East Side, chamada Aliança Educacional. Edna cumprimentou Winston e Dick de modo carinhoso e se sentou à mesa em frente ao marido. Winston pediu a Dick que relatasse o que a cliente havia dito na sala de vendas, naquela manhã. Dick contou a história de novo, e a sra. Winston riu muito. "Ah, Dick, que história engraçada", comentou.

"Espero que ela compre o colar", disse Dick.

"Ela vai comprar", disse Winston. "Pedi que o Dick deixe o colar com ela até amanhã. Ela vai comprar."

"Esse seu jeito de lidar com as joias!", exclamou a sra. Winston. "Parece tão descuidado."

"Nunca perco uma", rebateu Winston.

"Só porque você tem sorte", disse a esposa. "Você não tinha tanta certeza disso na época em que perdeu o diamante de US$ 100 mil, quando os Windsor estavam aqui."

"Não conheço essa história", observou Dick.

"Foi antes de você vir trabalhar comigo", explicou Winston, ainda com a mão fechada sobre o grande diamante. "Nunca mencionei isso ao duque e à duquesa. Há coisa de sete anos, eles estiveram aqui, visitando, e eu lhes mostrei algumas peças. Essa mesa aqui estava toda coberta de joias – diamantes, rubis, esmeraldas, pérolas, tudo. Depois que eles saíram, minha secretária entrou e guardou as coisas. Eu fui para casa jantar e, por volta das nove da noite, recebi um telefonema de Frey, que estava de péssimo humor. Disse que o inventário noturno acusava a falta de um diamante de 55 quilates. Ligamos para a empresa Holmes, para providenciar a reabertura do cofre em meu escritório. Nem sinal da pedra. O aperto que passamos! No dia seguinte, o pessoal da seguradora queria perguntar ao duque e à duquesa se por acaso se lembravam de ter visto o diamante, mas eu os proibi – poderiam falar com quem quisessem, mas não com o duque e a duquesa. Garanti a eles que eu assumiria a responsabilidade pela perda – se perda houvesse – e que a companhia de seguros não precisaria nos indenizar. Qualquer coisa menos incomodar os Windsor. Revistamos o prédio inteiro. Vasculhamos todo o lixo. Cinquenta e cinco quilates! Não podia sumir! Era tão grande que daria para tropeçar nele! Foram semanas de agonia, e afetou a todos na empresa. Minha secretária, é claro, estava uma pilha de nervos. Três meses depois, um cliente apareceu aqui e comprou um colar de pérolas. Pedi à secretária que trouxesse um estojo vazio, para acomodar o colar. Ela me trouxe o estojo e, quando o abri, lá estava o diamante. Tinha caído ali por engano enquanto eu mostrava as outras joias para o duque e a duquesa. Então, você vê que eu estava certo. Teria sido uma coisa terrível deixar os investigadores da seguradora saírem por aí incomodando o duque e a duquesa de Windsor."

Com sua mão livre, Winston ergueu os três pares de brincos de diamante.

"De qual você gosta, Edna?", perguntou.

"Para uma mulher com lóbulos muito pequenos?" A sra. Winston experimentou os vários brincos, e seu marido a observou, admirado. "Odeio imaginar que ela vai ficar com qualquer um deles", disse ele.

A sra. Winston riu. "Ah, Harry! Sempre reclama ao vender seus bebês. Dick, já contei sobre uma ocasião em que Harry vendeu US$ 2 milhões em diamantes de uma só vez? Quando chegou em casa, à noite, comemorei: 'Harry, você deve estar muito feliz'. Sabe o que ele respondeu? 'Estou deprimido', e digo mais, estava com cara de deprimido. Ele sempre foi assim, nunca tolerou que as coisas escapassem do seu alcance, mesmo antes de nos casarmos. Na verdade, nunca houve ninguém na minha vida, mas, como Harry estava apaixonado pelos diamantes, fiquei noiva de outro homem. Dois dias antes de me casar com esse outro, recebi uma ligação de Palm Beach. Era o Harry. Estava por lá vendendo joias. Não nos víamos havia um ano, mas, depois de conversarmos por um ou dois minutos, ele propôs: 'Por que não casa comigo?'. Respondi que aceitaria se ele voltasse para Nova York e se casasse comigo imediatamente. Ele apareceu no dia seguinte e nos casamos. Depois, ele me levou para Palm Beach e voltou a vender joias. Passou boa parte da lua de mel falando sobre os grandes diamantes que esperava comprar. Desde então, vivemos à caça de diamantes." A sra. Winston riu novamente e continuou: "Harry não consegue esquecer um diamante depois que decide que o quer. Há alguns anos, em Paris, ele viu um diamante de que gostou e decidiu comprá-lo. Mas fazia muito calor e, antes que ele conseguisse fechar o negócio, eu o convenci a me levar a Deauville, para passar o fim de semana. Quando voltamos, o diamante havia sido vendido. Seis meses depois, em Nova York, Harry viu a mesma pedra e pagou US$ 60 mil a mais do que teria desembolsado em Paris. Ele simplesmente precisava ter aquele diamante".

"Foi um fim de semana caro", lembrou Winston. Sorrindo, abriu lentamente a mão que segurava o grande diamante.

"Oh, Harry!", exclamou a sra. Winston, quando o marido começou a esfregar a pedra na manga do casaco. "Então é esse?"

Winston segurou a pedra longe de Edna.

"Estou com água na boca", disse a sra. Winston. "Já sabe o que vai fazer com ela?"

Winston não respondeu, e sua esposa repetiu a pergunta.

"Talvez eu venda em duas semanas", disse. "Ou talvez em dez anos."

Em maio, Ludel precisou ir à Europa em outra viagem de compras. Na véspera da partida, encontrou seu irmão, que é corretor de diamantes, em frente à joalheria de Winston, ao meio-dia, e seguiram juntos até o Diamond Dealers Club, no número 36 da rua 47 West, que é um dos centros locais de compra, venda e falação sobre diamantes. No caminho pela Quinta Avenida, o irmão de Ludel lhe perguntou se ele havia visto o grande diamante recentemente.

"É claro", respondeu Ludel.

"Ouvi dizer que é uma pedra perfeita", disse o irmão.

Ludel sorriu. "Não faça tantas perguntas", pediu.

Quando os dois viraram na rua 47, Ludel acenou para um senhor que passou correndo na direção oposta. "Topei com esse homem na Antuérpia há algumas semanas", contou. "Reparou os bolsos dele? Estão abarrotados de diamantes." O quarteirão entre a Quinta e a Sexta Avenida é repleto de joalherias e casas de câmbio, uma colada na outra. Como era hora do almoço, as calçadas estavam tomadas por pequenos grupos de homens que negociavam diamantes. Policiais uniformizados patrulhavam as ruas e, quase a cada duas portas, um detetive à paisana montava guarda. Aqui e ali, entre as pessoas que entravam e saíam das lojas e casas de câmbio, viam-se homens com barbas longas e tranças na altura das orelhas, usando o chapéu de aba redonda e o longo jaquetão preto típico dos judeus hassídicos. Como homens de negócio, não atraíam atenção especial dos transeuntes, há muito acostumados com aquelas vestimentas.

Ludel e seu irmão entraram na sede do clube e pegaram um elevador para o nono andar, onde, depois de serem admitidos por uma recepcionista confinada em uma pequena gaiola de vidro, e que conhecia de vista cada um dos 1.500 sócios, adentraram uma sala comprida, cuja parede norte estava quase toda coberta por grandes janelas. Sob as janelas, estendiam-se fileiras de mesas sobre as quais estavam espalhados pacotes com diamantes. Negociantes e corretores sentados às mesas barganhavam em vários idiomas – inglês, holandês, francês, flamengo, alemão e iídiche. Na parede oposta, havia um pequeno balcão de almoço e, entre as mesas e o balcão, ficavam os sócios que aguardavam sua vez nas mesas.

Ludel caminhou entre as mesas, sorrindo e acenando com a cabeça para os homens que estavam sentados. Parecia estar se divertindo. Ao olhar a sala lotada, disse ao irmão: "Os clubes de diamantes são iguais no mundo todo. Alguns faturam centavos em uma venda, enquanto outros ganham milhões. É difícil acreditar que Harry Winston também trabalhou assim".

Um homem baixinho, de cavanhaque e olhos azuis cintilantes, abriu caminho por entre a multidão até Ludel e, sem dizer nada, abriu um pequeno pacote de diamantes e os mostrou.

Ludel olhou as pedras sem muito interesse, mas pegou uma e a examinou, por educação. "Muito bonita", disse, e a devolveu.

Satisfeito com a reação, o baixinho reembrulhou o pacote e sorriu para Ludel. "E que tal a pedra grande que você comprou?", perguntou. Ludel gostou da abordagem. "Não faça tantas perguntas", pediu.

Alguns dias depois, Winston estava organizando uma coleção com suas joias históricas mais famosas, com a ajuda de uma equipe de quatro funcionários que a levaria para Oklahoma City, onde seriam exibidas em um baile beneficente da Junior League. A coleção, um sortimento de dez ou quinze itens de museu conhecidos pela equipe de Winston como a "Corte de

Joias", havia sido exibida em eventos beneficentes em várias outras cidades no ano passado. O público desembolsou um total de US$ 1 milhão para ver as joias, e o dinheiro foi doado para a caridade. Winston entregou várias caixas a um jovem chamado Julius, enquanto Dick e os outros dois membros da equipe observavam.

"Em poucos minutos, quatro vendedores sairão daqui com joias no valor de milhões de dólares", disse Winston, animado.

"Não somos vendedores", corrigiu Julius. "Somos *promotores*." Então, retirou as joias das caixas e começou a cantar as peças para Dick, que as verificou em uma lista de inventário exigida pela seguradora. "A safira Catarina, a Grande", disse Julius, segurando uma pedra de 337 quilates. "Quando viajo com a Corte de Joias, sempre embrulho esta aqui nas minhas meias. Quanto custa?"

"Duzentos e cinquenta mil dólares", informou Winston, e Dick anotou na lista a safira Catarina, a Grande.

Julius ergueu um diamante de 44,5 quilates, de um azul intenso, quase assustador, que pendia de uma corrente, também de diamantes. "O diamante Esperança", anunciou. "Já pertenceu a Luís xv e foi roubado com o restante das joias da coroa francesa em 1793 – esse é o tipo de história que as pessoas querem ouvir. Quanto?"

"Um milhão de dólares", respondeu Winston, e Dick deu baixa na pedra.

"Sempre tem alguém no público que jura que é uma safira", comentou.

Julius contou que o Esperança acabara de voltar da Escola Munsey Park, em Manhasset, onde fora exibido aos colegas de classe de sua filha de 10 anos. As crianças enlouqueceram com o Esperança, comentou, e a professora pediu que escrevessem poemas para Winston sobre o diamante. Julius tirou uma folha de papel do bolso do paletó.

"Ouçam este aqui", pediu. "Chama-se 'O diamante Esperança'." Então ele leu:

> Um diamante é algo belo
> Isso logo se vê

E o mais bonito de todos
Esse pertence a você.

"Termine logo esse inventário", disse Winston.

Obediente, Julius mostrou um par de tornozeleiras de ouro e prata cravejadas de esmeraldas e diamantes, outrora o orgulho de um marajá indiano. Winston os avaliou em US$ 125 mil. A seguir, Julius ergueu um diadema de diamantes.

"Das joias da coroa austríaca", informou. "Tem mais de cem anos. Quanto?"

"Duzentos mil dólares", respondeu Winston.

"Eu ganharia mais dinheiro vendendo relógios Bulova, mas não seria tão feliz", disse Julius.

No mês seguinte, Winston sentou-se à mesa do escritório com a grande pedra na palma da mão. O diamante tinha três novas facetas básicas. Enquanto Winston o admirava, atento, De Haan entrou. "Quando vou receber a pedra de volta?", perguntou, apontando com a cabeça o diamante. "Não consigo trabalhar nele há quase duas semanas."

"Eu gosto de ficar com ele aqui perto", disse Winston, quase sem jeito. "Você tem outras pedras para trabalhar, Bernard, não precisa dessa aqui, na verdade."

De Haan olhou desesperançado para Winston. Então avisou: "Nesse ritmo, a pedra não ficará pronta antes de sua viagem para a Europa".

"Não tem pressa", disse Winston.

"Pensei que quisesse levá-la", insistiu De Haan.

"Bem, entrego pra você amanhã de manhã", disse Winston. Naquele instante, Frey chegou e Winston ficou aliviado.

"Acabei de receber uma carta de outro desses malucos", contou Frey. "Agora é alguém dizendo ter encontrado um diamante de 2.200 quilates no quintal, em Nashville. As cartas que recebemos! Na semana passada, alguém achou que tinha encontrado o tesouro dos incas. No Brooklyn!"

Nem De Haan nem Winston pareciam estar ouvindo. De Haan observou a cena com ar de reprovação e saiu do escritório. Frey olhou para a pedra na mão de Winston. "Está tomando forma", comentou.

Winston sorriu com tristeza para o diamante. "Comecei nesse negócio aos 14 anos", disse. "Meu pai sempre teve medo de que as joias um dia me possuíssem. Ele estava satisfeito em ser apenas um pequeno joalheiro na área abastada da cidade, mas eu sempre me interessei por pedras grandes. Ele costumava dizer: 'Harry, é você quem tem as joias, mas, se continuar comprando pedras tão grandes, um dia as suas joias é que terão você'. Às vezes, acho que ele tinha razão."

Na sala de vendas principal, no andar térreo da sede da empresa de Winston, onde os clientes são atendidos sem nunca de fato se encontrarem com Winston pessoalmente, um vendedor apresentava algumas joias para uma jovem acompanhada da mãe. "Vou mostrar um coração que só falta bater", disse o vendedor, e trouxe um par de brincos de diamante montado sobre um suporte de platina no formato de um coração. "Mamãe, parece que vai pulsar a qualquer momento, não é?", disse a jovem. O preço, anunciou o vendedor, era US$ 40 mil.

A sala estava silenciosa. As duas mulheres eram as únicas clientes. Dois outros vendedores estavam em um canto conversando sobre Winston.

"Eu o vi com aquela pedra grande", contou um dos vendedores. "Por que está demorando tanto para terminá-la, eu me pergunto."

"A maneira como ele olha para aquela pedra!", disse o segundo. "Duvido que tenha sequer pensado em outra coisa desde que o diamante chegou."

Winston planejava ir para a Europa no meio do verão e, no final daquela tarde, estava no escritório analisando um cronograma de viagens transatlânticas, quando Frey entrou e perguntou quando partiria. Winston respondeu que não tinha certeza da data ainda. A seguir, chamou a srta. Rowe e pediu que avisasse De Haan para descer com a grande pedra.

"Você não pretende levar o diamante com você, certo?", Frey perguntou, ansioso. "Ainda não está pronto."

"Não vou levá-lo comigo, não", respondeu Winston.

Frey perguntou a Winston se ele iria a Portugal, e Winston respondeu que sim, que esperava assinar um contrato com o governo local que lhe permitisse comprar a produção das minas de diamantes na colônia portuguesa de Angola, na África Oriental. "Nosso governo quer uma fonte independente de diamantes industriais, e tenho conversado muito com Portugal sobre isso", explicou Winston. "A Inglaterra é contra. Estou enfrentando todo o governo britânico – não só a De Beers."

A porta se abriu e De Haan entrou. Ao entregar o diamante a Winston, comentou que estava prestes a começar o processo de abrilhantamento. "E depois vai engastá-lo num suporte?", perguntou a Winston.

Winston examinou o diamante, e os outros dois homens o observaram, solenes. "Lindo", disse, com voz baixa e rouca. "É lindo."

"Espere até vê-lo depois que tivermos feito o abrilhantamento", disse De Haan.

"Vou odiar vê-lo pronto", respondeu Winston.

"Não vai levá-lo para a Europa, vai?", perguntou De Haan, preocupado. Winston disse que não, e o rosto de De Haan se iluminou. O funcionário estendeu a mão para pegar a pedra, mas Winston não a entregou. Parecia envergonhado, meio sem jeito. "Não vou suportar ver a pedra finalizada", falou.

Winston voltou da Europa no início de outubro e, em sua primeira manhã no escritório, De Haan desceu com o diamante. Estava pronto e montado sobre um engaste temporário de platina. Pesava 62,05 quilates. Mais da metade da pedra original se perdera. O que restou foi um diamante em forma de pera, de 4 centímetros de comprimento e cerca de 2,5 centímetros de largura máxima. Foram feitas réplicas de vidro – tanto em sua forma bruta quanto em sua forma final –, e conjuntos dessas cópias seriam enviados ao Smithsonian e ao Museu Americano de História Natural para serem adicionados às coleções de réplicas de grandes diamantes. Winston segurou a pedra na palma da mão e, por mais de um minuto, a observou com ternura, sem falar. De Haan esperava, com os braços cruzados. "É como um belo dia de junho", disse, por fim. "É como um dia de junho, com o céu límpido, em tons delicados de azul, brilhante e puro – absolutamente puro." Sua voz embargou e ele limpou a garganta. "Tão suave, tão azul", completou.

"É uma pedra melhor do que o Jonker", disse De Haan.

"Não é frio como o Jonker", acrescentou Winston. "Este aqui pulsa, fala com você. Na verdade, canta para você."

"Um formato de pera perfeito", observou De Haan. "Cinquenta e oito facetas, e cada faceta é perfeita." Winston não estava ouvindo. "Não é lindo, Harry?", comentou, enquanto olhava para o diamante. "Harry, é uma avalanche de brilho."

Frey entrou no escritório e assobiou quando viu o diamante.

"Que peça adorável!", disse ele.

"É isso que o homem fez para aperfeiçoar a natureza", disse Winston.

"Você já sabe como vai chamar o bebê?", perguntou Frey.

"Não precisamos de um nome", respondeu Winston. "Vamos deixar a decisão para quem vier a comprá-lo." Em seguida, acrescentou, sorrindo: "Mas tem tamanho suficiente para ser chamado de diamante Winston".

Em uma manhã no início de novembro, Winston chamou Frey a seu escritório e lhe entregou um pequeno estojo revestido de couro preto liso. Frey o abriu. Dentro, sobre um forro de pele branca, repousava o grande diamante, ainda em seu engaste temporário. Winston, claramente desanimado, contou a Frey que concordara em enviar a pedra para Zurique, a pedido de um conde europeu que queria vê-la de perto. Frey perguntou o preço que havia sido fixado para a joia, e Winston respondeu que pedira US$ 600 mil. Frey assentiu, retirou o diamante do estojo e o levou para a sala de expedição. Lá, a pedra foi embrulhada em papel de seda, colocada em uma caixa de papelão com quatro abas e enviada para Zurique no mesmo dia – por correio aéreo registrado, com seguro total, segundo a crença de Winston de que esse é o modo mais seguro de se enviar joias para o exterior. Algumas horas depois, Winston instruiu um de seus vendedores, um homem chamado Oberlander, a voar até Zurique para dirimir quaisquer dúvidas que o conde tivesse. Dezoito dias depois, o diamante foi devolvido por correio aéreo registrado – chegou 24 horas à frente de Oberlander. Ao voltar ao escritório, Oberlander encontrou o chefe segurando o estojo de couro preto que guardava a grande pedra. "O rapazinho aqui viajou bastante", disse Winston, olhando com carinho para o diamante. E apertou a mão de Oberlander, um homem elegante, de 50 anos, que usa óculos de armação de tartaruga e fala com sotaque vienense.

"Se o conde tivesse o dinheiro, teria passado um cheque na hora", disse Oberlander. "Ele quer a pedra, anda pela Europa toda se referindo ao 'meu diamante'."

Winston grunhiu.

"Ele está se divorciando", contou Oberlander. "E o processo está lhe custando muito caro – acabou de dar à esposa alguns milhões de dólares – e por isso está sem dinheiro no momento. Mas arrumou uma namorada nova e quer dar o diamante para ela."

"Eu conheço a moça", comentou Winston, com raiva. "É uma daquelas modelos glamorosas da Continental." E bateu a tampa do estojo. "Podemos esperar até que arrume os recursos", concluiu. "Vamos manter o rapazinho aqui mesmo."

Cerca de duas semanas depois, Winston mostrou o diamante a outro possível comprador – um empresário de meia-idade do Texas, que havia feito fortuna com petróleo e cuja esposa, cliente de Winston, se mostrara interessada. O empresário passou uma hora e meia no escritório de Winston, olhando para a grande pedra. Nem ele nem Winston falaram muito. O empresário fazia perguntas ocasionais sobre assuntos como a qualidade da pedra, o tempo que Winston havia trabalhado nela e como a joia poderia ser usada pela esposa. Winston respondia às perguntas de forma breve, sem tentar influenciar a decisão do potencial cliente. O empresário manteve o estojo aberto a maior parte do tempo, olhando para o diamante, mas sem tocá-lo. Por fim, fechou a tampa com força, entregou o estojo de volta a Winston e se levantou. "Avisarei da minha decisão", disse. Winston acenou com a cabeça e acompanhou o homem até a porta. Alguns minutos depois, Frey chegou e encontrou Winston com os dedos pressionados contra as têmporas.

"Você parece exausto", comentou.

Winston contou que estivera mostrando o grande diamante a um possível comprador. "Fiquei sentado aqui por uma hora e meia enquanto ele olhava para a pedra. Tive medo que acabasse levando."

"Mas ele vai levar?", perguntou Frey.

Winston abriu o estojo e o fechou em seguida, como quem coloca um ponto-final. "Ele fechou a tampa desse jeito e falou 'Avisarei da minha decisão', o que significa que está interessado", disse Winston, soturno.

Pouco antes do Natal, às 19h30, Winston estava em seu apartamento, na Quinta Avenida, jantando com a mulher e os dois filhos – Ronald, 13, e Bruce, 10 – quando foi chamado ao telefone. Passados alguns minutos, voltou à sala de jantar e disse à esposa que um cliente havia telefonado e que ele precisava ir ao escritório. Em seguida, ligou para o sobrinho, Dick, e pegou um táxi rumo à sede da empresa, onde encontrou dois detetives da Holmes esperando na calçada – os guardas haviam sido enviados depois que Dick informou à companhia responsável pela segurança que um dos cofres de Winston estava prestes a ser aberto. Winston se identificou, entrou e abriu o cofre em seu escritório, disparando um alarme na sede da Holmes. Enquanto um dos detetives ligava para avisar que estava tudo bem, Winston retirou do cofre o estojo de couro que continha o grande diamante. Logo depois, Dick chegou, sem fôlego e muito empolgado. Estava, como sempre, elegantemente vestido e bem asseado, e seu rosto estampava aquele brilho perpétuo que resulta do entusiasmo e da boa circulação sanguínea. Winston entregou-lhe a caixa e pediu que a levasse ao hotel Pierre, onde a esposa de um industrial de Detroit esperava para ver o diamante.

Eram 20h30 quando Dick entrou no táxi a caminho do Pierre. Vestia um sobretudo leve e levava o porta-joias no bolso direito, onde também manteve a mão o tempo todo. Ao chegar ao hotel, pegou um elevador até o 39º andar, desceu e tocou uma campainha, sendo logo admitido por uma camareira ao vestíbulo de uma suíte. No meio da sala de estar, identificou sua cliente, uma mulher esbelta, beirando os 70 anos, com tez alva, rosto magro e cabelos grisalhos lisos. Trajava um robe de chambre e, quando Dick deixou o vestíbulo, ela desapareceu em um cômodo interno. A camareira saiu e, no instante seguinte, uma jovem com roupas feitas sob medida, evidentemente a secretária da mulher mais velha, apareceu e se ofereceu para pegar o casaco de Dick, que logo o tirou, mas disse que preferia segurá-lo. Ela perguntou se ele gostaria de se sentar, e ele respondeu que não se importava em ficar de pé. Ela comentou que o clima estava quente para dezembro, com o que ele concordou. Em seguida, a jovem também saiu. Meia hora depois, a camareira voltou e conduziu Dick para uma sala interna, onde a mulher de Detroit o esperava. Dick notou que as cortinas da janela tinham sido fechadas. A mulher havia trocado o robe de chambre por um vestido de noite de cetim roxo, com decote alto e mangas na altura do pulso, e colocara um colar de diamantes, brincos de diamantes e um broche de diamantes e rubi no ombro. Estava de pé, diante de um espelho de corpo inteiro e, quando Dick entrou, disse: "Boa noite, sr. Winston. Onde estão seus seguranças?".

Dick sorriu, pegou o estojo de joias, abriu-o e o exibiu. Ali estava a grande pedra, presa ao engaste provisório de platina. Sem falar, a mulher segurou o diamante com o polegar e o indicador, tocando apenas as laterais para não borrar as facetas com impressões digitais. Então, ergueu a joia perto do pescoço e perguntou a Dick como poderia prendê-lo ao vestido para obter o efeito visual completo. Ele sugeriu costurá-lo. A camareira trouxe agulha e linha de seda azul, e Dick, recusando gentilmente a oferta de auxílio, enfiou a linha na agulha com mãos firmes e costurou no decote da cliente o suporte de platina que segurava o diamante. A mulher, então, voltou-se para o espelho e olhou para o reflexo do diamante de um jeito que Dick classificou, ao conversar com o tio mais tarde, como típico de pessoas que de fato sabem o que estão admirando. Um pouco de cor chegou a se esboçar no rosto da cliente, mas, de resto, nada mudou em sua atitude fria, graciosa e confiante.

A mulher ficou na frente do espelho por quinze minutos, virando-se para um lado e para o outro. Em seguida, disse que iria para o quarto ao lado mostrar a joia ao marido e pediu a Dick que esperasse na sala de estar. Ausentou-se por quase um quarto de hora. Às 21h45, retornou à sala de estar e Dick, que se sentara em uma poltrona, levantou-se e assim ficou enquanto ela caminhava fechando as persianas das janelas. Então, durante uma hora e meia, ficaram ali naquele vaivém pelo cômodo, conversando sobre grandes joias.

De volta à rua 51 East, Harry Winston encontrava-se sentado à sua mesa esperando o retorno do sobrinho. Os dois detetives da Holmes estavam do outro lado da sala, ambos de chapéu. Ninguém dizia nada. Winston acendeu um cigarro, fumou um pouco e o apagou. Pegou alguns esboços em que estivera trabalhando no início do dia – desenhos de joias para combinar com vestidos modelo tomara que caia – e os estudou por uma hora. Depois, deixou-os de lado.

"Que silêncio maravilhoso, Harry", disse. "Prefiro assim."
Os detetives não abriram a boca.

Às 23h15, no Pierre, a mulher de Detroit olhou para o relógio e exclamou: "Oh, meu Deus, você deve estar pronto para voltar!". Dick disse que estava tudo bem; no que lhe dizia respeito, não se importaria de ficar mais e falar sobre diamantes a noite toda, mas seu tio o esperava no escritório. A mulher concordou que era hora de encerrar, então Dick telefonou para Winston e avisou que estaria de volta em dez minutos. Em seguida, se ofereceu para ajudá-la a soltar a joia. Ela lhe deu uma tesoura e ele cortou o fio de seda azul. Mas, depois que o diamante foi descosturado, ela o segurou com carinho e voltou a falar sem parar sobre a história das grandes pedras. Passou-se quase uma hora antes que finalizasse: "Agradeça a seu tio a gentileza de enviar o diamante".

"Foi um privilégio", respondeu Dick.

Pouco depois da meia-noite, Dick não havia retornado ao escritório e Winston estava começando a se preocupar. Telefonou para a mulher no Pierre e foi informado de que seu sobrinho acabara de sair. Em seguida, Winston e os detetives desceram e foram para a calçada esperar. Assim que decidiram voltar para dentro do prédio, um táxi encostou e Dick desceu. Winston e os dois homens acompanharam o sobrinho até o escritório e devolveram o diamante ao cofre. Em seguida, os detetives os colocaram em um táxi e foram embora. "Ela se deu conta de que é uma grande joia", relatou Dick enquanto seguiam em direção ao apartamento de Winston. "Ela entende de grandes joias."

Na manhã seguinte, o industrial de Detroit voltou ao escritório de Winston e analisou o diamante mais uma vez. Contou que a esposa havia gostado muito da pedra, e Winston deu um leve sorriso. A joia ficara muito bonita nela, prosseguiu o homem. Winston sorriu de novo. O homem agradeceu a Winston por ter enviado o diamante para que sua esposa pudesse experimentar com um vestido de noite e suas outras joias. Winston respondeu que tinha ficado feliz em poder ajudar. O homem avisou que informaria Winston sobre sua decisão. A caminho da porta, parou e, após um momento de hesitação, soltou: "Não é uma pena que ela não tenha podido ter esse diamante quando era mais jovem?".

Mais tarde naquele dia, um dos filhos de Winston, Ronald, visitou o pai no escritório, aproveitando os feriados de Natal. E entrou anunciando, em tom sério, que seu cachorro havia comido uma lâmpada de árvore de Natal no café da manhã e não tinha passado mal. Winston disse que gostou da notícia. Também apreciou ver Ronald e puxou uma cadeira de frente para sua mesa. Ronald vestia um terninho azul-escuro, calças compridas e uma gravata listrada de azul e cinza. O menino se sentou na beirada da cadeira — seus dedos dos pés mal tocavam o chão — e esperou, educadamente, que o pai começasse a conversa. Winston sorriu para o filho e começou a contar que havia passado parte da manhã mostrando o grande diamante a um senhor muito rico de Detroit.

"Pegue a pedra, Ronnie", pediu Winston. "Você sabe onde está."

Ronald foi até o cofre, abriu a porta e retirou o porta-joias, que entregou a Winston. "Você o considera seu melhor diamante?", perguntou, sério.

Winston respondeu que sim, tirou o diamante do estojo e o mostrou ao menino. "Esse rapazinho aqui viajou muito", disse. "Nosso bebê foi até a Suíça e voltou."

"É melhor do que o diamante Jonker?", perguntou Ronald.

"A cor do Jonker era mais apagada, Ronnie", disse Winston. "Este aqui tem tons mais suaves. E o brilho não aparecia tanto no Jonker. Eu não poderia querer uma pedra mais fina do que esta."

"É melhor do que o Olho de Ídolo?", perguntou Ronald.

"Aquela pedra de Golconda?", respondeu Winston. "Ronnie, você tem a reação natural de um comerciante de diamantes, a reação natural de comparar uma pedra com todas as outras. Eu lhe mostrei o Olho de Ídolo há seis anos e, mesmo na época, já era uma pedra considerada antiga. Esta aqui foi cortada com muito mais conhecimento da arte e da ciência da lapidação de diamantes."

"Foram necessários milhões de anos para fazer este diamante", disse Ronald, contemplando a pedra. "E você a lapidou e a poliu em poucos meses. Conseguiu tirar outro diamante da pedra bruta?"

"Não, Ronnie", disse Winston. "A pedra original pesava 154,5 quilates, e agora temos uma pedra de 62 quilates."

Ronald ficou em silêncio enquanto fazia uma conta mental. "Então, você perdeu 92,5 quilates, que viraram pó", concluiu. "Que nome vai dar para a pedra, papai?"

"Podemos chamá-lo de diamante Winston", respondeu Winston.

"Boa ideia", concordou Ronald.

"É claro que podemos vender o diamante para alguém que queira escolher outro nome", ponderou Winston.

"Acho que você deveria dar o nome de Winston antes de vender", sugeriu o menino. Winston encarou o diamante.

"Talvez tenha razão, Ronnie."

Ronald perguntou ao pai se ele sabia de alguém, além do homem de Detroit, que quisesse comprar o diamante, e por quanto. Winston contou que havia mostrado o diamante a três pessoas e que o preço era US$ 600 mil. "Todos os três querem a pedra, Ronnie", continuou. "O primeiro é um empresário do petróleo do Texas. O outro é um conde europeu, que teria comprado o diamante no mês passado, mas estava sem dinheiro na época. E o terceiro é o homem que recebi esta manhã. A esposa dele está ficando velha e esse pode ser o último diamante que ele comprará para ela."

Ronald perguntou se importava qual dos três iria acabar comprando.

"É muito difícil dizer", respondeu Winston. "Sabe, eu mesmo gosto muito do diamante."

"Sim, papai", disse Ronald. "Eu sei. Também gosto."

"Quem comprar o diamante agora vai fechar o negócio pelo telefone", explicou Winston, de repente assumindo uma naturalidade nitidamente falsa. "Todos já o viram. As preliminares acabaram. Receberei uma ligação telefônica e saberei que um dos três ficará com a pedra – e assim será, Ronnie." A voz de Winston se esvaiu em tom de tristeza.

"Sim, papai", disse Ronald, solidário na tristeza.

Certa manhã, logo após o ano-novo, Ludel, que acabara de voltar de outra viagem à Europa, estava a caminho do escritório de Winston com De Haan para ver o diamante pela primeira vez desde que ficara pronto. No elevador, contou ao primo sobre o acidente de avião que sofrera ao decolar de Amsterdã com destino a Paris, aonde Winston o havia enviado para analisar alguns diamantes. Ludel quebrou seis costelas e um osso do peito.

"Liguei para o sr. Winston e lhe disse que sentia muito, mas que tardaria a chegar a Paris", contou Ludel. "Sabe o que ele respondeu? 'Que se dane Paris. Você está bem?' Não se vê esse tipo de consideração entre os ricos na Europa."

Os dois primos entraram no escritório de Winston, que os cumprimentou com um sorriso. Sobre a almofada de veludo preto em cima da mesa repousava a grande pedra. Ludel a observou por um longo tempo enquanto Winston esperava ansiosamente por sua reação. "Que cor maravilhosa!", disse Ludel, por fim.

"Você estava certo quanto ao peso, Ludel", notou Winston. "Fui influenciado por De Haan, aqui. Ele achou que seria maior."

"Acontece que sou um otimista", disse De Haan.

A reação de Ludel parece não ter sido a que Winston esperava, pois ele logo retrucou, meio ríspido: "Ludel, você sempre prefere a pedra bruta, não é?".

Ludel corou na hora. "Sim, você tem toda razão", respondeu.

A irritação de Winston logo desapareceu. "Num período de cerca de um mês, paguei mais de US$ 1 milhão por quatro pedras e ainda não vendi nenhuma", disse, feliz da vida. "Esta aqui é apenas uma delas. Sou um homem paciente."

A porta se abriu e Richard Winston entrou, carregando uma caixa que continha colares e pulseiras em que seriam cravejados diamantes. Ele colocou a caixa sobre a mesa do tio e avisou que os técnicos joalheiros estavam pedindo pedras menores, com cores que combinassem. Winston suspirou, afetando um falso desespero. Ele tinha milhares e milhares de diamantes, disse, mas nunca aqueles que os técnicos queriam.

"Ainda assim, você consegue providenciar os milhares de diamantes que eles pedem", observou Dick. E então apontou para a grande pedra. "Mas este aqui só aparece uma vez a cada mil anos."

"O que a natureza e o homem fizeram em conjunto!", exclamou Winston, em tom triunfante.

"Temos aqui o melhor diamante que a natureza já produziu, sem dúvida", completou Ludel.

"É, mas nunca dá para ter certeza", disse Winston. "Sempre questionamos. É como ver passar uma garota bonita e se perguntar: 'Ela é tão bonita quanto aquela outra?'. A gente compara o tempo todo, sempre acha que pode estar perdendo alguma coisa. Nunca temos certeza."

A srta. Rowe entrou no escritório e avisou que o conde estava ligando de Zurique. Winston parecia perplexo ao pegar o telefone. Enquanto esperava a ligação ser transferida, murmurou, com a voz fraca, meio atordoada: "É isso, Harry, acabou".

(8 e 15 de maio de 1954)

A cena esportiva
(John McEnroe)

Se na era atual do US Open, em que reinam Sampras e Hingis, o torcedor estiver sentindo falta do tênis jogado pelo bom e velho (38 anos) John McEnroe (quatro títulos de simples e quatro de duplas masculinas), há um consolo: McEnroe também sente falta de si mesmo. Em sua presente encarnação como locutor-comentarista nos canais USA Network e CBS, o ex-tenista não só descreve as partidas como também é capaz de relatar, de modo muito instrutivo, o que os jogadores pensam e sentem antes e depois de cada lance.

Na semana passada, no terceiro dia do Open, McEnroe chegou à cabine de transmissão do USA Network, no Arthur Ashe Stadium, alguns minutos antes da transmissão, carregando uma enorme bolsa preta da Nike no ombro. Pegou um cachorro-quente, desferiu logo duas belas dentadas e chamou o pessoal da maquiagem para dar um jeito em seu rosto, principalmente no nariz, queimado de sol e já descascando. Lembrava aquele McEnroe inquieto e alerta do início da carreira – aquele que não economizava impropérios e estava sempre disposto a chacoalhar árbitros míopes –, mas agora com o cabelo mais grisalho e ralo. Trajava um terno de grife de seda azul-ardósia, camisa azul-marinho, uma elegante gravata cinza estampada, sapatos pretos brilhantes e meias brancas de tênis. E exibia uma argola de ouro lindíssima na orelha esquerda.

"Há seis anos, eu tinha dificuldade para ir a uma partida de tênis", ele me disse. "Eu até queria, mas não via motivos para estar lá. Tenho que dar crédito a Vitas Gerulaitis, que também passou por aqui." McEnroe colocou os fones de ouvido, ajustou o microfone e assumiu sua posição, diante de vários monitores de TV, ao lado de Ted Robinson, seu parceiro de transmissão. "Foi o Vitas que me colocou nessa. O produtor, Gordon Beck, falou pra gente: 'Ei, vocês são ótimos juntos'. Então, comecei a trabalhar com o Vitas. Nos últimos tempos, fiz Wimbledon, o Aberto da França e o Open aqui. E tem sido muito bom. Agora me sinto confortável durante os jogos. Converso com os caras no vestiário. É um jeito de eu sentir como a intensidade da competição os afeta. Tento estar presente para eles. Sei como é, já passei por tudo isso."

A transmissão começou. McEnroe e Robinson fizeram as primeiras observações. Primeiro, comentaram imagens gravadas de uma partida anterior – Thomas Muster (Áustria) vs. Tim Henman (Inglaterra) – que não fora ao ar. McEnroe disse que Henman, que venceu o segundo set no *tiebreaker*, era muito talentoso. Robinson falou sobre estatísticas e históricos dos dois tenistas. McEnroe subiu um pouco o tom. "O Muster tende a bater na bola com muita força", notou. "O Henman tem condição de estar entre os dez melhores, só precisa ganhar mais força."

Durante o comercial, Robinson comeu um cachorro-quente. McEnroe recusou o que seria seu segundo sanduíche. E completou: "O Vitas não mastigava o cachorro-quente; ele engolia, quatro ou cinco de cada vez".

De volta ao ar, McEnroe prosseguiu: "Se você decide ir para cima de um adversário, faça como o Lendl – vá com tudo". No monitor, Muster aparecia sorrindo. Em certo momento da partida, Henman fez uma grande troca de voleios, e Muster fingiu sair correndo atrás dele com a raquete levantada. A torcida riu muito. McEnroe tamborilou na mesa com uma caneta, segurando-a como se fosse uma raquete, na mão esquerda. "Do jeito que me ensinaram, se você brinca, perde a concentração", comentou. Henman deu umas passadas sensacionais. "Henman está mostrando que ainda tem muito gás", disse McEnroe.

Muster errou uma devolução de *backhand*. "Uma coisa tão básica – mas não tão fácil quanto parece – é preciso manter os olhos na bola até que ela atinja a raquete", observou. "Foi só por isso que ele errou." Henman deu uma deixadinha mortal, fora do alcance de Muster. "Henman está jogando um ótimo tênis", disse Robinson. "E está fazendo isso sem dobrar os joelhos", acrescentou McEnroe.

Por fim, Henman venceu. "Ele não demonstra nenhuma emoção", disse McEnroe. "Já deve estar pensando no Wayne Ferreira" – o próximo adversário.

Outro intervalo comercial. McEnroe segue: "Sempre consegui decifrar o que meus oponentes estavam pensando; e então impunha minha vontade sobre eles. Foi assim que cheguei a ser o número um".

Keith Hernandez, ex-jogador de beisebol do Mets e amigo de McEnroe, entrou na cabine sorrindo. Jogava com a número 17. Outro que faz falta.

(8 de setembro de 1997)

Camaradagem
(Ralph Kiner)

Ralph Kiner, jogador de beisebol eleito para o Hall da Fama e que atua como locutor dos jogos do Mets há quatro décadas, apareceu no Shea Stadium bem cedo outro dia para um dos jogos entre ligas contra os Yankees. Deu sua costumeira passada no centro de operações – a área de transmissão do Mets foi batizada de Cabine Ralph Kiner – mas não ficou muito.

"Não vou trabalhar no jogo de hoje, só vim visitar o pessoal", avisou. "Sinto falta da camaradagem dos velhos tempos, das coisas de antigamente." Kiner tem 81 anos, mais de 1,80 metro de altura e uma aparência robusta, com postura ereta, um jeito calmo e cortês e um rosto sério e bronzeado. Vestia uma jaqueta esportiva cor de laranja, camisa de seda multicolorida, calças bege e sapatos brancos impecáveis. Trazia no dedo anular esquerdo o anel comemorativo do Hall da Fama, conquistado em 1975.

Os fãs de beisebol sabem que Ted Williams incluiu Kiner em sua lista dos vinte melhores rebatedores de todos os tempos; que Kiner foi piloto da Marinha na Segunda Guerra Mundial; que, como arremessador estreante do Pittsburgh Pirates, em 1946, liderou a Liga Nacional em *home runs*, e repetiu o feito nas seis temporadas seguintes; e que se aposentou aos 32 anos devido a problemas nas costas. Chegou ao Mets em 1962, sua primeira temporada, para fazer transmissões de rádio e televisão, e pelo que já aparenta ser uma eternidade, com um ou dois hiatos, apresenta um programa pós-jogo chamado *Kiner's Korner*, que segue tão irreverente quanto no início, mas que, infelizmente, não mostra mais Kiner servindo um copo de cerveja Rheingold Extra Dry.

Kiner foi até a cabine de transmissão principal para cumprimentar os narradores, depois desceu as escadas até o túnel que leva ao banco de reservas do time visitante. Jardineiros que cuidam da manutenção do gramado, gandulas, jogadores e jornalistas esportivos pararam para saudá-lo – "Oi, Ralph!". Um sujeito que empurrava um carrinho repleto de tacos perguntou: "Ralph, o que você acha que o Yogi disse quando o Piazza foi homenageado outro dia pelo número recorde de *home runs* jogando como receptor?". Kiner sorriu. Várias pessoas responderam, em coro: "Eu sabia que meu recorde duraria até ser quebrado!". Kiner seguiu adiante, e o campo foi ficando visível por cima do toldo do banco de reservas, uma visão linda. Os Yankees já estavam por ali, fazendo aquecimento e treinando rebatidas. "Era comum a gente ser multado se fôssemos pegos falando com jogadores do time adversário", relembrou Kiner. "Mas eu sempre quis conversar com quem entendia de beisebol. Ainda vejo camaradagem nesse meio. O Joe Torre é um velho amigo." Um senhor idoso sentou-se sozinho no banco dos Yankees, sem uniforme. Parecia um duende decrépito. Uma credencial pendurada em seu pescoço o identificava como "Arthur Richman – Conselheiro Sênior". Cordial, Kiner o cumprimentou.

Richman parecia triste. "Não vai fazer o jogo hoje?", perguntou.

Kiner respondeu: "Hoje não. Farei o próximo, semana que vem. Quais as novidades, Arthur?". Kiner olhou para ele com carinho e continuou: "Arthur, dizem que você é a pessoa mais pessimista do mundo, está sempre prevendo: 'Vocês não têm a menor chance de vencer'".

"Estamos juntos há muito tempo, você e eu", disse Richman. "Conheço todo mundo."

"Você conhece mais gente no beisebol do que qualquer outro homem vivo", confirmou Kiner. "Foi você quem recomendou o Torre para o Steinbrenner. Você conhecia o Casey Stengel melhor que qualquer pessoa."

"O Stengel nunca dormia", respondeu Richman. "Passava a noite acordado, conversando."

"É por isso que dormia no banco", disse Kiner. "Arthur", emendou Kiner, "você já planejou seu funeral?".

"Oito carregadores de caixão — você e mais sete, todos do Hall da Fama", contou Richman, animado.

"E reservou nossas passagens de avião, acomodações em hotéis, tudo", continuou Kiner. "É muita consideração."

"Não estou doente nem nada, mas já está tudo resolvido", disse Richman.

Kiner caminhou para o campo, rumo à área de treinamento de rebatidas, onde Joe Torre conversava com Don Mattingly, que hoje é um dos técnicos do time. Quando Torre viu Kiner, aproximou-se e sorriu, reverente.

"Você vai me lembrar de novo da minha breve carreira com o Mets?", perguntou Torre.

"Está falando daquela vez que você permitiu quatro queimadas duplas seguidas no mesmo jogo?", respondeu Kiner. "Igualou o recorde! E ainda pôs a culpa no Felix Millan, o homem que estava na sua frente."

"A culpa foi dele mesmo", disse Torre. "Como está seu golfe, Ralph?"

"Bem", respondeu Kiner. "Lembra quando começamos a jogar juntos? Você era péssimo, mas ajudei você a melhorar."

Torre ergueu as sobrancelhas e riu.

"Obrigado pelo vinho caro que você mandou no meu aniversário", disse Kiner. "Quando é o seu aniversário?"

"Este mês", avisou Torre. "Vou fazer 64 anos."

Kiner fingiu surpresa.

"Isso mesmo, meia quatro", repetiu Torre. "Mas tenho uma filha de 8 anos. Adoro me gabar disso."

(26 de setembro de 2004)

Ellen Barkin em casa

Ellen Barkin circulou pela cidade na semana passada para promover *Palíndromos*, novo filme do diretor Todd Solondz, no qual interpreta a mãe insidiosa de uma garota de 13 anos que está grávida.

Ao mesmo tempo, tocava em frente seu dia a dia como esposa (de Ronald Perelman, o bilionário da Revlon) e mãe (de dois filhos de seu casamento anterior, com Gabriel Byrne, e de dois enteados), na mansão de cinco andares dos Perelman no East Sixties.

Na segunda-feira de manhã, estava em casa, toda elegante trajando duas camisetas sobrepostas sob um cardigã tricotado à mão cor de açafrão, jeans bem justos e botas Christian Louboutin marrons com saltos altos e vermelhos. "Tenho quatro hérnias de disco", contou, exibindo seus olhinhos apertados. "Com a coluna ruim, é mais fácil andar de salto alto." Também usava grandes brincos de diamantes e dois anéis – um de diamante vintage Deco na mão direita, e uma aliança de casamento de diamantes cravejados em torno de uma gema do século XIX, de lapidação *rose cut*, no dedo anular –, além de um pingente de diamante *briolette* numa corrente de platina. "Eu durmo com eles", disse, enquanto percorria os cômodos com um visitante. Conversou rapidamente com um motorista no saguão (um dos famosos *Maos* de Andy Warhol enfeitava a parede do ambiente), acenou para vários seguranças e passou instruções a duas empregadas e um chef. Então, parou em uma pequena sala de estar, onde havia uma TV de tela plana.

"As crianças não podem ver televisão no quarto, todos assistimos aqui", explicou. "Temos também quatro cães – um yorkie miniatura, um maltês, um terrier wheaten e um spaniel king Charles. Odeio todos", acrescentou, feliz.

O yorkie, chamado Scruffy, entrou voando na sala e pulou nos braços da dona. Estava impecável em uma coleira de couro cor-de-rosa. "Minha filha, Romy Byrne, quer que ele seja ela, daí o cor-de-rosa", disse Barkin. "Romy tem 12 anos, é cabeça fresca, meio indiferente. Costuma olhar para as pessoas desse jeito, assim." Barkin se inclinou para trás, jogou os braços, imitando a filha no exato momento em que a própria Romy, meio indiferente, muito bonita, com longos cabelos castanho-claros, flanou sala adentro, um reflexo perfeito da imitação da mãe. Depois de ser apresentada, flanou sala afora com Scruffy no colo. "Romy é linda", disse Barkin com naturalidade, mas com um sorriso de canto de boca. "Meu filho Jack, de 15 anos, é um amor. É guitarrista, só lê livros dos anos 1960 para trás e só ouve música dos anos 1960 para trás, mas Romy é igual a todas as garotas que nunca falavam comigo na escola."

O tour continuou. "Todos os lindos móveis franceses modernos que você vê aqui agora substituem os que encontrei quando vim morar aqui, há seis anos", contou. "A casa estava repleta de peças russas dos séculos XVIII e XIX. Era tudo dourado. Ronald e eu moramos juntos por um ano antes de nos casarmos. Depois de mais um ano, em meio a todos os móveis dourados, tapetes dourados, paredes douradas e pisos dourados, além da sala de jantar toda feita de cashmere azul-marinho, arregacei as mangas. Foi fácil. Eu tinha US$ 8 bilhões para gastar. Quando cheguei, a casa não tinha uma cozinha decente. Agora, temos uma cozinha enorme, com uma parede de geladeiras – uma para laticínios e outra para carne. Ronald é 100% kosher. Sou eu quem prepara o peito de boi na Páscoa." Rindo, continuou: "Ronald me faz comprar a carne em um açougue kosher que cobra o triplo de outros lugares".

"A primeira peça de mobília que compramos foi para o quarto de Ronald, uma escrivaninha Giò Ponti e uma cadeira antiga, combinando", prosseguiu. Barkin apontou para os móveis dentro do quarto. Em uma das extremidades, havia uma cama king-size alta, forrada com roupas de cama Pratesi brancas. "As crianças menores gostam de dormir conosco — Patricia, de 10 anos, Caleigh e a minha Romy", contou. "Hoje, Ronald e eu estamos 99% de acordo com relação aos móveis e coisas da casa. Fico muito tempo sozinha em casa — adoro sentar com um livro na sala de estar. Sento, leio e admiro o que está nas paredes. Aquele Modigliani!" E apontou para a parede oposta à entrada da sala de estar (do tamanho de um salão de baile de Versalhes), para a famosa *Cabeça de uma jovem (A italiana)*. "Foi a primeira coisa que vi quando entrei aqui pela primeira vez", relembra. "Falei para o Ronald: 'Você está brincando comigo?'. Sou capaz de ficar sentada por horas na biblioteca ou na sala de estar e olhar para os Picassos, os Matisses, os Lichtensteins, os Mirós, os De Koonings, os Rothkos.

"Antes do Ronald, eu nunca havia namorado um homem que usasse terno e gravata. Ronald vestia terno para ir ao escritório, embora fique aqui mesmo — ele sai pela porta dos fundos e segue para o edifício de trás, do outro lado do pátio. Hoje, usa só um paletó esporte de cashmere." Barkin segue: "Conheci Ronald em uma festa, ele veio até mim e me convidou para sair. Depois, ficou deixando recados na secretária eletrônica. Por fim, aceitei jantar com ele. Nem sei por quê. Eu tinha medo de que ele fosse um daqueles caras megalomaníacos, chatos de doer. Ele é da Filadélfia. Eu vim do Bronx e do Queens. Meu pai trabalhava na Fuller Brush. Ronald morava numa casa grande. Estudou em escolas particulares". Então, apontou para uma mesa de mármore; em cima, repousava um livro com cerca de meio metro quadrado. Na capa havia uma fotografia de um garoto de 13 anos, bonito, de rosto solene, vestindo um terno escuro e quipá. O título era "Bar Mitzvah de Ronald. Janeiro de 1956". "Achei no porão e trouxe para cá, para ficar junto com as outras fotos", disse.

Perto da sala de jantar — que abriga uma longa mesa Ruhlmann com capacidade para 24 pessoas ("Às vezes, para o *seder*, espremamos até 28", garantiu) —, há uma estante com uma pilha de quipás. "Veja isso", disse Barkin, e retirou um livro de Allen Ginsberg de baixo da pilha de quipás. Acariciou as quipás e depois acariciou o livro de poemas. "Aí está, Ronald e eu."

Ela prosseguiu: "Falei para o Ronald: 'Não entendo nada do que você faz'. Ele respondeu: 'Você é inteligente, vai aprender'. E eu: 'Tenho 45 anos. Já sou quem eu sou'. Eu me preocupava com o efeito de tudo isso sobre meus filhos. Na verdade, meus filhos não gostam nem um pouco do fato de eu estar no ramo do entretenimento. Têm vergonha. Mas Ronald é pé no chão".

Então, Barkin se deteve de repente, assustada. "Minha aula!", exclamou. "Dou uma aula de interpretação à tarde, no Actors Studio da New School."

Ela agarrou uma bolsa Birkin marrom de couro de crocodilo ("Ronald me deu"), cheia de livros e papéis, colocou também uma lata de Diet Coke, duas garrafas de Evian, um pacote de Twizzlers e entrou no carro que já a esperava. Meia hora depois, mastigando um Twizzler, ela ouvia com atenção dois alunos ensaiando uma cena da peça *A lição*, de Ionesco. No final, parecia decepcionada. Tentou explicar aos alunos o que estavam fazendo de errado. "Mesmo no teatro do absurdo", declarou com firmeza, "sempre precisamos buscar o fundamento emocional".

(25 de abril de 2005)

V
Figurões

Lillian, John Huston e Audie
Murphy no set de filmagem de
A glória de um covarde, de John
Huston, nos arredores de
Los Angeles, 1950.

Meio perdido
(Charlie Chaplin)

Charlie Chaplin está na cidade, hospedado no Plaza por uns dias, e nós o encontramos em sua suíte no exato momento em que entregava uma leva de roupas sujas para a camareira. Eis as primeiras palavras que o ouvimos dizer: "Esta camisa está imunda". O cineasta exibia boa forma – bochechas rosadas, aquela cabeleira branca, sobrancelhas rebeldes, também brancas, e mãos sardentas. O problema com a lavanderia do hotel o deixara um pouco irritado, e, assim que a camareira saiu, ele se virou uma ou duas vezes, como se dançasse, e depois nos apontou uma poltrona e se sentou na beirada de um sofá. A sra. Chaplin surgiu do cômodo ao lado e avisou que ia às compras. Chaplin pediu que trouxesse US$ 200 em dinheiro. "Não gosto de descontar cheques na recepção", disse, depois que a sra. Chaplin saiu. "E, para completar, detesto chegar num lugar sem dinheiro no bolso, me sinto meio perdido." Então, fixou o olhar num brinquedo que estava em cima da mesa. "Presente para as crianças", explicou. "Tenho três, com idades de 4 pra baixo, além dos dois filhos adultos, Charles Jr. e Sydney. Ambos são atores. Sydney é um bom comediante, extravagante, com um tom de voz excelente, e tem presença, estatura. Mede 1,85 metro. Mas o brinquedo não é para ele. A gente enfia a moeda aqui..." Chaplin vasculhou os bolsos da calça. "Não falei? Não tenho um tostão furado", reclamou. "Enfim, a gente enfia a moeda aqui e a maquininha cospe um chiclete colorido em forma de bola. Meus filhos adoram chiclete. Vai ser um sucesso. Comprei ontem, na rua 42, numa loja pequena, apertada. O brinquedo estava na vitrine. Tinham lá um outro, que liberava chocolate, mas não achei boa ideia dar chocolate para as crianças."

Chaplin contou que tem caminhado bastante pela cidade, substituindo o tênis, que é a forma de exercício que pratica em casa. "Outro dia, percorri a Décima Avenida inteira, de cima a baixo, e adorei", disse. "Mas a sujeira e as latas de lixo…" Ficou em silêncio por um instante e depois sugeriu que descêssemos para almoçar. Nos dirigimos ao restaurante, onde, andando igualzinho ao Charlie Chaplin, Chaplin abriu caminho até uma mesa perto de uma janela. Sentou-se e olhou para o Central Park. Nevava. "Que lindo!", comentou. "Lembro-me de estar sentado aqui mesmo, deste jeito, no inverno de 1916, depois do meu primeiro sucesso. Registrei-me no hotel como Charles Spencer — Spencer é meu nome do meio — e fiquei aqui porque não conhecia nenhum outro lugar onde pudesse jantar. A polícia me avisou no trem para eu não entrar na Grand Central Station por causa da multidão que me esperava, então desci na rua 125 — e eu só tinha vindo para cá atrás de trabalho."

Durante a estada em Nova York, Chaplin tinha esperança de selecionar uma atriz para o papel principal de um filme que planeja produzir, mas confessou que não sabia como fazer isso. "Assisto a shows e entrevisto um monte de gente, mas só por dever de ofício. Todo talento que descobri até hoje, descobri na base da sorte", disse. "Esse novo papel é muito difícil. A garota precisará atuar e dançar balé. Comentei sobre o papel outro dia, em tom de brincadeira, e saiu em uma coluna de fofoca que eu estava procurando alguém que pudesse atuar como Duse e dançar como Pavlova, e aí um agente me ligou e anunciou: 'Encontrei!' — e falou sério. Vou conhecer a pobre coitada agora à tarde."

Chaplin contou, durante o almoço, que demorou dois anos para finalizar o roteiro desse novo filme. Além de compor a trilha sonora, vai dirigir, produzir e interpretar o papel principal. Está ansioso para começar a filmar o mais rápido possível. "Não posso me dar ao luxo de esperar muito, uso dinheiro do meu bolso", explicou. "Não quero falar demais sobre o assunto, mas dei tudo de mim nesse roteiro e quero que seja a melhor coisa que já fiz." Seu papel será diferente dos outros que desempenhou no começo da carreira e tampouco tem semelhança com *Monsieur Verdoux*, que ele considera seu ponto alto até aqui. "Perdi dinheiro com esse filme", disse. "As pessoas queriam ver o comediante, o sujeito engraçado. Ficaram chocadas. Não conseguiram absorver. Queriam saber onde estavam os sapatos largos e pontudos." Embora *Monsieur Verdoux* tenha sido um fracasso no país, ganhou vários prêmios em outros lugares, incluindo o equivalente dinamarquês do Oscar.

Chaplin lembrou que quando entrou para o cinema, em 1913, os contratos exigiam três filmes por semana. Na época, faziam um filme em meio dia. Chaplin disse que atua sem realizar nenhuma atividade intelectual consciente. "Sinto apenas uma espécie de ebulição", prosseguiu. "Só intelectualizo quando vou para a sala de projeção e pergunto: 'Por que essa cena ficou sem graça?'. Com a idade, aprendemos a abordar o humor de um jeito mais eficiente. A melhor definição que já ouvi diz que humor é colocar as pessoas numa situação difícil e depois tirá-las de lá. É o que tento fazer. Sou emotivo em relação a muitas coisas, mas sou objetivo em relação ao trabalho. Não extraio satisfação do que faço, mas alívio." Chaplin acrescenta que não tem tempo para muita coisa além do cinema e da família. "Vivo em meu castelo de cartas, e é muito seguro", disse. "Sou autodidata e não encontro tudo que gostaria nos livros. Bom, talvez dê uma folheada ocasional no *Anatomia da melancolia*, do Burton, mas deixo a leitura para minha mulher. Além disso, tenho um problema de visão. Só enxergo a primeira e a última palavra de uma linha escrita numa página. Deve ser algo psicológico, não acha?" Um sujeito chegou apressado, sussurrou algo no ouvido de Chaplin e saiu. "É o agente da garota", contou, enquanto nos levantávamos para ir embora. "Isso vai ser muito constrangedor. Nunca sei o que dizer a elas. De modo geral, só fico olhando de longe."

(25 de fevereiro de 1950)

Filme, parte I:
Empurre a velhinha da escada!

A filmagem de *A glória de um covarde* pela Metro-Goldwyn-
-Mayer, com base no romance de Stephen Crane sobre a Guerra
Civil[3], foi precedida pelos costumeiros anúncios sobre o planejamento da empreitada feitos por Louella Parsons ("John Huston está trabalhando na versão cinematográfica do clássico
O emblema vermelho da coragem para um potencial lançamento
pela MGM."); Hedda Hopper ("A Metro tem prioridade na aquisição dos direitos de adaptação cinematográfica de *O emblema
vermelho da coragem* e, no momento, John Huston elabora
um orçamento. Mas ainda não temos sinal verde."); e *Variety*
("A pré-produção de *A glória de um covarde* já começou: Metro
testa atores para os papéis principais."), e foi também antece-
dida por uma visita de rotina de John Huston, que será responsável por roteiro e direção, a Nova York, sede da Loew's, Inc.,
distribuidora dos filmes da MGM. Na ocasião da visita, em abril
de 1950, decidi acompanhar a história desse filme do início ao
fim, para aprender tudo o que conseguisse acerca da indústria
do cinema nos Estados Unidos.

Aos 43 anos, Huston era uma das figuras mais admiradas, rebeldes e sombrias do mercado. Tínhamos nos encontrado um
ano antes, quando o diretor veio à cidade receber um prêmio por
suas contribuições artísticas à unidade planetária: uma viagem

---

[3] No Brasil, filme e livro têm títulos diferentes: *A glória de um covarde* (filme)
e *O emblema vermelho da coragem* (livro, na edição mais recente).

ao redor do mundo. Ele havia ventilado a ideia de fazer um filme sobre o que experimentara durante essas andanças transcontinentais. Mas então voltou para Hollywood, onde, cumprindo exigências de sua empregadora, a Metro-Goldwyn-Mayer, realizaria *O segredo das joias*, um filme sobre um bando de criminosos envolvidos em atividades que Huston descreveu, em algum trecho do roteiro, como "formas bisonhas de criatividade humana". Agora, durante esta visita, logo após a morte repentina, em Hollywood, de seu pai, Walter Huston, ele me telefonou de sua suíte no Waldorf Tower e contou que enfrentava muitas dificuldades para fazer *A glória de um covarde*. Louis B. Mayer e a maioria dos outros altos executivos da MGM se opunham ao projeto. "Sabe de uma coisa?", perguntou, ao telefone. Huston tem um jeito teatral de impostar a voz que é capaz de dotar uma pergunta banal de uma intensidade quase melodramática. "Eles não querem que eu faça esse filme. E eu quero." O cineasta extraía o máximo de cada sílaba, como se, naquele instante, cada fonema estivesse sob seu exclusivo comando e encerrasse uma urgência extrema. "Venha até aqui, mocinha, vou te explicar a encrenca toda", sugeriu.

A porta da suíte de Huston foi aberta por um jovem bem-vestido, de rosto redondo e bochechas rosadas, que se apresentou como Arthur Fellows. "O John está no quarto ao lado, se vestindo", informou. "Imagine ter um espaço como este aqui só para você! É assim que os grandes estúdios fazem as coisas." O rapaz então acenou com a cabeça, em aprovação aos adornos do Waldorf. "Não que eu goste dos grandes estúdios", acrescentou. "O interessante é ser independente. Trabalho para o David Selznick há quinze anos. O David é independente. Vejo o cinema como uma carreira. É o mesmo que trabalhar no setor bancário, na medicina ou no direito. Temos de aprender o ofício do zero. E aprendi do zero com o David. Fui assistente de direção em *Duelo ao sol*. Dirigi a cena do confronto entre dois cavalos. Agora, estou na área de publicidade e promoção, mas é temporário. O David…" Ele se interrompeu quando Huston entrou na sala. O diretor fez sua entrada à maneira de um ator determinado a conquistar a atenção imediata do público.

"O-lá, mocinha", disse Huston quando nos cumprimentamos com um aperto de mão. A seguir, deu um passo para trás, depois colocou as mãos nos bolsos da calça e se inclinou para a frente, atento. "Bem!", prosseguiu, esticando a palavra a ponto de quase transformá-la num pronunciamento importante.

Huston é um homem magro e largo, com 1,88 metro de altura, braços e mãos compridos, pernas longas e pés grandes. Doma o cabelo preto e espesso com água, penteando-o para trás, mas alguns fios da franja insistem em cair-lhe sobre a testa. O rosto exibe rugas profundas, curtidas pelos anos, maçãs altas e olhos castanhos ligeiramente puxados. As orelhas são achatadas e a ponte nasal, afundada. Os olhos passavam a impressão de estarem, a um só tempo, alertas e esvaziados de sentimento, em estranho contraste com a gentileza dos modos do cineasta. Huston tirou as mãos dos bolsos e passou pela cabeça, alisando o cabelo. "Bem!", repetiu, voltando a ameaçar um pronunciamento importante. Voltou-se para Fellows. "Peça uns martínis para a gente, Art, meu garoto."

Huston sentou-se no braço de uma poltrona, acomodou num canto da boca um cigarro comprido, de tom havana, tirou um fósforo do bolso da calça e raspou-o com a unha do polegar, produzindo uma chama. Acendeu o cigarro e tragou sem pressa, semicerrando os olhos, que ficavam ainda mais puxados em meio à fumaça. Em seguida, apoiou os cotovelos nos joelhos, segurando o cigarro nos lábios com ajuda de dois dedos longuíssimos, e olhou pela janela. O sol havia se posto e a luz que adentrava a suíte, no alto da torre, começava a esmaecer. O diretor parecia esperar – tendo montado uma cena típica de John Huston – que as câmeras rodassem. Mas, como fui percebendo aos poucos, ali a vida não imitava a arte, Huston não quis copiar a si mesmo ao preparar aquela cena; ao contrário, o estilo dos filmes de Huston, sendo Huston um dos poucos diretores de Hollywood que conseguem deixar sua marca pessoal no que fazem, era o estilo do homem. Na aparência, nos gestos, na maneira de falar, na seleção das pessoas e dos objetos com os quais se cercava e na maneira como os compunha em "planos" individuais (o close-up abrupto da unha do polegar raspando a cabeça de um fósforo, por exemplo), e depois organizava tudo numa sequência dramática, ele era, em resumo, a matéria-prima da própria arte; ou seja, o homem cuja personalidade imprimia marcas inconfundíveis naquilo que veio a ser conhecido como estilo Huston de filmar.

"Adoro a luz a esta hora do dia", disse Huston quando Fellows retornou. "Art, você não adora a luz a esta hora do dia?"

Fellows respondeu que não era ruim.

Huston soltou uma risada. "Bom, vamos lá", continuou, "aqui estou, gastando o dinheiro do estúdio nesta viagem, e nem sei se vou fazer o filme que motivou minha vinda para cá. Estou testando atores na sede da Loew's, promovendo a produção e encarando todas as ações de publicidade que me pediram. O roteiro de *A glória de um covarde* foi aprovado e logo irei ao sul do país escolher as locações, mas parece que empacamos. Não podemos começar se não tivermos seiscentos uniformes confederados e seiscentos uniformes da União. E o estúdio não se mexe para providenciar o figurino! Estou começando a desconfiar que não querem o filme!".

"É uma película incomum", disse Fellows, escolhendo as palavras. "O público quer filmes como *Nem tudo que reluz é ouro*. Acho que devemos entregar o que o público quer. Aqui", disse ao garçom que chegara com uma bandeja contendo seis martínis em taças de champanhe. "Não há como fugir, John", acrescentou Fellows, entregando uma bebida a Huston. "As maiores bilheterias vêm de produções feitas para a inteligência de uma criança de 12 anos."

As pessoas subestimam a inteligência da criança de 12 anos, rebateu Huston. E explicou que tinha um filho adotivo adolescente, órfão indígena mexicano chamado Pablo, que havia acolhido durante as filmagens de *O tesouro de Sierra Madre*, no México, há alguns anos, e que o menino tinha excelente gosto para filmes. "Meu filho Pablo lê Shakespeare", contou. "Você lê Shakespeare, Art?"

"Televisão, John", disse Fellows. "As porcarias que exibem na televisão…"

Huston perguntou o que se falava em Nova York sobre televisão.

A televisão estava em alta, respondeu Fellows, e todos os

atores, cantores, dançarinos, diretores, produtores e roteiristas que não tinham conseguido trabalho em Hollywood estavam indo para Nova York atrás de oportunidades na televisão. Por outro lado, atores, cantores, dançarinos, diretores, produtores e roteiristas que tinham ido trabalhar na televisão em Nova York estavam morrendo de fome e queriam voltar para Hollywood. "Ninguém sabe de fato o que está acontecendo", concluiu Fellows. "Só sei é que a televisão nunca poderá fazer o que o cinema faz."

"Faremos filmes e lançaremos na televisão, simples. Dane-se a televisão", disse Huston. "Preferem as luzes acesas, vocês que são jovens?" A sala estava um pouco escura. Lembra um óleo sobre tela, isso aqui, completou Huston. Fellows e eu concordamos que as luzes apagadas deixavam o espaço mais agradável. Fez-se um breve silêncio. Huston moveu-se como uma sombra para uma poltrona em frente à minha e acendeu outro cigarro. O brilho fugidio do fósforo riscado iluminou seu rosto. "Chegou a ir às corridas de cavalo por aqui, Art?"

"Algumas", respondeu Fellows, mas David Selznick o mantinha tão ocupado que não sobrava tempo para as corridas.

"Os cavalinhos acabam com minhas finanças", disse Huston. "Não tenho fundos para passar um cheque de US$ 500. Estou sempre duro. Nem férias eu posso tirar. Mas não existe nada melhor do que gastar dinheiro com cavalos, sobretudo quando o animal é meu. Nada se compara a criar e treinar um cavalo. Tenho quatro correndo para mim no momento e, em alguns anos, terei mais, mesmo que precise me endividar para sustentá-los. Só quero conseguir criar um bom vencedor. A turma torce contra, quer tirar os bichos de mim. Mas um dia produzirei um campeão e poderei jogar na cara deles: 'Olha aí, cambada, cheguei lá!'"

Problemas financeiros, explicou, impediram-no de fazer a tal viagem ao redor do mundo. Embora seu salário na MGM fosse de US$ 4 mil por semana enquanto estivesse trabalhando no filme, precisou pedir um adiantamento de US$ 150 mil, que agora quitava em parcelas. Seu contrato com o estúdio o obrigava a fazer pelo menos um filme por ano nos três anos seguintes. O diretor também era sócio de uma empresa independente, a Horizon Pictures, que havia fundado alguns anos antes com Sam Spiegel, que conhecera no início dos anos 1930, em Londres. Huston havia dirigido um filme, *Resgate de sangue*, para a Horizon, que deu prejuízo. E estava escalado para outra produção – *Uma aventura na África*, baseada no romance de C. S. Forester – assim que concluísse *A glória de um covarde* para a MGM. Huston acreditava que *Uma aventura na África* daria lucro e, se isso se confirmasse, poderia se dedicar a projetos mais pessoais, que ansiava realizar tanto quanto *A glória de um covarde*. L. B. Mayer e outros executivos da MGM não acreditavam no sucesso comercial de *A glória de um covarde*, segundo Huston, porque se tratava de um filme sem roteiro convencional, sem romance, sem personagens femininas importantes e, se Huston conseguisse escolher o elenco, sem grandes estrelas. Era apenas a história de um jovem que fugiu de sua primeira batalha na Guerra Civil e depois voltou para o front, onde se destacou com vários atos heroicos. Huston, assim como Stephen Crane, queria mostrar um pouco das emoções dos homens na guerra e a linha tênue que separa covardia de heroísmo. Alguns meses antes, Huston e um produtor da MGM chamado Gottfried Reinhardt, filho do falecido Max Reinhardt, haviam sugerido a Dore Schary, vice-presidente do estúdio encarregado da produção, que fizessem o filme.

"Dore adorou a ideia", contou Huston. "E prometeu que leria o romance." Algumas semanas depois, Schary pediu a Huston que escrevesse o esboço de um possível roteiro. "Escrevi em quatro dias", lembrou Huston. "Eu estava a caminho do México, para me casar, então levei minha secretária comigo. Ditei parte do roteiro no voo de ida, cheguei, me casei, ditei mais um pouco após a cerimônia e o restante na viagem de volta." Schary aprovou o tratamento preliminar do roteiro, e o custo de produção do filme foi estimado em US$ 1,5 milhão. Huston escreveu o roteiro em cinco semanas e Schary o aprovou. "Então, começaram a acontecer coisas estranhas", disse Huston. "Dore ocupa o cargo de vice-presidente encarregado da produção; L. B., o de vice-presidente encarregado do estúdio. Ninguém sabe quem é o chefe." Sua voz se elevou de forma dramática. "Disseram-nos que Dore tinha de aprovar tudo. Recebemos sua aprovação, mas nada andou. E sabemos que L. B. odeia a ideia de fazer esse filme." A voz do cineasta reduziu-se a um sussurro confidente. "Odeia!"

Para o papel do Jovem, Huston queria Audie Murphy, 26, o herói mais condecorado da Segunda Guerra Mundial, cuja carreira no cinema havia se limitado a personagens menores. Huston disse que enfrentava certa dificuldade para convencer Schary e Reinhardt a dar o papel a Murphy. "Eles preferem um astro", acrescentou, indignado. "Não enxergam Audie como eu: uma criaturinha de olhos dóceis e que, durante a guerra, se desdobrava na tarefa de encontrar alemães que, a seguir, matava. O rapaz é um gentil exterminador."

"Outro martíni?", ofereceu Fellows.

"Odeio estrelas", seguiu Huston, trocando seu copo vazio por um cheio. "Não são atores. Convivi com atores a vida toda, e gosto deles, mas nunca tive amigo ator. Exceto meu pai. E papai nunca se considerou um ator. Mas o melhor ator com quem trabalhei foi meu pai. Minhas instruções acerca do papel do velho que ele desempenhou em *O tesouro* se limitaram a pedir que falasse depressa. Só isso." Huston começou a acelerar a fala, em imitação surpreendente e precisa de seu pai. "Um homem que fala rápido nunca ouve a si mesmo. Papai falava assim. Um homem que fala rápido é um homem honesto. Papai nunca tentou vender nada a ninguém."

O ambiente na sala tinha escurecido bastante. Ficamos sentados no breu por um tempo, sem falar, e então Huston se levantou e caminhou até o interruptor. Perguntou se estávamos prontos para a luz e, em seguida, apertou o botão. Foi quando se revelou em repentina e amarelada luminosidade, em pé, imóvel, com uma expressão de perplexidade. "Odeio essa cena", disse. "Vamos sair para comer alguma coisa."

Huston terminou o drinque com um gole, colocou o copo na mesa e vestiu um chapéu homburg cinza. Seguimos para o elevador. A noite estava quente e caía uma leve garoa. O porteiro do Waldorf chamou um táxi, e Huston pediu ao motorista que nos levasse ao "21". Ao entrar, ajeitou as pernas de modo confortável, apoiando os joelhos no assento lateral. "Adoro Nova York às vésperas do verão", comentou, enfatizando cada palavra de forma possessiva. "Tudo começa a ficar um pouco mais lento. O barulho e a agitação meio que cessam e a cidade se acalma. E pode-se caminhar!", exclamou em tom de espanto. "E a gente passa pelos bares!", continuou, como se isso fosse ainda mais surpreendente. "E os bares estão abertos", disse, erguendo as mãos, com as palmas voltadas uma para a outra, emoldurando a imagem de uma porta aberta. "A gente pode ir a qualquer lugar sozinho, mas nunca estamos sós no verão em Nova York", concluiu, deixando cair as mãos no colo.

Huston veio a Nova York pela primeira vez em 1919, aos 13 anos, para passar o verão com o pai, que havia se divorciado de sua mãe anos antes. John nasceu na cidade de Nevada, no Missouri, e passou a maior parte da infância com a mãe, primeiro em Weatherford, no Texas, e depois em Los Angeles. Sua mãe, que morreu em 1938, era jornalista. Por três anos antes de vir para Nova York, Huston passou alguns períodos acamado com o que se chamava na época de coração dilatado, além de sofrer de uma doença renal obscura. Quando se recuperou, foi visitar o pai. E lembra-se de ter comemorado um aniversário maravilhoso em Nova York, no verão em que completou 18 anos. O jovem Huston havia voltado para a Costa Leste vindo de Los Angeles, onde vencera o campeonato amador de boxe peso leve da Califórnia, e se mudara para um pequeno apartamento no quarto andar de um prédio na Macdougal Street; no piso de cima, morava Sam Jaffe (ator que anos mais tarde interpretaria o arrombador de cofres alemão em *O segredo das joias*). O pai de Huston, que atuava na Broadway em *Desire Under the Elms*, esteve na festa do aniversário. Jaffe perguntou a John o que ele queria de presente, e ele respondeu "um cavalo". "Bom", prosseguiu, "o Sam" (e pronunciou o nome com grande carinho), "o sujeito mais gentil e mais despojado do mundo, comprou a égua cinza mais velha, triste e acabada que encontrou. Foi maravilhoso. O melhor aniversário que já tive. Art, você não adora Nova York no verão?".

Não para morar, reagiu Fellows, e Huston concordou, com um suspiro, que seria difícil mesmo manter cavalos em Nova York e, além disso, ele gostava do estilo de vida do universo do cinema.

"É a selva", disse. "É o que me atrai. Louella Parsons e suas bobagens atávicas. Gosto muito da Louella. Ela faz parte da selva, que é mais do que um lugar onde as ruas têm o nome de Sam Goldwyn e os prédios homenageiam Bing Crosby. Há mais do que Cadillacs cor-de-rosa exibindo assentos com estampa de oncinha. É a selva que abriga uma das maiores indústrias do país. Uma selva fechada, apertada, composta de linhagens consanguíneas que competem de modo feroz. Os reis da selva são predadores fascinantes, e são duros na queda. L. B. Mayer é um deles." Huston baixou a voz para um tom mínimo. "Gosto de L. B. Mayer. Está por cima agora, mas precisa tomar cuidado ou puxarão seu tapete. Ele é astuto, um grande empresário. Não entendia nada de cavalos, mas, quando começou a criá-los, ergueu um dos melhores estábulos do país. E é durão. Nunca tenta derrubar o argumento do interlocutor no momento da discussão. Seu objetivo é sempre de longo prazo – manter o controle do estúdio. Ele ama o Dore. Mas um dia irá destruí-lo. L. B. tem 65 anos e a pele corada, é saudável e sorridente. Dore é vinte anos mais jovem. Parece um velho. Doente. Preocupado. Isso porque L. B. vigia a selva como um leão. Mas os principais reis da selva estão aqui em Nova York. Nick Schenck, o presidente da Loew's, Inc., o cabeça dos cabeças, fica em Nova York, de onde sorri enquanto espia os bastidores, à distância. É quem detém o poder de fato, quem monitora o bando fechando o cerco e preparando o bote em cima dos menos poderosos! Nick Schenck nunca figura em páginas dos jornais, não vai a festas e evita aparecer em público, mas é o legítimo líder da matilha. E faz tudo isso de Nova York!" Huston soltou uma risada sinistra, abafada por entre os dentes cerrados. "Minha nossa, como são durões!"

O táxi se aproximou do "21". "Sr. Huston!", saudou o porteiro, e o cineasta o cumprimentou com um aperto de mão. "Bem-vindo, sr. Huston."

Já era quase meia-noite quando Huston, Fellows e eu saímos do restaurante. Huston sugeriu que fôssemos a pé, pois adorava caminhar àquela hora da noite. A chuva tinha parado e o ar estava limpo, mas a rua, molhada, reluzia. Huston disse que queria ir até a Terceira Avenida porque gostava de olhar os bares da região e porque ninguém ali tinha cara de vice-presidente de estúdio. Seguimos, então, rumo à Terceira Avenida.

Já na avenida, Huston começou a dar passos rápidos e determinados. "Sabe o que me atrai nesse filme, Art?", perguntou. "A chance de estar no campo, nas locações." Ao caminhar, ele olhava para as vitrines repletas de pratarias e pinturas. Parou por um instante diante da janela empoeirada de uma loja de arte e fitou a reprodução de um quadro. "Modigliani", comentou. "Eu costumava passar horas nesta cidade admirando os Modiglianis." Ele próprio já havia se arriscado na pintura, contou, mas nos últimos anos produzira pouco. Seguimos em frente e, de repente, no meio da calçada úmida e brilhante, vimos um homem deitado, imóvel, de bruços. Um dos braços do indivíduo emergia da manga de um sobretudo marrom rasgado, e o outro se escondia sob o corpo, enquanto a manga que sobrava, dobrada para trás, cobria-lhe cabeça. Seus sapatos, arranhados, esfarrapados mesmo, apontavam um para o outro. Meia dúzia de espectadores olhavam em silêncio para a figura estendida no cimento. Huston assumiu o controle da situação no ato. Enfiando as mãos nos bolsos da calça, deu um giro peculiar, quase um meia-volta, volver. Dedicou um segundo para ajeitar o chapéu na parte de trás da cabeça e depois se agachou ao lado do corpo imóvel. Deixou passar mais um tempinho sem fazer nada, enquanto o grupo de transeuntes crescia. Todos muito quietos. Huston, então, ergueu a mão que estava enfiada na manga do casaco e tentou sentir o pulso. O trem que percorre a linha sobre a Terceira Avenida passou ruidosamente lá no alto, seguido de novo momento de silêncio. Huston segurou o pulso do homem por um bom tempo, sem olhar para a multidão. Na sequência, e sem nenhuma pressa, reacomodou o braço do homem na posição original e se levantou, devagar. Depois, puxou o chapéu para a frente, meteu as mãos de volta nos bolsos, voltou-se para a plateia e, projetando as palavras com muito cuidado, anunciou: "Ele está bem!". Deixou escapar uma risada grossa e congestionada por entre os dentes cerrados, deu um último empurrãozinho para a frente no chapéu e, satisfeito, liderou nossa saída do local. Cena digna de um filme de Huston.

Cinco semanas depois, Huston estava de volta ao Waldorf, na mesma suíte. Quando me telefonou dessa vez, parecia animado. Durante sua ausência, *O segredo das joias* havia estreado em Nova York e fora recebido com entusiasmo pela crítica, mas o diretor não mencionou isso; o que o deixava feliz era a compra recente de uma nova potranca da Calumet Farms. Quando fui visitá-lo naquela noite, estava sozinho. Dois dias antes, encontrara uma excelente locação para *A glória de um covarde* nos arredores de Nashville.

Huston me contou que, ao retornar ao estúdio depois da viagem ao Oriente, percebeu que não havia preparativos em andamento para a produção de *A glória de um covarde*. "Aqueles uniformes todos simplesmente não estavam sendo fabricados!", disse, espantado. "Fui falar com L. B. e ele me disse que não punha fé no filme. Não acreditava que daria lucro. Gottfried e eu fomos conversar com Dore, que estava doente em casa, de cama. Assim que entramos, ele já avisou: 'Rapazes, vamos fazer o filme!'. Talvez Nick Schenck tenha dado o sinal verde a Dore. De qualquer forma, naquela noite, Dore escreveu uma carta para L. B. dizendo que a MGM deveria ir adiante com o projeto. Na manhã seguinte, L. B. nos chamou e falou por seis horas sobre por que o filme não daria lucro. Eu gosto do L. B, sabe?, ele nos disse que Dore era um garoto maravilhoso, que o amava como um filho, e que não poderia negar um pedido feito por meio de uma carta como aquela. E, quando saímos do escritório do L. B., o estúdio fervilhava e os uniformes estavam encomendados!" Huston e Reinhardt tinham encontrado um ator maravilhoso, chamado Royal Dano, para interpretar o papel do Homem Esfarrapado. Dano tinha aquela qualidade singular que se traduz em grandeza na tela. Charlie Chaplin e Greta Garbo têm essa qualidade, explicou. "A tela exagera e amplifica as características do grande ator", disse. "É quase como se grandeza fosse uma questão de qualidade, e não de habilidade. Papai tinha isso. Tinha aquele algo mais que as pessoas sentiam quando o viam. Percebemos isso sempre que deparamos com a grandeza. Está no olhar de Audie Murphy. É como um cavalo de raça. A gente caminha em frente à baia e sente a vibração lá dentro. É palpável. Enfim, o filme vai sair, mocinha. E vou dirigi-lo a cavalo. Sempre quis dirigir um filme em cima de um cavalo."

As despesas com a locação em Nashville, ele explicou, seriam menores do que no local originalmente planejado, em Leesburg, Virgínia, e o terreno se prestava melhor ao tipo de fotografia que ele buscava — um preto e branco com forte contraste, que se aproximasse da textura e da atmosfera das fotografias com que Brady retratara a Guerra Civil.

"Vamos fazer o seguinte", propôs Huston, em seu tom de surpresa. "Vou lhe mostrar como se faz um filme! Depois, você irá até Hollywood ver o que acontece por lá, com tudo já filmado! E vai conhecer o Gottfried! E o Dore! E o L. B.! Todo mundo! E vai conhecer meus cavalos! Aceita o convite?"

Respondi que sim.

Passadas várias semanas, Huston ligou de novo, dessa vez da Califórnia. Ele começaria a filmar *A glória de um covarde* dali a um mês, e a locação não seria no Tennessee, afinal, mas em seu próprio rancho, em San Fernando Valley. Ele não parecia muito feliz com a mudança. "Venha logo para cá ver os fogos de artifício", disse. "Faremos a Guerra Civil bem aqui no litoral."

Quando cheguei à Costa Oeste, Huston armou encontros para me apresentar a todo mundo que tivesse alguma ligação com *A glória de um covarde*. No dia em que conheci Gottfried Reinhardt, de 39 anos, produtor da empreitada, ele estava em seu escritório no estúdio da Metro-Goldwyn-Mayer, em Culver City, estudando o orçamento preliminar do filme. Seria a 1.512ª película a ser colocada em produção desde a fundação da MGM, em 24 de maio de 1924. O livreto mimeografado do orçamento preliminar trazia o carimbo "Produção nº 1512". (Soube mais tarde que o documento informava a Reinhardt que a equipe teria nove dias para ensaio e 34 dias para produção; o filme finalizado deveria somar 2.400 metros; e o custo total deveria ser de US$ 1.434.789.) O escritório de Reinhardt era confortável. Incluía um pequeno banheiro e uma sala de reuniões mobiliada com poltronas de couro. Uma placa de bronze com o nome do executivo gravado estava afixada à porta. Em sua sala particular, além de uma escrivaninha, várias poltronas e um sofá de couro, tudo verde, havia um tapete marrom espesso, uma estante com a *Enciclopédia Britânica* e um vaso com uma planta de 1,80 metro de altura. As paredes eram decoradas com gravuras antigas. Em sua mesa, ao lado de vários isqueiros, canetas esferográficas e uma caixa de charutos, destacava-se um retrato emoldurado de Max Reinhardt. O Reinhardt mais velho tinha um olhar gentil, mas preocupado. Destaque para a grande semelhança entre pai e filho.

"A localização do escritório sinaliza a importância do ocupante", disse-me Reinhardt enquanto conversávamos. "Fico no primeiro andar. Dore Schary está dois andares acima. L. B. também. Eu tenho um lavabo, mas não tenho chuveiro no meu escritório. Dore tem chuveiro, mas não tem banheira. L. B. tem chuveiro *e* banheira. O tipo de banheiro que você tem no escritório é outra medida do valor de seu cargo." Reinhardt sorriu, sarcástico. "Um diretor importante é quase tão fundamental quanto um produtor", continuou, levantando-se para endireitar uma das gravuras na parede. "O escritório do John é de canto, como o meu."

Reinhardt é um homem corpulento, dono de uma vistosa cabeleira castanha e ondulada. Metido num terno em shantung marrom-cacau, mais parecia um ursinho de pelúcia. Um charuto ajudava a compor a expressão de cinismo. Para completar a fachada, uma grossa corrente de ouro emergia do interior do paletó, formando uma alça, e mergulhava no bolso da calça. Reinhardt fala com sotaque alemão, mas sem aspereza, e as palavras soam agradáveis, equilibradas, em tom de quase arrependimento. "Prometemos a Dore que faríamos o filme por US$ 1,5 milhão ou menos, e que finalizaríamos em cerca de trinta dias", disse, voltando para sua escrivaninha. Então, pousou a mão sobre o orçamento e respirou fundo. "O trabalho do produtor é economizar tempo e dinheiro." Reinhardt balançava a cabeça enquanto falava e uma mecha caiu sobre seu rosto. Ele a recolocou no lugar e soltou uma baforada longa, numa espécie de frenesi contido. Em seguida, deixou o charuto de lado e, balançando de novo a cabeça, comentou: "Quando você diz às pessoas que fez um filme, ninguém pergunta: 'Ficou bom?'. Perguntam: 'Quantos dias demorou?'". Em seguida, bateu a cinza do charuto com cuidado no cinzeiro e suspirou.

Reinhardt, nascido em Berlim, chegou aos Estados Unidos em 1932, aos 19 anos, para uma visita. Já estava por aqui havia alguns meses quando Hitler chegou ao poder na Alemanha e, então, decidiu ficar. Ernst Lubitsch, que havia trabalhado com o velho Reinhardt na Europa, ofereceu a Gottfried um emprego, sem remuneração, na Paramount, como seu assistente em uma versão cinematográfica de *Sócios no amor*, de Noel Coward, estrelando Fredric March, Miriam Hopkins e Gary Cooper. No outono de 1933, Reinhardt mudou-se para a Metro, como assistente de Walter Wanger, na época produtor do estúdio, ganhando US$ 150 por semana. Pouco tempo depois, Wanger deixou a empresa e Reinhardt tornou-se assistente de Bernard Hyman, considerado braço-direito de Irving Thalberg. Reinhardt tornou-se, primeiro, roteirista (*A grande valsa*) e, depois, em 1940, produtor (*O inimigo X*, com Clark Gable e Hedy Lamarr; *Fúria no céu*, com Ingrid Bergman e Robert Montgomery; *Duas vezes meu*, com Greta Garbo, o último filme da atriz). Em 1942, juntou-se ao Exército. Trabalhou na produtora Signal Corps por quatro anos e depois voltou para a Metro, onde produziu filmes com alguns dos astros mais populares do estúdio, como Clark Gable e Lana Turner. Seus filmes recentes, porém, não foram considerados sucessos de bilheteria pelo estúdio. Aos 72 anos, a mãe de Reinhardt, uma célebre atriz alemã chamada Else Heims, ainda atua em peças de teatro em Berlim. Seu pai, que morreu há oito anos, veio para Hollywood em 1934 para dirigir uma produção teatral de *Sonho de uma noite de verão* no Hollywood Bowl. (A produção ficou famosa por apresentar uma jovem desconhecida chamada Olivia de Havilland, que nunca havia atuado em público antes, como substituta de última hora da estrela que, por um motivo qualquer, não pôde continuar.) Max Reinhardt foi então convidado pela Warner Bros. para dirigir uma versão cinematográfica de *Sonho de uma noite de verão*. O filme não foi um sucesso. Nos cinco anos seguintes, ele comandou um centro de formação em Hollywood conhecido como Oficina Max Reinhardt, onde, por um curto período em 1939, John Huston ministrou um curso de roteiro. Max nunca mais conseguiu outro trabalho de direção. Durante meses, tentou marcar uma reunião com L. B. Mayer, mas o executivo estava sempre muito ocupado para recebê-lo.

Na Metro-Goldwyn-Mayer, Gottfried Reinhardt testemunhou uma sucessão de lutas pelo poder entre os executivos. E me contou que aprendeu muitas lições como observador desses conflitos. "A MGM lembra monarquias medievais. Revoluções palacianas acontecem o tempo todo", completou, inclinando-se para trás em sua cadeira giratória. "L. B. é o rei. Dore é o primeiro-ministro. Benny Thau, um velho amigo de Mayer, é o ministro das Relações Exteriores e conduz todas as transações importantes, como o empréstimo de grandes estrelas para outros estúdios. L. K. Sidney, um dos vice-presidentes, é o ministro do Interior, e Edgar J. Mannix, outro vice-presidente, é o Lorde do Selo Privado ou, às vezes, ministro sem pasta. E John e eu somos súditos leais." Reinhardt balançou a cabeça para a frente e soltou uma risada cínica. "Nosso rei não é desprovido de poder. Descobri, com *A glória de um covarde*, que a bênção do rei é essencial se você quiser fazer um filme. Eu tenho a bênção do rei, mas ela me foi concedida com grandes reservas." Então, voltou o olhar para mim, por cima do charuto. "Nosso filme precisa ser um sucesso comercial", disse, categórico. "E precisa ser um *grande* filme."

Houve um alvoroço no Dave Chasen's Restaurant, em Beverly Hills, quando Dore Schary entrou. O Chasen's é administrado pelo ex-comediante que dá nome ao estabelecimento e é popular entre o pessoal do cinema. O restaurante é dividido em várias seções. A primeira, voltada para a porta de entrada, oferece assentos em forma de bancos semicirculares. Essa seção conduz a um longo balcão de bar que fica de frente a outro grupo de assentos. Há outras seções nas laterais, ao fundo. O maître logo conduziu Schary a uma mesa frontal. Dois garçons assumiram posições de sentinela, um de frente para o outro, ladeando a mesa. Os outros clientes voltaram a atenção para Schary. Pareciam ter olhos para todo mundo, exceto para as pessoas com quem estavam sentados e com quem mal conseguiam manter a conversa.

"Vou ler a carta do Ben para você", dizia um homem sentado ali perto. "Começa assim: 'Sempre que penso em Bizâncio, lembro de você. Espero que você sobreviva às intrigas da corte, agora que o crepúsculo se assoma sobre Hollywood, e quando tudo desmoronar, que você despenque do trono'."

"Tenho novidades para você", rebateu o interlocutor. "Não é crepúsculo. É só nevoeiro misturado com fumaça."

"Também tenho novidades", disse o primeiro homem, encarando Schary sem constrangimento. "O Ben vai voltar para cá. Ele gosta das intrigas da corte."

Schary tampouco se deixou constranger. Transmitia uma aura de enorme autoconfiança, como se tivesse chegado a um ponto em que nada que acontecesse no Chasen's poderia afetá-lo. É um homem otimista, e conversava comigo de forma otimista sobre cinema. Disse respeitar os filmes estrangeiros, mas acreditava que a indústria cinematográfica americana proporcionava mais entretenimento e informação do que quaisquer outros realizadores do mundo. "Nosso escopo é internacional", afirmou. "Nosso pensamento é internacional, e nossos impulsos e motivações criativas são sempre renovados com o mesmo vigor com que reinventamos tantos aspectos do modo de vida americano." A comunidade cinematográfica, conhecida popularmente como Hollywood, prosseguiu, não é diferente de outras comunidades americanas dominadas por um único setor. "Somos iguais a Detroit", comparou. "A diferença é que aparecemos mais nas manchetes, só isso." Ele era o único homem no Chasen's que não estava olhando para o entorno, para alguém que não fosse a pessoa com quem dialogava.

Dave Chasen, um homem pequeno e solene, de olhar suave e melancólico, aproximou-se e disse a Schary que estava muito feliz por vê-lo ali.

"Como vai, meu querido?", perguntou Schary.

"Você está muito bem", respondeu Chasen, em tom triste.

Schary devolveu-lhe um sorriso solidário e voltou a falar comigo sobre cinema. Sempre propenso a ostentar uma atitude favorável em relação ao mundo todo, Schary tem um jeito tagarela e acolhedor que lembra o falecido Will Rogers, mas também há nele os traços perseverantes e paternalistas de um professor de

Escola Dominical. Ele mede 1,80 metro e tem a cabeça grande, marcada por uma testa alta e sardenta, e um nariz largo como o de um são-bernardo. Falava com seriedade, como se estivesse tentando transmitir grande firmeza de propósito sobre seu trabalho. "Um filme se revela um sucesso ou um fracasso logo no início do processo", sentenciou. "Houve resistência, muita resistência, para fazermos *A glória de um covarde*. Em termos de custo, mas não só. O filme não tem mulheres. Não tem história de amor. Não tem um único acontecimento importante. É um filme de época. A história – bom, também não tem história. É apenas a história de um menino. A história de um covarde. Bem, é a história de um herói." Schary parecia gostar do som da própria voz. Era nítido que não tinha pressa em expor seu ponto de vista. "Esses são os elementos considerados importantes para definir sucesso ou fracasso nas bilheterias", explicou, e fez uma pausa, como se estivesse um pouco confuso com o que estava tentando dizer. Por fim, acrescentou que houve filmes bem-sucedidos que não traziam esses elementos ditos importantes. *Rancor*, que ele havia produzido, era um exemplo, e *Sem novidade no front* era outro. "Lew Ayres era o equivalente alemão do nosso rapaz", disse. "Sou capaz de apostar que Remarque conhecia o livro que inspirou *A glória de um covarde*. Em geral, quando nos propomos a fazer um filme, pensamos: 'Tenho um palpite bom sobre esse projeto'. E foi isso que senti em relação a este filme. Chame isso de instinto, se preferir. Senti que esse filme pode ser maravilhoso e, também, um sucesso comercial."

Um homem que estava em pé, no bar, pegou um martíni e caminhou até uma mesa próxima. "Tenho uma ótima história para contar", anunciou ao grupo sentado ali. "Um ator volta tristíssimo de um velório, chorando rios de lágrimas. Então, seu amigo diz que nunca tinha visto ninguém ficar tão mal depois de um velório. Ao que o ator responde: 'Isso porque você não me viu ao pé do túmulo!'" O contador de histórias, então, explodiu num riso autoelogioso, tomou um gole do martíni e acariciou a haste do copo. "Um ator morreu", disse, iniciando outro causo, mas logo desviando o olhar do seu público quando Walter Pidgeon entrou num grupo grande e sentou-se na seção da frente. "Aí, dois outros atores vêm se despedir dele no caixão. 'Joe está ótimo', comenta um deles. 'Por que não estaria?', reage o outro. 'Acabou de voltar de Palm Springs!'"

Schary começou a falar sobre L. B. Mayer. "Eu conheço o Mayer", disse. "Conheço esse homem. Conheço porque meu pai era como ele. Poderoso. Fisicamente muito forte. De temperamento forte e obstinado. Mayer tem um impacto literal nas pessoas. Mas meu pai faria esse sujeito parecer um escoteiro." E me dirigiu um sorriso automático.

No mesmo instante, um jovem chegou esbaforido à mesa, agarrou a mão de Schary e gritou: "Dore! Que bom te encontrar, Dore!". Sem largar a mão de Schary, o rapaz lançava-lhe um olhar incrédulo e admirado. "Você está maravilhoso, Dore! Maravilhoso!"

"E você, como vai, querido?", disse Schary, em tom amistoso.

O jovem continuou a olhar para Schary; parecia estar esperando a confirmação de alguma coisa. Então, exclamou: "Você se lembra de mim, Dore! Dave Miller!".

"Claro, meu caro", respondeu Schary.

"RKO!", gritou Miller, como se anunciasse a próxima parada de um trem, e, no mesmo tom, avisou que estava dirigindo um filme para a Columbia. Schary abriu um sorriso largo e compreensivo.

Miller balançou a cabeça várias vezes, sem acreditar no encontro, e então, relutante, começou a se afastar. "Você está fazendo coisas maravilhosas agora, Dore. Maravilhosas! Tudo de melhor para você, Dore", desejou. "O melhor."

Os labirintos percorridos por todos os funcionários que trabalham juntos num filme da MGM levam inexoravelmente à sala de Louis B. Mayer, e foi lá que o encontrei, após atravessar uma série de portas, conversando com Arthur Freed, um dos produtores de musicais do estúdio. O escritório de Mayer tinha cerca da metade do tamanho do salão do Radio City Music Hall, e ele se sentava atrás de uma enorme mesa de cor creme com vista para um vasto tapete cor de pêssego. As paredes do recinto eram revestidas de couro na cor creme, e havia também um bar na cor creme, uma lareira na cor creme com atiçadores na cor creme, poltronas e sofás de couro na cor creme e um piano de cauda na cor creme. Atrás da mesa de Mayer, havia uma bandeira americana e uma estátua de mármore do leão da MGM. A escrivaninha estava tomada por quatro telefones de cor creme, um livro de orações, várias fotografias de leões, uma foto em miniatura da mãe de Mayer e uma estatueta do elefante do Partido Republicano. O móvel, imenso, escondia boa parte do próprio Mayer, mas pude vislumbrar seus ombros poderosos, cobertos por um paletó azul-marinho, e uma gravata-borboleta enfeitada por bolinhas, que quase tocava seu queixo. Sua enorme cabeça parece estar encaixada sobre os ombros, sem um pescoço para atuar como intermediário. Seus cabelos são espessos e brancos como neve, seu rosto é corado e seus olhos, emoldurados por óculos de armação âmbar, fitavam, penetrantes, Arthur Freed, que lhe mostrava um relatório sobre as receitas de bilheteria de seu último musical, então em cartaz no Radio City Music Hall.

"Ótimo! Eu sabia!", disse Mayer, envolvendo Freed com um dos braços. "Eu falei que o filme seria um sucesso estrondoso. É isso aqui!", gritou, apontando o dedo indicador para o próprio peito. "É isso aqui que ganha o público!" Em seguida, ergueu a cabeça branca e olhou para a parede creme à sua frente como se estivesse assistindo à tela do Music Hall. "Entretenimento!", exclamou, paralisado pelo que parecia ver naquela tela, e assumiu a expressão de um homem emocionalmente tocado pelo que via. "É bom o suficiente para você, para mim e para a bilheteria", comentou, voltando-se para Freed. "Mas não para os espertinhos", continuou, num choramingo que imitava alguém para quem conquistar o coração do público não é o suficiente. Então, bateu com o punho na mesa e olhou para mim. "Vou lhe dizer uma coisa: Prêmios! Troféus! Fitas coloridas! Fizemos dois filmes aqui. Um com o personagem Andy Hardy, feito pelo pequeno Mickey Rooney, e *Ninotchka*, com Greta Garbo. *Ninotchka* recebeu prêmios. Fitas azuis! Fitas roxas! A maior fanfarra! Qual filme ganhou dinheiro? O do Andy Hardy. Por quê? Porque conquistou o coração. E não prêmios!"

"Hah!", disse o sr. Freed.

"Vinte e seis anos no estúdio!", Mayer continuou. "Antes, eles me davam ouvidos. O Irving Thalberg jamais faria um filme de que eu não gostasse. Eu tinha verdadeira adoração por aquele garoto. Esse, sim, trabalhava. Agora, o pessoal só quer saber de coquetéis de lançamento e de ver o nome nos jornais. O Irving me ouvia. Nunca estava satisfeito com o próprio trabalho. Era o jeito dele. Depois que ele morreu, ainda me deram atenção por um tempo. Produziram, por exemplo, um filme do Andy Hardy." Mayer virou seus ombros poderosos na minha direção. "A mãe do Andy está à beira da morte e eles filmam a cena mostrando o Andy em pé, na porta, do lado de fora do quarto. Em pé! Eu disse a eles: 'Vocês não sabem que, nessa hora, um garoto americano como ele vai cair de joelhos e rezar?'. Eles me ouviram. Colocaram Mickey Rooney de joelhos." Mayer pulou da cadeira e se agachou no meio do tapete cor de pêssego para mostrar como Andy Hardy orou pela mãe. "O melhor trecho do filme!" A seguir, levantou-se e voltou para a escrivaninha. "Mas não é bom o suficiente", disse, fingindo o choramingo de novo. "Não vamos mostrar a boa e velha mãe americana em casa. Generosa. Meiga. Amorosa. Disposta a fazer sacrifícios." Mayer fez uma pausa e passou a interpretar expressões de generosidade, doçura, amor e sacrifício maternos. A seguir, olhou para Freed e para mim. "Não!", berrou. "Acerte um soco no queixo da mãe!" E se deu um direto no queixo. "Empurre a velhinha da escada!" E se lançou na direção da bandeira americana. "Atire a canja de galinha que só a mãe sabe fazer na cara da própria!" E arremessou um prato de canja imaginário no rosto de Freed. "Pise na mãe! Chute com força! Isso é que é arte, dizem. Arte!" Mayer começou a mexer as sobrancelhas brancas para cima e para baixo, chacoalhou os ombros como uma dançarina de hula e riscou o ar com as mãos de um jeito esquisito. "Arte!", repetiu, e soltou um grunhido irado.

"Disse tudo", concordou Freed.

"*Andy Hardy*! Assisti e meus olhos se encheram de lágrimas", contou Mayer. "Não tenho vergonha em dizer. Assistiria de novo. E choraria todas as vezes."

"Nos musicais, não temos essas falsas pretensões artísticas", disse Freed.

Mayer não deu sinais de ter ouvido Freed. "Cá entre nós e o mundo lá fora", continuou, ajeitando a gravata-borboleta, "os espertinhos daqui não sabem a diferença entre o coração e a sarjeta. Não querem ouvir a gente. Marie Dressler! Quem diria que uma velha gorda poderia ser transformada em uma estrela? Pois eu fiz isso. E Wally Beery. E Lionel Barrymore". Mayer se recostou na cadeira com uma das mãos enfiada na camisa e os olhos semicerrados. Sua voz tinha o tom rouco e queixoso que o dr. Gillespie usava ao informar o diagnóstico da doença ao dr. Kildare. Depois, retomando seu jeito natural, seguiu: "O público sabe. Veja as bilheterias. Dar ao público o que o público quer? Não. Não é bom o suficiente". Mayer pausou.

"Thoreau disse que a maioria de nós vive sob um leve desespero", acrescentou Freed, ligeiro. "O cinema deveria nos fazer sentir melhor, não pior."

Mais uma vez, Mayer pareceu não ouvir. "*A glória de um covarde*", disse. "Um milhão e meio. Talvez mais. Para quê? Não tem história. Fui contra. Mas eles queriam filmar. Não digo não. John Huston. Ele ia fazer *Quo vadis*. E o que ele pretendia fazer com o filme?! Não tinha coração ali. O plano dele era jogar os cristãos aos leões. Só isso. Implorei para que mudasse de ideia. Ajoelhei-me diante dele. Mostrei-lhe o significado do coração. Rastejei. Pedi pelo amor de Deus! Em lágrimas. Mas não! Que coração que nada! Ele até me agradeceu por tê-lo tirado do filme. Agora ele quer *A glória de um covarde*. Dore Schary também quer. Tudo bem. Vou assistir. Não digo não, mas não faria esse filme com o dinheiro de Sam *Gold*wyn."

Nos poucos dias que faltavam para o início dos ensaios, Huston teve de participar de reuniões sobre orçamento e produção, examinar, com seu cinegrafista e a equipe técnica, os locais exatos de seu rancho em San Fernando Valley onde as cenas de batalha seriam filmadas, e precisou fazer várias revisões no roteiro, incluindo algumas sugeridas pelo supervisor de produção da Motion Picture Association of America, que lhe chegaram por meio de uma cópia de uma carta endereçada a Mayer:

Prezado sr. Mayer:
    Lemos o roteiro de sua proposta para a produção de *A glória de um covarde* e temos a satisfação de informar que o enredo básico parece atender às exigências do Código de Produção. Depois

de examinar o roteiro em maior detalhe, gostaríamos de chamar sua atenção para os seguintes itens secundários.

Página 1A: Aqui e no roteiro como um todo, certifique-se de que a expressão "lição" seja pronunciada de forma clara e não soe como o inaceitável impropério "maldição".

Página 21: A expressão "maldição" é inaceitável.

Página 41: O mesmo se aplica à exclamação "Deus!", à expressão "Juro por Deus".

Página 42: O mesmo se aplica a "Só Deus sabe" e à exclamação "Deus".

Página 44: A exclamação "Deus do Céu" é inaceitável.

Página 65: A expressão "Vai ser um inferno" é inaceitável.

Joseph I. Breen, o autor da carta, afirmou que três outros usos da palavra "Deus" no roteiro eram inaceitáveis, além de um "Em nome de Deus", dois "maldição" e três "inferno", e, antes de assinar – cordialmente –, lembrou ao sr. Mayer que a avaliação final do supervisor de produção se basearia no filme finalizado.

Hedda Hopper, do *Los Angeles Times*, destacou em uma de suas colunas diárias a notícia de que Audie Murphy estrelaria *A glória de um covarde*. "O *casting* mais feliz e apropriado do ano foi anunciado ontem na MGM por Dore Schary: Audie Murphy, o herói mais condecorado da Segunda Guerra Mundial, fará o papel principal de *A glória de um covarde*, com direção de John Huston", escreveu Hopper. "Para variar, teremos um soldado de verdade interpretando um soldado de verdade na tela. Isso não poderia acontecer em um momento melhor."

A sede administrativa da MGM fica num prédio de concreto branco, em forma de U, identificado por um letreiro de metal como Edifício Irving Thalberg. Os degraus que levam ao prédio, entre amplos gramados ladeados por arbustos, são largos e lisos e reluziam um branco intenso sob o sol do verão, tão imponentes quanto os degraus do Capitólio em Washington, na manhã em que lá estive. Um táxi se aproximou do meio-fio e parou bruscamente. A porta se abriu e Huston saltou. Apressado, enfiou a mão no bolso, entregou ao motorista uma nota amassada e correu em direção aos degraus. O cineasta havia passado a noite na cidade, em um de seus três endereços locais – uma pequena casa em Beverly Hills que alugara de Paulette Goddard –, e esperava que sua secretária telefonasse para acordá-lo. O telefone não tocou e Huston perdeu a hora. Estava irritado e tenso. "O Audie está me esperando", disse, impaciente.

Chegamos a uma recepção com piso de linóleo cinza, que Huston atravessou com passos largos, acenando para um jovem sentado atrás de um balcão semicircular postado entre duas portas. "Bom dia, sr. Huston", saudou o rapaz, com entusiasmo. No mesmo instante, as travas das duas portas estalaram e Huston abriu a da direita. Apertei o passo atrás dele, por um corredor com piso liso e em cujas paredes de cor creme se alternavam portas da mesma cor. Em cada porta havia um espaço para encaixar um cartão branco com um nome impresso. No final do corredor, viramos à direita, pegamos outro corredor e, no final *deste*, chegamos a uma porta com o nome do cineasta gravado em letras pretas sobre uma placa de bronze. Huston a abriu, e uma jovem de cabelos negros encaracolados, ocupando uma mesa de frente para a porta, olhou para nós quando entramos. Huston se voltou imediatamente para um banco ao lado da entrada. Audie Murphy estava sentado ali e logo se levantou.

"Olá, Audie. Como vai, Audie?", cumprimentou Huston, cauteloso, como se falasse com uma criança assustada. Os dois apertaram as mãos. "Bem, conseguimos, garoto!", exclamou Huston, forçando uma sucessão de ha-ha-has.

Murphy lhe devolveu um sorriso amarelo e não disse nada. Magro, de rosto pequeno e sardento, cabelos castanho-avermelhados longos e ondulados e olhos grandes e frios, o rapaz usava calças de montaria de sarja marrom, camisa no mesmo tom, aberta no colarinho, e botas de vaqueiro com bico fino e salto alto.

"Entre, Audie", convidou Huston, abrindo a porta de um escritório interno.

"Bom dia", disse a secretária. "A publicidade quer saber o que o senhor faz quando topa com um obstáculo ao escrever um roteiro?"

"Diga que não estou aqui", respondeu Huston, sem aliviar o tom. Depois, mais suave, continuou: "Entre, Audie".

O escritório de Huston tinha paredes revestidas de carvalho, tapete azul e três janelas que iam do chão ao teto. Havia uma longa escrivaninha de mogno em uma extremidade da sala e, na outra ponta, um sofá de couro azul. Várias poltronas de couro ocupavam o restante do ambiente.

"Sentem-se, rapazes", sugeriu Huston, e ele mesmo se acomodou atrás da escrivaninha, em uma cadeira giratória com assento de couro azul. "Bem", disse, juntando as mãos e apoiando o queixo sobre elas. Balançou a cadeira de um lado para o outro algumas vezes, depois se inclinou para trás e colocou os pés sobre a mesa, em cima de uma pilha de papéis.

Murphy sentou-se em uma poltrona de frente para uma das janelas e passou o dedo indicador sobre o lábio inferior. "Minha boca está dolorida", contou. "Eram seis da manhã hoje quando saí para cavalgar em meu potro. Saí sem chapéu e meus lábios ficaram queimados de sol." O lamento soou delicado, e naquele timbre nasal e melodioso típico de um texano.

"Tenho o mesmo problema, garoto", disse Huston, franzindo os lábios. "Vamos fazer o seguinte, Audie. Traga seu potro para o meu rancho. Ele fica por lá e você cavalga sempre que quiser durante as filmagens."

Murphy apalpou o lábio dolorido, parecia conferir se a simpática oferta de Huston poderia ter aliviado seu problema. Não era o caso, e ele voltou o olhar triste para a janela.

"Vamos cavalgar muito juntos, garoto", disse Huston. "Lá para os lados das colinas a região é boa para isso."

Murphy assentiu com um leve suspiro.

"Quero que você ouça isto, Audie", pediu Huston, desdobrando, com certo nervosismo, uma folha de papel que havia tirado do paletó. "Algumas falas novas que acabei de redigir para o roteiro." O diretor leu alguns trechos e depois sorriu, satisfeito.

Murphy assentiu com um leve suspiro, de novo.

Huston continuou a rir, mas seu olhar, fixo em Murphy, era de apreensão. Ele parecia perplexo e preocupado com a falta de uma reação mais positiva de Murphy; de modo geral, os atores interagiam melhor com o diretor. Ele tirou os pés da mesa e pegou um pedaço de papel azul que repousava debaixo do seu calcanhar. "Comunicação Interna", leu, em voz alta, e olhou para Murphy, tentando chamar-lhe a atenção. "Para os srs. Gottfried Reinhardt, John Huston... Assunto: Pelos faciais para a produção de *A glória de um covarde*. Conforme conversa na data de hoje, estamos dando seguimento à fabricação dos itens abaixo: 50 barbas postiças a US$ 3,50 a unidade, 100 bigodes de crepe de lã a US$ 0,50 a unidade, 100 conjuntos de pelos postiços de crepe de lã a US$ 2,50 o conjunto – destinados à Produção nº 1512 – *A glória de um covarde*. O material será manufaturado pelo Departamento de Maquiagem."

Huston parou de ler, voltou-se para Murphy e percebeu que tinha perdido a atenção do jovem ator. "Bom", disse, "vamos tomar café, ainda não comi hoje".

A porta se abriu, e um rapaz de ombros curvados, com olhos enormes e ansiosos, entrou. Foi apresentado como Albert Band, assistente de Huston, que se levantava rumo à porta.

"Aonde vão?", Band perguntou, piscando os olhos. Seus cílios baixavam e subiam feito um par de escovas.

"Café da manhã", respondeu Huston.

Band disse que já tinha comido, mas que acompanharia Huston.

Saímos por uma porta lateral e caminhamos em direção aos portões do estúdio, onde um policial numa guarita analisou com atenção cada um de nós enquanto passávamos. "Sr. Huston", saudou o guarda.

"Bom dia", disse Huston, depositando o devido peso em cada sílaba.

Descemos uma rua estreita por entre prédios baixos, pintados de cinza, feitos de madeira ou estuque e identificados por placas que diziam Guarda-Roupa Masculino, Departamento Internacional, Escritório de Elenco, Departamento de Contabilidade e Perigo – 2.300 volts. Mais adiante, ao longo da mesma rua, ficavam os estúdios de som, uns galpões cinzentos que pareciam hangares. Cruzamos com vários atores e atrizes trajando figurinos especiais, e também com pessoas em roupas casuais, que acenavam com a cabeça para Huston e lançavam olhares curiosos para Murphy, Band e para mim.

Um senhor corpulento, de terno cinza listrado, parou Huston e o cumprimentou com um aperto de mão. "Pode me dar parabéns", disse. "Meu filme estreia semana que vem em Nova York."

"No Music Hall?", perguntou Huston.

"Tenho novidades para você", respondeu o homem, num tom seco. "Quando Dore Schary produz, o filme passa no Music Hall. Já o *meu* filme vai para o Loew's State."

O restaurante da MGM é um lugar confortável, com iluminação suave, paredes de cor creme, teto azul-marinho e móveis modernos. Quando Huston, Murphy, Band e eu entramos, cerca de um terço das mesas estava ocupado e a maioria dos presentes nos encarou sem constrangimento. Pegamos uma mesa, e Huston pediu suco de laranja, um ovo cozido, bacon e café. Murphy apalpava o lábio dolorido.

"Que tal um café, *amigo*?", Huston perguntou.

Murphy, sempre sério, fez que sim com a cabeça.

"Gottfried me contou uma ótima história ontem", disse Band, fitando Huston com seus enormes olhos piscantes. "Dois produtores saem da sala de projeção, onde um deles acabou de mostrar seu filme ao outro, e pergunta: 'E então, o que achou?'. 'Ótimo', responde o colega. 'Qual é o problema, você não *gostou*?', insiste o primeiro produtor. Não é uma ótima história?", perguntou Band, rindo.

"Uma *ótima* história, Albert", concordou Huston, acomodando um cigarro escuro no canto da boca.

"Tenho outra", continuou Band. Na sequência, tirou um fósforo do bolso, acendeu-o com a unha do polegar e aproximou a chama do cigarro de Huston. "Um certo produtor não gostou da trilha sonora composta para seu filme. 'A música não combina', argumenta. 'É um filme sobre a França', diz, 'então eu quero um monte de trompas francesas'." Band riu novamente.

"Tem o jornal de hoje aí, Albert?", indagou Huston. Band disse que não. "Vai lá buscar um, Albert", ordenou Huston. "Quero ver as indicações de cavalos", falou, sem erguer o olhar quando Band saiu. Deu uma longa tragada e contemplou a mesa por entre a fumaça, enquanto limpava alguns restos de tabaco com a mão.

Murphy fixou o olhar nas janelas na parede oposta.

Huston olhou pra ele. "Animado, garoto?", perguntou.

"Parece que nada mais me deixa empolgado – entusiasmado mesmo, sabe?", respondeu. "Antes da guerra, eu me animava com muitas coisas, mas não mais."

"Eu me sinto da mesma forma, garoto", disse Huston.

A garçonete trouxe o café da manhã de Huston e a xícara de café de Murphy. Huston espiava Murphy meio de lado, por cima do cigarro ainda pendente em sua boca, e disse que o cabelo do ator estava ótimo. "Podia só afinar um pouco as costeletas, garoto?", completou, apoiando o cigarro num cinzeiro. "Só isso, garoto." Deu uns goles no suco de laranja, pôs o copo de lado, pegou o ovo cozido e o mordeu. "Audie, você já esteve em Chico, ao norte de São Francisco, perto do rio Sacramento?", perguntou, puxando conversa. "É lá que faremos a cena da travessia do rio e de outros trechos do filme. E, enquanto estivermos por lá, vamos pescar, garoto."

Band voltou e entregou um jornal a Huston. O diretor deu dois goles rápidos no café e deixou o resto da comida de lado. Abriu o jornal sobre a mesa e contou que sua potra Tryst iria correr naquele dia e ele queria saber o que os analistas de turfe tinham a dizer sobre o animal. A seguir, posicionou o jornal diante do rosto. A manchete à nossa frente dizia: "Chineses acusados de ajudar o inimigo".

Murphy olhou para o jornal sem dar muita atenção. "Eu gostaria de ir pescar", disse.

Por trás do jornal, Huston resmungou.

"Você vai *pescar*?", perguntou Band.

"Quando chegarmos a Chico", respondeu Murphy.

Na mesa ao lado, um jovem dizia em voz alta: "Ele vem da Broadway para cá e acha que sabe interpretar. Hoje, no set, estamos no meio de uma cena e ele me diz: 'Não sinto sua presença'. 'Então estica a mão e encosta em mim', sugeri".

"Olha, sei que você está ocupado, não quero me intrometer, mas preciso lhe dizer uma coisa", interveio um homenzinho gorducho, indo até a mesa do jovem. "Eu estava na casa do Sam Goldwyn ontem à noite e ele disse que tinha um quadro novo para me mostrar. Então, me levou até o quadro, apontou para ele e anunciou: 'Meu *Toujours* Lautrec!'"

Huston fechou o jornal e o dobrou debaixo do braço. "Vamos voltar, pessoal." Ainda instruiu Band a fazer uma aposta simbólica em Tryst, em seu nome, e Band se retirou.

De volta ao Edifício Thalberg, Huston convidou Murphy e a mim para assistir a alguns testes de *A glória de um covarde* que ele havia feito em seu rancho. Depois de conferir os testes com Reinhardt e Schary, Huston tomara as decisões finais sobre os principais nomes do elenco. Além de Audie Murphy como o Jovem, escalariam Bill Mauldin como o Soldado Barulhento, John Dierkes como o Soldado Alto e Royal Dano como o Homem Esfarrapado. Descemos as escadas para um salão acarpetado no porão e entramos em uma sala de projeção com duas fileiras de poltronas de couro largas e pesadas. Ao lado do braço de uma das poltronas centrais havia um apoio para telefone e um mecanismo chamado *fader*, que controla o volume do som. A primeira tomada mostrava o Jovem, que havia retornado ao regimento depois de fugir da batalha, tendo sua cabeça enfaixada por um amigo, o Soldado Barulhento. Mauldin, vestido com o uniforme azul da União e com as orelhas saltando horizontalmente sob o quepe, dizia, enquanto amarrava um lenço na cabeça de Murphy: "Você parece o demônio, mas aposto que se sente melhor".

Na plateia, Murphy comentou, em voz sussurrada, mas alta: "Eu estava mordendo a bochecha para não rir".

"Sim, Audie", disse Huston.

A cena seguinte mostrava Murphy segurando uma arma e ordenando a alguns soldados que se aproximassem. "Vamos mostrar a esses rebeldes quem somos!", Murphy gritou, furioso, na tela. "Vamos! Só temos de atravessar esta pradaria! Quem está comigo? Vamos! Vamos!" Murphy avançou, e a voz de Huston emergiu na trilha sonora, rindo e dizendo: "Muito bom".

"Eu estava mordendo minha bochecha com tanta força que ficou tudo dolorido depois", repetiu Murphy.

"Sim, Audie", disse Huston.

Em seguida, houve uma cena entre Murphy e o Soldado Alto, interpretado por John Dierkes. O Soldado Alto está morrendo, com a respiração fraca, quase sumindo, e os cabelos longos soltos ao vento. O Jovem chora.

As luzes se acenderam. "Vamos nos sair muito bem", exclamou Huston.

De volta ao seu escritório, onde Band esperava por nós, Huston acendeu outro cigarro e disse que Dierkes ficaria maravilhoso no filme.

"Sim, fantástico", concordou Band.

Murphy retomou seu lugar na poltrona e voltou a fitar a janela, absorto num sonho distante. Huston lançou-lhe um olhar agudo, depois suspirou e colocou suas longas pernas sobre a escrivaninha. "Olha, Audie, vamos nos divertir muito fazendo esse filme no meu rancho!", disse. "Deixem-me contar a vocês tudo sobre esse lugar." Havia grande promessa no tom do cineasta, que esperou Murphy desviar a atenção da janela. Huston não tinha pressa. Tragou o cigarro e soprou a fumaça para longe. Começou nos contando que tinha 480 acres – campos ondulados, pastagens, um riacho e colinas que abrigavam pumas e onças-pintadas. Tinha cercados e estábulos para os cavalos, um espaço para oito filhotes de weimaraner, casinhas de cachorro para os weimaraner adultos e três outros cães (incluindo um pastor-alemão branco chamado Paulette, em homenagem a Paulette Goddard) e um quarto com três cômodos para ele, seu filho adotivo, Pablo, e um jovem chamado Eduardo, que administrava o rancho. A esposa de Huston, a ex-Ricki Soma, e seu filho mais novo moravam em Malibu Beach, e Huston se deslocava o tempo todo entre os dois endereços. No rancho, Huston contava ainda com um ajudante chamado Dusty e, com uma boa dose de riso, descreveu o rosto magro e marcado pelo sol de Dusty e o imenso chapéu preto de vaqueiro que gostava de usar. "E vocês não sabem!", acrescentou, balançando a cabeça. "O Dusty quer um papel no filme." Huston tossia de tanto rir. Murphy, que até ali havia, no máximo, esboçado um sorriso discreto, começou a gargalhar. Huston parecia satisfeito por ter conseguido, afinal, arrancar uma reação de Murphy.

A porta se abriu e Reinhardt lá estava, com uma expressão de perplexidade cínica no rosto e um charutão entre os lábios.

"Entre, Gottfried", convidou Huston.

"Olá, sr. Reinhardt", saudou Murphy, levantando-se.

Reinhardt deu alguns passos à frente, acenando com a cabeça de modo paternal para todos. "Problemas no ar, John", disse, num tom seco e sem graça, mastigando o charuto no canto da boca para que as palavras fluíssem. "O escritório de produção achou que o rio do filme era um riacho. No roteiro, está escrito: 'O regimento atravessa um *riacho*'. Agora estão perguntando o que você quer dizer quando escreve que precisa de centenas de homens para atravessar o *rio* Sacramento?" E balançou a cabeça outra vez.

"Ho! Ho!", exclamou Huston, cruzando as pernas em cima da escrivaninha. Murphy se sentou de novo. Band andava sem parar sobre o tapete em frente à mesa de Huston.

"Problemas!", repetiu Reinhardt.

"Bem, Gottfried, você e eu estamos acostumados a encarar problemas com este filme", disse Huston. E colocou um cigarro escuro nos lábios. Band acendeu um fósforo e se aproximou. Huston inclinou a cabeça sobre a chama e sorriu, de lado, para Murphy. "Receiam que os soldados molhem os dedinhos dos pés", disse, rindo.

Murphy também sorriu, mas não estava feliz. Band acompanhou o riso e piscou os olhos, primeiro para Huston e depois para Reinhardt.

"E você, *Albert*, teria medo de atravessar o rio?", perguntou Huston.

Murphy sorriu.

"Tenho novidades para você", respondeu Band. "Eu *vou* atravessar, sim. Você me prometeu um papel no filme."

Reinhardt chacoalhava o tronco de tanto rir. Band seguia zanzando em frente à mesa de Huston, agora acompanhado por Reinhardt. O chaveiro dourado de Reinhardt, preso ao bolso da calça por uma corrente, balançava e fazia barulho em meio ao vaivém dos dois. "Todo mundo em Hollywood quer ser algo que não é", disse, enquanto Huston o observava por cima do bico dos sapatos, apoiados sobre a mesa. "Albert não está satisfeito em ser seu assistente. Quer ser ator. Os roteiristas querem ser diretores. Os produtores querem ser roteiristas. Os atores querem ser produtores. As esposas querem ser pintoras.

Ninguém está satisfeito. Estão todos frustrados. Ninguém está feliz." Reinhardt suspirou e se largou numa poltrona virada para Murphy. "Sou uma pessoa que gosta de ver os outros felizes", murmurou entre os dentes, equilibrando o charuto.

A porta se abriu e John Dierkes entrou. "Oi, John! Oi, pessoal", cumprimentou, feliz da vida, com voz rouca e melodiosa. Seu cabelo era grosso, meio embaraçado e tinha cor de laranja. "Oi, campeão", disse a Murphy. "A Hedda adora você, campeão. Viu o que ela disse sobre você hoje?"

"Você deixou o cabelo crescer?", Reinhardt perguntou.

"Deixei, Gottfried", respondeu Dierkes. "Já está crescendo sem parar há semanas." Em seguida, Dierkes se sentou, colocou as mãos entre os joelhos e sorriu para Murphy. "Está decorando suas falas, campeão?", perguntou.

Impaciente, Huston cruzou as pernas mais uma vez e contou que tinha acabado de ver o teste de tela de Dierkes. "Você é feio demais", disse Huston. "É o único homem que conheço que é mais feio do que eu."

Dierkes deixou cair o longo queixo e abriu um sorriso camarada. "Foi isso que você disse quando nos conhecemos em Londres, John. Eu estava na Cruz Vermelha e você, todo elegante em seu uniforme de major. 1943."

"Eu estava a caminho da Itália", explicou Huston. "Foi quando fizemos *A batalha de San Pietro*."

Reinhardt voltou-se para Murphy. "Você assistiu a *K-Rations and How to Chew Them*?", perguntou em voz alta. Então, inclinou o charuto para cima, entre os dedos, e apontou o polegar para si mesmo. "É meu."

"A Inglaterra era um lugar maravilhoso durante a guerra", disse Huston. "Queríamos ficar acordados a noite toda. Ninguém queria dormir."

Reinhardt prosseguia: "Aposto que sou o único produtor que já teve oportunidade de trabalhar com Albert Einstein como ator". A atenção agora estava toda em cima dele. Contou que estava fazendo um filme sobre a guerra chamado *Know Your Enemy-Germany*, cujo início mostrava alguns refugiados alemães notáveis. "Anthony Veiller, um roteirista que era meu major, mandou que eu pedisse ao Einstein que penteasse o cabelo antes de o fotografarmos. Perguntei: 'Você diria ao Einstein para pentear o cabelo?'. Ele respondeu que não. Então, fotografamos o Einstein com o cabelo despenteado mesmo." Reinhardt se balançou na cadeira, rindo.

"Meu Deus, e esses fabricantes de botas ingleses!", comentou Huston. "O amor e o carinho que dedicam ao ofício! Sempre que viajo para Londres, vou direto para a Maxwell e mando fazer botas."

Reinhardt se levantou e foi até a porta, dizendo que à tarde haveria uma reunião com os principais membros da equipe. O custo de produção de um filme depende em grande medida do tempo consumido, observou. Diretor e atores trabalham juntos apenas três horas de um dia de oito horas; o restante do tempo é dedicado à preparação das próximas cenas. Reinhardt queria discutir o que batizou de método *leapfrog*, que exigia a presença de um assistente de direção para alinhar as tomadas com antecedência, de modo que Huston pudesse passar de uma cena para a seguinte sem demora. "Se finalizarmos o filme antes do prazo, seremos verdadeiros heróis", disse Reinhardt.

"Não se preocupe, Gottfried", tranquilizou Huston.

"Te vejo mais tarde?", perguntou Reinhardt.

"Estarei lá, Gottfried. Não se preocupe", concluiu o diretor.

Huston me entregou uma cópia do roteiro de *A glória de um covarde* e me deixou sozinha em seu escritório para lê-lo. Tratava-se de um livreto mimeografado, de capa amarela, com o selo da MGM. A capa ainda trazia as palavras Produção nº 1512 e os nomes do produtor do filme, Gottfried Reinhardt, e de seu diretor, John Huston. Uma anotação na folha de rosto informava que o número total de páginas era 92. Cada cena descrita no roteiro estava numerada. Fui até a página 92. A última cena estava numerada como 344, e sua descrição dizia:

> CLOSE DE TOMADA EM MOVIMENTO — O JOVEM
> Ao se afastar daquele local marcado por sangue e fúria, seu espírito muda. Ele se livra do mal-estar da batalha. Ergue a cabeça contra a chuva, respira o ar fresco e ouve um som que vem de cima.

CÂMERA FAZ UMA PANORÂMICA até uma árvore, um pássaro está cantando.

FADE OUT

Fui para a página 73, uma das páginas em que o departamento de Breen havia encontrado expressões inaceitáveis:

CLOSE NO TENENTE
TENENTE:
"Vamos lá, homens! Não é hora de parar! Em nome de Deus, não fiquem aí parados! Todos seremos mortos. Vamos lá! Bando de palermas! Mexam-se, malditos... Oh, seus covardes... Malditos covardes!"

Voltei para o início e me acomodei para ler:

FADE IN
PLANO MÉDIO LONGO – ATERRO DE UM RIO – NOITE
Ao longe, veem-se fogueiras baixas, formando o acampamento inimigo. Árvores e arbustos. UM ASSOBIO É OUVIDO do outro lado do rio.

PLANO MÉDIO – O OUTRO LADO DO RIO
A luz da lua revela alguns arbustos e árvores, e uma sentinela aparece caminhando. Grilos cantam, a noite é tranquila. O assobio é repetido. A sentinela coloca o rifle no ombro e fita a escuridão.

CLOSE NA SENTINELA – É O JOVEM
O JOVEM:
"Quem vai lá?"

PLANO MÉDIO LONGO – O OUTRO LADO DO RIO
VOZ COM SOTAQUE SULISTA
"Sou eu, Yank – só eu... Volte para a sombra, Yank, a menos que queira ganhar um daqueles emblemas vermelhos. Minha mira é certeira com você aí à luz da lua."

Demorei duas horas para ler o roteiro. Incluía várias cenas escritas por Huston que não apareciam no romance, mas, de modo geral, o texto indicava que Huston pretendia materializar, no filme, as impressões que o Jovem teve da guerra exatamente como Crane as havia descrito.

Depois de terminar o roteiro, fui para uma espécie de sala dos fundos do escritório de Huston, usada como espaço para reuniões e jogos de pôquer, onde dei de cara com a sra. Huston, que não via o marido por vários dias. É uma moça vistosa, com rosto oval, cabelos longos e escuros, penteados para trás, repartidos ao meio e presos num coque. Já foi bailarina em Nova York e hoje é atriz. Ela me mostrou a sala, mobiliada com um sofá e várias poltronas revestidas de couro marrom. Fotos de cavalos enfeitavam as paredes. Uma imagem emoldurada, recortada de uma revista, mostrava Huston com seu pai e a seguinte legenda: "John Huston – nos últimos três anos, major lotado no Departamento de Comunicações do Exército – produziu um documentário importante e cativante, *Let There Be Light*. Seu pai, Walter Huston, ficou a cargo da excelente narração dessa película sobre o tratamento de soldados traumatizados". Havia, ainda, uma série de prêmios – o One World Flight Award e o Screen Writers Guild Award para o trabalho de Huston em *O tesouro de Sierra Madre*, descrito na citação como "o faroeste mais bem escrito de 1948", e duas estatuetas do Oscar – uma de melhor roteiro de 1948, e outra de direção, concedida no mesmo ano. Uma bandeja de prata sobre a mesa de canto trazia a inscrição "Para John Huston, Grande Sujeito, o Macadamized Award, oferecido pelos Membros de *O segredo das joias*".

Albert Band entrou na sala. Disse que o novo filme seria muito divertido de fazer, sobretudo quando fossem para as locações em Chico.

A sra. Huston contou que acompanharia o grupo em Chico, onde pretendia pescar. "Eu simplesmente *adoro* pescar", acrescentou, como que tentando convencer a si mesma.

Huston entrou, cumprimentou a esposa e anunciou que todos ali mereciam um drinque. Chamou a secretária e explicou que a chave do armário de bebidas estava embaixo de um dos Oscars.

"Como está o rapazinho?", Huston perguntou à esposa.

O bebê estava bem, respondeu a mulher.

"Trouxe meu carro, querida?", perguntou ele.

O carro estava do lado de fora.

"A Tryst vai correr hoje, querida", disse Huston, enternecido.

"Tenho novidades", informou Band. "A Tryst perdeu a corrida." Huston pareceu surpreso e, depois de um instante, soltou um riso tenso. "Albert", comandou, "vá até o escritório de Gottfried e descubra quando vai começar essa maldita reunião".

Como a maior parte das filmagens seria realizada a cerca de 50 quilômetros de Hollywood, no rancho de Huston em San Fernando Valley, o diretor organizou uma inspeção da área com Reinhardt e a equipe de produção. Cheguei ao rancho por volta das onze da manhã e, alguns minutos depois, a equipe desembarcou de uma grande limusine preta. Huston veio nos receber. Vestia um boné xadrez vermelho e verde, camiseta cor-de-rosa, calças de montaria marrons com abas nas laterais, perneiras marrons, suspensórios e botinas, também marrons, que chegavam até os tornozelos. A equipe incluía o cinegrafista, Harold Rosson, um homem de meia-idade, atarracado, de traços retos e fortes e que mascava chicletes sem parar; o gerente da unidade, Lee Katz, que beirava os 40 anos, tinha a cabeça coberta por uma fina penugem loira, modos ligeiros, quase protocolares, e aquele sorriso de quem só quer agradar; o diretor-assistente, Andrew Marton, que todos chamavam de Bundy, um húngaro-americano sério e pedante, com sotaque carregado e um jeito ao mesmo tempo nervoso e solícito, cujo trabalho seria organizar as coisas para que Huston não perdesse tempo entre as cenas; o diretor de arte, Hans Peters, um alemão rígido, de cabelos bem aparados, e que também tinha um forte sotaque; outro assistente de direção, Reggie Callow, sujeito de aparência cansada, de rosto grande, barriga curvada para dentro e a voz grave de um sargento recém-promovido; e o consultor técnico, coronel Paul Davidson, oficial aposentado do Exército, que usava bigode, óculos e exibia o porte de um soldado. Todos carregavam cópias do roteiro.

Pouco depois de chegarmos, Reinhardt e Band surgiram num Cadillac conversível cinza com a capota abaixada. Reinhardt usava uma boina azul-marinho e fumava um charuto. Aproximou-se e apertou a mão de Huston. "Feliz aniversário, John."

"Ah, verdade, quase esqueci", reagiu Huston. "Bem, senhores, vamos começar."

Todos vestiam roupas de trabalho, exceto Reinhardt, que trajava calça de gabardine azul brilhante e uma camisa leve, azul-clara.

Band usava botas modelo cossaco, nas quais estavam enfiadas as barras de sua calça de algodão, já bem esfarrapada. Marton estava de macacão e jaqueta cáqui, que, segundo ele, trouxera da África, onde trabalhara recentemente como codiretor de *As minas do rei Salomão*. O coronel Davidson trajava uniforme do Exército.

Dusty, o vaqueiro da fazenda de Huston que queria participar do filme, esperou ao lado enquanto a equipe se organizava. Em seguida, foi até os estábulos e voltou com um cavalo preto, grande, selado e com rédeas. Huston o montou. Depois, Dusty trouxe um pônei branco e marrom.

"Vou montar o Papoose, amigo", disse Rosson a Huston, e subiu no pônei.

"Ele já foi casado com a Jean Harlow", Band contou para o coronel Davidson, apontando para Rosson.

"Vamos lá, senhores!", Huston chamou, acenando para todos. E conduziu seu cavalo lentamente pela estrada.

"John sabe mesmo montar uma sela", comentou Dusty, observando o cineasta partir.

Rosson foi atrás de Huston. Reinhardt e Band seguiram no Cadillac. O restante de nós, na limusine, ficamos na retaguarda da comitiva.

Marton olhou pela janela para Rosson, que chacoalhava no lombo do pônei. "Ele foi casado com a Jean Harlow", repetiu, pensativo. "Reggie, o que vamos fazer primeiro?"

Callow explicou que iriam até o local da cena que mostrava o regimento do Jovem em marcha. A ideia era definir quantos homens seriam necessários para produzir o efeito de um exército em movimento. Era a Cena 37. O roteiro se resumia a isto:

TOMADA MÉDIA LONGA – ESTRADA – EXÉRCITO EM
MARCHA – ANOITECER

"A matemática dessa discussão é importante", disse Callow. Katz, cujo trabalho principal era servir de elo entre a equipe e o escritório de produção do estúdio, estava sentado na frente. Ele se virou e disse, sorrindo: "Matemática significa dinheiro".

"Tudo é uma grande produção", disse Marton. "Por que simplesmente não deixam o Johnny solto com a câmera?"

O coronel Davidson, que estava sentado ao lado de Peters, pigarreou.

"O que foi, o que foi?", perguntou Katz.

"Está quente hoje", respondeu o coronel, limpando a garganta de novo.

"Que nada", rebateu Marton. "Na África, fazia 65 graus na sombra."

"É mesmo?", disse o coronel.

Katz se virou novamente. Gotas de suor reluziam em sua testa e na penugem loira no topo de sua cabeça. "Vocês vão se divertir subindo essas colinas hoje", disse, feliz. "Quente, quente."

Peters confirmou, sem mexer a cabeça: "Muito quente". "Vai ser uma guerra difícil", completou.

A estrada que levava ao local da tomada média-longa era de terra e, depois de contornar uma colina, cortava campos esturricados pelo sol. Um imenso carvalho no pé da colina projetava uma sombra sobre a estrada. Huston e Rosson, montados nos cavalos, esperavam no topo pelo resto do grupo, que precisou vencer um trecho coberto por capim seco e espinhoso até chegar lá em cima. Reinhardt levava uma câmera de 16 milímetros. Um falcão sobrevoou o local. Reinhardt interrompeu a caminhada e apontou a câmera para a ave. "Gosto de fotografar pássaros", disse. Quando todos alcançaram o topo, Huston apontou para a curva da estrada.

"O Exército vai passar por ali", explicou, com autoridade. Então, pausou e acariciou o pescoço do cavalo. "Coronel", chamou.

"Sim, senhor!", apresentou-se o coronel Davison.

"Como o senhor espaçaria as fileiras?", perguntou Huston.

"Distância de um braço, mais ou menos, senhor", respondeu o coronel.

"Fique longe do meu roteiro!", exclamou Callow para o cavalo de Huston, que tentava abocanhar as páginas.

Huston olhou feio para Callow e acariciou o pescoço do cavalo. "Não se preocupe, meu querido", disse ao animal.

"Senhores", disse Rosson, "lembrem-se de que essas montanhas típicas do Oeste não podem aparecer no cenário de uma guerra que se desenrolou sobretudo no Leste do país". Em seguida, desmontou e entregou as rédeas do pônei a Band, que, todo desajeitado, montou no bicho. O pônei começou a girar em círculos.

"Sou só eu, cavalinho", disse Band.

"Albert!", gritou Huston. Band desceu do pônei e o bicho se acalmou.

"Senhores", disse Huston. "O telêmetro, por favor."

Marton lhe entregou um tubo em forma de cone com uma janela retangular na extremidade larga. O instrumento define o tipo de lente necessário para a tomada. Huston mirou a estrada através do telêmetro por um bom tempo. "Uma marcha irregular e lenta", disse, solene. "O coronel da União e seu subalterno lideram a marcha a cavalo. Está maravilhoso, simplesmente maravilhoso. Dê uma olhada, Hal." E entregou o cone a Rosson, que focou na estrada.

"Excelente, parceiro!", concordou Rosson, mascando um chiclete com mordidas rápidas, feito um coelho.

"Não lembra uma imagem do Brady, garoto?", perguntou Huston.

"Excelente, parceiro!", disse Rosson.

Os dois homens discutiram a marcação da câmera, a composição da tomada que captaria a coluna de soldados, e o melhor horário para a filmagem (no início da manhã, quando a luz sobre as tropas viria de trás). Discutiram também o fato de que a cena, como a maioria das outras no filme, adotaria o ponto de vista do personagem Jovem. Em seguida, começaram a falar sobre o número de soldados que seriam necessários.

"Que tal 450?", sugeriu Katz.

"Oitocentos", disse Huston, de bate-pronto.

"Talvez conseguíssemos dar conta com 650", ponderou Reinhardt, mandando um olhar cúmplice para Huston.

Katz acrescentou que a coluna seria espaçada, além de incluir cavalos e charretes com munição, e que eles poderiam se virar com menos de 650 homens na infantaria.

Huston se virou para o coronel Davidson e deu uma piscadela.

O coronel rapidamente limpou a garganta e disse: "Senhor, para estarmos corretos em termos militares, deveríamos ter mil homens de infantaria".

"Meu Deus!", gritou Reinhardt.

"Nunca!", reagiu Katz.

"Faça o filme na África", disse Marton. "Lá, os figurantes custam US$ 0,18 por dia."

"Exatamente US$ 15, US$ 38 a menos do que custam aqui", observou Callow. "Poderíamos mudar o tema para a Guerra dos Bôeres."

"Serão 650, então, senhores?", interrompeu Huston, impaciente.

"Se é isso que vocês querem", disse Katz. "Tudo o que eu puder fazer por vocês..."

Perambulamos de um ponto a outro, subindo e descendo colinas e abrindo caminhos em meio à vegetação rasteira. O sol da tarde ardia, o rosto do pessoal era só sujeira e suor, e as roupas de todos estavam empoeiradas e salpicadas de mato e espinho. Reinhardt era o único que parecia imune àquele esforço todo. Sua calça azul ainda exibia as pregas, e um charuto novo pendia de sua boca enquanto ele e Huston examinavam o local para uma cena – a ser filmada em alguma tarde, mais adiante – que mostraria o Jovem ao deparar com uma fila de homens feridos se arrastando encosta abaixo. Huston e Reinhardt analisaram uma encosta gramada que conduzia a uma estrada e a um bosque. A distância do topo da encosta até a estrada era de 270 metros, informou Callow. Os três calcularam que precisariam de cem figurantes para formar essa fila de homens feridos com o efeito desejado.

Huston mirou a encosta pelo telêmetro. "O Jovem vê uma longa fila de feridos descendo, cambaleantes", disse, em voz baixa.

"Precisamos arrumar algo para esses homens fazerem *pela manhã*", lembrou Katz. "Não podemos ter cem figurantes na folha de pagamento e deixá-los parados, sem nada para fazer durante metade do dia."

Huston baixou o telêmetro. "Vamos apenas colocar os números conforme necessário para cada tomada, sem referência a qualquer outra tomada", disse, frio.

Katz sorriu e jogou as mãos para o alto.

"E se descobrirmos que precisamos de mais 25 homens...", Huston começou a frase.

"Aí eu recorro ao sr. Reinhardt", completou Katz.

"Você tem grande poder de persuasão", disse Huston.

Reinhardt balançou a cabeça e riu, olhando para seu diretor com admiração.

Callow sentou-se ao lado da trilha e se dedicou a arrancar mato e espinhos das meias. "Estou todo picado", lamentou. "Já lutei na Guerra Civil, quando fui assistente de direção de *E o vento levou*.... Mas não era difícil como isto aqui, não. E olha que *E o vento levou*... foi o melhor faroeste já feito."

Reinhardt estava apontando a câmera para um pequeno avião prateado e vermelho que voava baixo.

"Isso não é um pássaro; é Clarence Brown", disse Band.

"Clarence está lá em cima procurando ouro", comentou Marton.

"Tenho uma ótima história sobre o Clarence Brown", anunciou Reinhardt. "Um amigo disse a ele: 'O que vai fazer com tanto dinheiro, Clarence? Não dá para levar com você quando partir'. 'Não dá?', Clarence perguntou. 'Então não vou partir.'" Band e Marton concordaram que era uma ótima história, e Reinhardt parecia satisfeito consigo mesmo.

Katz estava explicando que a primeira cena de batalha teria 400 soldados de infantaria, 50 soldados de cavalaria e quatro destacamentos completos de artilharia montada, perfazendo um total de 474 homens e 106 cavalos.

"Mais gente do que tivemos em *E o vento levou...*", notou Callow.

Huston, agora montado no cavalo, inclinou-se para a frente na sela e encostou a lateral do rosto no pescoço do animal.

"Fizemos muita coisa hoje", comemorou Reinhardt.

Huston afirmou, com convicção: "Está tudo ótimo, Gottfried, maravilhoso mesmo".

"Precisa ser um grande filme", disse Reinhardt.

"Grande", concordou Band.

Huston cutucou o cavalo e começou a galopar pela encosta. Aproximou-se de um tronco que repousava sobre um monte de terra, esporeou a montaria e deu um salto suave. Reinhardt apontou a câmera para Huston até o diretor contornar uma colina coberta de árvores e desaparecer.

Naquela noite, John Huston comemorou seu aniversário de 44 anos em um jantar formal em Hollywood, com algumas dezenas dos amigos e colegas mais próximos. A festa se realizou num espaço privado do Chasen's Restaurant, e foi oferecida por Reinhardt, que se plantou perto da entrada para receber as pessoas. Meio desconfiado, desdenhava de tudo e de todos no entorno, mas mantinha um charuto fumado pela metade firme no canto da boca e conseguia demonstrar satisfação quando apertava a mão de quem chegava. Os convidados afetavam um ar de exclusividade e intimidade que não tinha nada a ver com o aniversário de Huston. A data seria apenas a ocasião, não a causa, da efusividade dos convivas. Uma expressão de boa vontade estampava caras e bocas, só não se sabia a quem ou a que esse sentimento se direcionava. Ao entrarem, as pessoas trocavam olhares rápidos, como se estivessem assegurando uns aos outros e a si mesmos de que estavam, de fato, ali.

Em uma extremidade do salão, dois bartenders armaram uma fileira dupla de taças de champanhe sobre o balcão do bar. Os garçons circulavam com bandejas de canapés. A esposa de Reinhardt, uma mulher esbelta e atraente, dona de um jeito vagamente europeu e de um sorriso pouco convincente que emoldurava grandes e gelados olhos castanhos, movia-se entre os convidados como quem já se cansou um pouco das próprias indiscrições. Usava um vestido azul de tecido levíssimo, bordado com adornos prateados. As outras mulheres da festa – todas casadas com os amigos e colegas – estavam igualmente emperiquitadas, ou quase, mas havia em muitas delas um quê de derrota, como se tivessem desistido da batalha por algum objetivo indefinido. Juntavam-se em grupos, observando os grupos dos homens. A sra. Reinhardt, que se recusa a admitir um fracasso, encarava o trio Edward G. Robinson, John Garfield e Paul Kohner, empresário de Huston. Robinson, que havia acabado de voltar do exterior, falava sobre sua coleção de pinturas. Garfield se comportava de modo extravagante. Kohner fazia as vezes do espectador gentil e tolerante. Quando a sra. Reinhardt se aproximou, Robinson abandonou o discurso sobre quadros e, cantarolando, fixou sobre ela um largo sorriso de boas-vindas. "Silvia!", exclamou, e continuou a cantarolar.

"Há um boato circulando por aí", disse ela, pronunciando cada sílaba com vagar e ênfase. "Os homens vão jogar pôquer depois do jantar, e as mulheres receberão vassouras. Sabe alguma coisa sobre isso?"

Robinson abriu ainda mais o sorriso.

Garfield sugeriu: "As moças podem ir ao cinema ou algo assim. Eddie, você comprou algum quadro na Europa?".

"Julie, você *não* vai jogar pôquer", disse a sra. Reinhardt a Garfield.

"Tenho uma novidade para você", respondeu Garfield, "Vou, sim. Eddie?".

"Não nesta viagem", explicou Robinson, sem deixar de sorrir para a sra. Reinhardt. "Em Nova York, um Rouault. Na outra vez, na Europa, um Soutine."

"Ontem à noite, conheci uma pessoa que tinha um Degas", contou uma garota alta e glamorosa, mas um pouco nervosa, de cabelos ruivos, que havia se desligado de um grupo de mulheres e agora estava ao lado de Robinson. A sra. Reinhardt e os três homens não se dignaram dar ouvidos ao comentário dela. "Esse Degas", prosseguiu a ruiva pateticamente, "está *saindo* da banheira, para variar, e não entrando".

"Você também vai jogar, Paul?", a sra. Reinhardt perguntou a Kohner, enquanto a ruiva, ainda ignorada, voltava para o seu grupo.

"Talvez eu vá para a Europa, Eddie", disse Garfield. "Acho que preciso da Europa."

A sra. Reinhardt se juntou ao marido. "Gottfried! Eles prepararam os crepes Hélène?"

"Sim, querida. Mostrei pessoalmente como fazer", ele respondeu, fazendo um rápido afago na cabeça da esposa. "Misture-se com as outras esposas. Você precisa se misturar."

"Não vou me misturar, me recuso", reagiu a sra. Reinhardt. "Sinto algo estranho em mim hoje." E se afastou.

Huston, bronzeado, chegou com a esposa. Na lapela do paletó, trazia uma fita da Legião do Mérito, concedida em reconhecimento a seu trabalho nos filmes do Departamento de Comunicações do Exército durante a guerra. "Bom", disse o diretor, angustiado e um pouco alheio à intimidade transbordante que jorrava em sua direção.

"John!", exclamou Reinhardt, como se tivessem se passado alguns anos em vez de algumas horas desde a última vez que se encontraram. "Ricki!", continuou, cumprimentando a sra. Huston com o mesmo entusiasmo.

Quando Huston se deu conta da festa que estava prestes a engoli-lo, seu rosto se contorceu, como um bebê prestes a explodir em lágrimas; então, relaxou e caminhou em direção à turba.

"Johnny!", alguém chamou, e ele rapidamente se tornou o centro de uma roda de admiradores. A sra. Huston, nervosa e linda, seguiu logo atrás, mas acabou isolada fora do círculo, que incluía um diretor, William Wyler; um roteirista, Robert Wyler; o advogado de Huston, Mark Cohen; e Paul Kohner. Quando a sra. Huston se juntou a um grupo de esposas, muitas risadas explodiram entre os que cercavam seu marido. Cohen, um senhor de aparência erudita e usando pincenê, ria de forma simpática de tudo o que diziam. Robert Wyler, irmão mais velho de William e marido de uma atriz chamada Cathy

O'Donnell, ria de tudo o que William dizia. E Huston ria antes que algo fosse dito.

"Deus te abençoe, Willie!", disse Huston a William Wyler, esticando o braço em volta dos ombros do amigo e sacudindo-o.

Wyler, um homem baixo, atarracado, de fala lenta e ar distraído, recuou para analisar o diretor. "Johnny, você está ficando velho", concluiu.

As gargalhadas, lideradas por Robert Wyler, ecoaram pelo círculo.

"Ho! Ho! Ho!", disse Huston, em meio a um riso forçado e cauteloso. "Tive nove vidas até agora e me arrependo de todas."

Na porta, Reinhardt cumprimentou Sam Spiegel, sócio de Huston na Horizon Pictures, e a esposa de Spiegel, Lynne Baggett, uma atriz alta e escultural, de cachos loiros e cheios.

"Então, Gottfried, vai começar a ensaiar na semana que vem", disse Spiegel, examinado o entorno e piscando para todo lado, exceto para o homem com quem dialogava. Spiegel, cujo nome profissional é S. P. Eagle, é um homem encorpado, com 40 e poucos anos, nariz adunco e olhos tristes, meio úmidos. Carrega uma expressão inocente, mas calejada, e tem o hábito de passar a língua pelo lábio superior. Nasceu na Áustria e veio para os Estados Unidos em 1927. Trabalhava em Berlim para a Universal Pictures quando Hitler chegou ao poder, em 1933, e conheceu Huston no final daquele ano, quando ambos procuravam trabalho na indústria cinematográfica britânica. Em 1947, ao saber que Huston precisava levantar US$ 50 mil, Spiegel conseguiu o dinheiro e repassou a ele em troca da promessa de fundar uma empresa independente de cinema – a Horizon Pictures –, onde investiria metade do valor. Spiegel obteve, a seguir, um empréstimo de US$ 900 mil junto ao Bankers Trust Company, de Nova York, para o primeiro filme da Horizon. Também adquirira amplo conhecimento do que os outros produtores de Hollywood estavam fazendo e uma ascendência sobre Huston que causava inveja aos colegas. Reinhardt sorria para ele com o mesmo entusiasmo dedicado aos outros convidados. A sra. Reinhardt deu as boas-vindas aos Spiegel com um ar brincalhão, fingindo surpresa com sua presença. Spiegel parou na porta, observou os admiradores que cercavam Huston e contou a Reinhardt, sem ser perguntado, que acabara de produzir um filme da Horizon estrelado por Evelyn Keyes, a terceira esposa de Huston (a atual sra. Huston é a quarta), e que planejava fazer mais dois filmes enquanto esperava que Huston concluísse o trabalho na Metro com Reinhardt. "Depois, John fará *Uma aventura na África* comigo", completou. "Sou o próximo da fila, Gottfried."

"Tudo bem", respondeu Reinhardt, dando pequenos pulos, como um urso bonzinho.

"*Uma aventura na África* pode ser um sucesso comercial. Será o primeiro sucesso de John desde *O falcão maltês*, feito em 1941", observou Spiegel, sem rodeios.

"Tudo bem", disse Reinhardt, ignorando a insinuação de que *A glória de um covarde* seria um fracasso.

"Quando começa o pôquer?", perguntou Spiegel.

"Tudo bem", repetiu Reinhardt, ainda saltitante.

"Gottfried", insistiu Spiegel, "quando começa o pôquer?".

"Gottfried!", chamou a sra. Reinhardt.

"Pôquer?", disse Reinhardt. "Depois do jantar."

A sra. Spiegel falou pela primeira vez. "E o que nós vamos fazer?", perguntou.

"Podem ir ao cinema ou coisa do tipo, querida", sugeriu Spiegel. "Sessão dupla." Em seguida, deu um tapinha leve no braço da mulher e seguiram para o espaço do jantar.

A sra. Reinhardt, vendo-os se afastar, soltou um grito, fingindo histeria. "Gottfried, ninguém nunca ouve ninguém aqui! O mundo chegou a esse ponto!"

"Tudo bem", disse Reinhardt, e se virou para cumprimentar um casal de retardatários. Eram Band e esposa, uma moça esguia e petulante, ex-modelo cujas fotos haviam aparecido duas vezes na capa de uma revista chamada *Real Story*. Os Band estavam atrasados porque pararam para comprar um presente para Huston: um livro com reproduções de impressionistas franceses.

"Eu acredito na amizade", disse Band a Reinhardt, e depois foi até Huston entregar o presente.

Huston desembrulhou o pacote. "Belo presente, *amigo*, maravilhoso", agradeceu. Então, fechou o livro e tirou uma cigarreira do bolso. Estava vazia. "Busca lá uns cigarros pra mim, garoto, pode ser?", pediu.

Band saiu correndo atrás de cigarros.

Dave Chasen entrou no recinto fumando um cachimbo e perguntou a Reinhardt se estava tudo bem.

"Tudo bem", respondeu Reinhardt.

"Vou ficar um pouco", avisou Chasen, e suspirou. "As coisas que sou obrigado a ouvir lá fora! E todo mundo quer se sentar na frente. Se eu colocar todo mundo na frente, quem se sentará atrás?" Caminhou até Huston: "John!".

"Dave! Deus te abençoe, Dave!", disse Huston, dando um abraço no dono do restaurante.

"Dave!", gritaram meia dúzia de vozes. "Dave! Dave!" Todos pareciam fazer questão de pronunciar seu nome, mas apenas a sra. Reinhardt tinha algo a dizer. Contou que estava preocupada com seu poodle francês. "O Mocha é muito neurótico, Dave, e se recusa a comer. Ele quer lagosta, Dave. Posso levar um pouco de lagosta para casa, Dave?"

Chasen disse que tudo bem, suspirou novamente e voltou às suas tarefas.

No jantar, os convidados se sentaram a mesas circulares para seis pessoas e, entre um prato e outro, trocavam de mesa, comparando festas a que tinham ido. Todos comentavam sobre o declínio das grandes comemorações. As pessoas estavam gastando menos com festas, diziam. Quando foi que Nunnally Johnson deu aquele festão? Faz quatro anos. Só a tenda, montada sobre uma quadra de tênis, custou US$ 700. A tenda era de Pliofilm, e dava para olhar para cima e ver as estrelas. Quase não se via mais festa em que o anfitrião alugava uma pista de dança daquela empresa especializada em pistas de dança maravilhosas. Era mais fácil e barato reservar o Chasen's.

"Nós nos divertimos uns com os outros porque não sabemos como nos divertir com outras pessoas", disse Reinhardt aos convidados em sua mesa. "Quem vive em Hollywood tem medo de sair de Hollywood. No mundo lá fora, o pessoal fica assustado. Inseguro. Esse pessoal nunca se diverte fora de

Hollywood. Sam Hoffenstein dizia que somos como crupiês em um cassino de cartas marcadas. E é verdade. A gente pensa: 'Eu não mereço ter uma piscina em casa'."

Os convidados não deram muita bola para esse comentário; na verdade, a impressão era que ninguém estava ouvindo.

(24 de maio de 1952)

Coco Chanel

Topamos, ao longo dos anos, com figuras pra lá de encantadoras, mas ninguém supera a grande *couturière* e perfumista *Mlle*. Gabrielle Chanel, que abandonou a aposentadoria há três anos para apresentar uma coleção de vestidos e tailleurs que já começa a influenciar o estilo das mulheres, e o faz com a mesma potência de modelos criados há trinta anos. Aos 74, a sra. Chanel exibe uma aparência espetacular, com seus olhos castanho-escuros, sorriso radiante e a insaciável vitalidade de uma jovem de 20. Quando, ao nos cumprimentar com um forte aperto de mão, ela falou "Estou *très, très fatiguée*", tinha a segurança de uma mulher que sabe que pode dizer isso. Como o visual Chanel está causando esse alvoroço todo, dedicamos atenção especial ao que sua criadora vestia: um chapéu de marinheiro de cor natural, em palha; conjunto de paletó e saia retos, de cor natural, em seda; blusa de seda branca com abotoaduras douradas; sapato de salto baixo marrom e branco; e muitas joias – um alfinete de pérola preso ao chapéu, brincos de pérolas e diamantes, cordões de pérolas em volta do pescoço e, na lapela, um enorme broche de ouro cravejado de rubis, esmeraldas e diamantes.

"Eu mesma desenhei o broche, e o vestido não é nada demais, *très simple*", explicou. "As abotoaduras foram presente de Stravinsky, há trinta anos. A ocasião? Admiração, claro – a admiração que eu tinha por ele!"

Acendemos um cigarro para *Mlle*. Chanel e perguntamos por que ela decidira se aposentar. Seus olhos castanhos brilharam. "Nunca me aposentei em espírito", respondeu. "Sempre observei as novidades. E, então, com discrição, calma e muita determinação, comecei a trabalhar em *une belle collection*. Quando a desfilei em Paris, recebi muitas críticas. Disseram que eu estava antiquada, que tinha perdido a conexão com o nosso tempo. Por dentro, eu apenas sorria, e pensava: 'Eles vão ver só'. Agora, na França, estão tentando adaptar minhas ideias. Melhor assim! Mas, quando classificam alguma coleção nova como 'inspirada no estilo Chanel', eu protesto com veemência. Não existem sacos de batata nas minhas coleções de vestidos!"

"Preciso dizer algo importante. A moda sempre conversa com o tempo em que vivemos. Não é algo isolado. O problema da moda em 1925 era outro. As mulheres começavam a trabalhar fora, em escritórios. Propus um corte de cabelo curto porque combina com a mulher moderna. Para a mulher que ia trabalhar, mandei jogar fora espartilho, mulheres não podem trabalhar aprisionadas dentro de um espartilho. Inventei o tweed para os esportes e o suéter e a blusa mais folgados. Incentivei as mulheres a se arrumarem e a gostarem de perfume – uma mulher mal perfumada não é uma mulher!"

Mlle. Chanel bateu a cinza do último centímetro de seu cigarro, que segurava entre o polegar e o indicador da mão esquerda. "As mulheres sempre foram as figuras mais fortes do mundo", disse. "Os homens sempre buscam nas mulheres aquele travesseirinho para deitar a cabeça, sentem falta da mãe que os ninou quando bebês. É só minha opinião. Não sou uma estudiosa do assunto. Tampouco sou pregadora religiosa. Expresso minhas opiniões com delicadeza. Para mim, é a verdade. Não sou jovem, mas me sinto jovem. No dia em que me sentir velha, irei para a cama e lá ficarei. *J'aime la vie!* Sinto que viver é uma coisa maravilhosa."

(27 de setembro de 1957)

Com Fellini

Federico Fellini, um cineasta singular, passou dia desses por Nova York, onde foi homenageado pela Film Society do Lincoln Center, que todo ano reconhece o trabalho de um nome do cinema. E se fez acompanhar por uma turma igualmente singular: sua esposa, a atriz Giulietta Masina (estrela de *A estrada da vida*, *Noites de Cabíria* e *Julieta dos espíritos*); Marcello Mastroianni (astro de *A doce vida*, *Oito e meio* e *Ginger e Fred*, este ainda não concluído e no qual aparece ao lado da srta. Masina); a atriz Anouk Aimée (de *A doce vida* e *Oito e meio*, e conhecida também por estrelar *Um homem, uma mulher*, do diretor Claude Lelouch); e vários conselheiros, assistentes e especialistas em americanices e outros assuntos. Não víamos Fellini e sua turma havia vários anos e, por isso, ficamos encantados quando o cineasta nos convidou para acompanhá-los, já na manhã seguinte à sua chegada, em uma comitiva de limusines com destino a Darien, Connecticut, e à casa de campo de Dorothy Cullman, presidente da Film Society do Lincoln Center, que convidou a turma toda, inclusive nós, para uma visita típica de domingo à sua casa colonial, construída no século XVIII, e agora reformada com direito a jardim e piscina. A visita incluía um mergulho obrigatório e um tour guiado pela propriedade com as devidas explicações sobre como o lugar era e como é hoje. Fellini, grisalho, mas sem idade definida, como sempre, e mais elegante do que em aparições anteriores em Darien – trajava blazer azul-marinho com botões dourados, calça cinza, mocassins pretos, camisa branca, gravata de seda vermelha –, nos orientou a ocupar a limusine com ele, a srta. Masina (que se acomodou na frente, com o motorista), a srta. Aimée e Mastroianni. Fomos em direção ao norte, seguidos pelos outros, que incluíam uma equipe completa de funcionários supereficientes: Joanna Ney, relações-públicas; Vivian Treves, intérprete; e Wendy Keys, coprodutora. Joanne Koch, a chefe da coisa toda, iria se juntar à trupe apenas no Avery Fisher Hall, no dia seguinte. Ouviram-se vários "*Ciao!*" e muitas risadas, além do equivalente italiano a "um cavalo é melhor do que essas carroças!" vindo dos ocupantes de nossa limusine e dirigido aos que vinham nos carros atrás de nós, e então Fellini se acalmou. Chamou pela esposa, no banco da frente, e perguntou se estava cansada. Ela respondeu, sem tirar os olhos da estrada, que nunca se sentia cansada quando estava feliz – e ela estava feliz. Fellini distribuiu afagos carinhosos a todos.

"É a primeira vez que este grupo viaja junto para Nova York", ele explicou. "E agora vamos para 'Conneckticut'", acrescentou, dando ao nome da cidade uma roupagem fonética que foi logo adotada por todos.

"Quando a gente se encontra, é sempre a mesma coisa", disse a srta. Aimée. Mais afagos de Fellini, afagos recíprocos da srta. Aimée, e afagos de Mastroianni nos dois. Mastroianni ajustou o chapéu-panamá cor creme que usava para ficar mais elegante. Vestia um terno de linho impecável, sem vincos, cor creme, camisa listrada em preto e branco e gravata preta.

"Anouk é uma boa parceira", disse Fellini, em seu jeito mais brincalhão. "É uma atriz famosa que faz faroestes", continuou.

"Aquilo é Conneckticut?", perguntou Mastroianni, apontando pela janela para New Jersey, quando pegamos a Henry Hudson Avenue.

Fellini apontou na direção oposta, para o Túmulo de Grant, e nós o identificamos para o ator.

"Cary?", perguntou a srta. Aimée, abalada.

Explicamos que se tratava de Ulysses S. Grant, e todos suspiraram aliviados.

"Vamos nadar e depois desfrutar de um grande almoço", anunciou Fellini. "Logo vai dar par ver Conneckticut."

Perguntamos a Mastroianni se ele havia visto algum trecho preliminar de *Ginger e Fred*, que não é sobre Rogers e Astaire, mas sobre dois dançarinos que se autodenominam Ginger e Fred.

Mastroianni disse que nunca assiste a esses trechos preliminares porque são exibidos à noite, depois das filmagens, horário em que gosta de sair para jantar. "De qualquer forma, o problema é dele", provocou o ator, lançando um sorriso cheio de charme, *à la* Mastroianni, para Fellini.

"O problema é *meu* mesmo", rebateu Fellini. "Larguei as filmagens de *Ginger e Fred* faltando quatro dias para terminar, voei para Nova York, e agora meu problema é voltar e terminar *Ginger e Fred*. Mas vale a pena para ver Conneckticut."

Houve uma breve conversa sobre os trajes de banho que usariam em Darien, e Mastroianni se referiu, com delicadeza, ao fato de a srta. Aimée ainda estar magra. Mais afagos de Mastroianni na srta. Aimée, que sorriu e jogou o cabelo para trás, afastando-o do rosto.

"Lembra de quando fizemos *A doce vida*, daquela locação num bairro perigoso? Eu não falava italiano na época, mas tinha lá um grupo de jovens gritando umas coisas para você, lembra?", perguntou a srta. Aimée a Mastroianni. "Depois, fiquei sabendo que gritavam: 'Cuidado, Marcello! Você vai se machucar se pegá-la no colo! Ela é só osso! Dê comida pra essa mulher, Marcello!'"

"Aquele lugar estava cheio de ladrões", disse Fellini. "Tivemos de fingir que estávamos indo embora e só voltamos às escondidas, no meio da noite, mas os ladrões também voltaram."

"Olhem as árvores!", exclamou Mastroianni, apontando para o campo. "Vejam! Lá está Conneckticut!"

Ainda não, corrigimos.

A srta. Aimée contou, então, que seu próximo trabalho seria uma sequência de *Um homem, uma mulher*, comemoração do vigésimo aniversário do filme.

Mastroianni afetou uma expressão de arrependimento. E explicou que, em meados dos anos 1960, a srta. Aimée ligou para ele em Roma, de Paris, para dizer que iria fazer *Um homem, uma mulher*, e o chamou para participar, no papel que acabaria nas mãos de Jean-Louis Trintignant. "Ela falou que o diretor era jovem, meio desconhecido, e que o orçamento era baixo. Ela faria o papel de uma viúva; eu, de um viúvo. Recusei. Foi um erro."

"Dois Oscars", disse a srta. Aimée, rindo. "Melhor Filme Estrangeiro e Melhor Roteiro Original."

Connecticut! Todos olharam para as casas de madeira em estilo colonial, algumas pintadas de amarelo, a maioria pintada de branco. Mastroianni queria saber por que tantas casas coloniais eram construídas de madeira, ao contrário das casas antigas da Itália, que eram erguidas com pedra.

Ficaram todos perplexos.

"Vamos à casa de Dorothy Cullman e lá perguntaremos a Dorothy Cullman o porquê", disse Fellini, encerrando o assunto, e todos relaxaram de novo.

Chegamos ao nosso destino: uma casa de tábuas pintada de bege-claro, com acabamentos brancos, construída por volta de 1720, com vista para uma encosta de gramado perfeito e sem ervas daninhas, e comprimento de um quarteirão e cercada por salgueiros-chorões, macieiras, freixos, cornisos floridos e pinheiros-brancos-japoneses, que desciam até uma cachoeira e uma enorme piscina em forma de lago. Ao lado, uma casa de barcos em estilo japonês. Esculturas de madeira, algumas abstratas e outras em forma de pessoas ou pássaros, espalhavam-se pelo gramado. Fellini e sua turma marcharam rumo à casa — como personagens do cineasta — por uma trilha de pedras brancas e marrons. Lá, fomos recepcionados pela anfitriã, uma mulher atraente e de rosto muito pálido, que vestia um largo quimono japonês nas cores branco e pêssego sobre um macacão branco, e calçava sandálias brancas baixas. Nos pulsos, portava belos braceletes indianos antigos de marfim e prata. Estendeu as duas mãos para os convidados.

"Uma aparição!", sussurrou Fellini, admirado.

"Bem-vindo, sr. Fellini, sou Dorothy Cullman", apresentou-se. "Lewis, meu marido, acabou de levar nossa cozinheira para o hospital. Ficou doente de uma hora para outra. Mas garanto que haverá almoço."

Fellini beijou uma das mãos estendidas da sra. Cullman, Mastroianni beijou a outra, todos relaxaram e demos início, assim, ao nosso domingo no campo. Em um anexo envidraçado da antiga casa, com uma vista completa do gramado, das árvores, das esculturas, da piscina e da casa de barcos em estilo japonês, comemos uma entrada de carne de caranguejo com damasco e patê com torradas. E bebemos. A srta. Aimée disse que tomaria água, mas a sra. Cullman respondeu: "Não, não, não, você não precisa beber água – temos suco de laranja", então a srta. Aimée tomou suco de laranja. A sra. Cullman observou que fazia calor e que os homens talvez quisessem tirar os casacos, mas Fellini e Mastroianni disseram que prefeririam ficar com os casacos. A sra. Cullman disse que havia comprado seu quimono cor de pêssego, e mais outro igualzinho, para usar como capa para as almofadas da sala de estar. Os painéis de vidro em três das paredes da sala eram portas de correr; a sra. Cullman as abriu, e todos ficaram impressionados com a vista. O sr. Cullman apareceu, vestindo calça jeans, tênis e uma camisa italiana de algodão listrada. Informou que a cozinheira já estava bem e que ele a havia trazido de volta para a cozinha.

A sra. Cullman sentou-se ao lado de Fellini: "Só conheço duas palavras em italiano: *molto bene*".

Fellini sorriu educadamente e ergueu um damasco recheado de caranguejo, num gesto de saudação. "*Molto bene*", repetiu o diretor.

O sr. Cullman reapareceu, agora vestindo um suéter Issey Miyake de cor creme, calça clara e mocassins brancos, e levou todos por um passeio pela parte antiga da casa. "Este é o nosso forno de pizza", mostrou, com um ar de piada, apontando para uma grande lareira. "Aqui ficava a cozinha, e aquele outro cômodo era a sala de estar, por onde o ministro entrava, e há dois quartos no andar de cima."

"Forno de pizza", disse Fellini, olhando, pensativo, para Mastroianni, que armou seu sorriso cheio de charme e deu de ombros. Todos fitaram a lareira com admiração.

Os membros da turma que viajavam nas outras limusines chegaram e se juntaram ao passeio pela casa, que logo terminou no cômodo com vista panorâmica.

"Os quartos eram pequenos", contou o sr. Cullman. "E tinham teto baixo, para mantê-los aquecidos nas noites frias."

"Sim, muito frio em Conneckticut", solidarizou-se Fellini.

O sr. Cullman parecia feliz. "A casa da fazenda, quando foi construída, tinha apenas quatro cômodos", explicou. "Agora temos onze."

"Faz muito frio em uma fazenda", disse a srta. Aimée.

A srta. Masina comentou que o patê com torrada estava uma delícia e sorriu agradecida para os anfitriões. O sr. Cullman convidou Fellini a tirar o casaco, mas Fellini repetiu educadamente que preferia não tirar. O sr. Cullman apontou para as vigas do teto. "Consegui essas vigas de um sujeito que compra casas de fazenda antigas", contou. "O nome dele é Weiss, trabalha em Roxbury. Coleciona celeiros e madeirames antigos."

Fellini assentia com a cabeça, atento.

"Por que todas as casas são feitas de madeira, e não de pedra, em Conneckticut?", perguntou Mastroianni.

"Tem muita madeira nesta parte do país", respondeu o sr. Cullman.

"Achei que era porque os pioneiros se mudavam o tempo todo para ficar longe dos indígenas", disse Mastroianni, imitando um nativo que atira flechas no sr. Cullman.

"Sim", disse o sr. Cullman.

Liderado pelos anfitriões, o grupo desceu a encosta gramada até a casa de barcos, onde o sr. Cullman apontou para uma canoa estreita de madeira pendurada sob os beirais japoneses. "É uma canoa da Nova Guiné", anunciou, enquanto o grupo olhava com solenidade para a embarcação. "Dorothy a comprou de um nativo por US$ 6. Custou US$ 100 só para mandar para cá." E caiu na gargalhada. O grupo ecoou o ato com risadas mais leves.

No deque da casa de barcos, a srta. Masina empurrou alguns sinos de vento Soleri, que tilintaram dissonantes, então ela os empurrou com mais força.

"O Whitney vendia esses sinos", disse o sr. Cullman. "Quem quer nadar?"

Fellini olhou para Mastroianni, que olhou para a srta. Aimée, que olhou para a srta. Masina, que afastou o olhar dos sinos, e todos fizeram que não com a cabeça. O filho de um membro da turma, de 19 anos, aceitou o convite e deu um mergulho, enquanto os outros, ainda com ar solene, o observavam em silêncio. O sr. Cullman chamou o jovem e pediu um palpite para a temperatura da água. Cerca de 20 graus, o rapaz respondeu. O sr. Cullman disse que deveria estar a pelo menos 22 graus e pediu ao jovem que pegasse o termômetro da piscina e medisse a temperatura da água. O nadador solitário seguiu as instruções e informou que a temperatura era de 20 graus. A turma abanou a cabeça, angustiada com a notícia. O sr. Cullman comentou que a piscina tinha capacidade para 3,8 milhões de litros de água. A plateia ficou de queixo caído. Em seguida, e enquanto subiam a encosta verde em direção à casa, o sr. Cullman falou das esculturas. "Reconhecem o pássaro?", perguntou. "É obra do povo Senufo, da África. A Dorothy achou em algum canto por aí."

De volta à casa, a turma devorou novamente a carne de caranguejo e o patê. A sra. Cullman sentou-se com Fellini e conversaram sobre viagens.

"Não tem passado muito tempo por aqui, sr. Fellini", comentou.

"Em 1957, vim a convite de alguns produtores", ele respondeu. "Me arrumaram umas pessoas para mostrar tudo que eu quisesse ver, eu podia escolher o que fazer. E o que eu queria era voltar para a Itália, então fui embora. No avião, quando nos afastamos de Nova York, olhei para baixo e fiquei emocionado, me senti culpado por estar indo embora."

"Quando viaja, o senhor sente que está próximo demais das coisas, e que só depois consegue sentir tudo aquilo de um modo diferente?", perguntou a sra. Cullman.

"A linguagem é o meio que possibilita a relação com a realidade", disse Fellini, como que pedindo desculpas. "Se eu não falar o idioma, me sinto perdido."

"Isso seria verdade em outro país europeu?", perguntou a sra. Cullman.

"Sim", respondeu Fellini.

"Tem certeza de que não vai tirar o paletó?", insistiu o sr. Cullman.

Comemos mais um pouco de carne de caranguejo. Fellini se aproximou. "Não coma muito", recomendou. "Isto aqui é só a entrada. Tem mais comida vindo aí."

Ele tinha razão, e conhecia o roteiro. A refeição que se seguiu foi excepcional: frango ao curry, massa com frutos do mar, mexilhões cozidos no vapor, mariscos cozidos no vapor, salada verde, vinho branco, três tipos de bolo, sorvete, molho de gengibre cristalizado, frutas frescas e café expresso. Comemos durante duas horas. Em seguida, todos abraçaram a sra. Cullman, apertaram a mão do sr. Cullman e não seguraram o entusiasmo: "Muito obrigado. E até logo".

Na limusine, no caminho de volta, Wendy Keys, diretora e coprodutora da cerimônia de homenagem, explicou a Fellini a agenda do que aconteceria no Avery Fisher Hall – projeções de clipes de filmes seriam intercaladas com discursos de três minutos de Mastroianni, srta. Masina, srta. Aimée, Donald Sutherland, Martin Scorsese e outros.

"Teremos clipes, discursos, clipes, discursos etc., e, no final, o microfone é seu", disse a srta. Keys.

"Eu quero as Rockettes", completou Fellini.

Na noite seguinte, para a cerimônia, estavam todos a rigor. Antes do início do programa, Fellini encontrou o sr. Cullman, que desfilava uma gravata-borboleta com bolinhas azuis espetaculares, do tamanho de moedas, sobre um fundo vermelho vivo.

"É a gravata de um ianque de Conneckticut", observou Fellini, com conhecimento de causa.

A homenagem transcorreu sem maiores solavancos. Clipes, discursos, clipes, discursos etc., e depois Fellini, que leu um breve discurso: "Meus queridos amigos americanos: Vocês são, de fato, um povo simpático, como sempre suspeitei desde criança... Na pequena sala de cinema do meu vilarejo – que acomodava duzentas pessoas sentadas e quinhentas em pé –, descobri, por meio de seus filmes, que existia um outro modo de vida, que existia um país de vastos espaços abertos, de cidades fantásticas, que eram uma espécie de cruzamento entre a Babilônia e Marte. Talvez, pensando nisso agora, as histórias fossem por demais simplistas. Mas era bom pensar que, apesar dos conflitos e das armadilhas, sempre havia um final feliz. Era maravilhoso saber que existia um país onde as pessoas eram livres, ricas e felizes, e que dançavam nos telhados dos arranha-céus, e onde até mesmo um humilde vagabundo poderia se tornar presidente. Talvez, mesmo naquela época, as coisas já não fossem bem assim. Mas acredito que devo àquelas sombras tremeluzentes que vinham da América a minha decisão de, mais tarde, me expressar por meio do cinema. E, assim, eu também cometi alguns filmes, dei vida a algumas sombras tremeluzentes e, por meio delas, contei a história do meu país. E, esta noite, me emociono por estar aqui, junto com meus amados atores, e homenageado pelo povo que me inspirou naqueles longínquos anos".

(24 de junho de 1985)

Corte e costura
(Mario Testino)

Mario Testino, "o fotógrafo de moda mais badalado do mundo", de acordo com os que proclamaram a abertura de sua exposição na galeria Mary Boone, semana passada, literalmente fumegava sob uma enxurrada de quase-beijos, daqueles no ar, mais quentes e úmidos que o normal. A galeria, toda branca, é bacana, sofisticada, mas a temperatura parecia subir a cada segundo, com os convidados avançando sobre Testinos que custavam entre US$ 2,5 e US$ 5 mil cada um. A recepção de abertura estava lotada de editores de moda e modelos, e mesclava rapazes bonitos, com cabelos espetados e olhares em eterna busca por contato visual, com cópias não muito fiéis de Kate Moss. Um vago erotismo permeava, desenfreado, os corpos que ocupavam aquele espaço.

Testino tem 44 anos. É um tipo bonachão, grandão, de rosto largo, e parece relaxado e à vontade em seu 1,90 metro de altura. Trajava um casaco verde-escuro Bergère, uma camisa com motivos verdes Charvet, aberta na gola, e sapatos ingleses pretos, formais. Carregava duas pequenas câmeras Contax e tirava fotos de suas próprias fotos e das pessoas que as admiravam. Suando e secando o rosto com um lenço úmido, caminhava de Testino em Testino fazendo comentários. "Adoro ser *voyeur*", disse. "A vida inteira. As pessoas. As roupas. As moças. As viagens. Visito minha mãe pelo menos duas vezes por ano, no Peru. Somos uma família unida. Meu irmão é meu gerente de negócios. Amo minhas três irmãs. Venero minha mãe."

"Tenho muita sorte de fazer o que faço", continuou, apalpando o rosto com o lenço e olhando com carinho para uma foto chamada *Roving Finger* [Dedo errante], que mostrava um indicador curvado, acomodado no colo decotado de uma mulher. Testino fala com um sotaque indefinido, misterioso mas agradável, fruto da combinação de sua origem peruana com escolas americanas e o trabalho como garçom em Londres. "Quando eu era menino em Lima, visitávamos museus e sempre me diziam: 'Não toque', então eu queria tocar. Agora, eu toco."

Próximas imagens: *Carolyn Murphy*, *Georgina Grenville*, *Kylie Bax* e *Carla Bruni na Dior*, todas parcial ou completamente nuas em camarins de desfile. Testino tirou uma foto de sua foto e disse: "Muito sexy, essas garotas. E são muito jovens, têm 18 anos, por aí. Sou fascinado pela juventude. Os jovens têm essa grande liberdade com o corpo. Gosto de dar aquele empurrão quando elas começam. Depois, eu as abandono. É preciso haver caras novas. É a vida. A vida consiste em abandonar certas coisas".

Sheet Marks [Marcas de lençol]. No peito de um homem, marcas de lençol, de fato. "Sou fascinado por marcas de lençol", contou Testino, enxugando o suor. "Quase sempre sou o primeiro a acordar em uma casa cheia de gente, e observo as marcas de lençol. É uma parte da vida."

Extrovert [Extrovertido] é uma foto tirada por trás, de um homem num quarto de hotel no Brasil, expondo boa parte das nádegas. "O Brasil é obcecado pelo traseiro perfeito, pelas curvas ideais – como uma escultura", explicou o fotógrafo, segurando e abanando as lapelas de seu casaco Bergère para sentir a brisa.

"Ele é o melhor, o mais sexy de todos os fotógrafos de moda", declarou uma jovem editora de moda, muito bonita. "E ele, de fato, ama a mãe."

Outra editora, grisalha e identificada por Testino como "lenda", soprou-lhe um beijo mais demorado do que o normal e abraçou-o por um bom tempo, abraço de velhos conhecidos. "Está saindo fumaça pela porta da frente", comentou, soltando uma gargalhada confiante, de nova-iorquina das antigas. "Você está pondo fogo em tudo."

(16 de novembro de 1998)

Wes Anderson em Hamilton Heights

O diretor Wes Anderson esteve em Hamilton Heights na semana passada para filmar a parte final de *Os excêntricos Tenenbaums*, seu terceiro filme (orçado em "módicos" US$ 25 milhões). O cineasta comemorou seu 32º aniversário no set de filmagem com sanduíche de pasta de amendoim e geleia, sua refeição básica diária, acompanhado da equipe e dos atores, incluindo Gene Hackman, Anjelica Huston, Ben Stiller, Bill Murray, Danny Glover e Owen Wilson, que participou de outra produção de Anderson, *Pura adrenalina*, e também coescreveu o roteiro de *Tenenbaums*. Todos, à exceção de Anderson, comeram uma refeição normal e, em seguida, providenciaram um bolo com faixa de Feliz Aniversário e presentes.

"Ele é o primeiro diretor que não me dá medo", disse Anjelica Huston. "É a primeira vez que um diretor me pergunta o que eu acho de alguma coisa. Sugeri usar o medalhão da minha avó Rhea Gore no filme."

"A maioria dos diretores quer tudo do jeito deles", concordou Bill Murray, que participou do último filme de Anderson, *Três é demais*. "O Wes só quer que as coisas deem certo."

O objeto dessas ponderações é o diretor de cinema com mais cara de criança abandonada desde François Truffaut. Descrito de cima pra baixo, o cineasta tem cabelos castanhos sem corte definido e rosto de traços retos, usa óculos de armação clara, está com os ombros sempre curvados, como se estivesse atrás das câmeras, e tem zero quadril. No set, estava muito elegante, vestindo calças de veludo cotelê lilás, paletó esporte de veludo cotelê marrom e tênis vermelho.

Segundo Bill Murray, "o sujeito tem seu próprio alfaiate. É muito bom, para variar, gostar de uma pessoa sem fazer ressalvas".

"Não há senões com relação às roupas que ele usa", elogiou Anjelica Huston. "Suas calças são feitas sob medida, com o cavalo descendo até 10 centímetros acima dos joelhos. E ele é magro demais, e está ficando cada dia mais magro. Dá vontade de pegar no colo. Estamos superorgulhosos dele."

O filme, explicou Anderson, "é sobre uma família de gente talentosa, que atingiu o auge cedo e sofreu um curto-circuito. Eles acabam se separando e depois tentam se reunir de novas maneiras. Não é sobre a minha própria família, mas tem muita coisa pessoal ali. Somos três irmãos e eu sou o filho do meio. Meu irmão mais velho, Mel, foi médico da Força Aérea. Eric, quatro anos mais novo que eu, é artista, faz as ilustrações de meus filmes. Somos de Houston, Texas. Meus pais são divorciados. Minha mãe é artista e arqueóloga, mas agora trabalha como corretora de imóveis. Meu pai foi piloto amador de carros de corrida, mas hoje atua como relações-públicas".

O cenário principal de *Os excêntricos Tenenbaums* é uma casa de tijolos vermelhos construída no século XIX, que fica a algumas quadras do City College e perto da residência de Alexander Hamilton. Na semana passada, Anderson estava dirigindo uma tomada externa de 45 segundos, de alta dificuldade técnica, usando uma câmera Panavision no topo de um enorme guindaste. A maioria dos principais nomes do elenco participou, assim como um Austin-Healey conversível branco, modelo 1967, todo batido, um caminhão de bombeiros, os próprios bombeiros, um dálmata e vários policiais. Com tudo isso acontecendo, apenas uma pessoa ergueu a voz. O treinador do dálmata: "De pé! De pé!". O cão obedeceu. A tomada foi um sucesso.

"Uma cena muito corajosa", disse o produtor, Barry Mendel.

"Wes sabe contar uma história pessoal de forma comovente, mas ainda assim cômica", observou Bill Murray. "De modo geral, essas histórias tendem a ser sentimentais ou tristes demais. E Wes me faz sentir diferente, como se eu não fosse obrigado a ser engraçado. Não me vejo forçando ou tentando vender minhas cenas. Minha própria persona fica em segundo plano."

"Ele tem muito estilo", acrescentou Gene Hackman. "Este filme tem algo de fábula."

Um senhor indiano chamado Kumar, que se mudou de Mumbai para os Estados Unidos durante a Segunda Guerra Mundial para trabalhar como malabarista ("Ainda consigo fazer malabarismo com doze ou treze pratos"), também está no filme. Kumar conheceu Anderson em Dallas, no início dos anos 1990. "Eu administrava o Cosmic Cup, um restaurante de comida saudável e centro de ioga com jazz", contou. "Na época da faculdade, Wes frequentava o Cosmic Cup com Owen Wilson. Agora, ele me escala em todos os seus filmes. Neste, agora, faço um amigo de Gene. Wes levanta minha bola. Tem confiança, tem a mente curiosa e é humilde. São as grandes qualidades dele."

Anjelica Huston completou: "Voltei a fumar. Quando parei, fiquei tão deprimida que chorei por meses. Agora estou feliz. Esse filme me dá licença para ser eu mesma. Sou fatalista".

(21 de maio de 2001)

Almoço com Agnes
(Agnes Martin)

Agnes Martin, pintora expressionista abstrata nascida em Saskatchewan – contemporânea de Mark Rothko, Jackson Pollock e Barnett Newman – e cujas obras, conhecidas pela serenidade, estão expostas no Whitney, no Guggenheim, no MoMA, entre outros museus, abandonou Nova York há mais de três décadas para viver de forma espartana e trabalhar, quase reclusa, no Novo México. Vivendo na cidade de Taos, aos 91 anos, a artista recebeu outro dia, no pequeno bangalô onde mora perto do monte Taos, a visita do amigo e vizinho Tony Huston, que chegou em sua caminhonete branca. Tony é mestre falcoeiro e roteirista (entre outros filmes, fez *Os vivos e os mortos*, baseado na obra de James Joyce e dirigido por seu pai, John Huston).

"De vez em quando, consigo almoçar com a Agnes", contou Huston. "A presença dela é muito marcante. Ela não oscila. Ocupa todo o espaço que lhe é dado. Em 1997, recebeu o Leão de Ouro na Bienal de Veneza. No ano seguinte, o presidente Clinton lhe concedeu a Medalha Nacional de Artes. Suas pinturas são vendidas por milhões, segundo seu galerista. Ela passa muito tempo apenas sentada, pintando em pensamento."

"Ela encontra tranquilidade e potência no monte Taos, assim como muitos de nós aqui", continuou Tony, enquanto pisava fundo no acelerador, ofuscado pelo sol forte, e percorria uma estrada de terra estreita que levava à casa de Martin. "Ou a montanha gosta de você ou não gosta, e tenho certeza de que a montanha gosta da Agnes."

Saindo da estrada de terra, entramos em um enclave circular chamado Plaza de Retiro. Um Mercedes E320 branco e impecável estava estacionado em frente à casa de Martin. "O carro dela está aqui." Tony bateu na porta e olhou pela janela. "Mas ela saiu. Deve ter pegado uma carona para o estúdio."

Pouco depois, ele a encontrou no tal estúdio, um chalé de adobe de 300 anos, a 800 metros de distância de onde estávamos. O ateliê tem paredes brancas, uma claraboia e uma pequena janela com persianas, e estava organizado de forma bem simples: uma mesa de trabalho com pincéis, três réguas e algumas cadeiras. Havia também uma pintura ainda inacabada pendurada na parede – uma tela branca de 1,5 metro por 1,5 metro com uma faixa azul na parte superior.

Agnes Martin tem um rosto cheio, forte e bronzeado, que se encaixaria bem no monte Rushmore. Os cabelos grisalhos são cortados em linha reta, com franja, no estilo que antes chamavam de Buster Brown. Ela é forte, encorpada, tem mãos grandes e dedos grossos. Usava tênis preto, calça jeans e uma túnica azul de tecido da Guatemala, com quatro botões de prata descendo da linha do pescoço. "Os botões de prata são da loja de Tony Reyna, da reserva Pueblo, sem impostos", explicou. "Quero comprar mais desses botões. Vou guiando o carro amanhã. Minha vista é perfeita. Um policial acabou de me aplicar o exame de direção. Disse que sou boa motorista."

Huston e Martin começaram a falar sobre pintura, e ele perguntou se as opiniões do galerista influenciavam o trabalho dela.

"Não, eu pinto para mim mesma", explicou. "E vem tudo de fora. Não acredito nessa história de força interior. Sento e espero. Estou sempre pintando em minha imaginação. É tudo muito rápido. Trabalho só três horas e meia por dia. Pintar é um trabalho árduo. É difícil pintar em linha reta. Você pinta na vertical, mas o quadro fica pendurado na horizontal – desse jeito, não escorre."

A parte mais feliz, continuou, é "quando os quadros saem pela porta e ganham o mundo. Vão direto para o meu galerista, Arne Glimcher, da Pace Wildenstein. Antigamente, era mais simples. As obras iam de avião e chegavam em um dia. Agora, precisam ser acomodadas em caixotes sofisticados e seguem de caminhão para Nova York. São cinco dias".

Ainda faltava muito para o meio-dia. Martin tinha tomado café da manhã, contou, no seu horário habitual, às 6h30, no refeitório comunitário do enclave.

"Eu não janto", disse. "E nunca assisto à televisão. Não tenho televisão. Nem rádio. Para saber das notícias, leio as manchetes dos jornais locais. Mas ouço música. Em CDs. A *Nona* de Beethoven. Beethoven tem o que nos dizer. Vou para a cama às sete da noite. Durmo quando escurece e acordo quando amanhece. Feito uma galinha. Vamos almoçar."

Ela saltou, ágil, para o banco da frente da caminhonete de Huston, e seguimos para um restaurante perto do monte Taos. O céu ficara nublado. Ouviu-se, à distância, o estrondo de um trovão. No restaurante, a garçonete serviu água. Martin bebeu quase um copo inteiro. "Esta água é muito boa", disse. "Vou querer o ravióli recheado com cogumelos. Ontem, comi salsicha e chucrute." Huston perguntou se ela sentia falta de Nova York.

Sem pestanejar, ela respondeu: "Demoliram o estúdio maravilhoso que eu tinha lá. Construíram uma agência do Chemical Bank no lugar. Trabalhei treze anos naquele estúdio. Tinha sido o loft de um fabricante de velas para barcos, na rua Coenties Slip. Ficava nas margens do East River, tão perto que eu podia ver as expressões no rosto dos marinheiros. Foi nessa época que fiquei amiga de Barney Newman. Conversávamos sobre Picasso, que era um bom pintor porque dava duro. Mas também tinha muita ideia besta. Eu gostava de Andy Warhol, mas tinha medo de visitá-lo por causa de seus amigos. Barney tinha conversas maravilhosas comigo. Dizia que a pintura era 'transcendente'. Muitas pessoas não acreditavam nele. Mas eu acreditava. Tem que haver uma ligação com a vida. Barney e os outros expressionistas abstratos renunciaram ao espaço definido e às formas. E todos gostavam de minhas pinturas. Me sinto em dívida com eles. Barney ajudava a organizar minhas exposições. Uma pena o que aconteceu com o Barney. O médico mandou que parasse com tudo. Porque é muito trabalho pesado mesmo. Então, ele parou, mas depois retomou as atividades e morreu de ataque cardíaco". Martin bebeu outro copo de água. "Esta água é muito boa", repetiu.

(14 de julho de 2003)

Sem extravagâncias
(Clint Eastwood)

Clint Eastwood mal começou a dirigir um novo longa-metragem, *Sobre meninos e lobos*, e já embarcou na produção de *Piano Blues*, um de sete episódios documentais sobre blues que Martin Scorsese está fazendo para a televisão pública. Eastwood ia filmar *Sobre meninos e lobos* em Boston, mas deu início ao documentário de blues no Mission Ranch, uma pousada que possui em Carmel, cidadezinha da península de Monterey, na Califórnia, onde também é dono de outras propriedades. Lá, do outro lado do país, ele se sente imune às imensas pressões que costumam engolfar as figuras-chave de uma produção cinematográfica de grande porte, como a que o aguardava em Boston.

"Ninguém pressiona Clint", disse Bruce Ricker, produtor de *Piano Blues* e um dos membros do batalhão de assistentes de Eastwood. "Clint faz o que decide fazer, e faz no seu ritmo." Ricker é um homem corpulento e de fala rápida, que ajudou a produzir *Thelonius Monk: Straight, No Chaser*, também de Eastwood. Assim que Ricker chegou ao Mission Ranch – liderando as equipes de fotografia, som e iluminação –, correu, preocupado, em busca do piano de um quarto de cauda que deveria ter sido instalado no antigo celeiro da pousada, que hoje é usado como salão para casamentos e festas.

Eastwood já estava lá, de pé, relaxado, com seu 1,93 metro de altura, mãos nos bolsos, observando um afinador mexer nas teclas do piano. Aos 72, ainda transmite juventude com seus olhos verdes brilhantes e bochechas coradas. Seus cabelos são grisalhos, cheios e despenteados. Naquele dia, vestia uma calça cinza folgada, um corta-vento marrom, tênis e uma camisa polo listrada azul e cinza, fabricada por sua própria linha de roupas, chamada Tehama.

Eastwood viera de carro de sua casa em Pebble Beach, onde mora com a esposa, Dina, de 37 anos; a filha Morgan, de 6; a leitoa cor-de-rosa e preta Penelope, 1 ano; três galinhas; uma ratazana preta, branca e gorda chamada Whiskers, que tem dez bebês recém-nascidos e um companheiro muito mais velho, Norbert; e um papagaio fêmea verde-amarelo de 20 e poucos anos, chamado Paco, que vive numa gaiola e gosta de dizer "Feliz aniversário" e "Eu te amo", entre outras frases.

Eastwood cumprimentou Ricker com um aceno de cabeça e um sorriso. "Tudo certo com o piano."

Ricker ficou um pouco mais tranquilo. "O pessoal já chegou", avisou. "A equipe está descarregando o equipamento e logo começa a montagem. Pinetop Perkins e Jay McShann" – o bluesman de Chicago e o jazzista de Kansas City – "também estão aqui. Conseguiram!".

Eastwood sorriu de novo e acariciou o piano.

"Pinetop está ótimo, e tem 89 anos, sabia?", perguntou Ricker.

"Oitenta e nove?", reagiu Eastwood. "O que será que ele come?"

Ricker fez cara de quem acaba de ser elogiado. "E Jay tem 86", completou.

"Vai ter coisa boa aqui, do Kansas City e de Chicago", disse Eastwood. "Vamos tentar descobrir quem influenciou os grandes músicos – blues, boogie e muito mais."

"Estamos promovendo o primeiro encontro entre Pinetop e Jay", comentou Ricker, empolgado. "Eles nunca tocaram juntos."

"Sempre achei que o jazz é a única forma de arte original que nós temos", disse Eastwood. "Influenciou muito a criação do blues, e até mesmo o rock derivou dessa tradição."

"O ritmo do blues é o ponto de ligação", acrescentou Ricker. "É daí que vêm Pinetop e Jay. Podemos estabelecer isso no filme."

"Quero manter a pureza", disse Eastwood. "Deixar a música falar por si mesma. Sem extravagâncias."

O Mission Ranch ocupa uma área de 22 acres coberta por pradarias e com vista para o Oceano Pacífico, na foz do rio Carmel. Meia dúzia de ovelhas gordinhas pastam, preguiçosas, na relva. Eastwood comprou a propriedade em 1986; a casa foi construída na década de 1850 e passou por várias encarnações, incluindo um período como fazenda de gado leiteiro e clube de oficiais durante a Segunda Guerra Mundial. Eastwood resgatou o lugar das incorporadoras. Os quartos dos hóspedes ficam em pequenos chalés reformados, feitos de tábuas brancas e que lembram casas de bonecas, com janelas envidraçadas, cortinas de renda, floreiras e cadeiras de balanço brancas com encosto alto, arranjadas nas varandas de frente para as ovelhas. Pinetop Perkins ficou hospedado no Chalé Lua de Mel.

Eastwood adentrara o novo século com cerca de quarenta filmes no currículo. Produziu e dirigiu vários e compôs as músicas para outros tantos. Em 9 de março, recebeu um prêmio pelo conjunto da obra do Sindicato dos Atores. Ficaram para trás os papéis de *Perseguidor implacável*, nos anos 1970. Dirigiu e atuou ao lado de Meryl Streep em *As pontes de Madison*, para o qual escreveu a canção-tema, *Doe Eyes*, que se tornou muito popular e que todo mundo que telefona para o Mission Ranch é obrigado a ouvir enquanto espera na linha.

Ricker avisou a Eastwood que poderiam começar a filmar no final daquela tarde e, em seguida, os dois entraram no Mercedes sedã 1976 de Eastwood. "Vamos para minha casa", disse Eastwood. "A mamãe estará lá. Tem 94 anos. Mamãe e eu conversamos todas as noites pelo telefone. Ontem, eu a levei para jantar no meu clube de golfe, que também se chama Tehama, em homenagem a uma tribo extinta de indígenas californianos. Eu mesmo construí, há três anos, porque era muito difícil conseguir vaga para jogar no clube de Pebble Beach."

No caminho, Eastwood parou em uma cabana de madeira em Carmel Valley que parecia sobra de cenário de *Os imperdoáveis*. Uma placa no telhado dizia "Feno e Rações Hacienda". O dono, um sujeito esguio, de óculos, também parecia ser sobra de cenário de algum filme de Eastwood.

"Você por acaso tem aí aquelas garrafas de água para animais?", Eastwood perguntou, com educação. "Cadê o George?", continuou, olhando em volta. "Não estou vendo o George."

"Não sei, não vi ele por aí", respondeu o homem.

Eastwood caminhou até uma porta nos fundos, que dava para um pequeno quintal. Uma cabra que mastigava alguma coisa levantou a cabeça e foi até ele. Eastwood a acariciou, murmurou algo carinhoso e se afastou. "Ah, lá está o George!", exclamou, levantando um pouco a voz pela primeira vez no dia. Então, abaixou-se e pegou no colo um galo branco, absurdamente limpo. "Bom te ver, George", disse, embalando a ave contra o peito. Em seguida, colocou George no chão com cuidado e voltou para falar com o proprietário, que lhe entregou a garrafa de água e informou que custava US$ 3,23. Eastwood contou três notas de US$ 1 e uma moeda de US$ 0,25, recolheu os US$ 0,02 de troco e, segurando a garrafa, retornou ao carro.

A mamadeira, explicou, era para Whiskers e seus dez bebês. "Dina é obcecada por animais", contou. "Penelope, nossa leitoa, era o filhote mais fraco e doente de uma ninhada. Dina achou que ela ia morrer e a trouxe para casa; hoje, Penelope é saudável e destemida. Está sempre empurrando os móveis, tirando tudo do lugar, de um cômodo para o outro." Eastwood parecia muito satisfeito, e dirigia devagar. "Dina é tudo o que eu sempre quis e nunca encontrei", disse. "Dei muita sorte. Arrumei uma mulher ótima e muito desprendida", declarou, apaixonado. "Vivemos um romance maravilhoso. Namoramos uns quatro ou cinco meses. Então, eu soube que poderia me casar de novo. No fundo, eu sabia que ela era a pessoa certa. Nunca fui o cara que chegaria montado no cavalo branco. Ela se basta."

A ex-Dina Ruiz é a segunda esposa de Eastwood. Quando se conheceram, ela trabalhava como âncora de uma afiliada da NBC TV. A primeira esposa do diretor foi Maggie Johnson, com quem se casou em 1953, aos 21 anos. O casal se divorciou trinta anos depois. Tiveram dois filhos: Kyle, hoje com 34 anos, baixista de jazz, e Alison, de 30, atriz, que posou para a *Playboy* recentemente. Eastwood tem vários outros filhos: Kimber, de 38, filha de Roxanne Tunis, é casada e mora com o marido; Scott, de 17, e Katie, de 15, moram com a mãe, Jacelyn Reeves, no

Havaí; e Francesca, hoje com 9 anos, é a filha que ele teve com a atriz Frances Fisher. "A Dina acolheu todo mundo", contou Eastwood. "Uniu toda a família, sem exigências territoriais, sem ego, nada disso. Francesca e Morgan são grandes amigas. As crianças – e suas mães – se visitam regularmente. E eu levo a molecada, e a mamãe também, em nossas férias, para Sun Valley ou para o Havaí, onde for. A Dina acha que deve ser assim."

Seguimos rumo a Pebble Beach, cruzando milhares de acres de propriedade de Eastwood. "Nunca comprei um imóvel de que não gostasse", observou. "Gosto de terra, da terra daqui. Vim para cá pela primeira vez quando tinha 21 anos e estava baseado em Fort Ord. E gostei. Quando todo mundo estava enlouquecendo com ações e investimentos, há não muito tempo, optei pela terra. Gosto do que é tangível. Gosto de desfrutar das coisas e desfruto desta terra."

Eastwood se candidatou a prefeito de Carmel, e ganhou a eleição, em 1986 porque, segundo ele, não gostava da maneira como a Assembleia local lidava com questões agrárias, novas construções e fornecimento de água. Ficou dois anos no cargo. "Gostei. Gostei de comandar as reuniões na Assembleia, de reformar estradas, de tomar decisões relativas ao fornecimento de água. Foi bom fazer coisas para pessoas que não podem se defender sozinhas."

A casa de Eastwood – com oito cômodos, dois pianos e uma academia bem equipada – é uma edificação térrea, de adobe e madeira, com 75 anos. Um pátio no mesmo terreno circunda um enorme carvalho e alguns eucaliptos e palmeiras. Estacionamos ao lado de uma caminhonete GMC preta, ano 1951, que era, ele explicou, a mesma que dirigiu em *As pontes de Madison*. Uma das portas ainda trazia o nome do personagem que interpretou: "Robert Kincaid – Fotógrafo – Bellingham, Washington".

A aparição de Eastwood na cozinha, onde o papagaio Paco o cumprimentou com repetidos "eu te amo", não pareceu interromper os preparativos do almoço, que estavam em andamento. Ele logo me apresentou a Dina, mulher agitada, de cabelos escuros. Morgan, uma miniatura da mãe, mas com cachinhos, ajudava na montagem de uma enorme salada. A mãe de Dina, uma figura jovial, bonita, ruiva, cozinhava *quesadillas*. A irmã de Eastwood, Jeanne, acompanhada do marido, organizava as travessas de arroz e feijão. A mãe do diretor, Ruth, atenta e elegante em trajes de cor cinza, sorria para todos com benevolência. Outros maridos, alguns vestindo calças em tons pastel e camisas de mangas compridas, discretas, surgiram no recinto. A comida foi colocada, em estilo bufê, sobre as bancadas disponíveis.

Eastwood acomodou seu prato num canto da mesa da cozinha, sentou-se e apontou para a gaiola dos ratos, ali do lado. "Já encaixei a mamadeira", avisou, baixinho, a esposa.

"Papai dá legumes para os ratos igualzinho faz com a gente", disse Morgan.

"Clint acredita que é bom comer legumes, frutas e verduras", comentou Dina. "Ele é o primeiro a se levantar todo dia. E faz vitaminas de frutas para todo mundo."

"Para mim ele faz waffle", disse Morgan. "E uma vitamina."

"Clint acha que todos os animais deveriam comer o que nós comemos – o porco, o papagaio, os ratos", continuou Dina. "Para ele, um inseto tem tanto direito de estar nesta terra quanto nós."

Eastwood mastigava, pensativo.

"Ele foi assim a vida toda", disse Ruth Eastwood. "Chegou a ter treze cobras. Quando completou 4 anos, descobrimos que ele era alérgico a cães e gatos, então colecionava cobras. Acho que ele é meio sobrenatural."

"Minha avó tinha um sítio, e eu passava umas temporadas lá quando menino", contou Eastwood. "Às vezes, quando você muda muito de cidade ainda criança, os animais viram seus melhores amigos. Os animais gostam de você pelo que você é."

O cineasta conferiu o relógio e, voltando-se para Bruce Ricker, disse que ainda tinham tempo, antes do início das filmagens de *Piano Blues*, para dar uma olhada no 45º Festival Anual de Jazz de Monterey, que ocorreria naquele fim de semana no Monterey Fairgrounds, pertinho dali. Ricker comentou que Marcia Ball, a pianista e vocalista de blues, e o pianista de jazz Dave Brubeck estariam lá, e que eles poderiam tentar convidá-los para ir ao Mission Ranch para acompanhar as filmagens. Nem Pinetop Perkins nem Jay McShann conheciam Dave Brubeck pessoalmente.

"Se conseguirmos que eles toquem juntos, teremos uma grande amostra da atemporalidade do blues", disse Ricker. "Talvez até consigamos captar algum número a quatro mãos!"

"Essa é a ideia", concordou Eastwood.

No Mission Ranch, no final daquela tarde, Perkins e McShann estavam no antigo celeiro, esperando perto do piano. Vestiam roupas parecidas – camisa branca e terno azul-escuro. Perkins, de tez mais escura, bigode branco e grandes óculos redondos, parecia inquieto e brincava com todos. Usava um chapéu fedora preto e uma gravata estampada com teclas de piano. McShann, que tem a pele mais clara, caminhava com a ajuda de uma bengala. Os dois observavam com atenção a montagem das luzes, da câmera e do equipamento de som.

Ricker avisou a Eastwood que alguns dos outros diretores da série *Piano Blues* estavam filmando com câmeras de mão e usando gelo seco e fumaça para criar uma atmosfera diferente. Eastwood disse que não queria nada daquilo. "Uma boa gravação da música é o mais importante."

Em seguida, colocou um blazer azul sobre a camisa esporte que usava e foi até o piano. Sinalizando um "Vamos!" para a equipe, sentou-se ao lado de Pinetop Perkins.

"Pinetop, você está ótimo!", disse. "Pode me recomendar uma dieta?"

"Ha-ha-ha!", Pinetop riu, formando vários vincos e dobrinhas no rosto. A seguir, ergueu um pouco o chapéu e dedilhou uns acordes rápidos, só pra chamar atenção dos presentes. Eastwood sorriu e começou a fazer perguntas sobre a origem do blues tocado ao piano.

"Estamos tentando descobrir quais foram as grandes influências", disse.

Pinetop respondia com palavras e com música. "Meu nome verdadeiro é Joe Willie Perkins", contou. "Eu gostava de ouvir Pinetop Smith tocando seu *Boogie Woogie*. Vou dizer uma coisa para vocês, era bom demais, e então, quando ele morreu, adotei o nome Pinetop."

"Minha principal diversão quando criança era colocar o disco do Jay McShann tocando *Hot Biscuits*", disse Eastwood. "Não foi o Tommy Dorsey que pegou a música *Boogie Woogie* do

Pinetop Smith – meio que a roubou mesmo, se bem me lembro? Dorsey gravou um disco com ela, e foi o maior sucesso."

"Sim, he he", respondeu Pinetop, e então tocou um pouco de boogie e cantou: *Come back, baby, please don't go...*

Mas parou e explicou que não conseguia tocar as notas graves com a mão esquerda porque uma mulher o havia esfaqueado nessa mão, alguns anos antes.

Eastwood disse que também não conseguia tocar as notas graves com a mão esquerda. "E eu nem sequer fui esfaqueado", completou, rindo.

Quando Jay McShann se sentou ao piano, mostrou como manter o ritmo constante com a mão esquerda, enquanto se improvisa com a direita.

McShann contou que nasceu em Muskogee, Oklahoma. "Meu pai trabalhava em uma loja de móveis e parava o caminhão em casa, às vezes cheio de discos quebrados. Um dia, peguei os pedaços de um desses discos e colei. Foi assim que ouvi Bessie Smith pela primeira vez, cantando *Backwater Blues*. Esse disco em particular, com ela gritando: '*I can't move no more... There ain't no place for a poor old girl to go*'[4]. Aquilo mexeu comigo. E soou muito bem."

Eastwood acrescentou: "Quando eu era menino e o Fats Waller morreu, minha mãe trouxe para casa os discos dele e me disse: 'Isso é que é tocar piano de verdade'. Ouvi *Your Feet's Too Big* e *Ain't Misbehavin'* pela primeira vez. Eu estava sempre tentando juntar dinheiro para ir à rua 52, em Nova York, mas nunca consegui. Toca um trechinho pra gente, Jay. *Hootie's Blues*".

Com um dedilhado muito suave, em contraste com a quebradeira de Pinetop, McShann tocou e cantou:

She calls me her lover
And I beg her to
Ain't you sorry
That little girl ain't you?[5]

---

4 "Não consigo mais me mexer... Uma menina pobre não tem para onde ir."
5 "Ela me chama de amado/ E eu suplico/ Você não lamenta/ Não ser aquela garotinha?"

Em seguida, tocou outra versão:

She called me her lover
*she called me her beggar, too...*⁶

"Eu conheço esses versos", disse Eastwood, rindo de novo. "Já usei. Estive nessa posição muitas vezes. Você não tem ideia de quanta moça bonita eu conheci por saber imitar seu jeito de tocar."
McShann voltou a improvisar.
"Lindo", comentou Eastwood. E acariciou as costas de McShann. "Você diria que é feliz, Jay?"
"Acho que sim", respondeu McShann. "Mas, às vezes, só olhar não basta, é preciso ver."
Os dois riram, se entreolharam, e se entenderam.

Duas semanas depois, Eastwood estava em Boston, dirigindo *Sobre meninos e lobos*. Ele planejava retomar *Piano Blues* dali a alguns meses, quando fosse para New Orleans. Em seguida, de acordo com Ricker, filmariam Ray Charles, em seu estúdio em Los Angeles. Enquanto isso, instalado no hotel Ritz-Carlton de Boston, Eastwood ainda ouvia vestígios de blues ressoando em sua cabeça, enquanto pensava no que poderia fazer com a trilha sonora de *Sobre meninos e lobos*.
"Consigo fazer muitas coisas ao mesmo tempo", disse. "Assim que eu puder voltar ao meu piano lá em casa, talvez eu componha algo autoral que se encaixe nesse filme."
Durante as sete semanas de filmagem de *Sobre meninos e lobos*, Eastwood passava uma hora por dia, depois do trabalho, na academia do hotel, onde, entre outras séries de exercícios, fazia supino com 100 quilos. Assim que chegou a Boston, foi a um mercado de alimentos naturais e montou um estoque de comida saudável. Instalou uma geladeira e um liquidificador na suíte do hotel e fazia vitamina todas as manhãs. Quando Dina e

---

6   "Ela me chamou de amado/ E me chamou de capacho também..."

Morgan o visitaram, algumas semanas após o início das filmagens, também preparou vitamina para elas.

Sobre meninos e lobos é uma coprodução da Warner Bros. e da produtora de Eastwood, a Malpaso, palavra em espanhol que significa "passo errado"; o nome foi dado em homenagem a um riacho em Carmel. Sua equipe incluía muitas pessoas com quem havia trabalhado nos últimos trinta anos.

"Eles conhecem os atalhos", observou.

Ninguém toca no tema aposentadoria com Eastwood. Ele me contou que falou sobre o assunto uma vez com Jack Nicholson.

"Faz uns dez anos. Estávamos a caminho do campo de golfe e Jack disse que faria mais um filme, *Acerto final*, e que esse seria o último. Eu respondi que faria *Na linha de fogo* e *Um mundo perfeito*, e seria o ponto-final. Bom, ele atuou em mais uns dez filmes e eu dirigi ou atuei em mais seis." Sorrindo, acrescentou: "Eles não param de me dizer 'sim', então eu sigo em frente".

Sobre meninos e lobos é centrado em três operários amigos de infância – Jimmy, interpretado por Sean Penn; Dave, por Tim Robbins; e Sean, por Kevin Bacon – e em como suas vidas foram assombradas por um incidente de abuso sexual no passado.

"Esses atores são tão bons e tão dedicados, e se prepararam com tanto afinco, que só eu mesmo posso pôr tudo a perder", disse o diretor. "Há muitos personagens e a história vai e volta no tempo. São os aspectos com os quais acho mais difícil de lidar. Tento ficar próximo da percepção que tive da história quando a li pela primeira vez. Às vezes, aparece um ou outro adorno, e são os atores que trazem para mim.

"Aprendo até com meus roteiristas. Há dezessete anos, quando produzi, dirigi e estrelei *O destemido senhor da guerra* no papel de um sargento chamado Tom Highway, que treinava um pelotão de fuzileiros, eu gritava para eles, no filme: 'Improvisem! Adaptem-se! Superem-se!'. Palavras úteis para lembrar. Sempre equiparo um diretor de cinema a um líder de pelotão: ambos serão tão bons quanto o elenco e a equipe que o apoiam."

Alguém no set perguntou a Eastwood qual era a sensação de produzir e dirigir o filme, mas não de atuar nele.

"É uma sensação ótima!", respondeu. "É muito mais divertido. Como ator, sou manipulado o tempo todo. Me dizem pra fazer isso, fazer aquilo. Tem sempre alguém mudando meu cabelo ou mexendo na minha pele. Dizem para eu ir ao guarda-roupa e vestir esta ou aquela roupa. Aqui, chego ao set de camiseta, jeans e tênis, e ninguém se importa com a minha aparência. Estou conseguindo as cenas que imaginei, e isso me deixa muito feliz. Estou livre da pressão extra, da preocupação constante sobre como estou me saindo e o que estou fazendo. Como diretor, quero observar meus atores – é divertido ver as emoções deles aflorarem. Se não fosse divertido, eu não estaria aqui."

Um dia, enquanto dirigia *Sobre meninos e lobos*, Eastwood observou Sean Penn fazer uma cena em que seu personagem encontra o corpo da própria filha, uma adolescente que fora assassinada. Os membros da equipe que estavam assistindo ficaram visivelmente emocionados com a atuação. Alguém perguntou a Eastwood o que tinha achado da cena.

"É importante seguir o que você tem em mente", respondeu. "Tento extrair da cena aquilo que tenho em mente, mas, se um ator faz o que ele mesmo imaginou, e se for algo parecido com o que acabei de ver aqui com o Sean, só posso ficar muito grato e aceitar a contribuição. É como ir a uma loja de ternos e vasculhar todas as araras para, de repente, achar aquele que faz a gente pensar: 'É exatamente isso que eu tenho em mente'. Nunca tive que trabalhar com alguém como a Marilyn Monroe, que, segundo ouvi dizer, fazia todo mundo ficar esperando três horas, esse tipo de coisa – isso me deixaria louco."

Os atores também pareciam gratos. "Ele é o ícone menos decepcionante do cinema americano", disse Sean Penn.

"Os atores nunca estiveram num set como este", comentou um dos antigos assistentes de Eastwood. "Ninguém está berrando. Ninguém grita: 'Luzes! Câmera! Ação!'. De vez em quando, Clint diz: '*Azione*', talvez como homenagem ao tempo em que trabalhou com Sergio Leone. De modo geral, só murmura: 'Segue'. Nunca grita e nem mesmo diz: 'Corta!'. Só avisa, baixinho: 'Ok' ou 'Parou'."

Quando dirige uma cena, em vez de acompanhar a tomada através da lente da câmera, ao lado do diretor de fotografia, Eastwood usa um monitor digital portátil, à bateria, com uma tela de 7 polegadas, conectado às lentes da Steadycam. Em Boston,

O diretor não seguiu a rotina, muito comum, de assistir a reproduções das tomadas em vídeo no próprio set, e nem fez com que os atores assistissem ou se preocupassem com o desempenho.

"É como estar em um retiro zen", disse Marcia Gay Harden, que interpretou a esposa de Tim Robbins (Dave). "É tudo tão calmo e pacífico."

Buddy Van Horn, coordenador de dublês, parceiro de golfe de Eastwood, exímio cavaleiro e supervisor de segunda unidade, começou a trabalhar com o diretor em 1968, no filme *Meu nome é Coogan*. Ex-dublê, Van Horn traz no rosto as marcas de intempéries e as rugas profundas que, há tempos, fãs de cinema associam a personagens que destroem diligências, esgrimam em filmes do Zorro, arrumam confusão em bares e se metem em brigas. Também dirigiu filmes de Eastwood, incluindo *Cadillac cor-de-rosa* e *Punhos de aço: Um lutador de rua*. Nasceu dentro dos estúdios da Universal, onde seu pai trabalhou como veterinário dos animais usados nos filmes até Buddy completar 2 anos. Tem sete netos.

"Clint é muito bom com atores", diz Buddy. "Conhece os problemas, deixa que façam o que quiserem. Se eles precisam de orientação, ele está lá."

Steve Hulsey, que é motorista de Eastwood desde 1986, dirigiu o *motor home* do diretor, um Prevost prata com dezenove anos de uso, e que Eastwood gosta de usar como trailer no set, da Califórnia até Boston. A viagem consumiu seis dias. "É equipado com uma cama queen-size, cozinha, uma pequena copa e videocassete. Nós o emprestamos ao papa quando ele visitou Monterey, em 1984", contou Hulsey. "Está em perfeitas condições, com apenas 100 mil quilômetros rodados." O pessoal via o Prevost como uma herança sagrada de família. (Alana, de 23 anos, filha de outro motorista, seguiu o *motor home*, durante o trajeto, no caminhão de combustível da produtora Malpaso, um Chevy Crew Cab Dually, com capacidade para 1 tonelada.)

O designer de produção Henry Bumstead, que tem 88 anos e dois Oscars – por *O sol é para todos* e *Golpe de mestre* –, avaliou locações para *Sobre meninos e lobos* no ano passado e construiu os cenários para todos os interiores. A equipe o conhece como Bummy.

"Na minha idade, eu não trabalharia para mais ninguém", disse Bummy. "Clint faz filmes sem frescura."

Um passatempo comum no set de filmagem, naquelas horas de espera que fazem parte da rotina das grandes produções, era contar histórias folclóricas sobre Clint: "Quando quer se distrair, Clint lê periódicos médicos". Ou: "Quando Clint tentou arrumar emprego na Universal, em 1953, disseram-lhe que era alto demais e tinha o pomo de adão muito saltado". Ou: "Clint pilota o próprio helicóptero, que comprou há doze anos". Ou: "Ele pula do helicóptero usando esquis".

Certa noite, após um dia de trabalho no set, Eastwood estava sentado no restaurante do hotel com alguns amigos. Já tinha terminado o treino na academia, preparado uma vitamina no quarto e agora tomava uma cerveja. Alguém citou Bummy e a observação de que Eastwood faz filmes sem frescura.

"É um elogio, vindo dele", reagiu Eastwood. "Acho que ele se refere à indústria cinematográfica como um todo. Bummy sabe o que faz. Como designer, ainda é o melhor, ainda está produzindo, mesmo com a idade. A idade real dessas pessoas, as que conseguem fazer o que ele faz, nesse nível, não significa nada. Bummy entende como foi trabalhar com alguns desses profissionais com quem convivi na chamada grande era do cinema. Gente fantástica como John Calley e Don Siegel. Eles liam muito. Sabiam muito. Tinham resposta para qualquer coisa que perguntássemos."

"Hoje, é tudo diferente. Temos muito mais tecnologia, mais brinquedos para manipular, mas isso não resulta necessariamente em filmes melhores. Agora, quando um filme faz sucesso, eles tentam fazer mais vinte iguaizinhos", continuou. "Tem gente, por exemplo, que queria que eu fizesse *Perseguidor implacável* de novo. Harry ou Josey Wales eram apenas personagens, e vinham a reboque de uma situação dramática. Não eram como eu, e, quanto menos parecidos comigo, mais divertido era fazê-los. Mas chega um momento da vida em que esse tipo de coisa perde o apelo, não nos desafia mais. Precisamos começar a crescer por dentro; do contrário, regredimos. Não entendo o Sylvester Stallone. Ouvi dizer que ele vai fazer outro *Rocky*. Fica parecendo que é só pelo dinheiro.

"Prefiro andar para a frente", prosseguiu. "Gostei de fazer *As pontes de Madison*. Eu não tinha lido o livro. Um dia, a produtora Lili Zanuck me ligou e recomendou que eu lesse. E completou: 'O filme é a sua cara'. Desliguei, e o telefone voltou a tocar. Era Terry Semel, que, na época, era um dos chefões da Warner Bros., e me disse: 'Há muito de você no personagem'. Então, li o livro, lutando para vencer aquela prosa rebuscada e pretensiosa.

"Entendi a história, mas, na minha cabeça, era a história da mulher. E assim é que foi parar na tela. O que muitas vezes me motiva a fazer um filme é a música. Já tinha feito isso uma vez, em *Perversa paixão*. Em *As pontes de Madison*, para a cena de amor na cozinha, em que eu – o fotógrafo Robert Kincaid – danço com Meryl Streep, usei a canção *I See Your Face Before Me*, de Johnny Hartman. A música com frequência me apresenta a sequência da tomada."

Eastwood não dava sinais de cansaço, embora as outras mesas do restaurante estivessem desertas àquela altura e ele, assim como outros membros da equipe, tivesse compromissos logo cedo no dia seguinte. "Muita gente que faz cinema hoje foi condicionada pela televisão", disse. "Gosto de usar close-ups. Gosto mesmo. Mas o pessoal agora só quer saber de close-up. Dá até claustrofobia, é difícil de assistir. Aproximam tanto que a gente perde o interesse no todo. Alguns desses filmes antigos, em preto e branco, têm alcance e dimensão muito melhores. Minha filha de 6 anos, a Morgan, gosta desses filmes. Estávamos zapeando pela televisão outro dia e paramos em *Alma em suplício*, com a Joan Crawford. Morgan gostou, sobretudo porque tinha uma menina da idade dela no elenco. Dina e eu a levamos para ver *Prenda-me se for capaz*. Ela ficou sentada, esperando e, com quinze minutos de projeção, perguntou, impaciente: 'Quando vai começar o filme?'. Ela queria um pouco de ação, em vez de closes de cabeças. Outro dia, passaram *Na linha de fogo* na televisão e Morgan percebeu: 'Olha! É você!'. Mas não quis assistir."

Os moradores do bairro de South Boston se reuniam em pequenos grupos para assistir às filmagens de *Sobre meninos e lobos*. E deram a Eastwood dezenas de camisetas com os logotipos de organizações locais – policiais, bombeiros, sindicalistas, associações de bairro, dos times da cidade (Celtics, Red Sox) – que o diretor usava no set quase todos os dias.

"A gente não precisa trazer as próprias roupas quando trabalha aqui!", anunciou Eastwood a seu agente, Leonard Hirshan, durante a visita deste último ao set, algo obrigatório no início das filmagens. Hirshan observou as camisetas com desinteresse. Estava bem-vestido, com uniforme de agente – blazer, calça de flanela cinza, suéter de cashmere e tênis branco bem gasto. Explicou que havia desistido de trabalhar como agente e que agora era administrador de negócios, o que fazia com exclusividade para Eastwood. "Em 1961, tornei-me agente de Clint e de Walter Matthau, e agora estou usando os velhos tênis Mephisto de Walter, que herdei", contou. E ficou por ali tempo suficiente para dizer a várias pessoas que os únicos cineastas independentes que controlaram seus próprios filmes foram Charlie Chaplin, Woody Allen e Clint Eastwood. Lembrou a Sean Penn: "Arranjei muito trabalho para seu pai, Leo Penn". E ressaltou que "Clint só diz 'sim' se tiver intenção de fazer o filme. E, como sempre digo, Clint não faz acordos, Clint faz filmes". Depois, olhando ao redor, completou: "Parece que está tudo bem por aqui", e foi embora, a caminho de Los Angeles.

Bruce Ricker, que mora em Cambridge, compareceu ao set de filmagem em cada um dos 39 dias de produção para ver Eastwood dirigir e, depois, almoçar com a equipe. (Há três décadas, Eastwood usa o mesmo fornecedor de refeições, uma empresa de Los Angeles chamada Tony's, cujo principal item do cardápio são legumes cozidos no vapor.) Quando as filmagens estavam perto do fim, Ricker fez algumas sugestões para a trilha sonora. Eastwood disse que preferia ver o que ele mesmo poderia compor. "Quero escrever algo que esteja em sintonia com o sentimento das pessoas daqui", explicou.

Quando o trabalho em Boston terminou, Eastwood voltou para casa, em Pebble Beach. Em seu escritório no Mission Ranch, em parceria com Joel Cox, editou digitalmente as imagens. A seguir, Cox levou o material para Los Angeles para a edição final em película.

Em sua sala de estar, algum tempo depois, Eastwood sentou-se ao piano, um Chickering de um quarto de cauda, e começou a dedilhar possíveis melodias para o filme. "Eu estava improvisando um tema e brincando com outro", contou. "Então, Dina entrou na sala para ouvir o que eu estava tocando e disse que tinha gostado mais do primeiro. Então, levei esse adiante e o coloquei no filme. Não tem jazz ali. E nem blues. É mais clássica, para ser tocada por uma orquestra – acabou sendo gravada pela Sinfônica de Boston. Se eu tivesse que descrever a música, diria que tem algo de agridoce. É como a vida, estamos sempre mexendo aqui, ajustando ali. É um grande improviso."

(24 de março de 2003)

A força da grana

Os grandes doadores republicanos que viajaram para a convenção anual do partido, na semana passada, pareciam determinados a se mostrar como de fato são, começando já na entrada do hotel Ritz-Carlton, onde a maioria desses benfeitores tinha buscado refúgio.

"Somos chamados de *Rangers*, mas prefiro *Power Rangers*", disse Bobby Kotick, um jovem executivo cheio de si, CEO da Activision (jogos para computador), empresa com sede em Los Angeles, ao cumprimentar outros doadores. "Ei", perguntou a um sujeito musculoso e bronzeado que descia de um reluzente Mercedes Maybach preto. "É seu?"

"Acabaram de dar para mim", respondeu o homem. "Porque tem uma conexão com meu negócio."

"Os *Rangers* são os que dão mais dinheiro, por isso somos convidados para festas exclusivas", explicou Kotick, dirigindo-se para a área do coquetel, onde o cardápio, devidamente estampado com um elefante, oferecia drinques como o "G.W. Bellini – vodca de pêssego, *schnapps* de pêssego e champanhe" e o "Conservador Bonzinho – vodca Stolichnaya de laranja, creme de maracujá e champanhe". Uma cesta com tortilhas vermelhas, brancas e azuis repousava sobre o balcão.

"Tenho 33 festas para ir", contou um doador chamado Richard Merkin (presidente e CEO da Heritage Provider Network – planos de saúde ligados a grandes seguradoras). Vestia um terno preto que o deixava parecido com um agente funerário. "Vou a outra festa dos *Rangers*, na casa de Steve Schwartzman, o banqueiro de investimentos, e também fui convidado para um encontro tipo 'amigos e família' dos Bush e, é claro, para a festa do Ah-nold", listou. "Fui convidado para todas as comemorações."

"Pelos US$ 300 mil que você doou, deveria receber mais do que um convite para a festa do Ah-nold", rebateu Kotick. "Mas eu gosto de jogar nos dois times. Dou dinheiro também para os democratas, quero me proteger. Concordo com eles na questão do direito ao aborto e quanto às pesquisas com células-tronco, mas discordo das políticas tributárias. Não quero pagar mais impostos."

No saguão, Holly (de Holland) Coors, a decana magra e loira da indústria cervejeira do Colorado, acabara de voltar do Madison Square Garden, onde seu filho Pete, presidente e ex-CEO da Coors, que está concorrendo ao Senado pelo Colorado, havia feito um discurso. A sra. Coors vestia um conjunto John Knits vermelho e tênis cor-de-rosa e se posicionou no centro de um círculo de *Rangers*. Um broche de strass com a inscrição "Bush 2004" estava preso em uma das lapelas, e outro, igualzinho, mas com a inscrição "Coors 2004", enfeitava a lapela oposta.

"O Pete está com tudo", exclamou a seus admiradores. "O Pete quer amar as pessoas. É claro que, se for eleito, deixará o emprego. Ele é um dos meus cinco filhos. Temos cinco Adolph Coors, batizados em homenagem ao nosso fundador. E temos três Petes. O Pete mais novo tem apenas 1 ano; é tataraneto de Adolph. Tenho 27 netos e 11 bisnetos. Meu neto Jonathan Coors trabalha para o governador Schwarzenegger. A Coors faz todo tipo de coisa. Temos a Coorstek, por exemplo, divisão que fabrica aqueles belos coletes à prova de balas para nossos soldados no Iraque."

"A senhora faz um trabalho maravilhoso na campanha", elogiou um dos admiradores.

"É o dinheiro, querido", respondeu a sra. Coors, com uma piscadela.

Em seguida, a sra. Coors cumprimentou Dianne Ingels Moss, uma amiga muito bem maquiada e penteada, vinda de Dallas, cujo marido trabalha com petróleo. A sra. Moss disse que estava hospedada no Union League Club e que tinha ido a um almoço em homenagem a Laura Bush oferecido pelo Fedpac, um comitê de ação política republicano.

"São mulheres que fazem um trabalho de base em todos os estados", explicou a sra. Moss. "É muito interessante conhecer pessoas interessantes." Ela também usava um broche de strass em apoio a Bush.

"Nós duas os encomendamos de Ann Hand, em Washington", disse a sra. Coors. "Ann é independente e o marido é democrata, mas ele é um amor", acrescentou.

A sra. Moss contou à sra. Coors sobre o almoço interessante. "Laura B. está quase esbelta", relatou. "Ela perdeu peso. Seu cabelo estava perfeito, e a maquiagem também. E Barbara estava lá. E Neil estava lá, com a esposa nova."

A sra. Coors ficou chocada. "Uma nova esposa?"

A sra. Coors perguntou à sra. Moss se havia visitado Crawford. "Sim, mas não havia lugar para ficar. Crawford não é o lugar mais bonito do Texas", suspirou. "Mas o presidente gosta de lá, e isso é o que importa."

"Eu os vejo como estrelas", disse a sra. Coors, eloquente. "Estrelas! E esse homem tem bom humor. Ele me parou na pista de dança outro dia e perguntou: 'Cadê o menino?'. Então, agora meu filho é conhecido como o menino da Holly. Isso mostra como o presidente se aproxima das pessoas. Mostra seu estado de espírito."

"O homem tem integridade", completou a sra. Moss. "Sabe diferenciar o certo do errado."

"O homem tem visão", disse a sra. Coors.

"Visão", repetiu a sra. Moss.

"O homem tem fé", disse a sra. Coors. "Sofro demais quando ele é criticado. Cristo também foi odiado."

(13 de setembro de 2004)

Agradecimentos

Um escritor é amparado e apoiado por muitos amigos e incentivadores que não aparecem. Aqui estão alguns daqueles que me prestaram ajudas preciosas ao longo do tempo:

Peggy Wright Weidman, Richard Giovanni, I. F. Stone, Harold Ross, William Shawn, Tina Brown, Harry Evans, Sanderson Vanderbilt, Gardner Botsford, James Thurber, Wolcott Gibbs, John Hersey, John McCarten, Bill Steig, Peter Arno, Charles Addams, Scottie Fitzgerald Lanahan, Andy Logan, Helen Ross, Simeon Ross, S. N. Behrman, Philip Hamburger, Joseph Mitchell, A. J. Liebling, Geoffrey Hellman, David Kuhn, Lola Finkelstein, Jeffrey Frank, Gloria Yanardi, Olga Torres, Sam Gelfman, Jane Gelfman, Cathy Gleason, Norman Mailer, Frank Stanton, George Sheanshang, Wayne Warnken, Prue Harper, Ernest Hemingway, Mary Hemingway, Patrick Hemingway, Chiz Schultz, Marian White, Roz Lippel, Mace Neufeld, John Huston, Anjelica Huston, Tony Huston, Danny Huston, Allegra Huston, Gottfried Reinhardt, Silvia Reinhardt, L. B. Mayer, Dore Schary, Robin Williams, Marsha Williams, Laurie Williams, Chris Columbus, Bobby Kotik, Cathy Register, John Register, Clint Eastwood, Dina Eastwood, Ruth Eastwood, Bruce Ricker, Rebecca Spencer, Dan Spencer, Cyndi Margolis, Wendy Ingraham, Lorne Michaels, Susan Forristal, Cristina McGinniss, Bing Gordon, Debra Gordon, Henry Rosovsky, Nitza Rosovsky, Michael Rosovsky, Bill Alfred, Emma Allen, Bruce Diones, Stanley Chang, Janet Sparrow, Maria Jaramovic, Harvey Goldberg, Sam Rappaport, John Buchheit, Dick

Bernard, Bernard Holand, Jonathan Schell, David Remnick, Hendrik Hertzberg, Virginia Cannon, Bob Mankoff, Françoise Mouly, Lizzie Widdicombe, Evan Osnos, Jeff Toobin, Brenda Phipps, Seth Berkman, Lisa Birnbach, Lauren Collins, Nick Paumgarten, Marshall Heyman, Pam McCarthy, Tom Mangan, Richard Brody, Hilton Als e Peter Canby.

Um agradecimento especial a Susan Morrison e Erik Ross por seus indispensáveis e indescritíveis esforços.

Posfácio: "*Clap, bastards! It's Lillian Ross!*"
PAULO ROBERTO PIRES

Lillian Ross foi o Orlando da *New Yorker*. Assim como o personagem de Virginia Woolf atravessa os tempos, a repórter cruzou, impávida, momentos decisivos dos 100 anos de história da revista. Diferentemente da criatura ficcional, que é fluida até no gênero, Lillian foi uma mulher de certezas. Numa vida quase centenária, se manteve fiel aos princípios de jornalismo que declara na abertura desta antologia, a derradeira a compilar parte dos mais de quinhentos textos produzidos no chão de fábrica da redação. Uma fábrica sem dúvida glamorosa, mas ainda assim dedicada ao registro industrial do que é contingente – e, às vezes, perene – na vida de anônimos e celebridades.[1]

Os 32 perfis, reportagens e vinhetas aqui reunidos foram publicados, no calor da hora, entre 1948 e 2005. Antes de ganhar o mundo, passaram pelos olhos de quatro dos cinco, apenas *cinco*, editores que inventaram e reinventaram a *New Yorker* de 1925 para cá. A jovem repórter começou sob o comando mercurial de Harold Ross, o fundador, com quem não tinha qualquer

---

1 *Reporting Always*, título original da antologia, faz parte de uma série que começa com *Reporting* (1964) e segue com *Reporting Back* (2002), reunindo textos de formatos diversos publicados na *New Yorker*. Outros volumes compilaram apenas as colaborações para a editoria "The Talk of the Town". [TODAS AS NOTAS DO POSFÁCIO SÃO DO AUTOR.]

parentesco. Conheceu o auge, o da revista e o de sua carreira, na gestão de William Shawn, com quem manteria longa e complexa relação. Retirou-se em protesto contra a demissão de Shawn, substituído por Robert Gottlieb, genial como editor de livros e pouco à vontade no jornalismo. Reconduzida à equipe por Tina Brown, enfrentou com galhardia a pegada pop da editora inglesa e, em suas décadas finais, desfrutou de profusas flores em vida providenciadas por David Remnick, repórter brilhante que dirige a redação desde 1998.

A *New Yorker* é, portanto, muito mais do que uma circunstância na biografia de Lillian Ross — está na constituição de uma escrita sem firulas, enxuta mas não telegráfica, coloquial e jamais prosaica. Ao comentário e à especulação, prefere o concreto, fruto da observação direta: se debruça sobre o mundo a partir do que a vista alcança para, assim, ir além do que é evidente. Um estilo definido por Remnick como "direto e austero", que se formou sobretudo no exercício contínuo da "The Talk of The Town", seção que até hoje abre a revista segundo uma fórmula pouco alterada ao longo das décadas: apresentar, em textos enxutos, pessoas, fatos e visões de mundo singulares, de algum modo dissonantes do senso comum. "É preciso que, em pouco espaço, se construa e revele um personagem, uma situação, um acontecimento ou um momento com honestidade, humor, clareza, frescor e verdade", detalha ela[2].

A "Talk", que por décadas não só não era assinada como obrigava o uso do majestático "nós" no lugar da primeira pessoa, foi para Lillian menos restrição do que desafio, exercício de "uma forma literária específica e misteriosa". Da disciplina férrea, restritiva, ela fez método; e, a partir de seu domínio, criou uma marca autoral de surpreendente liberdade na escolha de ângulos e na construção de personagens. Em sua peculiar visão jornalística, nada mais natural do que flagrar um gigante como Charles Chaplin em poucas palavras, como na vinheta "Meio perdido", publicada na "Talk"; e dispensar páginas, na matéria "Dançarinos em maio", a Marion Ross White, professora

---

[2] Lillian Ross. *Takes: Stories of The Talk of the Town*. Nova York: Congdon & Weed, 1983, p. 1.

responsável por um festival de danças folclóricas no Central Park. "Uma história da 'Talk' não é uma versão mais curta de outra coisa. Ela tem suas próprias dimensões e é completa em si mesma", observava ela. "Contém a essência de algo. É uma destilação."[3]

*

Nascida em 1918, Lillian chegou ao jornalismo impregnada pelo cinema. O imperativo de brevidade da *New Yorker* lhe pareceu, portanto, um estímulo a estruturar o texto como uma montagem de "cenas" curtas. "Eu gostava de descrever por meio de diálogos e ação, sem intrusões autorais e sem suposições sobre o que acontecia na cabeça do sujeito", observa ela nesta introdução. "Esse modelo – redigir um artigo como se fosse um filme em miniatura – acabou informando todos os textos mais longos que eu viria a escrever." É assim que nascem dois de seus célebres relatos sobre a indústria do cinema. O mais original talvez seja "Pode entrar, Lassie!", flagrante agudo dos efeitos do macarthismo sobre Hollywood, "cidade de economia monotemática em estado de medo e quase paralisia". O mais exaustivo é, sem dúvida, *Filme*, livro que reúne uma série de reportagens acompanhando, da produção ao lançamento, a adaptação de *O emblema vermelho da coragem*, romance de Stephen Crane, dirigida por John Huston.

De mansinho, a jovem repórter tornou possível o que parecia pouco plausível: imprimir autoria marcante às ortodoxias estabelecidas por Harold Ross – um controlador obsessivo que chegava a interferir na relação entre imagem e texto dos *cartoons*. Formato era com ele mesmo. Na primeira *New Yorker*, de 21 de fevereiro de 1925, o leitor era apresentado a Giulio Gatti-Casazza, o homem que dirigia a Metropolitan Opera Company, e, com ele, a uma seção batizada "Perfis". Um repórter da revista, James Kevin McGuiness, passou a se referir a toda reportagem biográfica como um "perfil", consolidando

---

[3] Id., p. 5.

assim um gênero de jornalismo bom de ler e difícil de exercitar em sua complexidade. "Os perfis da *New Yorker* oferecem uma mistura singular de ironia e intimidade", define Joshua Rothman, editor de ideias da revista. "Têm um compromisso literário com os íntimos detalhes, combinados com um olhar cômico para tipos da sociedade. Cada perfil é o registro de uma relação. Perfis não são entrevistas; são antes a destilação de semanas, meses e até anos de observação e conversa."[4]

Em cada nuance, a descrição de Rothman bate com "E agora, senhores, o que me dizem?", o extraordinário e controverso perfil de Ernest Hemingway que é um dos melhores textos jornalísticos do século passado. Trata-se, na essência, de raro "registro de uma relação" entre repórter e uma personalidade a quem se aplicava, como a poucas outras nos Estados Unidos de 1950, a expressão *"larger than life"*. Se Lillian evita sabiamente a reverência diante de alguém "maior do que a vida", tampouco demonstra empenho especial em demolir o mito do machão aventureiro. Relata, com estudada distância e detalhes meticulosos, a banalidade dos dias que o escritor, vindo de Cuba, passa em Nova York antes de seguir viagem para a Europa. Com perspicácia e observação fina, sem emitir juízos ou afetar ironia, terminou por perturbar os juízos mais assentados sobre o autor de *O sol também se levanta*, que dali a pouco, em 1952, ganharia um Pulitzer por *O velho e o mar*. E, no ano seguinte, o Nobel de Literatura.

Na introdução a esta antologia, lançada em 2015, Lillian reitera, dois anos antes de morrer, a perplexidade com as acusações, comuns à época da publicação do perfil, de que o texto era "demasiado crítico". Reitera portanto, aos 97 anos, que foi justa com seu protagonista, a quem considerava um amigo, e precisa naquilo que descreve: "fiquei feliz que meu retrato o tivesse capturado assim, como era". Lillian passaria a vida dourando a pílula da observação imparcial, um dos unicórnios da história do jornalismo, mesmo que, para defender seu ponto de vista, tivesse que contrariar o óbvio. Afinal, a "vida como ela é", pelo

---

4   Joshua Rothman. "The New Yorker Profiles", *The New Yorker*, 20 nov. 2012.

menos por escrito, só o é deste ou daquele jeito porque foi narrada a partir de determinados pontos de vista e de inevitáveis premissas. No caso do *Retrato de Hemingway*, como o perfil ficaria conhecido num livrinho de 1960, a opção, genial, foi não acertar as arestas de um homem que, pelo menos naquele momento, parece uma caricatura de si mesmo, não poucas vezes patético e entediante.

"Depois de todos esses anos ela deu uma nova dimensão e um novo brilho ao formato rígido do perfil", escreveria James Thurber a Harold Ross pouco depois de ler o texto. Vindo do escritor e desenhista, o elogio tinha duplo significado: pelo juízo em si e pela rara manifestação de apoio a uma colega de trabalho. Como a própria Lillian nos conta, no que dependesse de Ross mulher não teria vez na revista – ou lá trabalharia em funções secundárias. Nas décadas de 1940 e 1950, a redação da rua 43, ostensivamente mitificada, era feita por homens brilhantes como Joseph Mitchell, E. B. White e A. J. Liebling. Na melhor das hipóteses, entre eles Lillian conseguiria ser, como de fato o foi, "*one of the guys*". Com a morte de Harold Ross, em 1952, Shawn assumiu o comando atenuando a misoginia ambiente na mesma medida em que reiterava o zelo obsessivo por um projeto editorial coeso.

Distante, tido como impenetrável, o novo editor mantinha estritas regras de comportamento na redação – os membros do *staff* fixo trabalhavam isolados em cubículos, por exemplo – e editava cada linha publicada, trabalho silencioso e discreto que faria sua justificada fama. Ved Mehta, colaborador da revista por mais de trinta anos, registrou em suas memórias a anedota que melhor definiria a lenda. Depois de um telefonema de duas horas em que ouviu reparos, sugestões e discutiu mudanças para cada detalhe de um texto seu, Mehta agradeceu o cuidado e reparou que, no final das contas, o autor era menos ele do que Shawn. "Não, o texto é seu", respondeu o editor. E acrescentou, ao modo de um mestre zen: "eu só fiz com que ele ficasse mais seu"[5].

---

5   Ved Mehta. *Remembering Mr. Shawn's New Yorker: The Invisible Art of Editing*. Woodstock; Nova York: The Overlook Press, 1998, p. 21.

*

"Todo amor duradouro entre duas pessoas, seja ele surpreendente ou não convencional, parece inalterável, predestinado, atraente e intrinsecamente normal para o casal imerso nele. Portanto, devo dizer que tive uma vida intrinsecamente normal por mais de quatro décadas com William Shawn, o falecido editor da *New Yorker*", escreveria Lillian Ross em 1998, quando, seis anos depois da morte do parceiro, aos 85 anos, decidiu revelar por escrito um segredo de polichinelo na redação da revista, na vida intelectual nova-iorquina e além dela. "O nosso apartamento fica uns 800 metros ao sul daquele onde ele vive com sua esposa, Cecille", prossegue ela, com a precisão e o distanciamento de uma reportagem sobre um de seus muitos personagens. "Eles se casaram em 1928, um dia depois que ele fez 21 anos. Em 1958, quando Bill e eu escolhemos este apartamento, já estávamos juntos, em outros lugares, havia vários anos. Ele e eu decidimos que não esconderíamos dela nosso relacionamento."

Ao publicar *Here But Not Here*, Lillian transformou em literatura uma história que, por opção dos dois, corria o risco de ser eternizada como intriga e soterrada por moralismo. Do ponto de vista formal, é um ensaio pessoal perfeito e em tudo e por tudo surpreendente para quem escreveu quilômetros de textos usando com parcimônia a primeira pessoa. O retrato de Shawn oscila entre uma defesa apaixonada de sua personalidade idiossincrática e o registro de momentos delicados de uma relação. Bill, como o chamavam os poucos amigos, foi um pai atento na criação de Erik, um menino norueguês adotado por Lillian em 1965. Pianista amador, venerava Duke Ellington e, quando o maestro morreu, em 1973, levou Lillian e Erik ao velório. "Por um bom tempo, ficamos em silêncio, respeitosos, olhando o corpo de Duke Ellington, que, num caixão forrado de cetim branco, vestia um fraque branco", escreve ela, soberba narradora. "Depois, fomos para casa, onde Bill se sentou ao piano. Tentando não chorar na frente da criança, tocou uma música de Ellington depois da outra", prossegue, "então, quando Bill finalmente desabou e estávamos todos chorando, ficamos o resto a noite ouvindo nas alturas os discos de Ellington"[6].

*

Ainda que associada aos pioneiros de um tipo de jornalismo que, nas ondas de ruptura dos anos 1960, se quis revolucionário, Lillian Ross pouco tinha a ver, na prática, com o *new journalism*. É inegável que o ponto de vista inusitado para os padrões tradicionais e a construção "cinematográfica" de suas reportagens seriam referência para a estridente geração de Norman Mailer e Gay Talese, Joan Didion e Tom Wolfe. Mais de uma década antes de Truman Capote definir *A sangue-frio*, originalmente publicado nas páginas da *New Yorker*, como um "romance de não ficção", Lillian escrevia a Shawn sobre os rumos da série de reportagens que resultaria em *Filme*: "Não vejo por que não deveria tentar fazer uma matéria factual em forma de romance, ou talvez um romance em forma de matéria factual. Pensar nisso me deixa entusiasmada. É quase como se o material pedisse esse tipo de forma"[7].

A radicalização dos princípios literários do *new journalism* encontraria, no entanto, resistências óbvias em alguém que chegou a considerar a escrita como "parte de um esforço coletivo", tamanha a identificação com as regras da *New Yorker*. Lillian defendia, por exemplo, que um repórter deveria confiar na memória e nas anotações — Edmund Wilson a apelidara "a garota com o gravador embutido" por causa da fidelidade com que transcrevia entrevistas —, mas talvez achasse demasiado que, como Capote, um jornalista sequer tomasse notas. Para ela, era essencial o jogo de luz e sombra do narrador, traduzido na sobriedade do texto — o que faria sua concepção de

---

6 Lillian Ross. *Here But Not Here: My Life with William Shawn and The New Yorker*. Nova York: Random House, 1998, p. 9.
7 Id. *Filme: Um retrato de Hollywood*. São Paulo: Companhia das Letras, 2005, p. 21.

reportagem praticamente inconciliável com a exuberância de, por exemplo, um Tom Wolfe.

"Em algumas obras de ficção há passagens ensaísticas, nas quais o escritor expõe o que sente e pensa. Isso não tem lugar na reportagem", sentenciava ela, evitando fulanizar a crítica e, como sempre, fazendo o elogio da discutível neutralidade. "O repórter mantém suas opiniões, seus sentimentos, seus preconceitos para si mesmo. E algo mais que é, ou deveria ser, peculiar à ficção é a liberdade do autor de dizer o que as pessoas pensam e sentem. Ao contrário do que alguns escritores acreditam hoje, o que está na cabeça de outra pessoa é 'irreportável'. O mais próximo que um repórter pode chegar a dizer é o que uma pessoa diz que pensa ou sente, ou pensou ou sentiu."[8]

Cada restrição que Lillian faz nesse texto dos anos 1980 poderia resumir a atitude de Tom Wolfe numa série de reportagens que, em 1965, desafinou as comemorações dos 40 anos da *New Yorker*. Trabalhando para a *New York*, revista que ganharia vida própria em 1968 mas àquela altura era encartada nas edições de domingo do *Herald Tribune*, o futuro autor de *Os eleitos* resolveu abrir caminho a cotoveladas no Olimpo literário do jornalismo norte-americano. "Pequenas múmias! A verdadeira história do rei da terra dos mortos-vivos da rua 43" era um perfil à revelia de William Shawn, deliberadamente coalhado de provocações, preconceitos, diálogos inventados, digressões e, heresia máxima, imprecisões. "O simples fato de que fosse impossível para a *New Yorker* publicar uma passagem ou qualquer coisa parecida com aquilo era reflexo mais das falhas do que das virtudes da revista", observa Ben Yagoda, autor de uma excelente história da revista. "Era coisa boa – com ousadia literária e brilho, e, mais importante, solidamente baseado na verdade."[9]

Shawn é descrito por Wolfe como um diretor de museu, um taxidermista encarregado de conservar a revista à imagem e

---

8 Id. *Takes*, op. cit., p. 10.
9 Ben Yagoda. *About Town: The New Yorker and the World It Made*. Nova York: Scribner, 2000, p. 336.

semelhança de Harold Ross. Nessa tarefa inglória, seu trunfo tinha nome e sobrenome: Lillian Ross. "A última coisa realmente impressionante que a revista publicou sob a direção de Ross", o perfil de Hemingway, "influenciou muitos dos melhores jornalistas do país", sentencia Wolfe. O problema, observa ele, é que o estilo de Lillian, difícil de reproduzir, seria tomado como "o modelo" para os textos da revista: "Lillian sempre acumula detalhes e diálogos, principalmente diálogos; mas sempre acumula tudo com muito cuidado para chegar a um objetivo final, tal como: Ernest Hemingway é um garoto mimado e um babaca presunçoso". Os imitadores, ainda de acordo com Wolfe, "ignoram os pontos fortes de Lillian – ou seja, seu ouvido para o diálogo e seu ponto de vista – e simplesmente usam à exaustão alguns artifícios esportivos dela. Um deles é a frase recheada de fatos"[10]. Há ainda as insinuações, imperdoáveis para Shawn – que tentou frustrar a publicação do texto na concorrência –, sobre a relação "íntima" que mantinha com Lillian.

É evidente que Lillian Ross jamais passou recibo de críticas ou dos ambíguos elogios que, submersos na maledicência, no fundo a reverenciam. Apesar de não se pronunciar em público sobre Wolfe – que nunca teria uma linha publicada pela *New Yorker* –, na conversa entre amigos costumava referir-se a ele como o "sem talento", conforme revelou o viperino Andrew O'Hagan. A pretexto de comentar a mais recente edição de *Filme*, o escritor escocês traçou, na *London Review of Books*, onde é um dos editores, um retrato devastador da jornalista de quem foi amigo – ou, como prefere, "cachorrinho de madame". Maldades (muitas delas) à parte, O'Hagan mostra que a defesa incondicional e reiterada do projeto editorial de Shawn implicava, para Lillian, menosprezar todos os críticos da revista. Ou mesmo aqueles que em suas páginas tivessem alcançado notoriedade longe do estreito círculo de influência daquela cultuada redação histórica.

---

10 Tom Wolfe. *Ficar ou não ficar*. Rio de Janeiro: Rocco, 2001, pp. 230-232.

Truman Capote? "Sanguessuga." Philip Roth? "Idiota." Janet Malcom? "Pretensiosa." Nora Ephron? "Mentirosa." Susan Sontag? "Uma ninguém." Ao fazer essas inconfidências, O'Hagan, que não por acaso é comparado com Wolfe, chega a um duro e circunstanciado diagnóstico da repórter transformada em mito: "quando Shawn foi demitido, quando todos eles envelheceram e o mundo deu errado, Lillian não gostou, e, todo o tempo em que convivemos, ela se portava como uma exilada, como o emigrante russo que seu pai foi, botando defeito em todo mundo para ser alguém". E conclui, certeiro: "Mas é exatamente esse tipo de rispidez que fez de Lillian uma grande pessoa. Apesar de todas as coisas que escreveu sobre lealdade, ela nunca foi amiga de nenhum de seus personagens – ela era a amiga do leitor"[11].

*

"O titular da única monarquia genuína na América do Norte ou do Sul é, em 2006, o príncipe brasileiro de 52 anos, dom João Henrique Maria Gabriel Gonzaga de Orleans e Bragança", escreve Lillian Ross, na *New Yorker*, é claro, menos de dois meses depois de participar da Festa Literária Internacional de Paraty, a Flip. "Ele ganha a vida gerenciando resorts turísticos e também vendendo palmito de sua plantação de 800 acres de palmeiras; publica livros – até agora, oito – com suas fotografias do Brasil; lidera campanhas ambientais [...] Ele tem cabelos loiro-acinzentados longos, olhos verdes e barba e bigode ralos. Ele surfa, faz caminhadas e anda de bicicleta no Rio de Janeiro", descreve ela em "Árvore genealógica", texto publicado sob a rubrica "Postcard from Brazil". Aos 88 anos – até sua morte acreditava-se que ela tinha nascido em 1927, data que fazia constar nos livros –, A Lenda circulava pela cidade amparada pelo filho, Erik, e fascinava a nós, jornalistas, quando checava e-mails, como qualquer mortal, na sala de imprensa.

---

11 Andrew O'Hagan. "Not Enough Delilahs". *London Review of Books*, vol. 41, n. 13, 4 jul. 2019.

A simpática senhorinha, com ares de quem viera ao Brasil a passeio, não só não era inofensiva como estava a serviço. No breve perfil, destaca um telefonema em que dom João dá notícias à irmã, que vive em Paris, sobre o que andava dizendo em Paraty o insofismável Christopher Hitchens, que se divertia pelas reações, entre indignadas e violentas, que ainda rendia sua declaração de apoio à invasão do Iraque pelos Estados Unidos em 2003. Depois de abrir espaço a copiosas declarações reais – "Estou aqui graças a Napoleão", diz ele –, Lillian reserva para si todo o parágrafo final: "Algumas noites depois, o príncipe, com sua Nikon FM na mão, participou do festival literário e ouviu Fernando Gabeira, um jornalista brasileiro, e Hitchens discutirem sobre o Oriente Médio. Em seguida, o príncipe disputou espaço com outros fotógrafos para conseguir uma boa foto"[12].

Jamais confirmei se Lillian soube que sua presença em Paraty era ansiosamente aguardada pelo próprio Hitchens. Como seu editor, passei com ele cinco inesquecíveis e agitados dias, ritmados por seu peculiar ritmo etílico – quanto mais bebia uísque, mais articulado, racional e brilhante ficava. Sacana, me chamava de "chefe" por conta da agenda atribulada que montei – entrevistas, jantares etc. – e, num fim de tarde, resolveu virar o jogo: "Chefe, vamos ver Lillian Ross". E lá fomos nós sobre as pedras incertas da cidade, eu desequilibrado, ele olímpico, talvez pela companhia de generosa dose de Red Label, devidamente servida em copo de vidro.

Hitchens não morria de amores por Philip Gourevitch, o premiado repórter que participaria da mesa, e só tinha olhos para a grande estrela. Enquanto atravessávamos a plateia em busca de nossos lugares na primeira fila, reservada a convidados, Lillian e Philip entraram no palco sem anúncio e lá ficaram ajustando microfones e se entendendo com o equipamento de tradução simultânea. O público, no qual nos incluíamos, também estava se ajeitando, mas Hitchens cismou que A Lenda estava sendo ignorada. Começou a puxar aplausos fortíssimos e a

---

12 Lillian Ross. "Family Tree". *The New Yorker*, 10 set. 2006.

gritar, no que mais tarde me soaria como uma reverência – um tanto brusca, é verdade, mas genuína na admiração que suscita a autora das joias aqui reunidas:

"*Clap, bastards! It's Lillian Ross!*".

PAULO ROBERTO PIRES é jornalista e editor. Professor da Escola de Comunicação da UFRJ, é doutor em Literatura Comparada pela mesma universidade. Organizou as obras reunidas de Torquato Neto nos dois volumes *Torquatália* (2004) e a antologia *12 ensaios sobre o ensaio* (2018). É autor dos perfis biográficos *Hélio Pellegrino: A paixão indignada* (1998) e *A marca do Z: A vida e os tempos do editor Jorge Zahar* (2017) e dos romances *Do amor ausente* (2000) e *Se um de nós dois morrer* (2011). Colunista da *Quatro Cinco Um*, é editor da *serrote*, revista de ensaios do Instituto Moreira Salles.

PREPARAÇÃO Márcio Ferrari
REVISÃO Ricardo Jensen de Oliveira, Karina Okamoto e Tamara Sender
CAPA Laura Lotufo
PROJETO GRÁFICO DE MIOLO Bloco Gráfico

DIRETOR-EXECUTIVO Fabiano Curi
DIRETORA EDITORIAL Graziella Beting
PRODUÇÃO GRÁFICA Lilia Góes
RELAÇÕES INSTITUCIONAIS E IMPRENSA Clara Dias
COMERCIAL Fábio Igaki
ADMINISTRATIVO Lilian Périgo
ATENDIMENTO AO CLIENTE/LIVRARIAS Roberta Malagodi
DIVULGAÇÃO/LIVRARIAS E ESCOLAS Rosália Meirelles

EDITORA CARAMBAIA
Av. São Luís, 86, cj. 182
01046-000 São Paulo SP
contato@carambaia.com.br
www.carambaia.com.br

copyright desta edição © Editora Carambaia, 2024
© 2015 by Lillian Ross

1ª reimpressão, 2025

Título original *Reporting Always – Writings from* The New Yorker
[Nova York, 2015]

Crédito das imagens
p. 19 e p. 317 © Silvia Reinhardt;
p. 21 © Arthur Grace;
p. 81 © Mary Hemingway;
p. 137 e p. 205 © Courtesy Lillian Ross.

CIP-BRASIL. CATALOGAÇÃO NA PUBLICAÇÃO
SINDICATO NACIONAL DOS EDITORES DE LIVROS, RJ

R738s
Ross, Lillian, 1918-2017
Sempre repórter: textos da revista The New Yorker / Lillian Ross; tradução Jayme da Costa Pinto; posfácio Paulo Roberto Pires.
1. ed., 1. reimpr. – São Paulo: Carambaia, 2024.
432 p. ; 23 cm.

Tradução de: *Reporting Always: Writings from The New Yorker.*
posfácio
ISBN 978-65-5461-082-7

1. Ross, Lillian, 1918-2017 – Crítica e interpretação. 2. New Yorker (Revista). 3. Jornalismo e literatura. 4. Reportagens e repórteres.
I. Pinto, Jayme da Costa. II. Pires, Paulo Roberto. III. Título

24-94145   CDD: 070.4498   CDU: 070.448
Meri Gleice Rodrigues de Souza – Bibliotecária – CRB-7/6439

ilimitada

FONTE
Antwerp

PAPEL
Pólen Bold 70 g/m²

IMPRESSÃO
Santa Marta